Gesund durch Heilsteine und Öle

Werner Kühni Walter von Holst

Gesund durch Heilsteine und Öle

180 Erkrankungen schnell und wirksam behandeln

AT Verlag

Die in diesem Buch wiedergegebenen Informationen sind nach bestem Wissen und Gewissen dargestellt; sie sollen und können aber Rat und Hilfe eines Arztes nicht ersetzen. Autor und Verlag übernehmen keinerlei Haftung für Schäden oder Folgen, die sich aus dem Gebrauch oder Missbrauch der hier vorgestellten Informationen ergeben.

AT Verlag, Baden und München
Lektorat: Karin Breyer, Freiburg i. Br.
Umschlagfoto: Nils Hoffmann, Visuelle Kommunikation
Fotos Inhalt: Nils Hoffmann, Visuelle Kommunikation
Lithos: AZ Print, Aarau
Druck und Bindearbeiten: Kösel, Krugzell
Printed in Germany

ISBN 3-03800-221-6

www.at-verlag.ch

Inhaltsverzeichnis

Das medizinische Nachschlagewerk

Die Steinheilkunde entwickelte sich in den letzten zehn Jahren rasant vorwärts. Immer mehr Therapeuten verwenden heute in ihrer Praxis diese sanfte Methode. Mit der im Herbst 2003 erschienenen »Enzyklopädie der Steinheilkunde« stellten wir das gesamte Grundlagenwissen erstmals systematisch und vollständig dar. Detailliert wurde dort gezeigt, wie sich aus den Entstehungsbedingungen und allen weiteren mineralogischen Eigenschaften die besondere Heilwirkung des Steins herleiten lässt. Auch der Bezug zu Systemen wie jenem der Organuhr, des Feng Shui, der Chakrenlehre und Astrologie wurde geschaffen und sämtliche Anwendungsmethoden dargestellt. Da es sich um ein Grundlagenwerk und nicht um ein Praxisbuch handelte, blieb die Frage nach dem optimalen Vorgehen bei bestimmten Krankheitsbildern ausgeklammert. Mit dem vorliegenden Buch wird nun dem vielfachen Wunsch nach einem Ratgeber für die klinische Praxis entsprochen.

Die beschriebenen 180 Erkrankungen lassen sich wirkungsvoll und sicher mit ätherischen Ölen und Heilsteinen behandeln. Um dem Anspruch auf optimale Wirksamkeit gerecht zu werden, wurden Kombinationen mit anderen Verfahren und Mitteln berücksichtigt. Bewährt haben sich dabei insbesondere die Kombination mit der Aromatherapie sowie zusätzliche Anwendungen von kolloidalem Silber und Salzsole, also Methoden, mit denen schon zuvor gute Ergebnisse erzielt wurden. Ätherische Öle bewirken im akuten Krankheitsfall eine rasche und sichere Besserung, Heilsteine unterstützen und erweitern die erfolgreiche Behandlung, indem sie direkt die Konstitutionsebene beeinflussen.

Buddha, Lapislazuli, um 1910, 24 cm hoch

Empirische und mineralogische Steinheilkunde

Als empirische Steinheilkunde kann man die gesammelte Erfahrung mit Steinen bezeichnen, die in Selbstversuchen, Forschungsgruppen und therapeutischen Praxen sowie aus Berichten anderer Anwender gewonnen werden. Charakteristisch für die empirische Steinheilkunde ist, dass Erfahrungen gemacht werden, für die erst im Nachhinein Erklärungen gefunden werden.

Die mineralogische Steinheilkunde verwendet mineralogische Bezugssysteme als Analogie zum physiologischen Aufbau des menschlichen Körpers, zu pathophysiologischen Störungen und zu psychischen Prozessen. Es wird beispielsweise davon ausgegangen, dass ein Mineral, das unter großem Druck entstanden ist, große Belastungen im Leben leichter zu ertragen hilft. Die physikalischen und chemischen Eigenschaften der Mineralien werden untersucht und auf der Ebene des Menschen auf dessen körperliche und psychische Prozesse übertragen.

Dabei dienen Entstehung, chemische Zusammensetzung, Kristallsystem, Kristallform, Härte, Dichte, Spaltbarkeit, Sprödigkeit, Transparenz, Farbe, Erscheinungsbild/Signatur, Glanz, Farb- und Lichteffekt, Strichfarbe, Flammenfärbung und Löslichkeit als Bezugssysteme und Unterscheidungsmerkmale. Die Erfahrung zeigt, welches mineralogische Bezugssystem oder Unterscheidungsmerkmal sich im Einzelfall am stärksten durchsetzt. Wenn sich beispielsweise ein Mineral bei gleicher Erscheinung auf verschiedene Arten bilden kann, ist die Entstehung kaum ein charakteristisches Kriterium. Die Methode der mineralogischen Steinheilkunde ist daher geeignet, bei weniger bekannten Heilsteinen deren Wirkungsrichtungen abzuschätzen, und erlaubt, Unterschiede in der Wirkung ähnlicher Steine genauer zu erfassen. Charakteristisch für die mineralogische Steinheilkunde ist, dass vor der praktischen Erfahrung die Hypothese steht.

Durch die gegenseitige Befruchtung von empirischer Steinheilkunde und mineralogischer Steinheilkunde wächst das Wissen beider Richtungen rasant. Auf der Grundlage breit angelegter Forschungsprojekte und belegter Erfahrung ist die Wirkung der erforschten Steine so sicher, dass sie bewusst und gezielt zu medizinischen oder psychotherapeutischen Zwecken eingesetzt werden können.

Die moderne Steinheilkunde schließt damit das Risiko falsch eingeschätzter Einzelphänomene, esoterischer Fantasien und die vielfältigen Fehlerquellen historischer Beschreibungen aus.

Signatur der Heilsteine

Die Signatur ist eines der wichtigsten Kriterien zur Wahl eines Heilsteins. Die Signatur im weitesten Sinne gibt auch die überzeugendste Erklärung zur Wirkung eines Steins.

Wir fassen die Signatur, dem heutigen Sprachgebrauch folgend, hauptsächlich als das optische Erscheinungsbild auf.

Farbigkeit: Der fleischfarbene Rhodonit beispielsweise erinnert an eine schwere Wunde.

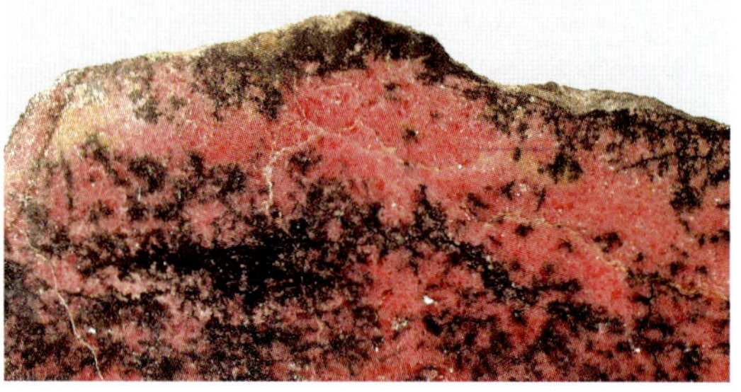

Wundsignatur bei Rhodonit

Zeichnung: Zum Beispiel ein Achat mit Gebärmutterzeichnung oder die Dendritenchalcedone, die Bronchiolen ähneln.

Gebärmuttersignatur im Achat

Dickdarmsignatur im Achat

Formgestalt: Beispielsweise Magnesit-Knollen, die wie Hirnmasse aussehen.

Hirnsignatur der Magnesit-Knolle

Oder zum Beispiel spezielle Schliffe bei Sardonyx zu »Augen-Achat«.

Sardonyx-Auge

In der »Enzyklopädie der Steinheilkunde« werden alle weiteren Unterscheidungsmerkmale, wie die Entstehung, die chemische Zusammensetzung und Spurenelemente, das Kristallsystem, das spezifische Gewicht, die Härte, der Bruch, Glanz, Farbe, Magnetismus und die Radioaktivität ausführlich beschrieben.

Heilsteine wie etwa Achat, Chalcedon, Jaspis, Magnesit, Malachit, Sardonyx, Rhodochrosit, Rhodonit und Turmalin werden meist nach der Signatur gewählt und wirken dann auch am sichersten.

Kriterien zum Erwerb eines Heilsteins

Es gibt verschiedene Kriterien für die Wahl eines Heilsteins; die wichtigsten Gesichtspunkte sind in dieser Reihenfolge: Affinität, Signatur, Qualität, Größe und die Verarbeitungsform.

Affinität ist die Anziehung, die ein Stein – aus welchen Gründen auch immer – auf den Suchenden ausübt. Man fühlt sich von dem Stein angezogen und hat den Eindruck, der Stein »hat mir etwas zu sagen«, »lacht mich an«, »will zu mir« bzw. der Stein hat »etwas Besonderes«.

Signatur: Das typische »Abbild«, das ein Heilstein zeigt, kann ausschlaggebend für die Steinwahl sein, wenn die »Signatur« genau das bildlich »abbildet«, was im Körper gestört ist. Im Idealfall kann die Signatur absolut das Abbild des Organs darstellen.

Achat mit Gehirnsignatur

Qualität ist ein wichtiges Kriterium der Heilsteine, wobei nicht die gemmologische Einstufung im Sinne des Juweliers oder Edelsteingutachters ausschlaggebend ist, sondern eher das Charakteristische des Steins.

Als qualitativ besser gilt jener Heilstein, der die typischen Merkmale des Minerals am ausgeprägtesten zeigt. Ein blauer Chalcedon sollte blau, ein Bergkristall klar sein. Eine handwerklich gute Bearbeitung lässt die inneren Werte des Steins sichtbar werden.

Die Größe eines Steins bestimmt natürlich auch dessen Wirkung; die Reichweite der Ausstrahlung nimmt mit seiner Größe zu. Ein kleiner Bergkristall-Trommelstein hat eine Reichweite von wenigen Zentimetern, ein großer Erdenhüterkristall dagegen ein Einflussgebiet im Kilometerbereich.

Verarbeitungsform: Die Gestalt eines Heilsteins kann ebenso ein wichtiges Kriterium der Wahl sein, da die Anwendung oft bestimmte Formen erfordert bzw. bestimmte Formen manche Anwendungen ausschließen.

Zum Aufkleben sind beispielsweise große kugelige Trommelsteine oder gar scharfkantige Rohsteine ungeeignet, dafür eignen sich besser Platten oder flache Trommelsteine. Oft ist es sinnvoll, mehrere Steine der gleichen Sorte in verschiedenen Formen zu haben.

Sucht man einen Heilstein für sich selbst aus, kommen diese Kriterien in der oben angeführten Reihenfolge in Betracht. Sucht man hingegen zu therapeutischen Zwecken einen Heilstein für eine andere Person, fällt die Affinität weg. Das Hauptkriterium sind dann Signatur und Qualität.

Wird ein Heilstein ausgependelt, mit der Einhandrute oder mit Hilfe des kinesiologischen Muskeltests ermittelt, spielt ausschließlich die Reaktion des Pendels, der Rute oder der Muskelreaktion eine Rolle.

Energetische Testverfahren

Für stimmige Ergebnisse müssen die Voraussetzungen für die Testfähigkeit erfüllt sein. Zu den häufigsten Störursachen bei der zu testenden Person und beim Therapeuten zählen Wassermangel im Körper, starke Erwartungen oder Ängste und ein durch Elektrosmog oder geopathologische Einflüsse gestörter Raum.

Der Aufbau der Empfehlungen des vorliegenden Buchs eignet sich optimal für energetische Testverfahren, so dass aus einer sinnvollen Vorauswahl rasch die wirksamste Kombination ermittelt werden kann. Die Wahl sollte anhand der Steinbeschreibungen begründet und besser eingeschätzt werden.

Anwendungen mit Heilsteinen

In der Heilsteintherapie können die gewählten Steine auf unterschiedliche Art eingesetzt werden. Die Art der Anwendung ist abhängig von der Art der Beschwerden oder Erkrankungen und deren Stärke.

Auflegen von Heilsteinen

Das Auflegen von Heilsteinen bedeutet, dass der Stein direkt auf eine bestimmte Körperstelle gelegt wird. Diese Vorgehensweise ist therapeutisch oft sinnvoll, zumal der Stein auf Schmerzstellen oder andere direkt zu beeinflussende Körperstellen gelegt werden kann und sogleich seine Wirkung zeigt.

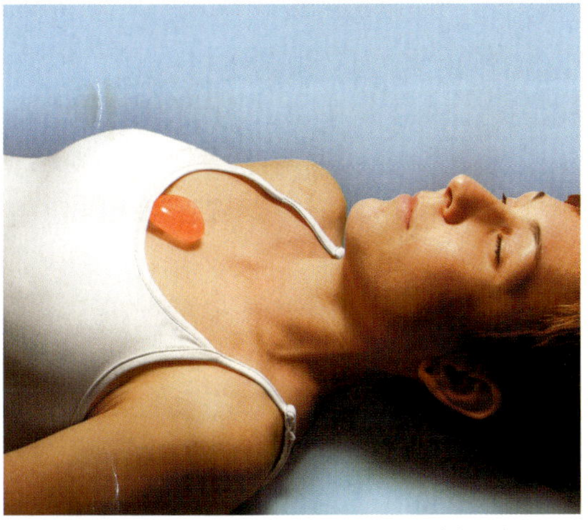

Auflegen eines Rosenquarz-Trommelsteins auf den Thymus

Ist die Beschwerde abgeklungen oder die Wirkung unangenehm, kann der Stein sofort entfernt oder ausgewechselt werden. Das Auflegen durch einen erfahrenen Therapeuten stellt ein außerordentlich wirksames Instrument zur Umstimmung des Stoffwechsels dar.

Es gibt Heilsteine, die durch ihre Beschaffenheit keine andere Anwendungsmethode zulassen. Cavansit und Pyrit-Sonne etwa sind als Anhänger höchst selten und würden in der Hosentasche zerbrechen.

Anwendungsbereiche: Hauterkrankungen mit Ausschlägen, Warzen, lokalisierbare Schmerzen, vor allem Nervenschmerzen. Stimulierung bestimmter Organe und Umstimmung des Organismus.

Aufkleben von Heilsteinen

Das Aufkleben von Heilsteinen mit Hilfe eines hautverträglichen Pflasters, das auch mehrere Tage halten kann, ist die einfachste Art, einen Heilstein lokal zu fixieren.

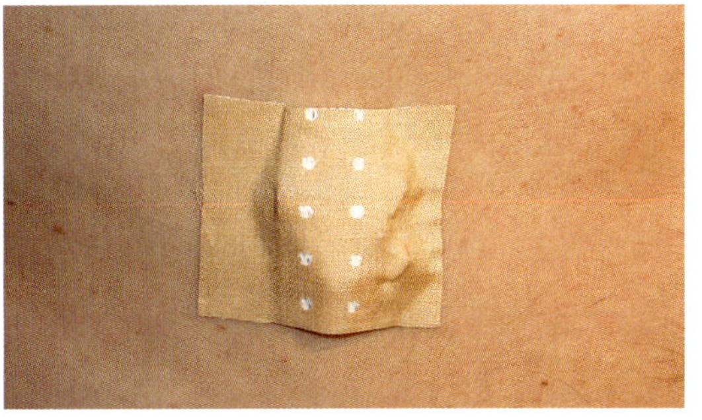

Aufkleben von Steinen mit Pflaster

Fixieren von Heilsteinen

Wenn ein Heilstein über längere Zeit direkt auf dem Körper, insbesondere auf den Gelenken getragen werden soll, kann es sinnvoll sein, ihn mit einer Binde zu fixieren. Wenn ein Heilstein im Brustbereich direkt auf der Haut getragen werden soll, kann es sinnvoll sein, ihn im BH zu tragen.

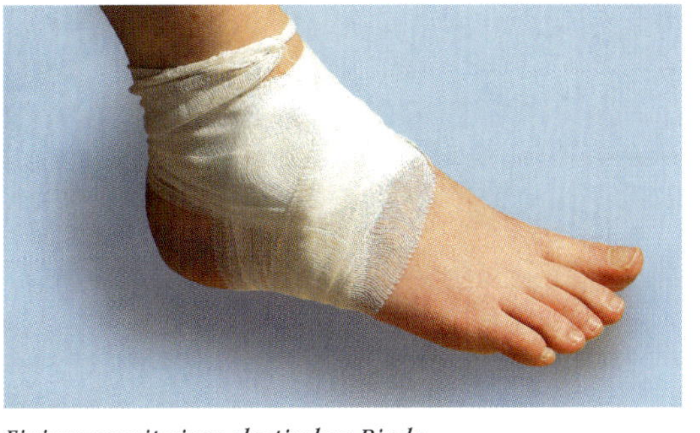

Fixierung mit einer elastischen Binde

Der Heilstein kann als flacher Trommelstein oder Cabochon direkt auf der Haut getragen werden.

Anwendungsbereiche: Beschwerden und Erkrankungen der Bronchien und der Lunge, des Herzens und Erkrankungen der weiblichen Brust, mit Störungen der Milchbildung und des hormonellen Systems.

Tragen von Heilsteinen

Tragen von Heilsteinen bedeutet, dass der Stein direkt am Körper mit sich geführt wird. Wichtig beim Tragen eines Heilsteins ist der direkte Körperkontakt, dabei ist die Form des Steins weniger wichtig

Stein in Silber gefasst: Larimar, Disthen

Der Stein kann mit einem Lederband als gebohrter Trommel- bzw. Rohstein, verarbeitet als Pi-Scheibe (Donut) sowie als Anhänger oder Kugelkette verwendet werden.

Tragen in der Hosentasche

Da alle Steine einen Wirkungsradius von mehreren Zentimetern bis zu einigen Dezimetern haben und die Kleidung durchdringen, können Steine auch in der Hosentasche, Hemdtasche, Rocktasche oder Manteltasche getragen werden.

Das Tragen in der Hosentasche und der Hemdtasche kann noch als direktes Tragen gezählt werden, da der Stein immer wieder unbewusst in die Hand genommen wird.

Tragen in der Hemdtasche

Das Tragen in der Hemdtasche ist vor allem für diejenigen Steine sinnvoll, die das Herz oder die Organe im Brustraum ansprechen sollen, wie etwa Heliotrop bei Herzrhythmusstörungen.

Tragen in der Manteltasche

Schwieriger abzuschätzen ist die Wirkung beim Tragen in der Manteltasche. Starke Kristalle, wie etwa die Kristallquarze Amethyst, Bergkristall, Citrin und Rauchquarz, wirken auch durch dickere Stoffe hindurch, derbe Steine wie etwa Aventurin zeigen dagegen kaum noch eine Wirkung. Zum Zweck einer medizinischen Wirkung ist das Tragen in der Manteltasche ohne Bedeutung.

Tragen von Schmuck

Das Tragen von Steinschmuck ist die edelste Art der Edelsteintherapie, da damit viele Ebenen berührt werden.

Schmuck sagt etwas über das Selbstwertgefühl des Trägers aus, darüber, wie sich jemand selbst sieht und wie er gerne gesehen werden möchte. Insofern Schmuck auch mit Anerkennung zu tun hat, kann er dem Menschen helfen, den Platz in der Gemeinschaft zu finden und zwischenmenschliche Beziehungsgefüge zu definieren. Schmuckgeschenke sind eine liebevolle Geste der Wertschätzung und Zuneigung.

Ring, Kette und Anhänger

In der modernen Steinheilkunde hat Schmuck noch nicht den Stellenwert erreicht, der seinem Potenzial gerecht wird. In anderen Kulturen der Welt, wie den asiatischen, indianischen und nordafrikanischen, ebenso wie in Europa bis ins späte Mittelalter hatte und hat Schmuck auch eine religiöse und kultische Bedeutungsebene. Noch im letzten Jahrhundert trugen in katholischen Gegenden viele Soldaten gesegneten Schmuck, der sie vor Schaden bewahren und die Verbindung mit der Familie zu Hause aufrechterhalten sollte.

Das Tragen von Schmuck, sei es als Zeichen einer besonderen Würde, aus modischen Gründen oder bewusst zu Heilzwecken, wirkt sich immer auf das Energiefeld des Körpers aus. Das Material der metallischen Fassung kann dabei verstärkend oder abschwächend wirken.

Das Tragen von Steinen in Form einer Kette, eines gebohrten Steins oder einer Pi-Scheibe direkt auf der Haut kann ihre Wirkung oft noch verstärken. Sind die Steine durch eine Metallplatte von der Haut abgeschirmt, ist ihre Wirkung vermindert.

Tragen als Anhänger

Heilsteinanhänger wirken im Gegensatz zur Kette noch spezifischer und lokaler, meist in der direkten Umgebung des Anhängers.

Anwendungsbereiche: Beschwerden oder Erkrankungen im Brust-, Herz- oder Bauchbereich, systemische Erkrankungen des Kreislaufs, der Nerven, der Abwehr oder des Lymphsystems.

Anhänger als gebohrter Stein, Richterit

Tragen als Pi-Scheibe

Heilsteine werden oft in Form einer Scheibe getragen, deren Mittelbereich herausgeschnitten wurde. Durch ein verstellbares Band kann die Pi-Scheibe kurz unterhalb des Kehlkopfs, über der Thymusdrüse, im Lungenbereich oder über dem Magenbereich getragen werden.

Silberaufhänger für die Pi-Scheibe, Donut

Eine Pi-Scheibe kann an einer Aufhängung auch an einer Silberkette getragen werden. Dabei ist darauf zu achten, dass der Stein Kontakt mit der Haut hat und nicht durch eine Metallplatte abgeschirmt ist.

Anwendungsbereiche: Erkrankungen und Beschwerden der Schilddrüse, der Lunge und des Herzens sowie systemische Erkrankungen des Kreislaufs, der Abwehr und des Nervensystems.

Tragen als Halskette

Eine Kette beeinflusst den Bereich der Wirbelsäule samt Rückenmark und je nach deren Länge den Kehlkopf mit dem Halsbereich, das Herz mit dem Brustbereich oder den Solarplexus- mit dem Bauchbereich.

Die Länge einer Heilsteinkette ist auf deren Anwendungsbereich abzustimmen. Da Ketten, auch wenn sie direkt auf der Haut getragen werden, meist sichtbar sind, haben sie eine Funktion im zwischenmenschlichen Bereich. Sie sollten jedenfalls ästhetischen Gesichtspunkten genügen und auch bei preisgünstigen Sorten gut verarbeitet und gefällig sein.

Aquamarin-Kugelkette

Anwendungsbereiche: Erkrankungen und Beschwerden der Schilddrüse, der Lunge und des Herzens sowie systemische Erkrankungen des Kreislaufs, der Abwehr und des Nervensystems.

Tragen einer Gebetskette

Die traditionelle Tikra entwickelte sich aus der brahmanischen Mala und wurde von den buddhistischen Mönchen als Schutz gegen Dämonen getragen, weswegen sie Buddha selbst ablehnte. Kurz nach Buddhas Tod jedoch wurden die traditionellen Gebetsbänder auch zum persönlichen Schutz wieder genutzt.

Buddhistisches Tikra, Powerband

Tikras oder sogenannte Buddha-Power-Bänder kamen in Mode, als bekennende amerikanische Buddhisten wie Richard Gere behängt mit Armbändchen aus Halbedelsteinen in Frauenzeitschriften abgebildet wurden. Diese Modeerscheinung brachte der ernsthaften Steinheilkunde-Bewegung kaum Zulauf. Allein die Nachfrage war derart groß, dass auf dem Höhepunkt der Mode keine echten Bergkristallbänder zu bekommen waren, sondern nur noch Glasimitate angeboten wurden.

Beim Tragen solcher Bänder ist daher insbesondere auf Echtheit zu achten wie auch auf eine optisch und somit energetisch harmonische Kombination der Steinsorten.

Bereits Hildegard von Bingen empfiehlt Chalcedon-Armbänder. Der Heilpraktiker Ewald Kliegel empfiehlt die Massage am Handgelenk, in dem das Power-Band umschlossen und hin und her gedreht wird. Damit werden der Darm und der Lendenwirbelbereich angeregt und harmonisiert. Werner Kühni testete mit Erfolg die Power-Bänder zur Anregung der Meridiane, da sechs Meridiane über das Handgelenk laufen und so durch die Bänder angeregt werden.

Anwendungsbereiche: Erkrankungen und Beschwerden des Herzens und des Kreislaufs sowie hormonelle Störungen und vor allem hormonell oder psychisch ausgelöste sowie hormonell oder psychisch verstärkte Erkrankungen.

Tragen eines Steinrings

Mit Heilstein besetzte Ringe haben nur dann eine Heilkraft, wenn der im Ring eingearbeitete Heilstein groß genug ist und durch eine Ringfassung gehalten wird, die den Stein nicht von der Haut trennt, das heißt nicht auf einer Platte liegt. Die Größe des Steins sollte mindestens einem Cabochon von 20 mal 12 Millimeter entsprechen oder größer, facettierte Steine sollten mindestens 10 mal 10 Millimeter groß sein. Die normalen kleinen Damenringe sind in ihrer Wirkung vollständig vernachlässigbar.

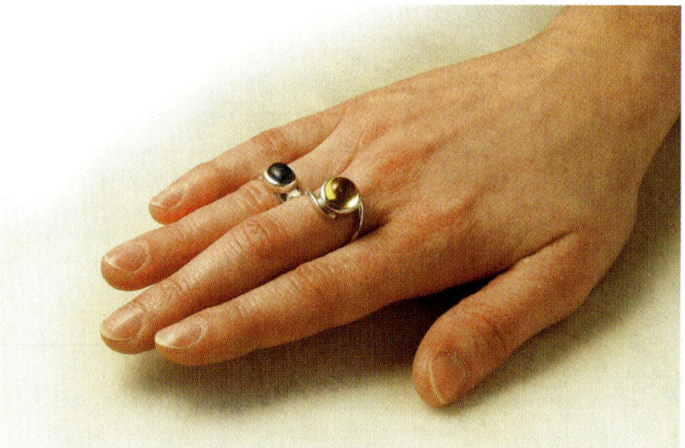

Heilstein-Ringe

Werden Heilsteine als Ringsteine über einen längeren Zeitraum ohne Reinigung und Neuaufladung getragen, kann davon ausgegangen werden, dass ihre Heilkraft zunehmend nachlässt und spätestens nach 6 Wochen Tragen nur noch als Schmuck verwendbar ist.

Anwendungsbereiche: Systemische Erkrankungen des Kreislaufs, der Lymphe und vor allem psychisch ausgelöste Erkrankungen.

Tragen eines Ohrrings

Ähnlich dem Tragen von Ringen hängt die Heilwirkung eines Ohrrings von der Größe des Heilsteins ab. Da in Ohrringe im Normalfall dafür viel zu kleine Steine eingearbeitet sind, kann davon ausgegangen werden, dass diese nicht zu Heilzwecken einsetzbar sind.

Hinzu kommt, dass sich die Steine meist in einer geschlossenen Silberfassung als Halterung befinden, welche die Wirkung der Steine abschirmt.

Ausstreichen mit einem Amethyst-Drusenstück

Mit einem Drusenstück wird in leichtem Abstand von der Haut die Energie des Feinstoffkörpers durch Ausstreichen in eine bestimmte Richtung bewegt.

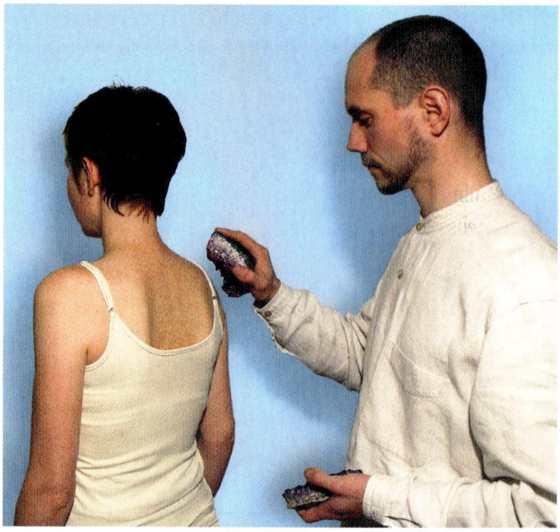

Ausstreichen mit Amethyst-Drusenstück

Das Ausstreichen erfolgt entweder vom Kopf her beginnend über den gesamten Körper bis zum Fuß, auf der Körpervorderseite oder -rückseite, oder von der Körpermitte zu den Armen oder Füßen.

Anwendungsbereiche: Zum Energieausgleich bei Erkrankungen oder Beschwerden der Haut, des Nervensystems oder der Körperabwehr.

Einspeicheln von Steinen

Zum Einspeicheln wird das Mineral in den Mund genommen und gelutscht. Die Schwingung der Steinen überträgt sich dabei außerordentlich schnell auf Organismus und die Psyche. Allerdings ist die Methode nur bei ungiftigen Steinen ratsam, die eine homogene feste Oberfläche besitzen wie beispielsweise Quarze.

Durch die Nähe zum Gehirn setzt die Wirkung nach dem Einspeicheln rasch ein, was gerade bei Schockzuständen hilfreich ist. Bei Verletzungen kann unter Umständen der durch den Stein »informierte« Speichel aufgetragen werden.

Vorsicht vor Verschlucken! Die Person muss bei Bewusstsein sein, und das Einspeicheln nicht bei Husten einsetzen. Auch nicht bei Kindern unter 4 Jahren anwenden, da diese möglicherweise den Stein verschlucken.

Anwendungsbereiche: Probleme und Erkrankungen im Mund- und Zahnbereich, bei Hals-, Nasen- und Ohrenbeschwerden, Erkrankungen der Speiseröhre und des Magens sowie bei Schlaganfall, und zum Testen der Verträglichkeit von Steinen.

Heilsteinwasser

Heilsteinwasser sind wässrige Lösungen, in die zur inneren Anwendung im Rahmen einer therapeutischen Empfehlung Mineralien eingelegt werden. Das Wasser ist das Trägermedium, das die Information oder Schwingung des Steins in sich aufnimmt; die Haltbarkeit ist sehr beschränkt.

Der menschliche Körper besteht zu zirka 70 Prozent aus Wasser; die gelösten Mineralstoffe werden von den verwendeten Heilsteinen angesprochen und gehen in resonante Schwingung dazu. Wird die Heilinformation des Steins auf Wasser übertragen, liegt sie in optimal verfügbarer Form vor.

Herstellung von Heilsteinwasser

Nach Hildegard von Bingen wird eine Druse über einen Kochtopf gehängt, in dem man reines Wasser aufkocht, das sich schließlich an den Kristallen niederschlägt und wieder in den Topf zurücktropft. Zuletzt wird die Druse kurz ins noch heiße Wasser gelegt.

Bedampfen eines Amethyst-Drusenstücks

Anwendungsbereiche: Entzündliche oder atrophische Erkrankungen oder Beschwerden der Haut.

Trinken von Heilsteinwasser

Der Heilstein wird in ein Glas reines Wasser, am besten Quellwasser gelegt, das über den Tag verteilt schluckweise getrunken wird – bis auf einen kleinen, den Stein gerade noch bedeckenden Rest. Abends füllt man Wasser nach und verfährt so etwa eine Woche lang. Da der Stein über den gesamten Zeitraum im Glas verbleibt, nimmt die Konzentration innerhalb dieser Woche ständig zu.

Vitalisieren von Trinkwasser

Nach einer Woche wird der Stein abgewaschen, neu aufgeladen, und man beginnt wieder von vorne. So wird der Gewöhnungseffekt vermieden und der Stoffwechsel optimal aktiviert. Beeindruckend sind die Frische und Bekömmlichkeit des täglich neu angesetzten Heilsteinwassers.

Anwendungsbereiche: Zur allgemeinen Aktivierung und Regeneration; bei Erkrankungen des gesamten Verdauungstrakts, Allergien, Fieberzuständen, Nervenerkrankungen und zur Unterstützung einer Krebstherapie.

Auftragen von Heilsteinwasser

Heilsteinwasser ist zwar in erster Linie zur inneren Einnahme gedacht, kann jedoch auch wie eine Heilpflanzentinktur zum äußerlichen Auftragen auf die Haut – pur oder verdünnt – verwendet werden.

Anwendungsbereiche: Allergische, atrophische und entzündliche Hauterkrankungen, Krampfaderbeschwerden und Besenreiser, Insektenstiche, Verbrennungen, Quetschungen, Schocks.

Umschläge mit Heilsteinwasser

Heilsteinwasser eignet sich auch gut für Umschläge und Wickel. 20 Milliliter des Wassers werden in 100 Milliliter Wasser eingerührt; ein sauberes Baumwolltuch wird damit getränkt und auf die betroffene Stelle gelegt.

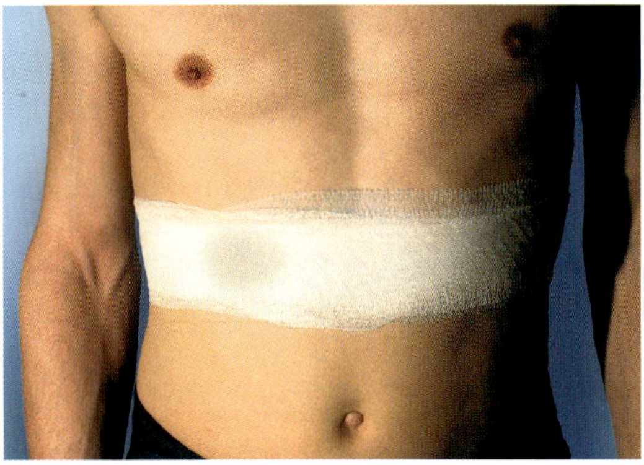

Leibwickel

Anwendungsbereiche: stumpfe Verletzungen (Quetschungen, Verrenkungen), Krampfadern.

Heilsteinbäder

Heilsteine können auch als Zusatz für ein Heilbad verwendet werden. 60–100 Milliliter eines Heilsteinwassers werden in die mit Wasser halbvoll gefüllte Badewanne gegeben. Anstelle des Heilsteinwassers können auch mehrere Kristalle oder Rohsteine, auch Trommelsteine in das warme Badewasser gelegt werden.

Anwendungsbereiche: Hauterkrankungen, großflächige Ekzeme, zur Lösung psychischer Blockaden.

Heilsteinessenzen und -elixiere

Über den Handel zu beziehen sind die Aquarius-Edelsteinessenzen von Amamdus Korse, die KATMA-Edelsteinessenzen, die Elixiere von Oh Shinnah, die Edelsteinelixiere von Gurudas, die Edelsteinelixiere von United Nature von Firos Holtermann ten Hove und die Myron-Heilsteinessenzen.

Myron-Heilsteinessenzen

Die Myron-Heilsteinessenzen stellen die praktische Umsetzung der in der »Enzyklopädie der Steinheilkunde« vorgestellten theoretischen Zusammenhänge dar; sie werden nach folgenden sechs Schritten in 60 Tagen hergestellt:

1. Für die Steinsorte typische Rohsteine bester Qualität werden ausgesucht.
2. Sie werden über Hämatit/Magnetit mindestens 1 Stunde entladen.
3. Danach werden die Steine entweder 8 Stunden in der Sonne oder 8 Stunden bei Mondlicht (im Zeitraum 2 Tage vor bis 2 Tage nach Vollmond, je nach Wolkenbedeckung) aufgeladen.
4. Anschließend werden die Steine in einer Glasschale ohne Muster in Quellwasser oder destilliertem Wasser zwei Stunden intensiv besonnt.
5. Danach werden sie mit Pyramidenenergie 24 Stunden weiter aufgeladen, ⅔ eines 42-prozentigen, 12 Jahre alten Branntweins wird zugesetzt und 28 Tage unter der Pyramide konserviert.
6. Anschließend werden die Essenzen während der nächsten 28 Tage mehrfach nach anthroposophischer Vorschrift rhythmisiert.

Reinigung der Heilsteine

Heilsteine, die therapeutisch eingesetzt wurden, sollten nach jeder Anwendung zunächst durch Abwaschen von aufgenommener Ladung befreit, dann auf der Informationsebene gereinigt und erst anschließend mit frischer Energie aufgeladen werden, damit nicht unbeabsichtigte Informationen zur Wirkung kommen.

Folgen unterlassener Pflege können Trübungen, Schweregefühl oder das Gefühl von Klebrigkeit sein. Die Wahrscheinlichkeit ist dann groß, dass der Anwender vergisst, den Stein einzustecken, eine Abneigung gegen ihn verspürt, dass der Stein für eine Weile rätselhaft verschwindet oder gar entzweibricht, weil er zu viel energetische Schlacken aufgenommen hat und nicht gereinigt wurde.

Entladen unter fließendem Wasser und mit den Fingern

Durch kaltes Abspülen unter dem Wasserhahn (für etwa eine halbe Minute) werden aufgenommene energetische Schlacken abgeleitet.

Entladen unter fließendem Wasser

Mineralien mit poröser und empfindlicher Oberfläche sowie Ketten sind von dieser Behandlung ausgeschlossen, sie können im Eisfach durch Kälte gereinigt werden.

Entladen im Eisfach

Hier wird der Stein oder die Kette, eventuell auf einer Unterlage oder in einer Tüte, für etwa zwei Stunden ins Gefrierfach gelegt und durch Kälte entladen.

Reinigen der Informationsebene

Durch Abbau, Transport und Verarbeitung kann der Stein belastende Erfahrungen gesammelt haben. Viele Menschen hielten ihn schon mit unterschiedlichsten Bewertungen in der Hand. Um diese Eindrücke zu verarbeiten, muss der Stein gereinigt werden. Dabei bestehen verschiedene Möglichkeiten:

Reinigen mit dunklem Amethyst

Je dunkler der Amethyst, umso tiefgreifender ist seine reinigende Wirkung. Am stärksten wirken die seltenen schwarzen, eisenhaltigen Amethyste aus Indien.

Der Heilstein kann gut über Nacht in einer Druse liegen bleiben. Die Reinigung auf einem Drusenstück ist nicht so intensiv wie in einer Druse, da die Strahlung dann nur aus einer Richtung einwirkt. Die Amethystreinigung kann niemals schaden, wirkt jedoch nicht bei vielen stark metallischen, besonders dichten und sehr harten Steinen.

Reinigen in Hämatit-Ministeinchen

Dabei wird der Stein oder die Kette direkt auf oder in Hämatit-Ministeinchen gelegt. Bereits nach zwanzig Minuten ist der so eingelegte Stein auf der Informationsebene gereinigt.

Einlegen in Hämatit-Trommelsteinchen

Konsequenterweise bedeutet dies aber auch, dass Hämatit und Magnetit nicht mit anderen Steinen zusammengebracht werden dürfen, da diese Steine dann ebenfalls entladen werden. Dies trifft auch auf Tikras oder Ketten zu.

Aufladen der Heilsteine

Da die Wirkungsintensität der Heilsteine in Zusammenhang mit der aufgenommenen Energie steht, sollten gereinigte und entladene Steine vor einer Steinbehandlung wieder aufgeladen werden.

Die klassische Aufladung der Steine erfolgt mit Lichtenergie, vor allem Sonnenlicht oder wenn notwendig, mit Mondlicht. Dabei hat die Sonne am Vormittag die am stärksten aufbauende Wirkung. Die auslaugende Mittagssonne sollte unbedingt vermieden werden. Die aufladende Wirkung kann verstärkt werden, indem der Stein in eine Bergkristallgruppe gelegt dem Sonnenlicht ausgesetzt wird. Dies darf jedoch nicht mit Steinen durchgeführt werden, die keine Sonne vertragen.

Aufladen mit Bergkristall

Alle Steine können mit Bergkristall energetisiert werden. Zum Aufladen eines Steins verwendet man am besten eine Bergkristallgruppe mit vielen Spitzen oder Bergkristall-Minitrommelsteinchen. Es ist ausreichend, wenn die entladenen Heilsteine mehrere Stunden auf die Gruppe oder in eine Schale mit Minitrommelsteinchen gelegt werden. Bergkristall gibt die von ihm aufgenommene Sonnenenergie an andere Steine ab.

Auflegen auf eine Bergkristallgruppe

Alternative Anwendungen

Alternative Anwendungen wurden zusätzlich aufgenommen, um bewährte Indikationen verschiedener Methoden in der Praxis einzusetzen, die entweder allein oder zusätzlich relativ schnell zu einem Erfolg führen.

Oft erweisen sich diese alternativen Anwendungen als stabilisierend oder heilungsbeschleunigend, wobei der Einsatz von kolloidalem Silber oder kolloidalem Gold, Trinkgold, Kieselsäuregel und Kristallsalz sich als wirksam erwiesen haben.

Es handelt sich dabei um Anwendungen, die mit der Steinheilkunde verwandt, aber als »Materialien« zur innerlichen Einnahme zubereitet sind. All diese Anwendungen wirken durch einen physiologischen und nicht einen »energetischen« Mechanismus, zählen aber im Prinzip mehr oder weniger zur Steinheilkunde.

Kristallsalz

Kristallines Steinsalz hat sich in den letzten Jahren immer stärker als therapeutisches Mittel durchgesetzt und ist heute hauptsächlich als das sogenannte Himalajasalz (mit rötlicher Färbung) aus dem pakistanischen Salt Range des Hindukusch im Handel.

Halitkristalle, Pakistan

Das besonders wertvolle farblos transparente, würfelförmig erscheinende Kristallsalz kann als wasserhaltige Solelösung physiologisch im medizinischen Sinne oder als Einzelkristall energetisch im Sinne der Steinheilkunde verwendet werden. Auf dieses Kristallsalz bezieht sich das in den Steinbeschreibungen erwähnte Halit.

Physiologische Prozesse

Salz reguliert durch Osmose eine ausgewogene Flüssigkeitsverteilung in den Zellen und dem sie umgebenden Bindegewebe.

Salz reguliert das Durst- und Trinkverhalten und greift in die Bildung von Ödemen oder Gewebeaustrocknung ein.

Salz greift in die Transportprozesse des Bluts ein und fördert die Entschlackung, Entgiftung sowie Reinigung des Gewebes durch Ausschwemmung über die Niere.

Salz stabilisiert den Kreislauf und die orthostatische Funktionsfähigkeit des Bluts.

Salz steuert die Nierenfunktion über den Wasser- und Elektrolytaustausch der Nephronen und damit eine Entgiftung der wasserausscheidbaren Stoffe sowie den Mineralhaushalt.

Salz reguliert die Verdauung im Magen durch Bildung der Salzsäure und der Bildung des Natriumbicarbonats in der Bauchspeicheldrüse und beeinflusst damit die Aufschließung der Nahrung sowie den Säure-Basen-Haushalt und die Blutpufferung.

Salz greift in die Erregbarkeit und Leitfähigkeit der Nerven ein und damit auch in die Hirntätigkeit und die Kontraktionsgeschwindigkeit und -stärke der Muskeln.

Salz bildet durch dessen Ausscheidung über den Schweiß zu einem Teil den Säureschutzmantel der Haut.

Der Zusammenhang des Salzes mit der Hormonregulation der Periode ist noch nicht vollständig geklärt.

Herstellung einer Halitkristallsole

Gesättigte 26-prozentige Sole

Wasser kann bei normaler Zimmertemperatur nur 26 Prozent Salz lösen, erst bei höherer Temperatur löst sich bis zu 33 Prozent Salz im Wasser.

Zur Herstellung einer gesättigten 26-prozentigen Sole reicht es, mehrere Salzbrocken in ein mit Wasser gefülltes Glas einzulegen. Nach etwa 3–5 Stunden hat sich so viel Salz gelöst, dass eine gesättigte Sole entstanden ist, zu erkennen daran, dass noch ungelöstes Salz übrig ist.

Möchte man jedoch kein Restsalz in der Sole haben, kann man 260 Gramm Salz in 1 Liter Wasser lösen.

1- und 2-prozentige Sole

Eine verdünnte 1- oder 2-prozentige Solelösung kann man herstellen, indem man 4 Milliliter der konzentrierten Sole auf 100 Milliliter Wasser bzw. auf 50 Milliliter Wasser auffüllt. Diese verdünnten Solelösungen lassen sich natürlich auch durch ein direktes Auflösen von 10 Gramm Salz auf 1 Liter Wasser bzw. 20 Gramm Salz auf 1 Liter Wasser herstellen.

Eine 1-prozentige Solelösung zum Baden kann auch durch Lösen von 1 Kilogramm Salz auf 100 Liter Wasser in der Badewanne hergestellt werden.

Anwendungen mit Salz

Einspeicheln

Zum Einspeicheln wird ein Salzkristall kurzfristig in den Mund genommen und nach der Herausnahme des Kristalls der Speichel noch einige Zeit im Mund gehalten. Der gesalzene Speichel kann geschluckt oder ausgespuckt werden.

Anwendungsbereiche: Allergien, Atemwegs-, Mund- und Bronchialerkrankungen, Zahnfleischerkrankungen.

Trinken

Eine 1 Teelöffel konzentrierte 26-prozentige Halitkristallsole in einem Glas Wasser mischen und morgens nüchtern trinken. Dazu über den Tag verteilt 2 Liter reines Wasser zu sich nehmen.

Trinken einer Salzlösung

Anwendungsbereiche: Antriebslosigkeit, Asthma, Blasen- und Nierenbeschwerden, Entschlackung, Darmbeschwerden und -reinigung, Menstruationsbeschwerden, niedriger Blutdruck.

Soletrinkkuren

Bei einer Soletrinkkur wird über einen längeren Zeitraum eine geringe Menge Sole verdünnt oder pur innerlich eingenommen.

1 Teelöffel konzentrierte Sole in ein Glas mit Wasser, am besten Quellwasser geben und morgens nüchtern trinken, 1 Teelöffel konzentrierte Sole in einen Glaskrug mit Wasser, am besten Quellwasser, geben und über den Tag verteilt trinken.

Wichtig dazu: Über den Tag verteilt 2 Liter Wasser zusätzlich trinken, um die Ausscheidung zu verstärken.

Anwendungsbereiche: Antriebslosigkeit, Asthma, Blasen- und Nierenbeschwerden, Entschlackung, Darmbeschwerden und -reinigung, Hauterkrankungen.

Baden

Verdünnte 1-prozentige Salzsole kann für ein Vollbad verwendet werden, das durch Lösen von zirka 1 Kilogramm orangefarbenen Salzbrocken in 100 Liter Badewasser benötigt wird.

Anwendungsbereiche: Akne, Bindegewebsentschlackung, Durchblutungsstörungen, Entspannung und Nervenberuhigung, atrophische und entzündliche Hauterkrankungen, Herz-Kreislauf-Beschwerden, Juckreiz unterschiedlicher Ursache, Kinderkrankheiten, rheumatische Beschwerden.

Auftragen

Nach dem Waschen trägt man eine gesättigte 26-prozentige Salzsole auf der noch feuchten Haut auf, die anschließend nur abgetupft wird.

Anwendungsbereiche: atrophische und entzündliche Hauterkrankungen, Allergien, Blutergüsse, Durchblutungsstörungen, Hautinfektionen, Hautverletzungen, Insektenbisse und -stiche, Juckreiz unterschiedlicher Ursache, Kinderkrankheiten, rheumatische Beschwerden.

Gurgeln

Eine gesättigte 26-prozentige oder auch verdünnte 2-prozentige Salzsole kann zum Gurgeln eingesetzt werden.

Anwendungsbereiche: Entzündungen im Mund und Rachenraum, Erkältungsbeschwerden, Zahnfleischbeschwerden.

Nasenspülung

Eine lauwarme 1-prozentige Salzsolelösung wird aus einem Glas mit einer Öffnung in die Nase gezogen.

Zur Nasenspülung gibt es in Apotheken oder gut sortierten Esoterikläden spezielle Kännchen aus Glas oder Porzellan, die auch als Nasenduschen angeboten werden.

Anwendungsbereiche: Erkältungskrankheiten und grippale Infekte, Heuschnupfen, Nasen- und Stirnhöhlenentzündung.

Inhalation

Verdünnte 1-prozentige oder 2-prozentige Salzsole kann inhaliert werden; unter einem Handtuch wird der Dampf aus einer erhitzten Solelösung inhaliert.

Anwendungsbereiche: Atemwegs- und Bronchialbeschwerden, Nasen- und Stirnhöhlenerkrankungen, Grippe und grippale Infekte, Erkältungsvorbeugung.

Kombinationsausschluss

Salz kann zusammen mit fast allen anderen Therapien verwendet werden. Es sollte dabei zeitlich versetzt zu anderen Anwendungen wie etwa der Einnahme von kolloidalem Silber, einer Kieselsäuregellösung oder eines Heilsteinwassers eingenommen werden. Gute Erfahrungen ergaben ein zeitlicher Abstand von mindestens 15 Minuten, besser jedoch über 30 Minuten.

Salz kann gleichzeitig an gleicher Stelle mit ätherischen Ölen verwendet werden. Bei äußerlicher Verwendung sollten zirka 4 Stunden verstreichen, nachdem Öle aufgetragen wurden. Im umgekehrten Fall können auch 2 Stunden genügen.

Salz sollte nicht gleichzeitig mit Edelsteinwasser eingenommen werden, um es nicht zu verdünnen oder mit dem vergleichsweise stark mineralstoffhaltigen Wasser zu verunreinigen. 15 Minuten Abstand zwischen den Einnahmen genügt in jedem Fall.

Salz kann die Therapie mit Bachblüten-, Orchideenessenzen oder homöopathischen Mitteln bzw. biochemischen Salzen unterstützen, muss jedoch auch dann zeitlich versetzt eingenommen werden.

Risiken und Nebenwirkungen

Salz ist ein Nahrungsmittel, und man kann unter Normalbedingungen größere Mengen zu sich nehmen, was zunächst einen großen Durst auslöst. Da Salz im Übermaß jedoch unangenehm schmeckt, nimmt niemand – auch Kinder nicht – freiwillig so große Mengen Salz zu sich, dass der Körper Schaden nehmen kann.

Problematisch jedoch ist eine lang anhaltende Hochdosierung der täglich eingenommenen Salzmenge, die eine Blutdruckerhöhung auslösen kann.

Wirkungsausschluss

Salz in seinen verschiedenen Anwendungsmöglichkeiten ist nicht in der Lage, Tumorerkrankungen, Bluterkrankungen, Knochenwachstumsstörungen, Herzmuskel- und Durchblutungsstörungen, Nervenstörungen und Nervenerkrankungen, Lähmungen und spastische Krämpfe, angeborene Defekte, Sinnesstörungen, Gehirnstörungen sowie psychosomatische Beschwerden oder psychiatrische Erkrankungen zu beeinflussen.

Kolloidales Silber und Gold

Kolloidales Silber bzw. Gold ist eine Dispersion aus destilliertem, mineralienfreiem Wasser sowie reinstem metallischem Silber bzw. Gold, hergestellt durch elektrolytische Abscheidung, wobei an zwei ins Wasser getauchte Silber- bzw. Goldstäbe eine Spannung angelegt wird und sich daraus Silber- bzw. Goldpartikel herauslösen.

Herstellung des kolloidalen Silbers

Diese aus nur 10^3–10^6 Silberatomen bestehenden Partikel sind in der Regel zwischen 0,01 und 0,001 Mikrometer klein und machen sich durch einen goldenen oder silbrigen Schleier im Wasser sichtbar.

Die Silber- bzw. Goldteile sind elektrisch positiv geladen und stoßen sich gegenseitig im Wasser ab, so dass sie sich gleichmäßig im Wasser verteilen. Ihre Konzentration liegt zwischen 3 und 50 ppm (parts per million), das heißt, 3 Milligramm Silber bzw. Gold verteilen sich in 1 Liter Wasser.

Kolloidales Silber bzw. Gold ist keinesfalls mit den giftigen Silber- bzw. Goldsalzen zu verwechseln. Silbernitrat wurde bis in die neunziger Jahre in den Kliniken allen Neugeborenen in die Augen geträufelt, um diese vor Augentripper zu schützen. Wegen der Nebenwirkungen wurde dieses Verfahren inzwischen eingestellt. Goldsalze werden heute noch, mit erheblichen Nebenwirkungen, bei Rheuma eingesetzt.

Wirkungsprinzip

Die winzigen Moleküle dringen in einzellige Bakterien ein und blockieren dort ein für die Sauerstoffgewinnung zuständiges Enzym, so dass der Keim erstickt; es wirkt dadurch wie ein wirkungsvolles Breitbandantibiotikum, ohne dass Resistenzen auftreten können. Es bessert Entzündungen, tötet Viren, Einzeller, Plasmodien und Pilze einschließlich deren Sporen ab und greift Würmer an, es unterdrückt die Histamin- und Prostaglandinausschüttung bei allergischen und entzündlichen Reaktionen, puffert überschießende Reaktionen des Immunsystems ab und lindert somit allergische und entzündliche Erscheinungen; es wirkt zusammenziehend auf die Wundoberfläche bei offenen Wunden und reagiert im Körper wie ein freies Radikal und bindet überschüssige Elektronen.

Indikationsbereiche

Kolloidales Silber kann zur Unterstützung der Entgiftung, Schwermetallausleitung und Entschlackung eingenommen werden; Silber bindet das metallische Quecksilber, wodurch dieses über die Niere leicht ausgeschieden werden kann, eingelagerte organische Quecksilberverbindungen scheidet es jedoch nicht aus.

Kolloidales Silber kann bei allen entzündlichen und eitrigen Prozessen im Mundbereich und Zahnfleischbereich, der Atemwege und des Verdauungstrakts eingenommen oder bei Entzündungen, Eiterungen sowie bei allen infektiösen Hauterkrankungen und -entzündungen, einschließlich des Nagelbetts, lokal äußerlich auf die Haut aufgetropft oder eingerieben werden. Es kann bei allen allergischen und atrophischen Hauterkrankungen sowie bei Verbrennungen, einschließlich Sonnenbrand und Strahlenschäden, mit seiner kühlenden und reizlindernden Wirkung lokal auftragen werden. Es lässt dabei die Haut geschmeidiger werden. Es kann bei Entzündungen und Erkrankungen der weiblichen Geschlechtsorgane, bei Erkrankungen der männlichen Geschlechtsorgane einschließlich der Prostata eingenommen werden. Es kann bei Pilzbefall der Haut und des Verdauungstrakts, auf Insektenbisse, -stiche und Warzen lokal aufgetragen sowie innerlich zur Verbesserung des gesamten Milieus eingenommen werden.

Kolloidales Silber kann zur Entlastung und Stärkung der humoralen und der spezifischen Abwehr sowie bei verminderter Abwehrlage eingesetzt werden. Es kann anregend auf katalytische Prozesse und verschiedene Enzyme einwirken.

Kolloidales Silber kann der Erfahrung nach zwischen günstigen und unerwünschten Darmbakterien unterscheiden und zunächst die unerwünschten Darmbakterien angreifen. Wird die Dosis erhöht, können durch Abtötung der Colibakterien auch Blähungen auftreten. Eine Erklärung dafür gibt es noch nicht.

Kolloidales Silber ist aufgrund seiner Milde und seiner Durchdringungsfähigkeit unbedingt ätherischen Ölen vorzuziehen, wenn die betroffene Körperstelle empfindlich oder nicht direkt zugänglich ist, wie zum Beispiel die Augen oder das Nagelbett.

Anwendung

Innerlich kurmäßige Anwendung

Täglich 1 Teelöffel kolloidales Silber unverdünnt, am besten nüchtern oder 2-mal täglich ½ Teelöffel unverdünnt.

Für die innerliche Anwendung bei grippalen Infekten, Entzündungen und Darmpilzen gilt, dass die Dosis erhöht wird, um eine zu frühe Resorption auf dem Weg zum erwünschten Wirkungsort zu vermindern. Treten starke Winde auf, weist dies darauf hin, dass die vermutlich bereits gestörte Bakterienbesiedlung des Darms mit angegriffen wird.

Äußerliche Anwendung

Obwohl allgemein bei Hautdefekten Lavendelöl das Mittel der ersten Wahl ist, stellt kolloidales Silber durch seine optimale Verträglichkeit eine hervorragende Alternative dar.

Kolloidales Silber bzw. Gold lässt sich gut tropfenweise, aber auch großflächig in größerer Menge lokal auf die Haut auftragen, ebenso tropfenweise in eine offene oder infizierte Wunde zum Ausspülen eintropfen. Dabei kann das aufgetropfte kolloidale Silber mit den Fingerspitzen ohne Druckanwendung verteilt werden.

Für Spülungen im Vaginal- oder Analbereich wird das kolloidale Silber mit einer Spritze eingeführt, deren Spitze gekappt ist, so dass keine Verletzungsgefahr besteht.

Mundspülungen werden mit etwa 10 Milliliter kolloidalem Silber durchgeführt, wobei das Silber so lange wie nur möglich im Mund behalten wird. Hier wirkt das kolloidale Silber tiefgreifend über die Mundschleimhaut ein. Obwohl rasch eine Verbesserung eintritt, sollte diese Anwendung einige Wochen weitergeführt werden.

Risiken und Nebenwirkungen

Kolloidales Silber bzw. Gold ist selbst in hohen Dosierungen ungiftig und frei von Nebenwirkungen. Bei einer Einnahme einer ganzen Flasche würde man nur 0,3 Milligramm Silber bzw. Gold zu sich nehmen. Vorübergehend können allenfalls verstärkt Blähungen auftreten.

Aufgrund der winzigen Menge stofflichen Silbers besteht kein Risiko einer Grauverfärbung der Haut, der sogenannten Argyrie, wie sie nach jahrelanger Einnahme von konzentriertem Silber auftritt, wenn das Silber nicht mehr ausgeschieden werden kann.

Wirkungsausschluss

Es liegen bisher noch keine bestätigten und nachvollziehbaren Erfahrungen von kolloidalem Silber bei Tumorerkrankungen, Bluterkrankungen, Knochenwachstumsstörungen, Herzmuskel- und Durchblutungsstörungen, Nervenstörungen und Nervenerkrankungen, Lähmungen und spastischen Krämpfen, angeborenen Defekten, Sinnesstörungen, Gehirn- oder Gedächtnisleistungsstörungen sowie psychosomatischen und psychischen Beschwerden vor. Für diese Bereiche erscheint eine Anwendung mit kolloidalem Silber nicht sinnvoll. Kolloidales Gold dagegen scheint bei Gehirn- oder Gedächtnisleistungsstörungen einsetzbar zu sein.

Kombinationsausschluss

Kolloidales Silber bzw. Gold kann zusammen mit fast allen anderen Therapien verwendet werden. Es sollte zeitlich versetzt zu anderen Anwendungen wie etwa der Einnahme eines ätherischen Öls, einer Solelösung, einer Kieselsäuregellösung oder eines Heilsteinwassers eingenommen werden. Gute Erfahrungen ergab ein zeitlicher Abstand von mindestens 15 Minuten, besser jedoch über 30 Minuten.

Kolloidales Silber bzw. Gold kann nicht gleichzeitig an gleicher Stelle mit ätherischen Ölen verwendet werden. Bei äußerlicher Anwendung sollten zirka 4 Stunden verstreichen, nachdem Öle aufgetragen wurden. Im umgekehrten Fall können auch 2 Stunden genügen.

Kolloidales Silber bzw. Gold sollte nicht gleichzeitig mit Edelsteinwasser eingenommen werden, um es nicht zu verdünnen oder mit dem vergleichsweise stark mineralstoffhaltigen Wasser zu verunreinigen. 15 Minuten Abstand zwischen den Einnahmen genügt in jedem Fall.

Kolloidales Silber bzw. Gold kann die Therapie mit Bachblüten-, Orchideenessenzen oder homöopathischen Mitteln bzw. biochemischen Salzen unterstützen, muss jedoch auch dann zeitlich versetzt eingenommen werden.

Aufbewahrung und Haltbarkeit

Die Flasche muss vor Sonneneinstrahlung geschützt aufbewahrt werden. Sie sollte keinen elektrischen oder magnetischen Feldern ausgesetzt werden, da dadurch die Metallpartikel entladen werden und ausfallen. Das bedeutet, kolloidales Silber bzw. Gold nicht im Kühlschrank, neben der Telefonanlage oder in der Nähe von Stromleitungen länger zu lagern. Aufgrund seiner elektrostatischen Aufladung oder seiner Oberflächenbeschaffenheit entlädt sich kolloidales Silber auch an Plastik, was an feinen grauen Ablagerungen zu erkennen ist. Kolloidales Silber bzw. Gold sollte daher stehend aufbewahrt werden.

Flaschen mit kolloidalem Silber

Durch Sedimentation und elektrische Entladung setzt sich das in Lösung befindliche kolloidale Silber oder Gold normal innerhalb 3 Monaten auf den Boden der Flasche ab, die Wirkung des kolloidalen Silbers bzw. Goldes bleibt jedoch für einen viel längeren Zeitraum erhalten. Möglicherweise beruht diese Wirkung dann auf einer Übertragung der Schwingungsinformation auf das Wasser.

Trinkgold

Trinkgold ist ein zerkleinertes Blattgold, das in einer alkoholischen Lösung als Flocken zum Trinken zubereitet wird.

Durch seinen hohen Alkoholgehalt von etwa 40 Prozent ist es für Kinder und Personen mit einer Alkoholproblematik ungeeignet.

Blattgold in Fläschchen, 4 cm hoch

Gold kann zu sehr dünnen Folien mit einer Dicke unter 0,1 mm ausgewalzt oder gehämmert werden. Ein Gramm Gold ergibt somit eine Fläche von 0,5 m^2.

Trinkgold ist nicht vergleichbar mit den aus der Schulmedizin bekannten Goldsalzen, die bei Rheuma eingesetzt wurden, jedoch von erheblichen gesundheitlichen Nebenwirkungen begleitet waren.

Trinkgold entspricht auch nicht dem Aurum potabile der Alchemisten, da Gold in einer speziellen Flüssigkeit gelöst sein musste.

Anwendungsbereiche: bei Abgespanntheit, Angstzuständen, innerer Unruhe und depressiven Zuständen sowie zur Stärkung des Selbstvertrauens, bei Reiseübelkeit, Bauchschmerzen und rheumatischen Beschwerden.

Kieselsäuregel

Silizium ist ein lebenswichtiges Spurenelement, das relativ schwer vom Körper aufgenommen wird. Dieses Problem kann mit der Zufuhr gefällter disperskolloidaler Lösung mit Kieselsäuregel, einem Siliziumoxid, gelöst werden.

Kieselsäuregel ist eine in kolloidaler Lösung gehaltene Kieselsäure, mit einer gelartigen Struktur. Die enthaltenen Moleküle messen zirka 0,5 m und können deshalb die Darmwand leichter passieren als ungelöste Kieselsäureaggregate, die mit zirka 50 m rund hundertfach größer sind.

Aufgrund seiner Kugelstruktur und ihrer Hohlräume erreicht kolloidales Kieselsäuregel eine extrem große, reaktionsfähige Oberfläche. So hat beispielsweise 1 Gramm kolloidales Kieselsäuregel eine Oberfläche von etwa 300 m^2. Diese große Oberfläche bewirkt eine hohe Bindungskraft gegenüber Entzündungserregern wie Bakterien oder Viren.

Im Körper eines Menschen finden sich rund 1,5 Gramm Silizium, verteilt im gesamten Gewebe. In der Natur kommt Silizium nicht frei vor, sondern gebunden an Sauerstoff, als Kieselsäure. Pflanzen enthalten sehr unterschiedliche Konzentrationen an Kieselsäure. Hohe Konzentrationen finden sich im Getreide, in Hafer 0,6 Prozent und in Gerste 0,2 bis 0,3 Prozent.

Der tägliche Mindestbedarf wird bei etwa 50 Milligramm gesehen. Für die optimale Versorgung der Zellen und des Bindegewebes ist die doppelte Menge möglich und sicher. Wenn durch Mangelzustände, Belastungen oder zunehmendes Lebensalter die Zellatmung abnimmt, sinkt die Aufnahme der Kieselsäure.

Eine Überdosierung oral aufgenommener Kieselsäure ist kaum möglich. Mehr als zirka 250 Milligramm pro Tag können nicht resorbiert, aber über die Niere wieder ausgeschieden werden.

Silizium ist wichtig für die Zellatmung, für den Aufbau und die Spannkraft des Bindegewebes, für die Kollagensynthese, für die Elastizität und Festigkeit der Arterien- und Venenwände, für die Mineralisierung der Knochen, für den Aufbau und die Festigkeit des Knorpels in den Gelenken, für die Aktivität des Immunsystems.

Silizium unterstützt die Fähigkeit der Haut, Feuchtigkeit zu binden, und beeinflusst den Hautstoffwechsel, es unterstützt den Aufbau des Bindegewebes und das gesunde Wachstum von Haar und Fingernägeln, es unterstützt innerlich eingenommen die entzündungshemmende Wirkung sowohl im Rachen, bei Magenschleimhautentzündungen und Magengeschwüren, es hilft gegen Magenübersäuerung und Sodbrennen, nervöse Magenbeschwerden, Blähungen, Verstopfung, Durchfall und bei Oberbauchbeschwerden, es bessert äußerlich aufgetragen Wunden und Akne, Hautreizungen, Geschwüre, Sonnenbrand, Insektenstiche, leichte Verbrennungen, Bläschen; bei Allergien, offenen Beinen sowie Entzündungen der Mundschleimhaut und Reizung des Zahnfleischs.

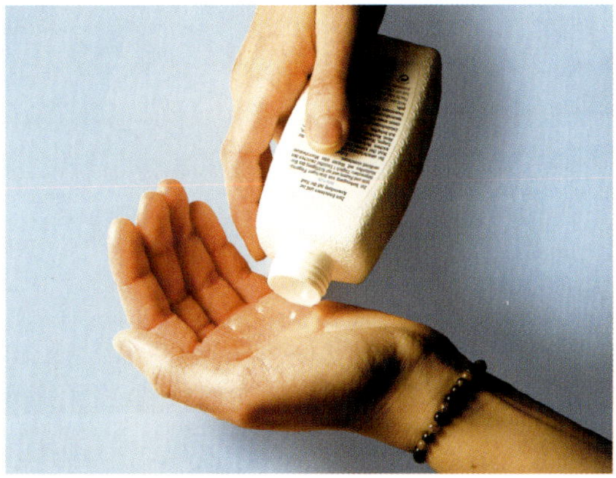

Kieselsäuregel (Silicea-Gel)

Mit dem Alter nimmt der Siliziumgehalt im Körper ab. Die Elastizität und Spannkraft des Bindegewebes lassen nach, und das Bindungsvermögen von Feuchtigkeit reduziert sich.

Grüne Mineralerde

Durch grüne Mineraltonerde können dem Körper lösliche Mineralien zugeführt werden, wobei neben einer Regulierung des Mineralstoffhaushalts ein wesentlicher Ausgleichsfaktor bei hohem Basenüberschuss zu sehen ist.

Der Darm hat die Aufgabe, Nahrungsstoffe aufzunehmen und Abfallstoffe auszuscheiden. Die feinen Teilchen der Mineralerde bilden eine große Oberfläche, die große Mengen an Krankheitskeimen, Schad- und Giftstoffen aufnehmen und Gase binden kann. Auf diese Weise kann der Darm entgiftet und die im Darm befindliche körpereigene Abwehr angeregt werden.

Mineralerde bewirkt eine Mikromassage im Darm, verstärkt die Sekretion ohne Reizung, regt die Verdauung an und wirkt als Ballaststoff.

Die aus der Mineralerde gelösten Mineralstoffe werden über den Darm aufgenommen und dem Körper zugeführt.

Sie enthält in Oxidform Silizium, Aluminium, Calcium, Eisen, Kalium, Magnesium, Natrium, Mangan, Phosphor, Kupfer, Kobalt, Lithium und Molybdän.

So kann Mineralerde bei körperlicher Erschöpfung vermehrte Leistungsfähigkeit und bei geistiger Ermüdung erhöhte psychische Spannkraft verleihen.

Anrühren der Grünen Mineralerde

Mineralerde wird nicht nur innerlich, sondern auch äußerlich in Form von Packungen, Umschlägen, Masken oder Bädern angewendet.

Mineralerde kann bei auftretenden Schmerzen eine große Hilfe sein, indem eine Schicht des Breis auf die schmerzende Stelle gestrichen, darüber eine Folie gelegt und das Ganze zugebunden wird.

Bei Migräne und Kopfschmerzen werden Umschläge auf die Stirn oder den Nacken, bei Ohrenschmerzen um die Ohrmuschel und bei Halsschmerzen um den Hals gelegt.

Bei Hals- oder Mandelentzündung wird 1 Teelöffel grüne Mineralerde in einem Glas warmem Wasser als Gurgelmittel verwendet.

Bei Gelenkschmerzen wird der Brei so warm wie möglich aufgetragen und durch einen festen Umschlag möglichst lange warm erhalten. Solange die Umschläge nicht als störend empfunden werden, können sie liegen bleiben.

Bei Mineralerdebädern werden 1–2 Tassen Mineralerde genommen. Wirksamer ist es, sich nach dem Bad nicht trocken zu reiben, sondern – feucht in ein Badetuch gewickelt – im Bett auszuschwitzen.

Masken und Packung regen die Hautdurchblutung an, führen der Haut Feuchtigkeit zu, straffen das Gewebe, beruhigen die Hautnerven und verbessern die Qualität von Haaren, Nägeln und Haut.

Mineralerdetrunk wird durch 1 Teelöffel Mineralerde auf ein Glas Wasser hergestellt. Man kann sie auch trocken einnehmen, einspeicheln und einen Schluck Wasser oder Tee danach trinken. Nach dem Mineralerdetrunk sollte man noch zirka 30 Minuten nüchtern bleiben.

Zu beachten ist, dass grundsätzlich Glas- oder Tongefäße verwendet werden, auf keinen Fall Gefäße aus oxidierendem Metall. Zuerst wird die Mineralerde in ein Gefäß gegeben und dann die Flüssigkeit zugemischt. Die grüne Mineralerde ist völlig frei von Nebenwirkungen.

10 ml
Anisöl
Frankreich

Die Krankheiten von A bis Z

Gebrauchsanleitung

In den folgenden 180 Beschwerderubriken werden die therapeutisch wichtigsten ätherischen Öle und Heilsteine beschrieben; falls sinnvoll, auch die ergänzenden Anwendungen mit kolloidalem Silber, kolloidalem Gold, Trinkgold, Kieselsäuregel, grüner Mineralerde oder Kristallsalz.

Die Rubrik beginnt jeweils mit einer allgemeinen Beschreibung des Beschwerdebilds, dessen wichtigster Symptome, des Verlaufs und der möglichen Komplikationen sowie der möglichen Ursachen.

Unter dem Stichwort »Ätherische Öle« bezeichnet das **fett** gedruckte Öl jeweils das optimal wirksame, wobei Art der Anwendung und Dosierung genau angegeben sind. Weiter folgen alternativ anwendbare Öle – für den Fall, dass das erstgenannte nicht verfügbar ist, nicht vertragen wird oder sein Geruch vom Anwender als unangenehm empfunden wird.

Unter dem Stichwort »Heilsteinanwendungen« wird zuerst auf akute Symptome (zum Beispiel Schmerzen), dann auf die eigentliche Krankheit und deren Ursache, auf Nebenerscheinungen (zum Beispiel Abgeschlagenheit), auf die seelische Komponente und schließlich auf stabilisierende und vorbeugende Steine eingegangen. Durch diese neue Art der Darstellung wird ein »strategisches« Vorgehen ermöglicht. In der Regel werden für jedes Stichwort mehrere Steine genannt, wobei die Reihenfolge der genannten Heilsteine ihre Relevanz wiedergibt, so dass der erstgenannte Stein als Erster in Betracht gezogen werden sollte.

Die unter »Weitere Steine« genannten alternativen Steine lassen dem Leser, der Leserin die Möglichkeit, vor einem Neuerwerb zunächst bereits vorhandene Steine zu testen und beim Kauf Prioritäten zu setzen.

Die aufgeführten Heilsteine werden nicht in den Handelsformen angegeben, sondern nur in ihrem Verwendungsmodus. Heilsteine können somit als gefasste Anhänger, gebohrte Trommelsteine oder Pi-Scheibe getragen, als flache Trommelsteine, Cabochon, Scheibe, Kristall oder Rohstein kurzfristig aufgelegt sowie über einen längeren Zeitraum aufgeklebt oder fixiert werden. Der Erfahrung nach spielt es keine Rolle, ob zum Beispiel beim Auflegen ein Trommelstein, ein Cabochon oder eine Scheibe verwendet wird.

Die weiteren physiologisch wirksamen alternativen Anwendungen von Salzsole, kolloidalem Silber und kolloidalem Gold, Trinkgold, Kieselsäuregel oder grüner Mineralerde können den Organismus erheblich entlasten, sie haben sich als wirksame Ergänzung bewährt.

Schließlich werden noch zusätzliche Maßnahmen genannt; sie dienen dazu, die möglicherweise nach dem Abklingen der akuten Krankheitserscheinungen weiter bestehenden schädigenden Bedingungen auszuräumen, um so den langfristigen Erfolg der Heilanwendungen zu sichern.

Die Asymmetrische Anwendung

Die Asymmetrische Anwendung ist eine wichtige Methode der mineralogischen Steinheilkunde, die auf Erkenntnisse der Regulationsmedizin zurückgreift und erstmals in der »Enzyklopädie der Steinheilkunde« formuliert wurde.

In der Therapie mit Heilsteinen steht der Therapeut häufig vor der Situation, seinem Patienten verschiedene Steine verordnen zu müssen, die sich gegenseitig stören können, wenn sie gleichzeitig am gleichen Ort wirken sollen. Die Asymmetrische Anwendung sieht nun vor, den Einfluss dieser Steine zu steuern.

Steine, die den Lymphfluss anregen, werden bevorzugt als Heilwasser verabreicht oder zur Lymphmassage verwendet, Steine, die eine Beeinflussung des sozialen Verhaltens bewirken, werden bevorzugt als Schmuck getragen, Steine, die gezielt ein Organ ansprechen, werden nach Möglichkeit auf der entsprechenden Hautpartie fixiert, Steine, welche auf allen Ebene beeinflussen, werden bevorzugt in der Hosentasche getragen.

Neben der räumlichen Trennung ist auch die zeitliche Trennung ein wichtiges Instrument. Grundsätzlich wird eine Anwendung tagsüber vorgezogen, nachts sollte der Körper zur vollständigen Regeneration so wenig als möglich beeinflusst werden. Ferner gibt es bestimmte Abfolgen von Steinen, wie eben auch Erkrankungen in verschiedenen Stadien verlaufen.

Das Verständnis der Asymmetrischen Anwendung ermöglicht in der Praxis eine individuelle Vorgehensweise, die der Situation des Klienten in hohem Maße gerecht werden kann. Dem kommt die vorgenommene Gliederung der Empfehlungen der Heilsteine entgegen.

Die Angaben zur Anwendung des Steins – zum Beispiel tra-

Demenz,
! Gedächtnis 60
! Konzentration 78
!/ Nervosität 97
! Kummer Sorgen
Depression 46
Ängste 30
! Grauer Star 64
! Prostata 104
! Haut Jucken 70
Erkältung 53
! J Bandscheiben 35f
J Migräne 66
! Hämorrhoiden 68

mit Sphärolithischem Chalcedon als ideale Ergänzung

Heilsteinanwendungen:

Heliotrop

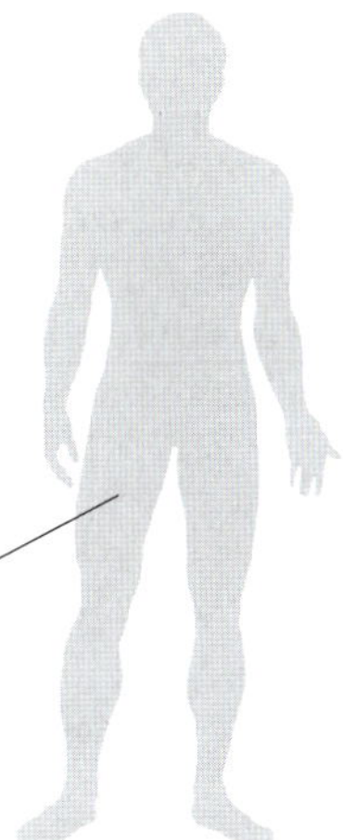

Sphärolithischer Chalcedon

Zur Abschwellung und Entzündungshemmung grünen **Turmalin, Helitrop, Sphärolithischen Chalcedon** oder **Chalcedon** auflegen,
zur Hautregeneration **Rhodonit** oder **Amethyst** als Wasser auftragen,
zur Abszesserweichung und Verringerung der Abszessneigung **Amethyst** oder **Peridot** als Wasser auftragen,
zur Entzündungshemmung, Fiebersenkung und zum Abbau ... sherde bei eitrigen Prozessen **Heliotrop**
... i Bedarf **Smaragd** aufkleben bzw. als Was-

... Entgiftung und Entschlackung **Chrysopras**
... hischen Chalcedon** auflegen,
... llausleitung **Baryt** oder **Antimonit** tragen,
... szessnähe fixieren,
... g gegen wiederkehrende Abszesse **Sphäro-**
... **lcedon** oder grünen **Turmalin** tragen.
... **ine:** Mondstein, Mookait und Rhodochro-

... inige Tropfen **kolloidales Silber** lokal un-
... agen.

... e
... us

... ltes Erlebnis, das als Vorstellung während des
... t und beim Aufwachen noch stark körperlich
... siehe auch: Träume).
... fende reagiert oft mit starken Abwehrbewe-
... spannter Muskulatur, beschleunigtem Puls,
... d nicht selten mit Sprechen oder Schreien. Oft
... äumende verstört auf.

Ätherische Öle: Optimal 1–2 Tropfen **Muskateller-salbeiöl** abends einnehmen, alternativ 2–3 Tropfen Anisöl oder Lavendelöl abends auf der Brust einreiben.

Heilsteinanwendungen:

Chrysopras

Amethyst

Zur Angstlösung, Traumbewältigung und bewussten Konfliktverarbeitung tagsüber **Chrysopras** tragen und dunklen (am besten schwarzen) **Amethyst** abends unter das Kopfkissen legen oder umgekehrt, alternativ **Charoit** unter das Kopfkissen legen,
zur psychischen Stabilisierung, für Schutz, Sicherheit und Geborgenheit **Türkis** oder **Achat** als Wasser trinken,
bei ständig wiederkehrenden Albträumen und Ängsten zur Vermittlung von Geborgenheit und Urvertrauen **Chrysopras** unter das Kopfkissen legen,

zur Neutralisierung negativer Emotionen oder Energien **Halit-Kristalle** als Steinkreis um das Bett stellen, um störende Einwirkungen von außen zu neutralisieren, oder schwarzen Turmalin unter das Kopfkissen legen.

Weitere Steine: Amazonit, Aragonit, Aventurin, Chrysoberyll, Jadeit, Malachit, Rauchquarz, Saphir, Sphärolithischer Chalcedon und Turmalin.

Ergänzende Maßnahmen: Baubiologische oder radiästhetische Schlafplatzuntersuchungen mit der Wünschelrute sind meist sinnvoll.

Ängste, Angstneurosen

Phobien

Das beim emotionalen Erleben (oder der Vorstellung) einer unüberwindlich erscheinenden Bedrohung auftretende, unangenehme und beengende Gefühl einer existenziellen Bedrohung oder Unsicherheit oder Furcht, das von vegetativ gesteuerten Symptomen begleitet wird.

Symptome: Blässe der Haut, Schweißausbrüche, Schreckmimik, Unruhezustände, Herzklopfen, Zittern, Anstieg der Atem- und Pulsfrequenz, Blutdruckanstieg, Kopfschmerzen oder Druck im Kopf, auch Ohnmacht, Durchfall und unwillkürlicher Harnabgang. Daneben kann sich die Angst auch durch Unsicherheit, Panikgefühl mit Übelkeit und Erbrechen oder inneres Erstarren mit Teilnahmslosigkeit oder Sprachlosigkeit ausdrücken.

Phobien sind anhaltende, ausgeprägte Ängste, die auf ein bestimmtes Objekt oder eine bestimmte Situation gerichtet sind, Flucht- und Vermeidungsreaktionen auslösen und auch durch Willenskraft oft nicht zu beeinflussen sind.

Phobien mindern die Lebensqualität sehr stark, deutlich und dauerhaft und sollten durch eine Psychotherapie unterstützt werden.

Ätherische Öle: 1–2 Tropfen **Muskatellersalbeiöl** einnehmen, alternativ mit 2–3 Tropfen Anisöl oder Lavendelöl einreiben.

Heilsteinanwendungen:
Zur Lösung unbegründeter Ängste **Apophyllit** tragen; er erleichtert, sich von falschen Selbstbildern und Zwanghaftigkeit zu lösen,
zum Vertrauensaufbau bei verdrängten Ängsten **Rutilquarz,** alternativ **Citrin** tragen, um in angespannten Situationen die Kontrolle zu bewahren; löst übermäßige Erregung und innere Anspannung auf,
bei Sozialängsten und Angst vor Überforderung **Dumortierit** oder **Sonnenstein** als Kette tragen, um Gelassenheit, Leichtigkeit und mehr Lebensfreude zu erfahren,
bei Angst vor Gewalt, Schicksalsschlägen, Verletzungen, Verlust und Tod **Rhodonit** oder bei begründeter Angst **Granat** oder **Rauchquarz** tragen oder als Wasser trinken,
bei übermächtigen und irrationalen Ängsten und wenn man das Gefühl hat, den Verstand zu verlieren, **Sugilith** oder **Chrysoberyll** tragen, um Unangenehmes leichter zu ertragen und Konflikte kompromisslos zu lösen,
zur Stimmungsaufhellung **Citrin** oder bei Kindern **Bernstein** tragen.

Apophyllit

Rutilquarz

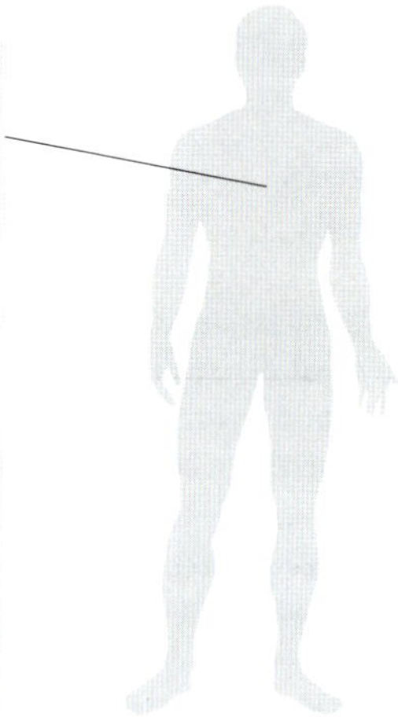

Weitere Steine: Amazonit, Amethyst, Aquamarin, Cavansit, Charoit, Chrysokoll, Coelestin, Fluorit, Halit, Jadeit, Karneol, Koralle rot, Labradorit, Magnesit, Mondstein, Moosachat, Obsidian, Anden-Opal, Pyrit-Sonne, Richterit, Rutilquarz, Rosenquarz, Sardonyx, Sugilith, Türkis und Zirkon.

Appetitlosigkeit

Anorexie/Inappetens

Eine bei verschiedenen körperlichen Erkrankungen oder psychischen Prozessen auftretende Essunlust, auch häufig der Ausdruck einer nervösen oder psychisch bedingten Erkrankung.

Symptome: Abmagerung, Essunlust.

Der Appetit unterliegt einem komplexen Steuerungsmechanismus, der einerseits hormonell und psychisch, andererseits auch über Geruch-, Geschmacks- und Sehreize gesteuert wird und somit mit dem gesamten Motivations- und Triebsystem gekoppelt ist.

Ursachen: Folge einer Infektionserkrankung, vieler Störungen des Verdauungstrakts, einer psychischen Belastung; kann oft ein Frühsymptom einer Krebserkrankung, vor allem des Verdauungstrakts sein.

Ätherische Öle: 2 Tropfen **Orangenöl,** alternativ Bergamottöl oder Fenchelöl 30 Minuten vor dem Essen einnehmen.

Heilsteinanwendungen:

Citrin

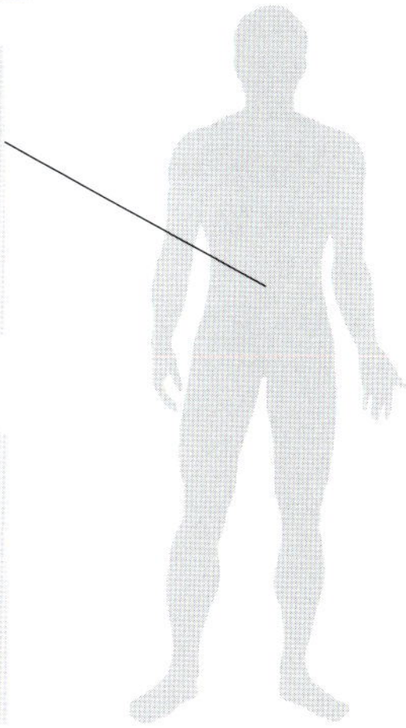

Apatit, grün

Zur Appetitanregung mehrere Monate **Apatit, Variscit** oder **Türkis** als Anhänger oder Kette tragen und als Wasser trinken,
zur Anregung der Verdauungstätigkeit **Citrin** oder **Karneol** tragen,
zur allgemeinen Anregung des Lebensmutes **Citrin,** roten **Granat** oder **Sonnenstein** tragen.

Weitere Steine: Bernstein, Covellin, Jadeit, Saphir und Tigereisen.

Arterienverkalkung

Arteriosklerosis

Eine Einengung oder ein Verschluss von Arterien durch eine Fett- und Kalkablagerung, mit Elastizitätsverlust, immer starrer werdend bis zur vollständigen Verengung der Blutbahn, überwiegend im höheren Lebensalter zu finden.

Symptome: Herabsetzung der Leistungsfähigkeit, Gedächtnis- und Konzentrationsschwäche bis zu Sprachstörungen, Kribbeln, Pelzigwerden, mit Kältegefühl, Schwäche oder Bewegungsunfähigkeit von Beinen oder Armen, krampfartige Schmerzen bei Anstrengungen. Der Beginn ist langsam, schleichend – später kommen die Belastungsschmerzen hinzu – und geht in einem fortschreitenden Zerfall in einen Gewebetod der Gliedmaßen über.

Die Arteriosklerosis steht immer mit Bluthochdruck und oft mit Herz- und Kreislaufbeschwerden in Verbindung. Bei einem kompletten Verschluss einer Schlagader stirbt das entsprechende Glied ab und muss amputiert werden.

Ursache und Risikofaktoren: Antibabypille, Bewegungsmangel, Bluthochdruck, fehlerhafte, vor allem cholesterinhaltige Ernährung, Rauchen, Stress, Übergewicht und Stoffwechselerkrankungen wie etwa die Zuckerkrankheit.

Ätherische Öle: 3-mal täglich 2–3 Tropfen **Rosmarinöl,** alternativ Wacholderöl oder 2-mal 1 Tropfen Zimtrindenöl lokal in den Bauch einreiben.

Heilsteinanwendungen:

Prehnit *Sphärolithischer Chalcedon*

Zur Entgiftung und Entschlackung des Gewebes **Chrysopras, Prehnit** oder **Peridot** und zur Vorbeugung von Gerinnseln in den Blutgefäßen **Sphärolithischen Chalcedon** als Wasser trinken,
zur Verbesserung der Gewebedurchblutung **Rosenquarz, Rhodonit** oder rosa **Chalcedon** zur sanften Massage verwenden,
zur Schmerzlinderung und energetischen Versorgung **Ägirin** oder **Turmalin** lokal aufkleben,
zur Gefäßreinigung und Verhinderung weiterer Ablagerungen **Diamant, Versteinertes Holz, Prehnit,** alternativ **Aventurin** oder **Heliotrop** längere Zeit tragen,
zur Anregung des Fettstoffwechsels und Anregung der Gallensaftproduktion **Malachit, Smaragd, Aventurin, Jadeit** oder **Prehnit** tragen,
zur Blutreinigung **Rubin,** roten **Turmalin** oder roten **Granat** tragen sowie als Wasser trinken.

Weitere Steine: Citrin, Chrysoberyll, Diamant, Dolomit, Kunzit, Magnesit, goldener Topas und Versteinertes Holz.

Alternative Anwendungen: In einem Salzsole-Vollbad 20 Minuten baden.

Arthrose

Arthrosis deformans

Eine Abnutzungserscheinung des Gelenkknorpels und des Bindegewebes an einem oder mehreren Gelenken, mit nachfolgenden Veränderungen des Knochengewebes – oft mit dornähnlichen Auswüchsen.

Symptome: Das betroffene Gelenk ist erheblich eingeschränkt, die Gelenkkapsel narbig verdickt. Es kann ein Gelenkerguss mit Schwellung bestehen. Druck- und Bewegungsschmerz treten als »Anfangs- und Einlaufschmerz« vor allem zu Beginn einer Belastung auf. Bei einer Bewegung knackt und knirscht es im Gelenk. Das Allgemeinbefinden, die Stimmung und das Lebensgefühl bleiben davon unberührt.

Arthrose-Formen: Coxarthrose, im Hüftgelenk; Fingerpolyarthrose, in den Endgelenken der Finger; Gonarthrose im Kniegelenk; Omarthrose im Schultergelenk; Spondylarthrose in den Wirbelsäulengelenken.

Ursachen: Abnutzung des Knochen- und Knorpelgewebes, Überlastung oder mechanische Schädigung.

Ätherische Öle: 2-mal täglich 2 Tropfen **Nelkenöl** und 2–3 Tropfen **Rosmarinöl** abwechselnd, alternativ Muskatellersalbeiöl, Pfefferminzöl, Wacholderöl, Zedernholzöl oder Zimtrindenöl lokal einreiben.

Öl-Stein-Einreibungen: Ideal ergänzt sich die lokale Einreibung einer Mischung aus Rosmarin-, Nelken- und Zimtöl mit Aragonit.

Heilsteinanwendungen:

Ägirin

Aragonit

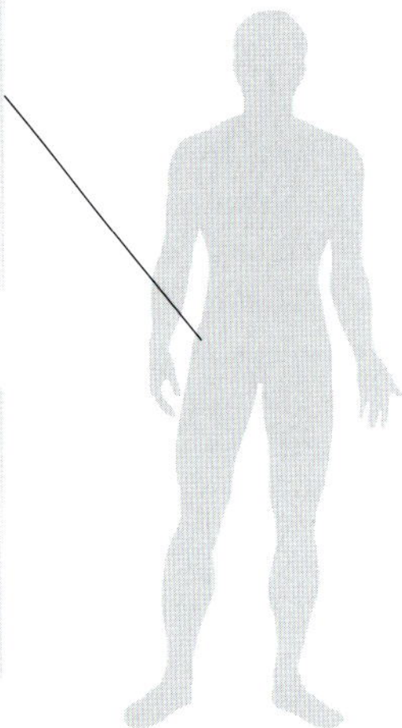

Zur Verbesserung der Bewegungseinschränkung optimal **Ägirin** oder **Fluorit** aufkleben, zur Verbesserung der Bewegung in den Gelenken **Aragonit** oder **Apatit** tragen,
zur Förderung der Knorpelneubildung optimal gebänderten **Aragonit** oder **Fluorit** lokal aufkleben und als Wasser trinken,
zusätzlich **Bernstein** als Armband längere Zeit tragen,
zur Durchblutungsverbesserung **Rhodochrosit** oder **Mookait** auflegen bzw. als Wasser trinken,
zur Schmerzlinderung bei Kniebeschwerden **Pyrit-Sonne, Versteinertes Holz, Malachit** oder **Sardonyx** auflegen,
zur Stabilisierung der Psyche optimal **Türkis** oder **Bernstein** tragen.

Weitere Steine: Heliotrop, Turmalin, Rubin-Zoisit und Saphir.

Ergänzende Maßnahmen: Baubiologische oder radiästhetische Schlafplatzuntersuchungen sind meist sinnvoll.

Asthma

Asthma bronchiale

Eine psychisch und/oder allergisch ausgelöste Wiederkehr von Zuständen schwerer Atemnotanfälle.

Symptome: Zu Beginn der Anfälle sind Hustenstöße, verbunden mit einer ziehenden, hörbar keuchenden Einatmung, einer Verkrampfung der Bronchialmuskulatur und einer Schleimhautschwellung; dem folgen ein zäher, glasiger Auswurf, dann blaue Lippen, manchmal auch eine leichte Blaufärbung der Haut, pfeifende Atmung und Schweißausbruch. Die Ausatmung ist stärker als die Einatmung behindert; der Asthmatiker ist unfähig, ruhig durchzuatmen. Oft nächtlich auftretend mit einem Gefühl der Brustenge und hochgradiger, eventuell zum Aufsitzen zwingender Atemnot und beschleunigtem Puls.

Der Anfall kann bis zu mehreren Stunden, eventuell sogar Tage anhalten.

Ursachen: Allergisch oder durch Stäube ausgelöst; oder Folge einer Infektion der Atemwege, chronischen Lungenerkrankung, auch einer psychischen Ursache wie Angst, Aufregung oder Schreck.

Ätherische Öle: 1–2 Tropfen **Muskatellersalbeiöl** einnehmen, alternativ 2–3 Tropfen Bergamottöl, Eukalyptus oder Lavendelöl in den Brustbereich einreiben.

Heilsteinanwendungen:

Apophyllit

Rutilquarz

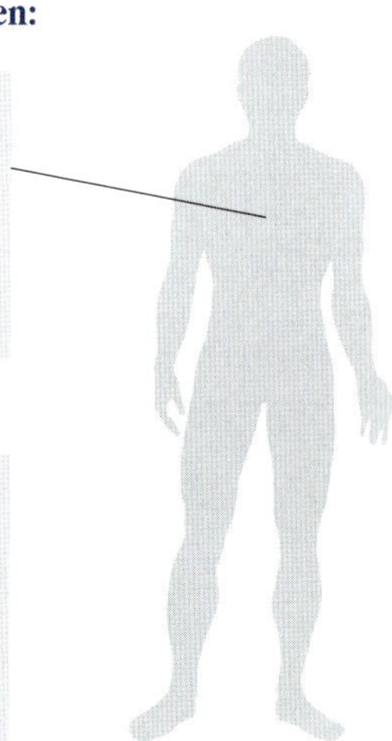

Als akutes Antiallergikum zur Linderung der Atemnot **Apophyllit** auf die Brust legen, bei chronischer Atemnot **Rutilquarz, Aquamarin, Chalcedon** oder blaue **Koralle** als Kette tragen,
zur Linderung der Anfälle optimal **Apophyllit, Chrysokoll** oder **Türkis** auflegen oder tragen,
zur Krampflösung **Apophyllit, Malachit, Jadeit** oder **Tigereisen** als Anhänger oder Kette tragen,

zur Schleimlösung **Apophyllit** oder **Rutilquarz** auflegen, bei chronischem Asthma **Sonnenstein** tragen,
zur Beruhigung und Nervenstärkung **Rutilquarz, Larimar** oder **Coelestin** gegen das Beklemmungs- und Engegefühl auf der Brust tragen,
zur psychischen Stabilisierung goldenen **Topas,** grünen **Anden-Opal** oder **Sonnenstein** tragen.

Weitere Steine: Aventurin, Bernstein, Disthen, Fluorit, Magnesit, Prehnit und Sardonyx.

Aufmerksamkeitsdefizit-Syndrom, Hyperaktivität

ADS/ADSH

Eine auffällige Verhaltensstörung, die vorwiegend bei Kindern auftritt, um die Aufmerksamkeit der Eltern und der weiteren Umgebung auf sich zu ziehen.

Symptome: Verstärkte Impulsivität, motorische Unruhe, Zappeln und extreme Stimmungsschwankungen, aggressives Verhalten, oft mit Zerstörungswut und sozialen Anpassungsschwierigkeiten. Damit verbunden sind Konzentrations- und Lernstörungen sowie Unaufmerksamkeit. Das Interesse springt scheinbar schnell von einem Punkt zum andern.

Ursache: Psychische Faktoren, mit hauptsächlich inkonsequenter oder widersprüchlicher Erziehung, scheinen eine große Rolle zu spielen. Eine gut strukturierte Umgebung mit liebevoller, fester Ordnung und festen Regeln kann das Verhalten in kurzer Zeit bessern.

Ätherische Öle: 2-mal täglich 2 Tropfen **Muskatellersalbeiöl** in den Bauchbereich einreiben oder 2-mal 1 Tropfen einnehmen.

Heilsteinanwendungen:

Amazonit

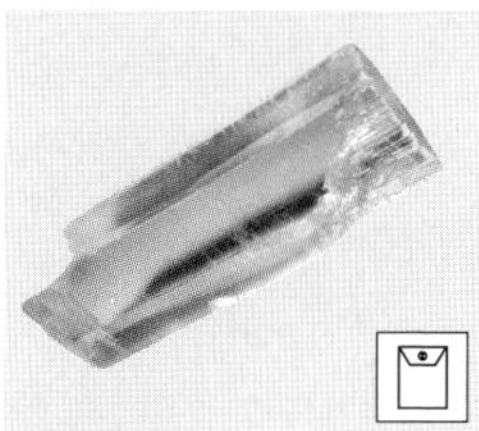

Selenit

Zur Beruhigung und Dämpfung der Übererregbarkeit **Selenit, Lepidolith** oder **Kunzit** tragen,
zur Sammlung und Konzentrationsverbesserung **Amazonit, Ametrin** oder **Fluorit,** alternativ **Achat** tragen,
zur Verbesserung und Vertiefung des Schlafs mit einem **Amethyst**-Drusenstück den Körper ausstreichen und einen **Rosenquarz** an den Kopfteil des Bettes stellen,
zur Besserung der Synchronisierung der beiden Gehirnhälften **Disthen,** alternativ **Chiastolith** auf die Stirn kleben,
zur Normalisierung des Säure-Basen-Haushalts und für Gelassenheit und Entspannung **Magnesit** als Wasser trinken oder **Türkis** als Anhänger tragen, um negative Eindrücke zu verarbeiten, sowie zur Entgiftung von Psychopharmaka **Chrysopras** oder **Smaragd** tragen und als Wasser trinken,
zum Abbau aggressiven Verhaltens **Türkis, Serpentin** oder **Lepidolith** tragen,
zur Findung eigener Interessen und zur Abgrenzung von Überreizungen und Ablenkungen **Achat** tragen,
zur psychischen Stabilisierung und Förderung des Selbstvertrauens und der Kreativität mehrfarbigen **Turmalin** als länglicher Kristall, alternativ **Larimar** tragen; hilft den eigenen Standpunkt zu finden und zu behaupten.

Weitere Steine: Apatit, Aquamarin, Aventurin, Bernstein und Chrysoberyll.

Ergänzende Maßnahmen: Einschränkung des Fernsehkonsums sowie von Computerspielen, ausgewogene, regelmäßige Ernährung, Reduktion der Umweltbelastung durch baubiologische Maßnahmen. Als Therapie kann eine Familienaufstellung nach Bert Hellinger sinnvoll sein.

Augenbindehautentzündung

Conjunctivitis

Ein akuter oder chronischer Entzündungszustand der Augenbindehaut, oft unter Beteiligung der Lidränder.

Symptome: Rötung der Augen, vermehrter seröser bis eitriger Schleim, Bindehautrötung, Anschwellen der Unterlider mit Tränenfluss, Lichtempfindlichkeit bis Lichtscheue, Juckreiz, Augenbrennen, Fremdkörpergefühl, selten jedoch mit Schmerzen.

Ursachen: Zugluft, Dämpfe, Staub oder Rauch, bakterielle oder virale Infektionen, Lichtreize oder UV-Strahlung, chemische Reize, Fremdkörper, Verletzung oder Allergie.

Ätherische Öle: Es sind keine sinnvollen und gesicherten Ölempfehlungen bekannt. Öle reizen die Augenschleimhaut verstärkt, deshalb kein ätherisches Öl in die Augen bringen.

Heilsteinanwendungen:

Zur Abschwellung und gegen Trockenheit **Girasol,** alternativ **Achat** mit Augensignatur auf die geschlossenen Augen legen,
zur Entzündungshemmung **Smaragd, Achat** mit Augensignatur, **Saphir, Heliotrop** oder weißen **Topas** auf die geschlossenen Augen legen,
bei starker Sekretabsonderung, verklebten Augen und zur Juckreizmilderung **Heliotrop, Saphir** oder grünen **Moosachat** auf das geschlossene Auge legen,

zur Lymphflussanregung und bei geröteten, brennenden Augen **Chalcedon** als Rosette oder **Achat** mit Augensignatur jeweils als Wasser trinken.

Girasol

Smaragd

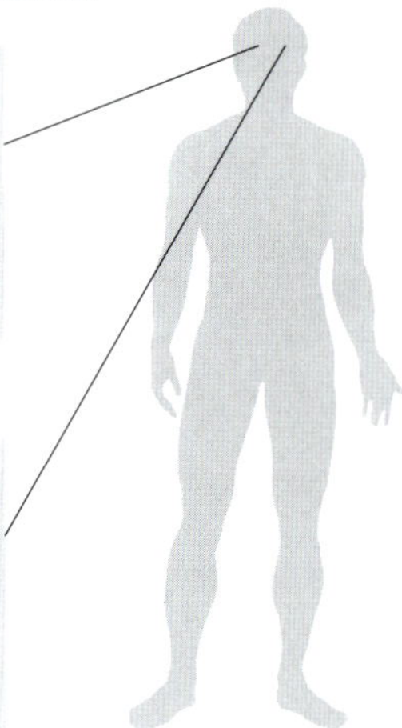

Weiterte Steine: Chrysoberyll, Dioptas, Lapislazuli, Sarder mit Entzündungssignatur, Sphärolithischer Chalcedon und Smaragd.

Alternative Anwendungen: Optimal 2-mal täglich 1 Teelöffel unverdünntes **kolloidales Silber** einnehmen, zusätzlich äußerlich einige Tropfen ins Auge tropfen.

Augenermüdung

Ein Zustand der »Müdigkeit« im Augenorgan ohne weitere Beschwerden.

Symptome: Eine Bindehautreizung mit Rötung, leichtem Brennen und einer Trockenheit im Auge kann auftreten, meist jedoch ist sie mit einer Lidschwere, einem Müdigkeitsgefühl, einer Druckempfindung ums Auge verbunden, das durch Schließen der Augendeckel verbessert wird.

Ursachen: Meist durch eine Überanstrengung oder Überreizung, zum Beispiel nach längerer Bildschirmarbeit oder Übermüdung ausgelöst.

Ätherische Öle: Es sind keine sinnvollen und gesicherten Ölempfehlungen bekannt. Ätherische Öle reizen die Augenschleimhaut, deshalb kein ätherisches Öl in die Augen bringen.

Heilsteinanwendungen:
Zur Stärkung des Auges als Organ **Achat** oder **Malachit** jeweils mit Augensignatur tragen,
bei trockenen, brennenden Augen **Dioptas, Girasol, Achat** und **Aquamarin** tragen, auf das geschlossene Auge legen oder als Wasser auftragen,
bei druckempfindlichen, tränenden Augen **Dioptas, Amethyst** oder hellen **Topas** auf das geschlossene Auge legen oder als Wasser auftragen,
zur Stärkung der Sehkraft und der Augenmuskulatur den handwarmen **Smaragd** oder alternativ **Aquamarin** oder **Saphir** nach Anstrengungen, auch bei Schielen, auf das geschlossene Auge legen,
zur Synchronisation beider Gehirnhemisphären **Disthen** oder **Chrysoberyll** auflegen bzw. in den Mund nehmen,
zur Stärkung des Lebermeridians **Dioptas** oder **Peridot** tragen.

Augen-Achat

Dioptas

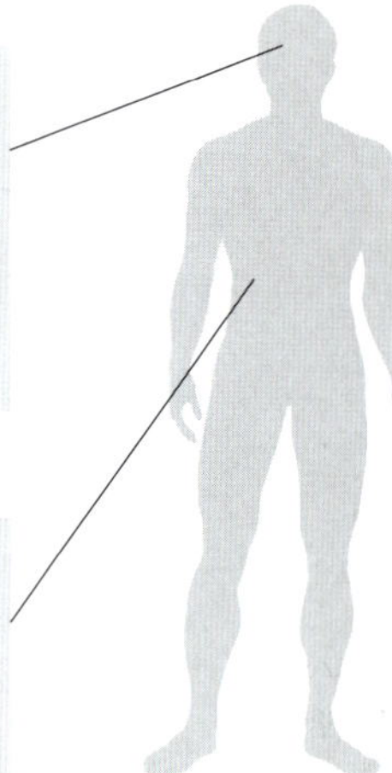

Weitere Steine: Ametrin, Bergkristall, Cavansit, Diamant, Hämatit, Sardonyx und Zirkon.

Alternative Anwendungen: Mindestens 2-mal täglich einige Tropfen **kolloidales Silber** zur Pflege der Netzhaut und gegen Entzündungen ins Auge tropfen. Augendusche mit stark verdünnter (0,5 Prozent) Salzsole durchführen.

Augenzittern

Nystagmus

Eine unkontrollierbare rhythmische oder ruckartige Augenbewegung, verbunden mit Sehschwäche und anderen Augensymptomen.

Symptome: Unkontrollierbares Zittern, das fein-, mittel- und grobschlägig verlaufen kann, mit zunehmender Sehschwäche; auch können Gleichgewichtsstörungen mit auftreten.

Ursachen: Überanstrengung der Augen.

Ätherische Öle: Es sind keine sinnvollen und gesicherten Ölempfehlungen bekannt.

Heilsteinanwendungen:

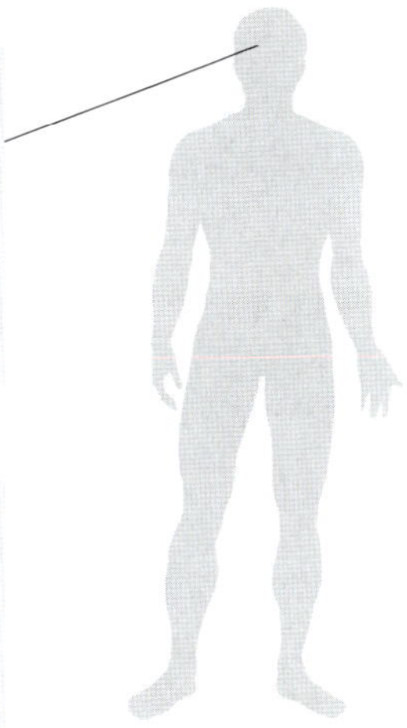

Topas

Amethyst

Zur Linderung des Augenzitterns bei Nervenerkrankungen **Achat** mit Augensignatur, **Amethyst** oder **Kunzit** tragen, bei Überanstrengung der Augen **Anden-Opal** oder **Girasol** auflegen oder tragen,
bei gleichzeitiger starker Sehschwäche **Topas** oder **Aquamarin** tragen,
bei psychischer Belastung **Rauchquarz** oder **Sardonyx** auf die geschlossenen Augenlider legen und als Wasser trinken.

Weitere Steine: Bergkristall, Smaragd und goldener Topas.

Ausfluss

Fluor vaginalis

Eine Störung im Genitalbereich der Frau, die durch verschiedenste Erregerarten verursacht sein kann.

Symptome: Ein meist milchig-weißer, schleimiger bis dünnflüssiger Ausfluss der Scheide bei verschiedenen Erkrankungen, der mit Jucken oder Blutbeimengungen, oft auch mit einem allgemeinen Unwohlsein oder Schmerzen verbunden sein kann. Manchmal kann es zu einer Scheidenentzündung kommen.

Ursachen: Eine Infektion durch Bakterien, Einzeller, Pilze oder Würmer, aber auch ein Begleitsymptom einer Eileiter- oder Scheidenentzündung sowie einer Harnröhrenentzündung.

Ätherische Öle: 2-mal täglich 2–3 Tropfen **Lavendelöl,** alternativ Bergamottöl, Muskatellersalbeiöl, Rosmarinöl oder Wacholderöl auf ein Tampon auftropfen und in die Scheide einführen.

Heilsteinanwendungen:

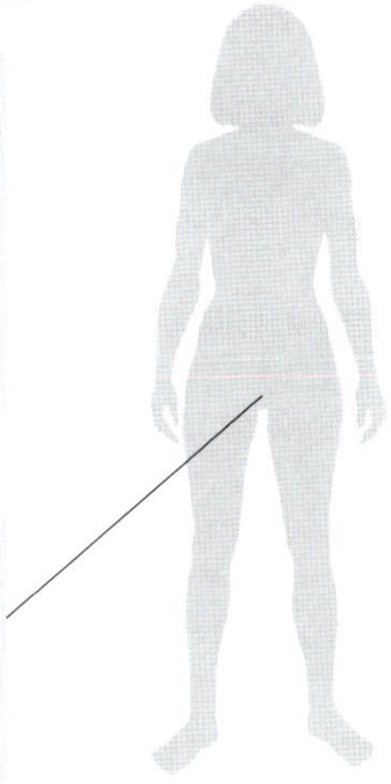

Chrysopras

Heliotrop

Zur Entzündungshemmung und Schmerzlinderung **Heliotrop** oder **Sphärolithischen Chalcedon** aufkleben oder im Slip tragen,
zur Juckreizlinderung **Chrysopras, Prasemquarz** oder **Anden-Opal** im Slip tragen,
zur Milieuentsäuerung und Aufbau des Säureschutzmantels **Smaragdwasser** einnehmen oder **Diaspor** oder **Malachit** auflegen,
zur Abwehrstärkung **Chrysopras** oder **Heliotrop** als Wasser einnehmen,
zur Umstimmung, Vorbeugung und psychischen Stabilisierung rosa **Chalcedon** oder Serpentin über mehr als 2 Monate tragen.

Weitere Steine: Chrysokoll und Türkis.

Alternative Anwendungen: Stets zusätzlich 2-mal täglich mit **kolloidalem Silber** unverdünnt spülen.

Bandscheibensyndrom

Pulposus-Syndrom

Eine Anzahl schmerzhafter Beschwerden im Bereich der Lendenwirbelsäule.

Symptome: Oft durch Husten oder Niesen verstärkter Spontanschmerz, mit mehr oder minder starken Reflex- und Bewegungsstörungen und Bewegungseinschränkungen, vor allem beim Bücken.

Ursachen: Durch Abnutzung oder Zerstörung des elastischen Knorpelscheibenkerns der Wirbelsäule.

Ätherische Öle: Optimal bei Schmerzen 1–2 Tropfen **Nelkenöl,** alternativ 2–3 Tropfen Lavendelöl, Pfefferminzöl oder Rosmarinöl lokal einreiben.

Heilsteinanwendungen:

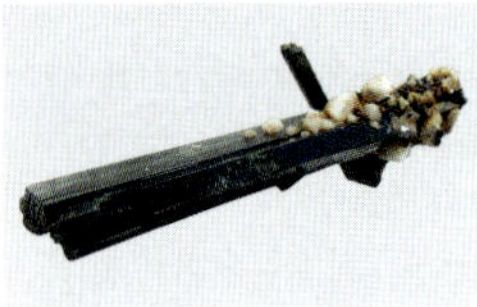

Ägirin

Aragonit mit Bänderung

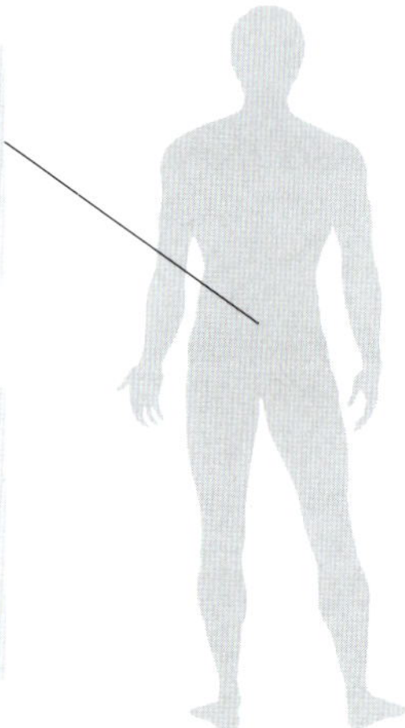

Optimal **Ägirin** lokal aufkleben sowie **Aragonit** als Wasser trinken oder umgekehrt,
bei Bedarf zusätzlich zur Krampflösung **Dolomit** oder **Bronzit** als Wasser trinken,
zur Entspannung, Krampflösung und Schmerzlinderung **Biotit-Linse** oder **Amazonit** auflegen,
zur Linderung von Nervenschmerzen **Kunzit, Sugilith** und **Pyrit-Sonne** auflegen,
zur Linderung von Reibungsschmerzen **Pyrit-Sonne,** alternativ **Chiastolith** auflegen,
zur Wahrung der Elastizität der Bandscheiben **Amazonit** tragen,
zur Vorbeugung dunklen **Bernstein** sowie **Aragonit** tragen und als Wasser trinken.

Weitere Steine: Apatit, Dioptas, Malachit und Tigereisen.

Bandscheibenvorfall

Prolaps-Syndrom

Eine sehr schmerzhafte Erkrankung im Bereich der Lendenwirbelsäule.

Symptome: Eine meist schlagartig auftretende, massive Einschränkung der Beweglichkeit, teilweise auch mit Lähmung, sehr starken Schmerzen, die sich bei Husten, Niesen oder Pressen verstärken, mit Schonhaltung bis zur Steifigkeit, oft einhergehend mit schweren Gefühls- und Sensibilitätsstörungen wie Ameisenlaufen, Kribbeln oder Taubheitsgefühl.

Ursachen: Durch ein Austreten des elastischen Knorpelkerns zwischen den Wirbeln der Lendenwirbelsäure – mit Druck auf den betroffenen Nerv, der aus der Wirbelsäule austritt.

Ätherische Öle: Optimal 1–2 Tropfen **Nelkenöl,** alternativ 2–3 Tropfen Rosmarinöl lokal einreiben.

Heilsteinanwendungen:

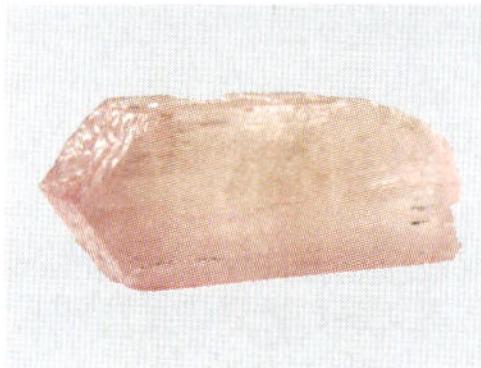

Kunzit

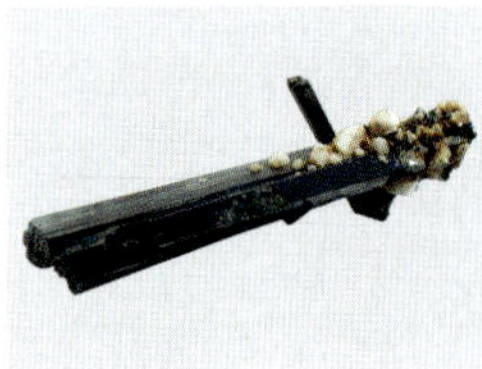

Ägirin

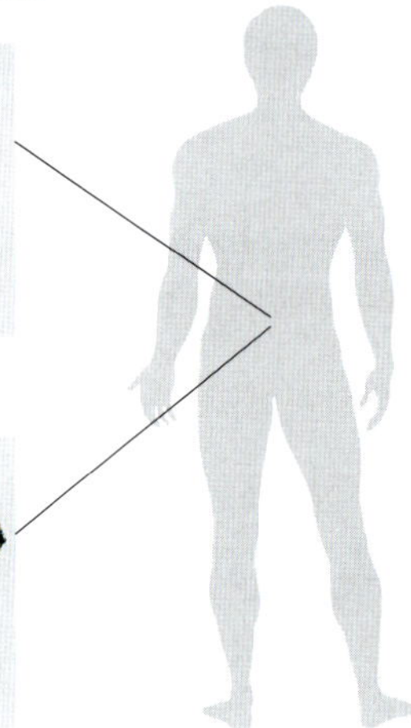

Zur Schmerzlinderung den schneller wirksamen **Kunzit,** den nachhaltig wirksamen **Sugilith** oder den ursächlicher wirkenden **Ägirin** lokal aufkleben,
zur Besserung der Gefühlsstörungen **Turmalin** oder **Ägirin** aufkleben,
zur Vorbeugung gebänderten **Aragonit** als Wasser für die Bandscheiben trinken sowie **Bergkristall** oder **Turmalin** jeweils als Kristallanhänger zur Verbesserung der Körperhaltung und den Aufbau von Stützmuskulatur tragen.

Weitere Steine: Amazonit, Biotit-Linse, Dioptas, Malachit und Pyrit-Scheiben.

Bandwurmbefall

Taeniasis

Eine Erkrankung ausgelöst durch einen Befall mit einem oder mehreren Bandwürmern, die schmarotzend im Darm des Kranken festsitzen.

Symptome: Die Beschwerden sind meist gering, unauffällig und uncharakteristisch: Kopfschmerz, Druckgefühl im Oberbauch, Appetitlosigkeit oder unbändiger Heißhunger, Übelkeit, manchmal Erbrechen, Verdauungsstörungen, Gewichtsabnahme und Müdigkeit. Unregelmäßiger Stuhlgang und Durchfall können mit Verstopfung abwechseln. Ringe unter den Augen.

Ursachen: Meist durch Lebensmittel oder Schmutz aufgenommene Wurmeier.

Verschiedene Bandwurmarten: Rinderbandwurm bis zu 10 Meter lang, Schweinebandwurm 2–8 Meter lang, Fuchsbandwurm, Hundebandwurm und Fischbandwurm.

Ätherische Öle: Optimal 2-mal täglich 2–4 Tropfen **Nelkenöl** einnehmen, alternativ 3-mal täglich 2–3 Tropfen Thymianöl in den Bauchbereich einreiben. Gute Erfahrungen liegen mit der Einnahme von 3-mal 4 Tropfen Nelkenöl über 3 Tage vor.

Heilsteinanwendungen:

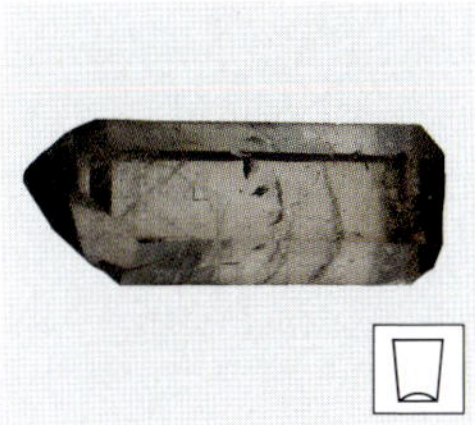

Rauchquarz

Smaragd

Zur Unterstützung der Wurmabtreibung **Rauchquarz,** am besten zusammen mit **Smaragd** als Wasser einnehmen,
zur Appetitsteigerung **Apatit** oder **Citrin** über eine längere Zeit tragen oder **Rhodochrosit** kurze Zeit tragen,
zur Förderung der Darmfunktionen **Stromatolith, Mookait** oder gelbbraunen **Jaspis** tragen,
zur Abwehrsteigerung mit einem **Amethyst**-Drusenstück regelmäßig ausstreichen oder weiße **Koralle** tragen.

Weitere Steine: Achat und Türkis.

Alternative Anwendungen: Wurmkur innerlich mit Sauerkraut und Olivenöl über mindestens 3 Tage ausschließlich anwenden.

Bauchschmerzen

Dolor abdominalis

Schmerzen sehr unterschiedlicher Stärke, die je nach Lage im Bauchbereich unterschiedliche Ursachen haben können.

Linker Oberbauch: Bauchspeicheldrüse, Dickdarm, Magen, Milz und Zwerchfell.

Rechter Oberbauch: Bauchspeicheldrüse, Gallenblase, Leber.

Mittlerer Unterbauch: Blase, Dickdarm, Enddarm, Gebärmutter.

Linker Unterbauch: Blinddarm, Dickdarm, Gallenblase, Leber, linker Eierstock.

Rechter Unterbauch: Blinddarm, Darm, rechter Harnleiter, rechter Eierstock, rechter Eileiter.

Ursachen: Unverträgliches Essen, Durcheinanderessen verschiedener Speisen, verschiedene Entzündungen der verschiedenen im Bauchraum liegenden Organe, meist bakterielle Infektionserkrankungen, Folge einer Krebserkrankung im Bauchraum.

Ätherische Öle: 2–3 Tropfen **Fenchelöl** in den Bauchbereich einreiben, vollkommen unabhängig von der Ursache der Bauchschmerzen.

Heilsteinanwendungen:

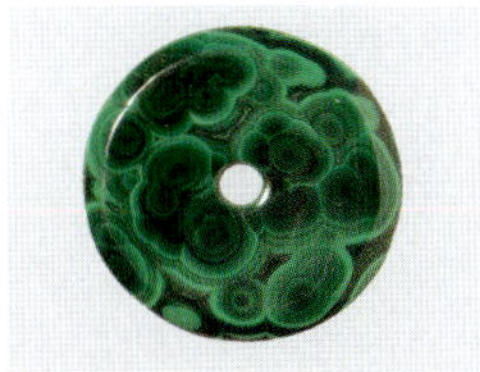

Malachit

Bernstein

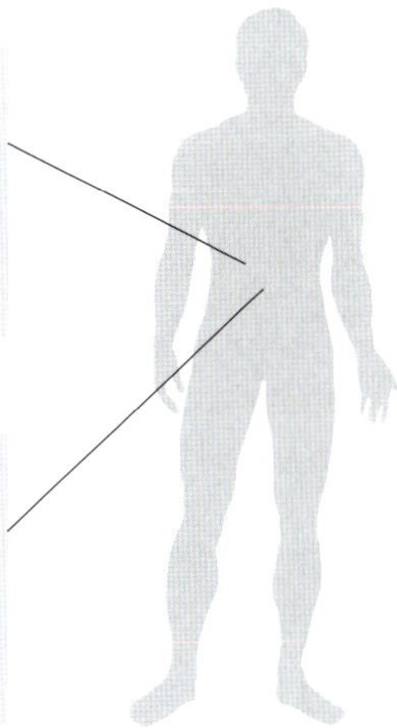

Zur Schmerzlinderung roten **Jaspis,** bei Krämpfen **Malachit** tragen oder **Zirkon** auflegen,
bei den Koliken der Säuglinge **Citrin** in die Windel stecken,
bei Schmerzen mit Übelkeit und Erbrechen **Antimonit** oder **Dumortierit,** alternativ **Türkis** lokal auflegen und als Wasser trinken,
bei Schmerzen im Leber-Gallen-Bereich **Bernstein, Chrysokoll** oder **Malachit** auf die betroffene Stelle lokal auflegen, bei Schmerzen infolge einer Nahrungsunverträglichkeit, übermäßigem oder zu schnellem Essen **Aquamarin, Sphärolithischen Chalcedon** oder **Citrin,** alternativ **Sardonyx** auflegen oder als Scheibe tragen,
bei Schmerzen durch Nervosität oder Stress **Serpentin** oder **Magnesit** tragen.

Weitere Steine: Chrysopras, Diaspor, Heliotrop, rosa Moosachat, Rhodonit und Smaragd.

Bettnässen

Enuresis nocturna

Ein unbeabsichtigtes, nächtliches Wasserlassen mit mangelnder Kontrolle über die Blasenfunktion der Kinder nach dem 4.–5. Lebensjahr. Die Kinder schlafen so tief, dass sie durch den Drang, Wasser zu lassen, nicht aufwachen.

Ursachen: Es liegt meist eine seelische Konfliktsituation zugrunde, insbesondere Angst, Eifersucht. Verluste und Mangel an Geborgenheit, sehr selten eine Entzündung der Harnröhre, Blase oder des Harnleiters oder bei jugendlicher Zuckerkrankheit.

Ätherische Öle: Es liegen keine gesicherten Ölempfehlungen vor. Abendliche Einreibungen von 1 Tropfen Muskatellersalbei in den Unterbauch können versucht werden.

Heilsteinanwendungen:

Citrin

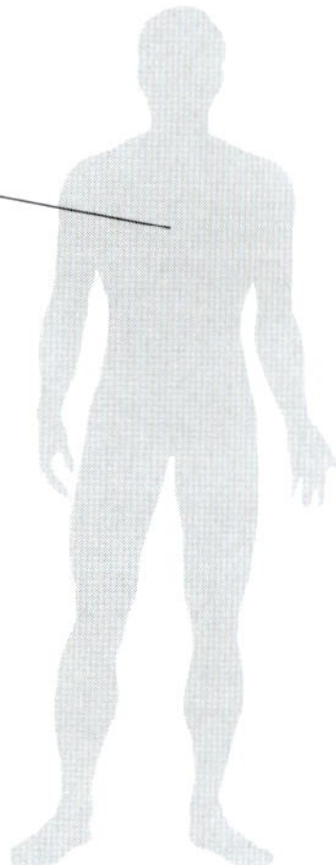

Chrysopras

Zur Angstminderung und zur Stärkung des Selbstbewusstseins und der Selbstsicherheit **Citrin** oder **Rhodonit** tagsüber als Anhänger oder Kette tragen,
zur Psychostabilisierung zum Verarbeiten belastender Eindrücke **Chrysopras, Citrin** oder **Achat** nachts ins Bett legen,
zur Blasenmuskelstärkung **Citrin** als Wasser trinken und konzentrisch gebänderten **Karneol** und **Prehnit** aufkleben,
zur Stärkung der Reinigungsfunktion der Niere **Dioptas** auf den Nachttisch stellen, **Jadeit** tragen oder als Wasser trinken mit dem positiven Einfluss auf die familiäre Beziehung,
zur Vorbeugung **Bernstein, Jadeit** oder **Achat** mit Nierensignatur als Kettchen tragen.

Weitere Steine: Amazonit, Heliotrop und Topas.

Blähungen

Flatulenz/Meteorismus

Eine durch Gärungs- und Fäulnisvorgänge auftretende übermäßige Gasansammlung im Magen-Darm-Trakt mit durch den After abgehende Darmgase.

Symptome: Oft mit einer Auftreibung des Leibes, Zwerchfellhochstand, Rumoren im Bauch, Völlegefühl, stark abgehenden, meist übel riechenden Blähungswinden verbunden. Oft kommt es zu Krämpfen oder kolikartigen Schmerzen.

Ursachen: Gärungsgase, die bei der Nahrungszersetzung blähungsfördernder Nahrungsmittel im Darm entstehen, selten zu viel verschluckte Luft beim Essen, Leber- oder Galleschäden und eine Störung der Bauchspeicheldrüsenfunktion.

Ätherische Öle: 3-mal täglich 2 Tropfen **Fenchelöl** einnehmen, alternativ 2–3 Tropfen Anisöl, Fenchelöl oder Ingweröl in den Oberbauchbereich einreiben. Bei Säuglingen bei jedem Windelwechsel, jedoch mindestens 3-mal täglich 1 Tropfen Fenchelöl gegen Blähungskoliken in den Bauch einreiben.

Öl-Stein-Einreibungen: Ideal ergänzt sich die lokale Einreibung einer Mischung von Fenchel- und Ingweröl mit rosa Moosachat.

Heilsteinanwendungen:

Stromatolith

Rosa Moosachat

Zur Förderung der Darmfunktionen und Verdauungsverbesserung **Stromatolith** tragen oder mit einem **Amethyst**-Drusenstück regelmäßig ausstreichen,
zur Harmonisierung der Darmflora **Achat** oder **Stromatolith** tragen,
zur Blähungsminderung rosa **Moosachat** oder **Smaragd** als Wasser trinken oder als Anhänger tragen,
zur Blähungsminderung bei gleichzeitiger Stuhlverstopfung schwarzen **Turmalin** oder **Sardonyx** tragen oder als Kristalle im Verlauf des Dickdarms aufkleben.

Weitere Steine: Heliotrop.

Alternative Anwendungen: 2-mal täglich 1 Teelöffel unverdünntes **kolloidales Silber** oder 2-mal 1 flachen Teelöffel **Grüne Mineralerde** einnehmen.

Blasenbeschwerden, Blasenentzündung

Zystitis

Eine meist akute bakterielle, entzündliche Erkrankung der Harnblasenschleimhaut, die meist bei Frauen auftritt.

Symptome: Begleitet von häufigem, meist auch nächtlichem Harndrang, Brennen und Schmerzen beim Wasserlassen, die gegen Ende der Harnentleerung zunehmen. Fortbestehen des Harndrangs nach Blasenentleerung. Der Harn ist meist trübe. Schwere Formen treten mit Fieber, Schüttelfrost sowie Eiter und Blut im Harn auf, oft mit Allgemeinerscheinungen wie Kopfschmerz, belegter Zunge, Ringe um die Augen, Müdigkeit und Übelkeit.

Die Erkrankung wird durch kalte Füße oder Durchnässung begünstigt. Durch die viel kürzere Harnröhre ist eine Blasenentzündung bei Frauen häufiger als bei Männern. Sie sollte nie als harmlos betrachtet werden, da eine Blasenentzündung zu einer Nierenbeckenentzündung führen kann.

Chronisch: Eine langzeitige und in Schüben verlaufende Entzündung der Harnblase mit gleichen Symptomen. Es kann auch jegliches unangenehme Gefühl fehlen.

Ursachen: Eine meist aufsteigende bakterielle Infektion, vorwiegend durch Colibakterien, Staphylokokken, Streptokokken, Gonnokokken, Mykobakterien oder Trichomonaden ausgelöst, die durch Kälte, Durchnässung oder Harnstau begünstigt wird. Chronische Blasenentzündungen sind meist Folge einer chronischen Nierenentzündung. Oft spielen Energiemangel, Angst und Stress eine mitverantwortliche Rolle.

Ätherische Öle: 2-mal täglich 2–3 Tropfen **Eukalyptusöl,** alternativ Bergamottöl, Lavendelöl, Rosmarinöl, Thymianöl oder Wacholderöl in den Unterleib einreiben.

Heilsteinanwendungen:

Sphärolithischer Chalcedon

Granat

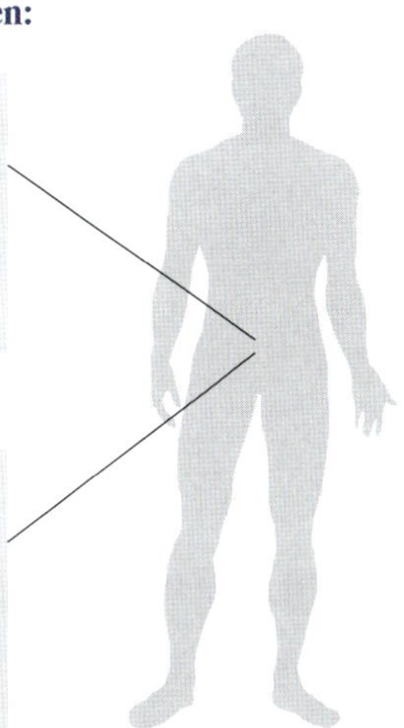

Zur Abwehrstärkung und Entzündungshemmung **Achat** mit Blasensignatur, sonst besser **Sphärolithischen Chalcedon** oberhalb des Schambeins auflegen,
bei akuter Entzündung und zur Fiebersenkung **Heliotrop, Saphir,** lila **Jadeit** oder **Sphärolithischen Chalcedon** aufkleben,
bei Infektanfälligkeit und zur Durchblutungsverbesserung optimal **Granat** nur kurz auflegen und **Heliotrop** oder **Dioptas** längere Zeit tragen,
bei Blasenschwäche und unvollständiger Entleerung blauen **Turmalin** oder **Aquamarin** oberhalb des Schambeins aufkleben,
zur Stärkung der Reinigungsfunktion der Nieren **Dioptas, Prehnit,** alternativ **Jadeit** tragen,
zur Verstärkung der Harnausscheidung blauen **Turmalin** als Wasser trinken,
bei Harnverhalten blauen **Chalcedon** als Wasser trinken oder **Jadeit** oberhalb des Schambeins aufkleben.

Weitere Steine: Chrysopras, rosa Moosachat und Smaragd.

Alternative Anwendungen: 3-mal täglich je 1 Teelöffel unverdünnt **kolloidales Silber** einnehmen.

Blutarmut

Anämie

Eine Verminderung des Blutfarbstoffs und damit der Zahl der roten Blutkörperchen.

Symptome: Starke Blässe der Haut und Schleimhäute, Kraftlosigkeit, Müdigkeit, Benommenheit, Erschöpfung und Konzentrationsstörungen, Appetitlosigkeit und Verdauungsstörungen, Kopfschmerzen, Sehstörungen und Schlaflosigkeit, Schwindel, Ohrensausen, Herzklopfen, Kurzatmigkeit und Verwirrtheitszustände.

Ursachen: Eisen-, Protein- oder Vitaminmangel, Folge einer Eiseneinbaustörung, einer Zerstörung der roten Blutkörperchen, bei inneren Verletzungen wie Milzriss, Magen-Darm-Geschwüren oder äußerem Blutverlust, Unfallverletzungen und Monatsblutungen.

Auch als Folge einer Nierenkrankheit, Leberkrankheit, einer Infektion, eines bösartigen Tumors sowie als Folge einer Chemotherapie oder Bestrahlung.

Ätherische Öle: Es liegen keine sinnvollen und gesicherten Ölempfehlungen vor.

Heilsteinanwendungen:

Magnetit-Oktaeder

Covellin

Zur Blutbildung **Hämatit, Magnetit** oder **Tigereisen** zur allgemeinen Stärkung und zur Aktivierung des Eisenstoffwechsels bei sich tragen,
zusätzlich **Malachit** oder **Covellin** tragen,
zur Leistungsverbesserung rötlichen **Mookait, Variscit** oder rote **Koralle** tragen.

Weitere Steine: Opal und Smaragd.

Blutcholesterinerhöhung

Hypercholesterinämie

Ein erhöhter Gehalt des Bluts an Cholesterin.

Symptome sind kaum erkennbar, und nur die Folgen führen zu einer weiteren Erkrankung wie Arteriosklerose oder Herzinfarkt.

Ursachen: Kann ein familiär erbliches Auftreten oder Folge einer Zuckererkrankung, Schilddrüsenunterfunktion, Gallenstörung oder eines Alkoholmissbrauchs sein.

Ätherische Öle: Es liegen keine gesicherten Ölempfehlungen vor. Möglicherweise kann 2-mal täglich 1 Tropfen **Ingweröl** eingenommen sinnvoll sein.

Heilsteinanwendungen:

Chrysoberyll

Prehnit

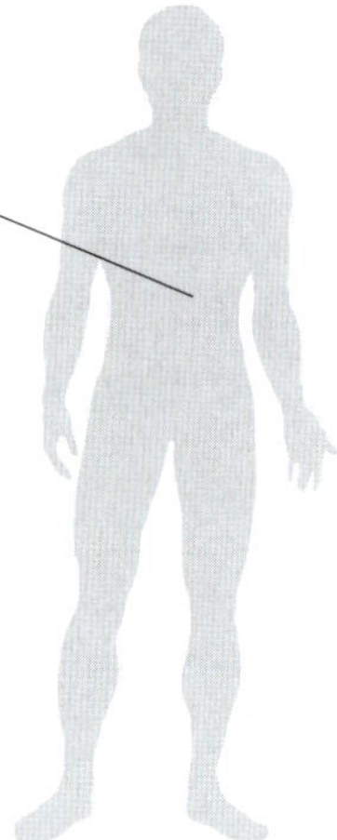

Zur Senkung der Blutfettwerte **Prehnit, Malachit** oder **Jadeit** als Wasser trinken,
zusätzlich mit Wirkung auf die Bauchspeicheldrüse **Chrysoberyll** auf den linken Oberbauch kleben und **Citrin** abends in der Hand halten.

Weitere Steine: Aventurin, Diamant, Karneol, Magnesit und Moosachat.

Alternative Anwendungen: Täglich morgens 2 Teelöffel indischen Flohsamen in Joghurt gequollen essen, senkt über einen Zeitraum von 3 Monaten den Cholesterinwert beträchtlich.

Bluterguss

Hämatom

Ein Austreten von Blut aus einem Gefäß mit Ansammlung des Bluts innerhalb oder außerhalb eines Organs oder im Unterhautfettgewebe nach Einwirkung stumpfer Gewalt.

Symptome: Sofort oder erst nach Tagen tritt ein blutroter Fleck auf, der sich durch die verschiedenen Abbaustufen des Bluts erst blaurot, dann bräunlich, später grüngelblich verfärbt. Sind tieferliegende Gefäße verletzt, wird die Blutung als Schwellung sichtbar. Durch den Druck, den das ausgetretene Blut auf das Gewebe ausübt, kann es zu Schmerzen kommen.

Ausgedehnte Blutungen können die Funktionsfähigkeit von Muskeln und Gelenken beeinträchtigen.

Ursachen: Infolge einer äußeren Einwirkung durch Prellung, Quetschung, Stoß oder Sturz sowie durch Platzen kleiner Gefäße im Alter.

Ätherische Öle: 2-mal täglich 2–3 Tropfen **Lavendelöl,** alternativ Rosmarinöl lokal einreiben.

Öl-Stein-Einreibungen: Ideal ergänzt sich die lokale Einreibung von Lavendelöl mit Rhodonit.

Heilsteinanwendungen:

Schneeflocken-Obsidian

Rhodonit

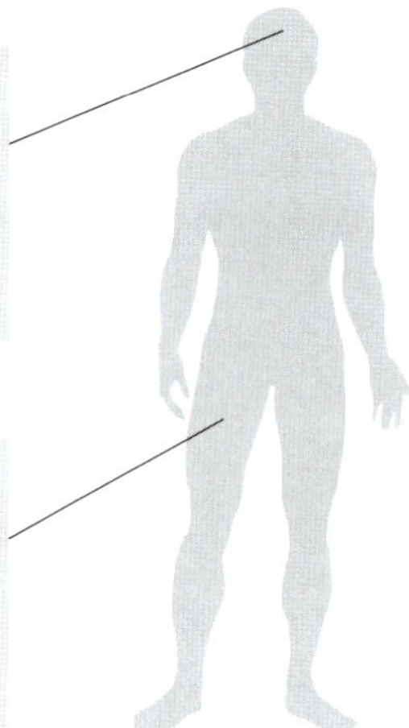

Zur Heilung der Gewebeverletzung optimal **Rhodonit,** alternativ **Rosenquarz** auflegen,
gegen den Schock **Obsidian** auf die Stirn und die Verletzung halten,
zum Abbau des Blutergusses **Rhodonit** oder rötlichen **Mookait** lokal aufkleben.

Weitere Steine: Amethyst.

Ergänzende Maßnahmen: Sofort nach der Verletzung Eispackungen anwenden oder die betroffenen Körperteile unter kaltes Wasser halten. Eine 24-stündige Kältebehandlung mit kaltfeuchten Umschlägen soll den Bluterguss möglichst klein halten. Anschließend Wärmeanwendungen.

Bluthochdruck

Hypertonie

Eine Blutdruckerhöhung mit bleibend hohen Werten von über 160/90.

Symptome: Nach anfänglicher Beschwerdefreiheit treten oft Herzklopfen, Kopfschmerz, Nervosität und Schwindelgefühl auf. Oft treten Gedächtnisstörungen, Ohrensausen und Sehstörungen, vermehrtes nächtliches Wasserlassen und plötzliches Nasenbluten ohne Ursache auf.

Ursachen: Primär mit bisher unbekannter Ursache; sekundär als Folge einer Erkrankung der Gefäße, des Herzens, der Niere oder eines gestörten hormonellen Systems.

Ätherische Öle: Optimal 1–2 Tropfen **Weihrauchöl** 2–3-mal täglich einnehmen, alternativ 2–3 Tropfen Indisches Melissenöl oder Patchouliöl in die Pulsstelle des Handgelenks einreiben.

Heilsteinanwendungen:

Chalcedon

Lapis ohne Pyrit

Zur allgemeinen Kühlung und Lymphflussverbesserung **Chalcedon** oder hellblauen **Anden-Opal** als Wasser trinken,
zur Blutdrucksenkung hellen **Amethyst** als Drusenstück zum Ausstreichen benutzen, **Lapislazuli** ohne Einschlüsse von Pyrit auflegen, **Sodalith** oder **Dumortierit** bei sich tragen, alternativ milchigen **Opal** tragen, zusätzlich einen der oben genannten Steine als Wasser trinken,
zur Stärkung der Reinigungsfunktion der Niere **Jadeit** oder **Prehnit** tragen und als Wasser trinken.

Weitere Steine: Tansanit und Versteinertes Holz.

Blutniederdruck

Hypotonie

Eine Erniedrigung des Blutdrucks in den Blutgefäßen unter die Norm von etwa 105/65.

Symptome: In allen Formen Müdigkeit, Schwäche, Schwindel, Ohnmachtneigung, Bewusstlosigkeit, Blässe und Kühle der Haut, wenig gefühltem Puls bei erhöhter Frequenz.

Ursachen: Essenziell als Störung des Kreislaufs bei sehr dünnen Personen oder durch Absacken in die erweiterten Venen; sekundär als Folge hormoneller Störungen, nervöser Kreislaufstörungen, bei Infektionserkrankungen, Vergiftungen und bei Schock.

Ätherische Öle: Optimal 3-mal täglich 1 Tropfen **Eukalyptusöl** einnehmen, alternativ 1–2 Tropfen Rosmarin in die Pulsstelle einreiben.

Heilsteinanwendungen:

Feueropal

Rhodochrosit

Zur Erhöhung des niedrigen Blutdrucks **Feueropal**, alternativ rote **Koralle** tragen oder als Wasser trinken,
zur Stabilisierung des Blutdrucks **Aventurin** tragen, zur Verbesserung der Blutbildung und während körperlicher Wachstumsphasen **Magnetit** oder **Versteinertes Holz** tragen,
zur Steigerung des Tonus der Gefäße **Rhodochrosit,** mit Wirkung auf die Kapillaren **Versteinertes Holz** tragen,
zur allgemeinen Blutdrucksteigerung **Rubin** tragen oder als Wasser trinken.

Weitere Steine: Granat, Hämatit und Malachit.

Alternative Anwendungen: Über 2 Wochen täglich 1-mal 1 Teelöffel Salzsole verdünnt einnehmen.

Blutungen, Blutstillung

Hämorrhagie

Ein Austreten von Blut aus seiner Gefäßbahn und dessen Stillstand.

Symptome: Sichtbares »Bluten«, mit Abblassen im Gesicht. Bei innerer oder länger andauernder Blutung kann eine zunehmende Blässe, Schwäche und Kraftlosigkeit auftreten, die bis zum Schock führen kann. Bei Blutungen im Verdauungstrakt färbt sich der Stuhlgang schwarz.

Ursachen: Innerlich oder äußerlich aus verletzten Arterien oder Venen, selten aus Organen oder Tumoren; auch bei Blutgerinnungsstörungen.

Ätherische Öle: Bei Blutergüssen optimal 2-mal täglich 2 Tropfen **Lavendelöl,** bei Blutungen 2 Tropfen Pfefferminzöl lokal auftropfen.

Heilsteinanwendungen:

Zur Blutungsstillung, zum Wundverschluss und zur schnellen Rückbildung optimal **Rhodonit** möglichst nah befestigen, in schweren Fällen zusätzlich als Elixier einnehmen,
bei leichten Blutungen **Karneol, Mookait** oder **Obsidian** tragen,

zur Wundpflege **Rhodonit** oder **Mookait** als Scheibe auflegen.

Mahagoni-Obsidian

Rhodonit

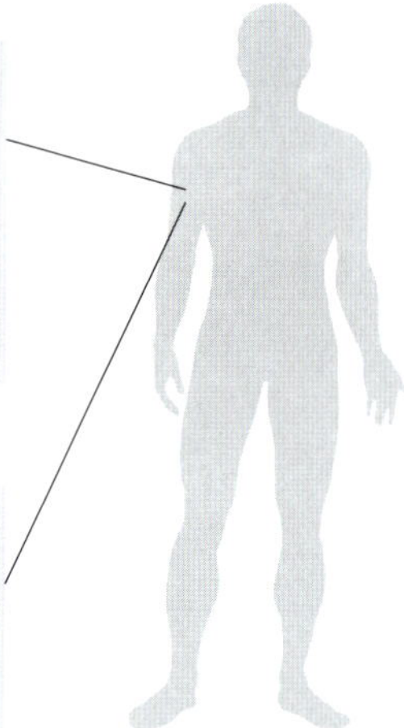

Weitere Steine: Koralle und goldener Topas.

Alternative Anwendungen: Zur Wundpflege einige Tropfen **kolloidales Silber** unverdünnt in die Wunde eintropfen.

Borellia-Erkrankung

Borelliose

Eine chronische bakterielle Erkrankung, die durch Zecken übertragen wird.

Symptome: Ein unspezifisches Krankheitsbild, das dadurch selten erkannt wird. Nach einer Latenzzeit kommt es zu Herzbeschwerden mit Hautbeteiligung, neurologischen Symptomen, die in eine chronische Gelenksentzündung und eine Gehirnhautentzündung übergehen können.

Ursachen: Infektion mit Erregern verschiedener Borellia-Arten.

Ätherische Öle: 3-mal täglich 2 Tropfen **Ingweröl** zur Abwehrstärkung einnehmen.

Heilsteinanwendungen:
Zur Entgiftung und Anregung des Lymphflusses **Chrysopras** oder **Peridot** als Wasser trinken,
zur Entzündungshemmung **Smaragd** oder **Peridot** als Wasser trinken,
bei Gehirnhautentzündung zusätzlich **Schalenblende**, alternativ **Tansanit** oder **Smaragd** auflegen,
zur allgemeinen Abwehrstärkung **Smaragd, Heliotrop, Sphärolithischen Chalcedon** oder **Rauchquarz** als Anhänger tragen,
zur Anregung der Leberentgiftung **Variscit** tragen.

Schalenblende

Chrysopras

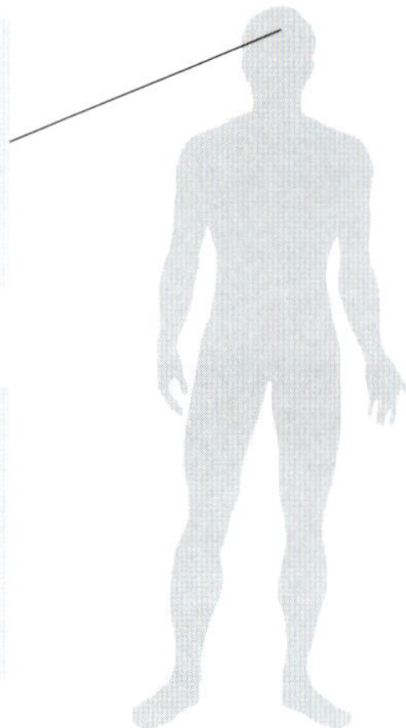

Weitere Steine: Coelestin.

Alternative Anwendungen: 3-mal täglich 1 Teelöffel **kolloidales Silber** oder besser **kolloidales Gold** unverdünnt trinken und täglich über 800 Milligramm **Indischen Weihrauch** in Kapseln einnehmen.

Brand

Gangrän

Ein Absterben von Körpergewebe unter Selbstauflösung oder Fäulnis nicht ausreichend durchbluteter Körperteile.

Symptome: Zuerst wird das betroffene Gewebe blass und kalt, dann entsteht ein taubes Gefühl, später tritt ein heftiger Schmerz auf. Das Gewebe stirbt ab, trocknet und färbt sich schwarz. Nach Wochen oder Monaten wird der abgestorbene Teil vom Körper abgestoßen.

Aus zusätzlicher Infektion durch Fäulnisbakterien entsteht eine feuchte Gangrän mit Erweichung als matschige Masse, eventuell Verflüssigung des nekrotischen Gewebes unter Bildung eines üblen Geruchs.

Ursachen: Die Folge einer mechanischen oder Hitze- bzw. Kälteschädigung der Haut, mit anschließender bakterieller Besiedlung, in Folge einer Arterienverkalkung, Thrombose oder einer Zuckererkrankung.

Ätherische Öle: Mehrfach täglich 2–3 Tropfen **Lavendelöl,** alternativ **Rosmarinöl** in die Wunde tropfen und einreiben.

Heilsteinanwendungen:
Zur Geweberegenerierung **Rhodonit,** violetten **Jadeit** oder **Rauchquarz** als Wasser trinken und äußerlich zur Heilung auftragen,
zur Durchblutungsverbesserung **Rhodochrosit, Granat** oder **Karneol** nach Möglichkeit aufkleben und zusätzlich als Wasser trinken.

zur Nachbehandlung und Nervenregenerierung roten **Turmalin** als Wasser auftragen oder mit **Rosenquarz** einmassieren.

Granat

Rhodonit

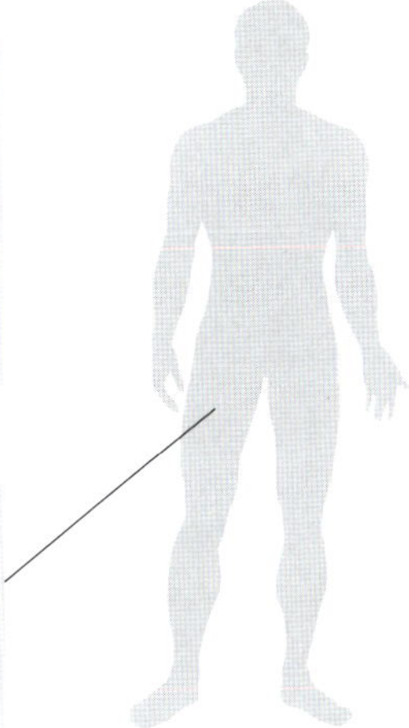

Weitere Steine: Gagat, Labradorit und Zirkon.

Alternative Anwendungen: Zum Spülen einige Tropfen **kolloidales Silber** unverdünnt in die Wunde eintropfen.

Bronchialkatarrh

Bronchitis

Eine akute Entzündung der Bronchialschleimhäute, als Folgeerscheinung eines Infekts der oberen Luftwege.

Symptome: Ein zuerst dünnflüssiger, dann zäher weißglasiger, später schleimig-eitriger gelblicher Auswurf mit heftigem, meist trockenem, schmerzhaftem Reizhusten, brennendem Brustschmerz, der meist mit unerklärlicher Müdigkeit einhergeht. Der Beginn ist entweder von einem mäßigen Fieberanstieg, oft von Schüttelfrost begleitet, wobei der Verlauf mit leichtem bis schwerem Fieber bis 40 Grad sein kann.

Eine Bronchitis ist chronisch, wenn diese sich mindestens über sechs Monate mit Husten und Auswurf bemerkbar macht. Sie verläuft oft anfangs symptomarm mit einem Husten, an den der Patient sich gewöhnt hat, einer nur leicht erhöhten Temperatur und einem wenig beeinträchtigten Allgemeinbefinden. Der insbesondere morgendliche Auswurf ist im Spätzustand schleimig-glasig und zäh, selten grüngelb. Oft kommt es morgens zu starken Hustenanfällen. Mit zunehmendem Verlauf kommt es zu einer Atemnot, zunächst nur bei Belastung, später auch in der Ruhe.

Ursachen: Durch Bakterien, Pilze oder Viren ausgelöst.

Komplikationen: Die chronische Bronchitis kann zu einem Lungenemphysem führen, meist jedoch zu einer Rechtsherzinsuffizienz.

Ätherische Öle: 2-mal täglich 2 Tropfen **Eukalyptusöl,** alternativ Bergamottöl, Cajeputöl, Fenchelöl oder Rosmarinöl in die Brust einreiben.

Öl-Stein-Einreibungen: Ideal ergänzt sich die Brusteinreibung von Rosmarinöl mit Moosachat.

Heilsteinanwendungen:

Apophyllit

Grüner Moosachat

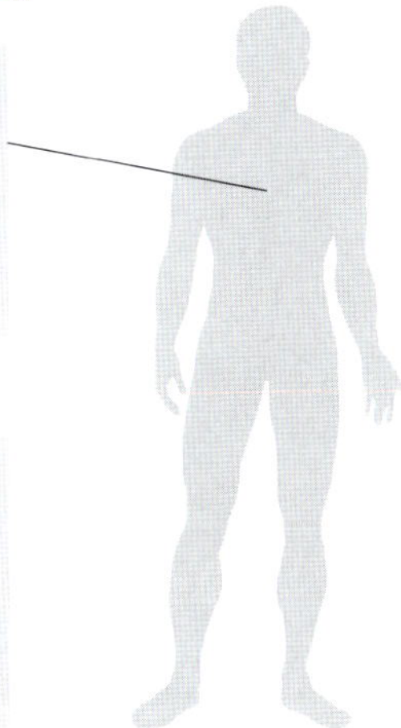

Zur Entzündungshemmung und Fiebersenkung **Moosachat** oder **Heliotrop,** alternativ **Sphärolithischen Chalcedon** auf der Brust tragen oder als Wasser trinken,
zur Hustenreizlinderung und Sekretverflüssigung **Apophyllit** oder **Chalcedon** tragen,
zur Erleichterung des Abhustens **Rutilquarz** oder grünen **Moosachat** auf der Brust als Scheibe tragen,
zur Krampflösung und Schmerzlinderung **Charoit** oder **Disthen** auf der Brust tragen oder als Wasser trinken,
zur Abwehrstärkung **Anden-Opal, Sphärolithischen Chalcedon** tragen,
zur Atemvertiefung bläulichen **Topas, Türkis** oder **Dumortierit** tragen,
zur Regeneration der Lungenschleimhäute **Apophyllit** oder **Fluorit** tragen.

Weitere Steine: Malachit, Saphir und Smaragd.

Alternative Anwendungen: 2-mal täglich 1 Teelöffel **kolloidales Silber** unverdünnt einnehmen.

Brustdrüsenentzündung

Mastitis nonpuerperalis

Eine meist bei Wöchnerinnen in der Stillzeit auftretende Entzündung der Brustdrüsen.

Symptome: Fieber, selten mit Schüttelfrost; schmerzhafte Schwellung, oft heiße lokal gerötete Brust. Sind Lymphknoten in der gleichseitigen Achselhöhle angeschwollen, lässt sich meist eine harte Stelle ertasten. An den Brustwarzen können sich leicht kleine Risse bilden.

Dringt die Entzündung in den Brustmilchgang vor, kann sich ein eitriger Abszess bilden.

Ursachen: Brustdrüsenentzündung kann durch eine bakterielle Infektion, Verletzung der Brust, durch Quetschung oder Stoß, erhöhten Hormonspiegel für Prolaktin oder durch einen Milchstau auftreten.

Ätherische Öle: 2-mal täglich 2–3 Tropfen **Fenchelöl,** alternativ Anisöl oder maximal 2 Tropfen Muskatellersalbeiöl in die Brust einreiben.

Heilsteinanwendungen:

Dendritischer Chalcedon

Sphärolithischer Chalcedon

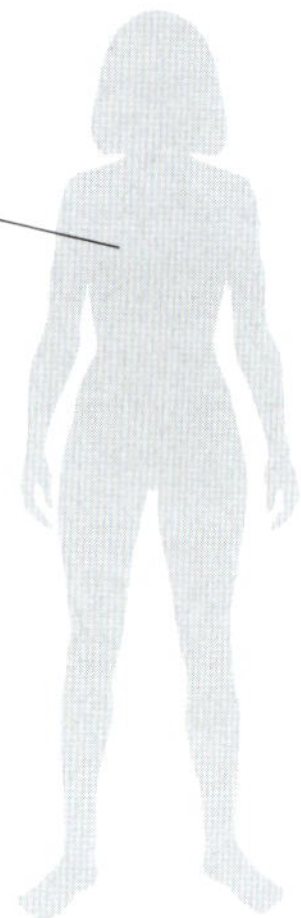

Zur Entzündungshemmung und Fiebersenkung **Moosachat** oder **Sphärolithischen Chalcedon** auflegen und als Wasser einnehmen,
zur Entstauung dendritischen **Chalcedon,** blauen **Anden-Opal** oder milchigen **Opal,** alternativ blau gebänderten **Chalcedon** als Anhänger tragen,
zur Klärung psychischer Hintergründe **Malachit** als Anhänger tragen oder **Pyrit-Sonne** zum Meditieren verwenden.

Weitere Steine: Achat, Mookait und Smaragd.

Alternative Anwendungen: Zur Verhinderung von Hautrissen und Entzündungen **kolloidales Silber** unverdünnt auftragen, bei Bedarf zusätzlich 1 Teelöffel einnehmen.

Ergänzende Maßnahmen: Kühlende Umschläge, am besten als Quarkwickel.

Burn-out-Syndrom

Ein andauernder Erschöpfungszustand mit Gefühl der inneren Leere und der seelischen Verausgabung, der über sechs Monate andauert. Die Erkrankung wurde noch nicht eindeutig definiert und kann sehr unterschiedliche Symptome zeigen.

Symptome: Regelmäßig kommt es durch die Erschöpfung zu einer verminderten Leistungsfähigkeit, Hoffnungslosigkeit, Apathie und Depression und zu körperlichen Beschwerden, die von Kopfschmerzen über Schlafstörungen bis hin zu Verdauungsproblemen reichen.

Ätherische Öle: 2-mal täglich 1–2 Tropfen **Muskatellersalbeiöl** einnehmen, alternativ 3-mal täglich 2 Tropfen Eukalyptusöl, Pfefferminzöl oder Rosmarinöl einreiben.

Heilsteinanwendungen:

Unakit

Granat

Zur Stabilisierung und Regeneration des Organismus **Unakit** mindestens 6 Wochen, anschließend **Sphärolithischen Chalcedon** tragen,
zur Aktivierung **Granat** tragen und als Wasser trinken, oder **Turmalin** tragen, hilft in schwierigen Phasen scheinbar ohne Hoffnung, den Mut nicht sinken zu lassen,
zur Aktivierung über mehrere Monate **Variszit** tragen, wirkt aufmunternd und stimmungsaufhellend,
zur Motivation **Apatit, Smaragd, Sodalith** oder **Larimar** tragen, hilft Lustlosigkeit und Trägheit zu überwinden,
bei Erschöpfung durch kraftraubende Alltagsbelastungen **Rauchquarz, Rubin-Zoisit** oder **Unakit** in der Hosentasche mitführen,
bei Hinweis auf Leberschwäche zusätzlich **Smaragd** oder **Dioptas** aufkleben.

Weitere Steine: Citrin und Dumortierit.

Alternative Anwendungen: Zur langfristigen Regeneration und Aktivierung 2-mal täglich **kolloidales Gold** oder **Trinkgold** einnehmen.

Ergänzende Maßnahmen: Abbau äußerer Belastungen, baubiologische oder radiästhetische Schlafplatzsanierung, gesunde vitaminreiche Ernährung.

Crohnsche-Krankheit

Morbus Crohn/Enteritis regionalis

Eine schubweise verlaufende chronisch-entzündliche, Narben bildende Darmerkrankung, die regional begrenzt oder im gesamten Verdauungstrakt auftreten kann.

Symptome: Oft mit kolikartigen Bauchkrämpfen, chronischen, teilweise blutigen Durchfällen verbunden, selten auch Verstopfung sowie Übelkeit, Erbrechen, Appetitlosigkeit, Leistungsabfall, Erschöpfungszustände und Gewichtsverlust. Fieberschübe können auftreten sowie Haut-, Augen- und Gelenkentzündungen.

Im Laufe der Erkrankung kommt es zu einer Anämie und einem Eiweißmangel.

Ursachen: Weitgehend unbekannt, eine Immunstörung durch eine mangelnde Immunstimulation wird heute diskutiert. Familiäre Häufungen geben einem Hinweis auf eine mögliche genetische Rolle, psychische Einflüsse spielen sicherlich mit eine Rolle.

Ätherische Öle: 1–2-mal täglich **Weihrauchöl** einnehmen und in den Bauch einreiben. 2-mal täglich 1 Tropfen **Muskatellersalbei** zur psychischen Stabilisierung einnehmen.

Heilsteinanwendungen:

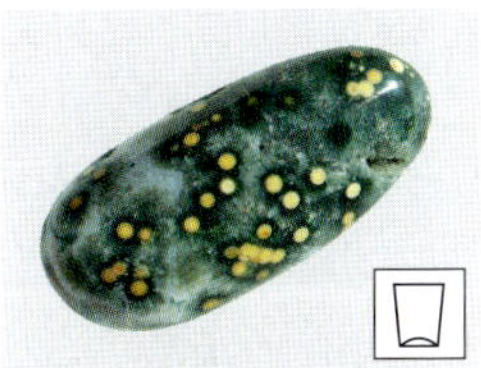

Sphärolithischer Chalcedon

Amethyst-Drusenstück

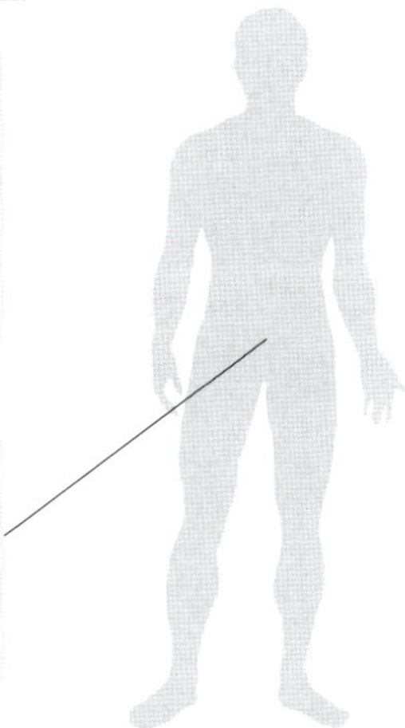

Zur energetischen Stabilisierung des Darms mit einem **Amethyst**-Drusenstück ausstreichen,
zur Entzündungshemmung und Fiebersenkung **Heliotrop, Lepidolith** oder **Sphärolithischen Chalcedon** als Wasser über einen längeren Zeitraum trinken,
zur Krampf- und Schmerzlinderung **Dumortierit** tragen oder **Malachit** auflegen,
zum Schleimhautschutz und zur Schleimhautregeneration rosa **Moosachat, Lepidolith, Achat** oder **Mookait** tragen oder aufkleben,
zur Normalisierung der Darmfunktionen **Stromatolith** oder **Schalenblende** lokal aufkleben,
zur Psychostabilisierung **Kunzit** oder **Richterit** lokal aufkleben.

Weitere Steine: Achat und Amazonit.

Ergänzende Maßnahmen: Optimal **Indischer Weihrauch** mit 65–85 Prozent Boswelliasäure, täglich 800–1600 Milligramm in Kapseln einnehmen; damit liegen bisher die besten Erfahrungen vor; zusätzlich **kolloidales Silber** oder **kolloidales Gold** unverdünnt einnehmen.

Darmbeschwerden

Verschiedene Beschwerden im Darmbereich mit einer Vielzahl von Symptomen und Ursachen.

Symptome: Es kann sich dabei um diffuse oder spezielle Beschwerden handeln, wie Schmerzen, Übelkeit, Erbrechen, Durchfall, Stuhlverstopfung, Druckgefühl, Blähungen mit aufgetriebenem Bauch.

Ursachen: Genauso vielfältig wie die Symptome können deren Ursache sein, und alle inneren Organe des Ober-, Mittel- und Unterbauchs können dazu beitragen; ebenso Vergiftungen, Nahrungsmittelunverträglichkeiten, zu schnelles Essen, Tumore, Entzündungen und verschiedene psychische Faktoren.

Ätherische Öle: 2-mal täglich 2 Tropfen **Fenchelöl** oder Ingweröl in den Bauch einreiben.

Heilsteinanwendungen:

Rosa Moosachat

Stromatolith

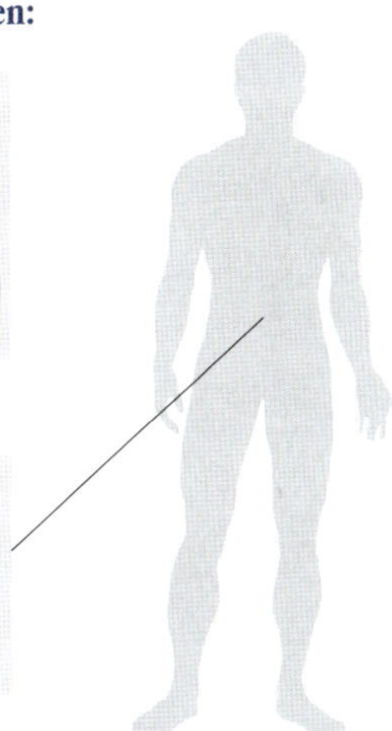

Zur Verbesserung der Darmflora **Stromatolith,** rosa **Moosachat** oder **Achat** auf den Bauch fixieren oder als Wasser trinken,
bei Infektionen und Entzündungen **Sphärolithischen Chalcedon** oder **Heliotrop,** alternativ grünen **Turmalin** tragen oder als Wasser trinken,
bei Krämpfen **Magnesit** lokal aufkleben oder **Malachit** tragen,
bei Durchfall roten **Moosachat,** oder mit bevorzugt hellem **Amethyst** als Drusenstück ausstreichen,
bei Übelkeit und Erbrechen **Malachit, Dumortierit** oder **Bernstein** in der Hand halten, als Kette oder in der Hosentasche tragen,

bei Verstopfung und Darmträgheit mit schwarzem **Turmalin, Sardonyx** oder rosa **Moosachat** den Unterleib massieren, tragen oder als Wasser trinken,
Bei Nahrungsmittelunverträglichkeit **Dumortierit, Citrin** oder **Bernstein** tragen,
zur Giftausscheidung **Malachit** oder **Chrysopras** tragen,
bei nervösen Störungen und Stress **Biotit-Linse, Chiastolith** oder **Rauchquarz** lokal fixieren.

Weitere Steine: Calcit, Gagat, Chrysopras, Hämatit, Karneol, Mookait, Moosachat, Peridot, Rauchquarz, Rhodonit und Turmalin.

Alternative Anwendungen: Zur Entgiftung und bei angegriffener Darmschleimhaut 1–2-mal täglich 1 Teelöffel **kolloidales Silber,** alternativ **Kieselsäuregel** oder **grüne Mineralerde** zur Reizminderung einnehmen.

Depression

Eine seelische Störung mit eingeengter Stimmungslage von Niedergeschlagenheit.

Symptome: Deutlich gedrückte, pessimistische, schwermütige Stimmung, von Bedauern und Hoffnungslosigkeit beherrscht, mit Antriebsminderung; Bewegungsabläufe, Gestik und Mimik sind verlangsamt; Interessenverlust, eventuell Angstzustände oder Selbsttötungstendenzen, bei der die Person zu nichts mehr Lust hat und sich auch nicht aufraffen kann. Freude kann nur schwach oder nicht empfunden werden; der Betroffene fühlt sich leer und gefühllos. Essen verliert seinen Geschmack, es tritt meist Appetitlosigkeit mit Gewichtsverlust auf – alles erscheint stumpf und leblos. Denkprozesse sind verlangsamt, die Konzentration leidet, die Sprache ist verlangsamt, Denkhemmungen kommen vor. Das sexuelle Interesse liegt still.

Oft sind auch körperliche Beschwerden wie Kopfschmerzen, starke Müdigkeit und Schlafstörungen sowie Rückenschmerzen und Stuhlverstopfung vorhanden.

Ursachen: Reaktion auf einen Todesfall, Scheidung oder Verlust der Arbeitsstelle; auch ungeklärte seelische Ursache; Folge einer Hormonumstellung, Arteriosklerose, Gehirnerkrankung, Hirnverletzung oder eines Krebsgeschehens, eines Impfschadens oder einer Schwermetallvergiftung.

Ätherische Öle: Optimal 2-mal täglich 1–2 Tropfen **Muskatellersalbeiöl** einnehmen, alternativ 2-mal täglich 2 Tropfen Lavendelöl, Indisches Melissenöl, Sandelholzöl oder Ylang-Ylang-Öl in die Brust einreiben.

Öl-Stein-Einreibungen: Ideal ergänzt sich die abendliche Einreibung von Muskatellersalbei mit Chrysopal in den Unterleib.

Heilsteinanwendungen:
Zur Antriebssteigerung und Stimmungshebung **Citrin** oder **Anden-Opal** und zum Motivieren goldenen **Topas** tragen,
bei Suizidgefahr **Tansanit** oder **Sugilith,** alternativ **Chrysoberyll** tragen,
zur Abgrenzung bei Unterdrückung mit **Halit-Kristallen** einen Steinkreis um den Körper auslegen und **Richterit** oder schwarzen **Turmalin** als Kristallanhänger, alternativ **Rauchquarz** tragen,
zur Trauer- und Verlustbewältigung **Dumortierit, Gagat** oder **Rauchquarz** tragen,
zur Öffnung und Annahme von Hilfe **Rutilquarz,** alternativ **Purpurit** oder **Apophyllit** tragen; Rutilquarz ermöglicht Ängste und Schwächen zuzugestehen,
zwischen den depressiven Phasen **Mookait, Sonnenstein, Citrin, Dioptas** oder goldenen **Topas** zur Stabilisierung der positiven Ausrichtung tragen.

Goldener Topas

Tansanit

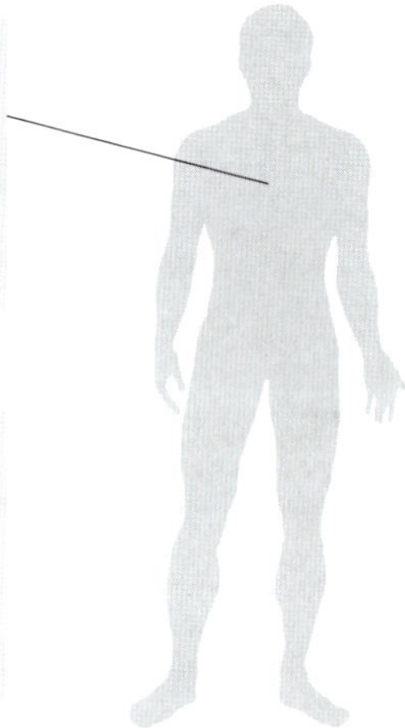

Weitere Steine: Achat, Amazonit, Ametrin, Aquamarin, Bernstein, Biotit-Linse, Coelestin, Opal, Peridot, Prehnit, Sphen und Variscit.

Alternative Anwendungen: 2-mal täglich 1 Teelöffel **kolloidales Gold** oder **Trinkgold** einnehmen.

Ergänzende Maßnahmen: Bedrückende äußere Lebensumstände mit Hilfe von Freunden bewältigen und Abhängigkeiten abbauen, Verlusterfahrungen bewältigen.

Geschwürige Dickdarmentzündung

Colitis ulcerosa

Eine schwere, subakute, meist aber chronisch verlaufende Schleimhautentzündung des Dickdarms und Mastdarms, wobei die Darmwand durch Geschwüre zerstört ist.

Symptome: Die Erkrankung beginnt meist im frühen Lebensalter mit häufigen breiigen, schleimig-blutig-eitrigen, bis zu 20 Durchfällen pro Tag, die sich langsam steigern und schließlich in reine Blutstühle übergehen können. Meist unter Mitwirkung psychischer Faktoren. Oft treten Fieberanfälle, Appetitlosigkeit und Gewichtsverlust auf. Schwere Verläufe sind durch Erbrechen, eventuell Fieber, unklare bis kolikartige Schmerzen, Übelkeit und Gewichtsverlust gekennzeichnet.

Der Krankheitsverlauf ist schleichend, unterbrochen von akuten Schüben und führt zu Anämie und Vitaminmangelerscheinungen. Der Zustand kann sich alleine bessern, Rückfälle sind möglich.

Ursachen: bisher unbekannt.

Ätherische Öle: 3-mal täglich 2–3 Tropfen **Fenchelöl,** alternativ 3-mal täglich 1–2 Tropfen Ingweröl zur Einreibung in den Bauchbereich.

Heilsteinanwendungen:

Sphärolithischer Chalcedon

Amethyst

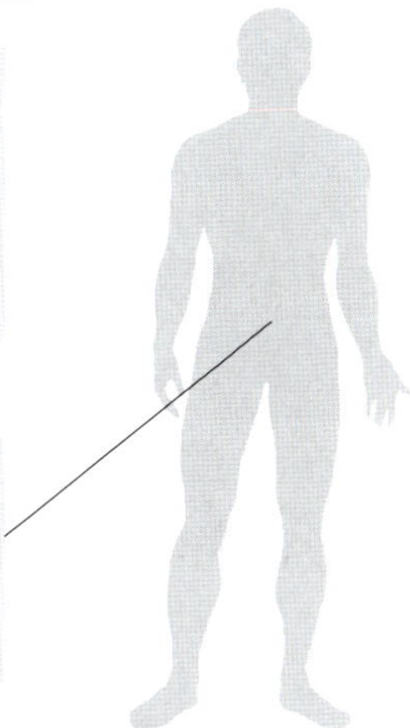

Zur Wasserresorption den Unterleib und bei schlechtem Gesamtzustand den ganzen Körper mit einem dunklen **Amethyst**-Drusenstück ausstreichen,
zur Entzündungshemmung **Sphärolithischen Chalcedon,** alternativ **Heliotrop** als Wasser über einen längeren Zeitraum trinken,
zur Entkrampfung und Koliklösung **Malachit, Dumortierit** oder hellen **Mookait** ohne rote Färbung aufkleben,
zur Schleimhautregeneration rosa **Moosachat** oder **Gagat** bzw. **Bernstein** tragen oder aufkleben,
zur Verbesserung der Darmflora rosa **Moosachat** oder **Stromatolith** als Wasser trinken,
bei psychischen Belastungen und zur Stärkung des Selbstwertgefühls den ganzen Körper mit einem **Amethyst**-Drusenstück ausstreichen, **Ametrin** und **Biotit-Linse** tragen.

Weitere Steine: Aquamarin und Ametrin.

Alternative Anwendungen: Optimal **Indischer Weihrauch** mit 65–85 Prozent Boswelliasäure, täglich 800–1600 Milligramm in Kapseln, zusätzlich 2-mal täglich 1–2 Teelöffel **kolloidales Silber** unverdünnt einnehmen.

Dünndarmentzündung

Enteritiden

Eine entzündliche Infektion der Dünndarmschleimhaut.

Symptome: Meist übel riechende Durchfälle, plötzliche krampfartige Bauchschmerzen, Blähungen, Erbrechen und leichtes Fieber. Oft kommen auch Appetitmangel, Übelkeit, Essunlust oder Völlegefühl hinzu.

Ursachen: Kann durch Bakterien, Viren, Pilze oder Parasiten, auch durch Vergiftung, Abführmittelmissbrauch oder Wurmbefall ausgelöst sein.

Ätherische Öle: 2-mal täglich 1 Tropfen **Ingweröl** einnehmen, alternativ Bergamottöl oder Weihrauchöl zur Einreibung in den Bauchbereich.

Heilsteinanwendungen:

Dumortierit

Sardonyx

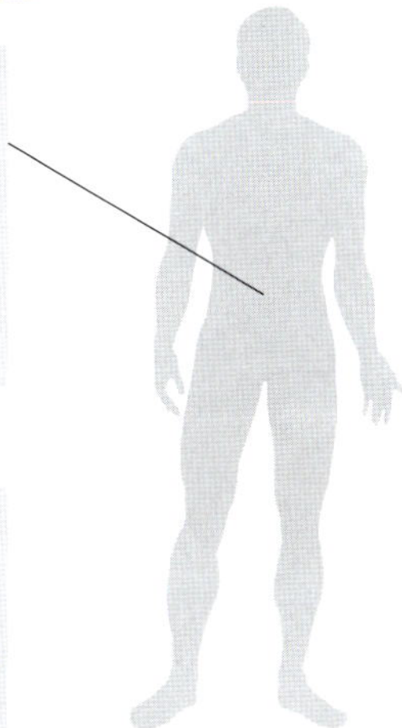

Zur Stärkung der Darmwand und zur Darmreinigung **Sardonyx** oder **Stromatolith** tragen, zusätzlich mit einem **Amethyst**-Drusenstück ausstreichen,
zur Krampflösung und Schmerzlinderung **Dumortierit** oder **Malachit** aufkleben oder tragen,
zur Entgiftung und Entzündungshemmung **Smaragd** oder **Sphärolithischen Chalcedon** als Wasser trinken,
bei psychischen Belastungen und zu hohen Anforderungen **Chiastolith** tragen,
zur Nachbehandlung **Bernstein** einige Wochen auf dem Bauchbereich fixieren.

Weitere Steine: Amazonit.

Alternative Anwendungen: 2-mal täglich 1 Teelöffel **kolloidales Silber** unverdünnt, **Trinkgold, Kieselsäuregel** oder 1-mal täglich 1 Teelöffel **Heilerde** einnehmen.

Durchblutungsstörungen

Eine krankhafte, veränderte, meist verminderte Durchblutung von Teilen des sauerstoffreichen Gefäßsystems, die meist zu Funktionsstörungen der betroffenen Organe führt.

Die Symptome sind abhängig von der Art und Größe der Gefäße, der betroffenen Körperregion und der Möglichkeit des Körpers, diese Durchblutungsstörung wieder aufzufangen.

Komplikationen: Eine Durchblutungsstörung des Herzens führt zu einem Herzinfarkt, der Adern der Beine zur arteriellen Verschlusserkrankung und derjenigen des Gehirns zu einem Schlaganfall.

Ätherische Öle: 2-mal täglich 2 Tropfen **Rosmarinöl,** alternativ Eukalyptusöl oder Kampferbaumöl lokal einreiben.

Öl-Stein-Einreibungen: Ideal ergänzt sich die Einreibung von Rosmarinöl mit Schneeflocken-Obsidian.

Heilsteinanwendungen:

Schneeflocken-Obsidian

Rubin

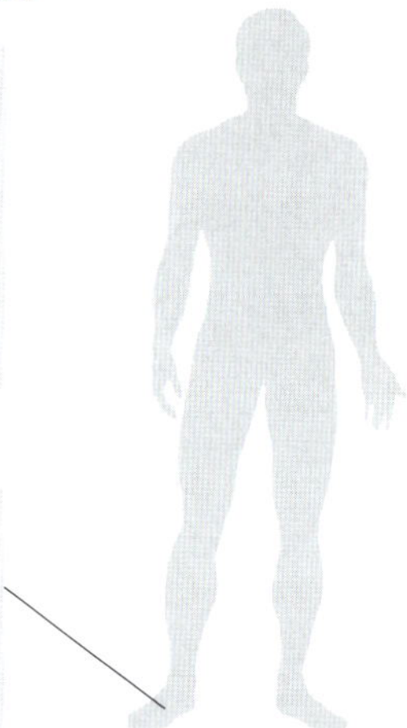

Zur Durchblutungsverbesserung und zum Ausgleich der Energieverteilung im Körper, mit **Rubin**, rotem **Granat, Rhodonit, Rhodochrosit** oder roter **Koralle** massieren,
bei lokaler Stoffwechselunterfunktion **Granat** oder roten **Turmalin,** alternativ roten **Jaspis** auflegen, aufkleben oder als Wasser trinken,
bei kalten Füßen und Händen, auch bei »Raucherbein« **Obsidian** oder **Rauchquarz** in der Hand halten, in die Strümpfe stecken, auf den minder durchbluteten Bereich kleben oder als Wasser trinken,
zur Vorbeugung **Rosenquarz** oder **Rutilquarz** als Wasser trinken und auftragen.

Weitere Steine: Lapislazuli mit Pyrit und Mookait.

Durchfall

Diarrhö

Ein oft auftretendes Beschwerdebild, mit häufig mehr oder weniger durch Wasser verdünnte Stuhlausscheidung, die mehr als dreimal hintereinander ungeformt, breiig oder wässrig abgesetzt wird.

Symptome: Die unzureichend eingedickte Stuhlmenge kann mit Schleim, Eiter oder Blut vermischt sein, geht oft mit krampfartigen Schmerzen einher und führt in schweren Fällen durch Elektrolytverlust zu schweren Allgemeinerscheinungen und Durst.

Durchfall kann akut und nur wenige Stunden bis Tage, oder chronisch über eine längere Zeit anhalten oder in Abständen immer wieder auftreten.

Ursachen: Folge einer meist bakteriellen Infektion; reizende, unverträgliche oder allergieauslösende Nahrungsmittel; Gifte oder Lebensmittelvergiftungen, Wurminfektionen, Abführmittelmissbrauch, Entzündungs- oder Tumorerkrankung, psychische Prozesse.

Ätherische Öle: Es liegen keine gesicherten Ölempfehlungen vor. Ätherische Öle haben keinen direkten Einfluss auf die Eindickung des Stuhlbreis, aber können zur Nervenberuhigung eingesetzt werden, zum Beispiel 2 Tropfen **Lavendelöl** oder **Fenchelöl** in den Bauch einreiben oder zur Entzündungshemmung 2-mal 2 Tropfen Ingweröl in den Bauch einreiben.

Heilsteinanwendungen:

Rosa Moosachat

Amethyst

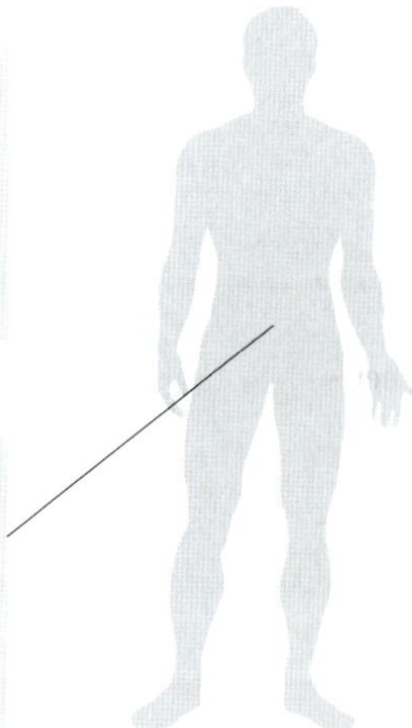

Zum vorbeugenden Schleimhautschutz mit einem nicht zu dunklen **Amethyst**-Drusenstück ausstreichen, grau gebänderten **Achat** oder gelben **Mookait** als Wasser einnehmen oder aufkleben,
zur Beruhigung bei Krämpfen und Nahrungsmittelunverträglichkeit **Dumortierit** oder hellen **Dolomit** auflegen,

zur Verbesserung der Darmflora und Regeneration angegriffener Darmschleimhäute **Sardonyx, Gagat,** optimal rosa **Moosachat** in den Mund nehmen, auf den Bauch kleben oder als Wasser trinken,
zur Giftausleitung bei unverträglichen Inhaltsstoffen und Medikamenten **Smaragd** oder **Sardonyx** fixieren und **Malachit** auflegen,
zur Stuhleindickung durch Wasserrückresorption im Dickdarm **Amethyst** als Wasser trinken, **Tigereisen** aufkleben oder in der Hosentasche tragen,
bei wechselndem Durchfall und Verstopfung mit Krämpfen **Malachit, Prehnit** oder **Jadeit** auf den Bauch legen.

Weitere Steine: Serpentin, Stromatolith und schwarzer Turmalin.

Alternative Anwendungen: Zur Entgiftung und bei angegriffener Darmschleimhaut 2-mal täglich 1–2 Teelöffel **kolloidales Silber** einnehmen bzw. zur Reizminderung 2-mal täglich 1 Teelöffel **Kieselsäuregel** oder **Grüne Mineralerde** einnehmen.

Eierstockentzündung, Eileiterentzündung

Oophoritis, Salpingitis

Eine meist bei jüngeren Frauen einseitig, selten beidseitig aufsteigende Entzündung der Eierstöcke oder Eileiter von der Scheide her.

Symptome: Plötzlich einsetzende Krampfschmerzen im Unterbauch, die häufig zum Kreuz ausstrahlen; unregelmäßig verlängerte oder verstärkte Regelblutung und eitriger Ausfluss. Die Eileiter schwellen unter starker Sekret- und Eiterabsonderung an. Häufig begleitet mit hohem plötzlich ansteigendem Fieber, manchmal auch mit Schüttelfrost, Erbrechen und Übelkeit, Schwindel, Magenschmerzen und Abwehrspannung der Bauchwand.

Die chronische Form verläuft in gemilderter Form meist ohne Fieber.

Ursachen: Eine bakterielle Infektion durch Gonokokken, Streptokokken, Staphylokokken oder Enterokokken sowie durch Chlamydien oder Mykoplasmen; eine chronische Entzündung kann auch die Folge einer Tuberkulose sein.

Ätherische Öle: Es liegen keine sinnvollen und gesicherten Ölempfehlungen vor.

Heilsteinanwendungen:
Zur Abwehrstärkung **Smaragd** oder **Heliotrop** im Slip tragen oder auf das Schambein kleben,
zur Entzündungshemmung und Fiebersenkung **Sphärolithischen Chalcedon, Lapislazuli** oder dendritischen **Chalcedon** aufkleben oder als Wasser trinken,
zur Krampflösung und Schmerzlinderung zunächst **Dioptas,** dann **Malachit,** bei sehr starken Krämpfen, falls keine Schwangerschaft vorliegt, **Zirkon** für wenige Minuten auflegen, aufkleben oder zum Ausstreichen verwenden,
zur Entspannung und für das Wohlbefinden violetten **Jadeit, Lapislazuli** oder **Charoit** tragen,
zur Psychostimulierung rosa **Chalcedon, Jadeit** oder **Amazonit** tragen.

Sphärolithischer Chalcedon

Smaragd

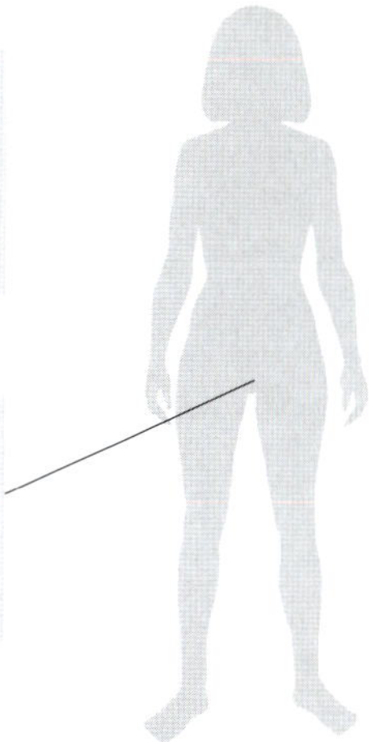

Weitere Steine: Dendritischer Opal.

Alternative Anwendungen: Zusätzlich 2-mal täglich 1 Teelöffel **kolloidales Silber** unverdünnt einnehmen.

Eisenmangel

Ein Missverhältnis zwischen der täglichen Eisenaufnahme und des Eisenbedarfs.

Symptome: Ein langfristiger Eisenmangel führt zu einer Blutarmut, Blässe, Müdigkeit, Konzentrationsstörungen, Leistungsminderung bis Schwäche, oft auch Kopfschmerzen, Organschädigungen, brüchigen Fingernägeln, Rissigkeit der Haut und Schleimhautstörungen.

Ursachen: Infolge eines mangelnden Eisenangebots, einer Aufnahmestörung, eines erhöhten Eisenverbrauchs oder eines Eisenverlusts.

Ätherische Öle: Es liegen keine gesicherten und sinnvollen Ölempfehlungen vor. Von ätherischen Ölen konnte bisher kein Einfluss auf die Mineralstoffresorption beobachtet werden.

Heilsteinanwendungen:
Zur Beschleunigung der Eisenaufnahme und Eisenverwertung, vorausgesetzt, es bestehen keine entzündlichen Prozesse, **Hämatit,** oktaedrischer **Magnetit** oder **Tigereisen** tragen, sie verbessern die Sauerstoffversorgung des Gewebes,
bei Eisenmangel infolge einer inneren Entzündung **Heliotrop** lokal aufkleben oder **Sphärolithischen Chalcedon** tragen,

zur Umstimmung bei chronischem Eisenmangel **Citrin,** alternativ **Karneol** tragen oder als Wasser trinken,
zusätzlich **Dioptas, Covellin** oder **Malachit** als Enzymaktivator tragen.

Tigereisen

Citrin

Weitere Steine: Granat und Mookait.

Ekzeme

Eczema

Ein Sammelbegriff für akute oder chronische vielgestaltige oberflächliche, entzündliche, nicht ansteckende Hautveränderungen.

Symptome: Beide Verlaufsformen sind häufig von einem quälenden Juckreiz begleitet und gehen mit Rötung, Nässe, der Bildung kleiner Papeln, Bläschen sowie einer gelegentlichen Schwellung auf der Haut einher. Nach Platzen der Bläschen trocknen diese unter Krusten- und Schuppenbildung aus. Durch eine nervliche Überreizung kann es zu psychovegetativen Störungen kommen.

Für das chronische Ekzem ist eine starke Schuppenbildung mit trockener Haut, einer übermäßigen Verhornung und Hauteinrissen, ohne Entzündungszeichen typisch.

Ursachen: Meist Infektionen unterschiedlicher Ursache; wie bei allen Hauterkrankungen muss eine seelische Komponente mitberücksichtigt werden.

Sonderform: Kontaktekzem. Eine Hauterscheinung, die durch den Kontakt mit einer Chemikalie, Pflanze, eines Metalls, Parfüms, Medikaments, Kosmetika, berufsbedingten Stoffs, Desinfektionsmittels oder eines Salbenbestandteils ausgelöst wird.

Die Erfahrung liebevoller Zuwendung wirkt psychisch entlastend.

Ätherische Öle: 2-mal täglich 2 Tropfen **Lavendelöl** lokal auftropfen und einreiben.

Öl-Stein-Einreibungen: Ideal ergänzt sich die Einreibung von Lavendelöl mit Chalcedon.

Heilsteinanwendungen:
Zur Senkung der Entzündungsneigung und Reizbarkeit der Haut **Lapislazuli,** alternativ **Chalcedon** bei sich tragen, hilft auch die soziale Kontaktfähigkeit zu verbessern,
zur Juckreizmilderung Silberaugen-**Serpentin, Lepidolith** oder **Saphir** tragen,
zur Psychostabilisierung Silberaugen-**Serpentin** oder **Rhodonit,** alternativ bei Abgrenzungsschwierigkeiten und Überreizung **Lepidolith** tragen.
bei leichten Hautirritationen **Rosenquarz** zur sanften Massage verwenden und in die Pflegecreme einlegen, bei schwereren Hautveränderungen **Rhodonit** als Wasser auftragen und zur beschleunigten Wundheilung zusätzlich trinken, bei Hautrissen **Antimonit** oder dendritischen **Chalcedon** in der Nähe fixieren,
zur Stoffwechselausscheidung über den Darm **Sardonyx** als Wasser trinken oder mit einem **Amethyst**-Drusenstück massieren,
zur Anregung der Nierenfunktion **Jadeit** oder **Prehnit** lokal aufkleben und als Wasser trinken,
zur Abwehrstärkung **Smaragd, Chrysokoll** oder **Türkis** über der Thymusdrüse tragen.

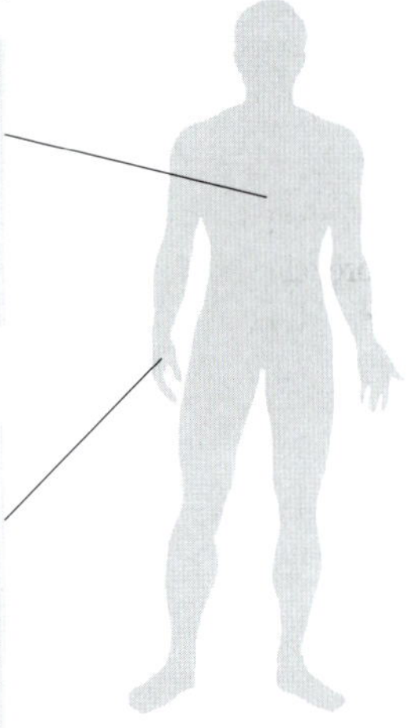

Silberauge-Serpentin

Lapislazuli

Weitere Steine: Unakit.

Alternative Anwendungen: Zusätzlich zur Hautberuhigung, Abheilung und Reizstillung **kolloidales Silber** unverdünnt oder **Kieselsäuregel** auftragen.

Elektrosensibilität

Eine auffällig erhöhte Empfindlichkeit für bestimmte Störquellen wie Hochfrequenz, Niederfrequenz, gepulste Strahlung, Magnetfelder und elektrische Felder, wie sie zum Beispiel durch DECT-Telefone, Handys, Bluetooth, LAN oder die elektrische Installation im Haus hervorgerufen wird.

Die vielfältige, oft unklare Symptomatik steht im Zusammenhang mit der Art des Störeinflusses. Es wird zudem ein

Zusammenhang mit einer Schwermetall- und Toxinbelastung im Körper angenommen.

Ätherische Öle: Es liegen keine sinnvollen und gesicherten Ölempfehlungen vor.

Heilsteinanwendungen:

Jadeit

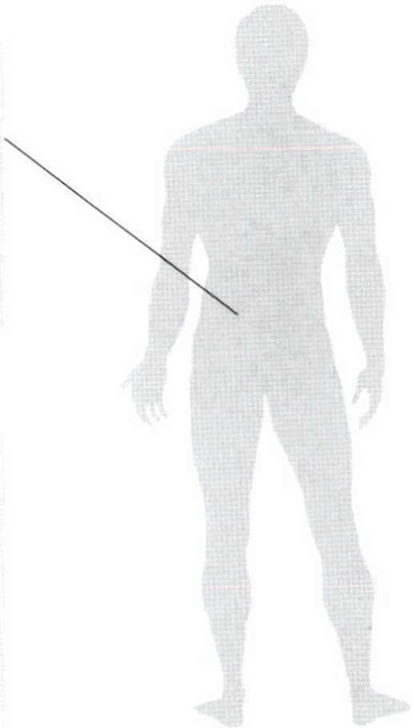

Halit

Zur lokalen Entstörung **Halit** als Kristall tragen oder auf alle Störquellen legen, schwarzen **Turmalin** oder **Rutilquarz** aufstellen oder tragen,
zur Stärkung der Milz **Rubin**, **Citrin** oder weiß-roten **Mookait** lokal aufkleben,
zur Stärkung der Reinigungsfunktion der Niere **Jadeit**, **Prehnit**, bei ausgeprägter Schwäche **Peridot** aufkleben oder in der Hosentasche tragen.

Weitere Steine: Bergkristall, Fluorit, Rauchquarz und Rosenquarz.

Ergänzende Maßnahmen: Zusätzlich zu energetischen Maßnahmen muss eine Ursachenbekämpfung erfolgen, die in der Vermeidung des Störeinflusses liegt, zum Beispiel durch Abschirmvlies, Umrüstung auf abgeschirmte Kabel usw.

Entwicklungs- und Wachstumsstörungen

Entwicklungsgestört ist ein Kind, wenn es in einer oder mehreren Entwicklungsfunktionen wesentlich oder nicht nur vorübergehend beeinträchtigt ist.

Entwicklungsstörungen sind dadurch charakterisiert, dass bei einem Kind mit einem sonst altersgemäßen Entwicklungsniveau einzelne oder auch mehrere Funktionen bzw. Fähigkeiten deutlich unter der Altersnorm liegen. Dies betrifft motorische Funktionen, aber auch sprachliche Funktionen und Störungen im psychoemotionalen Bereich, ebenso Entwicklungsstörungen schulischer Fertigkeiten. Häufig treten mehrere dieser Störungen gleichzeitig auf.

Ursachen: Folge von Infektionserkrankungen oder chronischen Erkrankungen, Ernährungsmangelstörungen, Schilddrüsenerkrankungen, hormonelle Störungen, Stoffwechselerkrankungen und Impfschäden, auch durch soziale Störungen im Elternhaus.

Ätherische Öle: Es liegen keine sinnvollen und gesicherten Ölempfehlungen vor.

Heilsteinanwendungen:

Apatit

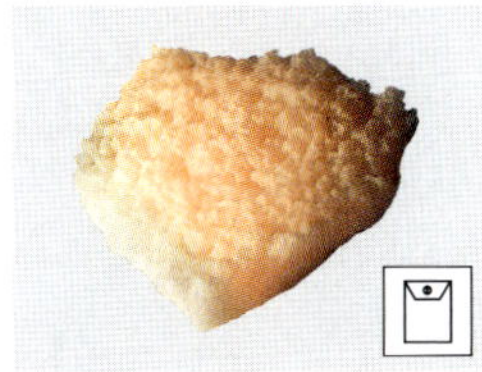

Strontianit

Bei Störungen des Knochenwachstums und der Knochenentwicklung **Apatit**, **Fluorit** oder alternativ **Calcit** tragen und als Wasser trinken,
bei Wachstumsschub mit Knochenschmerzen und Fieber **Variscit**, **Apatit**, **Amazonit** oder alternativ **Magnesit** tragen oder als Wasser trinken,
bei Störungen des Hirnaufbaus und unvollständiger Gehirnentwicklung **Strontianit**, **Coelestin**, **Baryt**, **Chiastolith**, **Schalenblende**, **Magnesit**, alternativ **Magnetit** tragen,
zur Verknüpfung der Gehirnhemisphären **Chrysoberyll**, **Disthen** oder **Chiastolith** tragen,
bei Stoffwechselstörungen und Leberschwäche **Peridot**, **Smaragd** oder **Chrysopras** tragen und als Wasser trinken,
bei zu schwach entwickelter Abwehr **Saphir**, **Sphärolithischen Chalcedon**, **Rubin-Zoisit** oder **Smaragd** tragen,
bei Entwicklungsschäden durch hormonelle Störungen der Hypophyse oder Nebenniere **Mondstein**, alternativ **Amazonit** tragen oder als Wasser trinken,
bei Schilddrüsenunterfunktion **Lapislazuli** oder **Aquamarin** tragen oder als Wasser trinken, alternativ **Mondstein** tragen,
Folge von Infektionen der Mutter in der Pränatalphase und Infektionen der Kleinkinder **Sphärolithischen Chalcedon**, **Smaragd** oder **Dioptas** bzw. unter Vorbehalt **Malachit** tragen,
zur Förderung der körperlichen Entwicklung **Apatit**, **Calcit**, **Baryt** oder **Strontianit** tragen,
zur Verbesserung der motorischen Geschicklichkeit und der Körperwahrnehmung bei leichten Erscheinungen

Amethyst, Sphärolithischen Chalcedon oder **Coelestin** tragen, bei schweren Erscheinungen **Strontianit** oder **Turmalin** tragen,
bei Folge chronischer Erkrankungen des Bewegungsapparats **Chiastolith, Turmalin** oder **Bernstein** tragen,
bei Nervenschädigungen zur Regeneration der Nerven **Turmalin, Richterit, Disthen** tragen,
bei Folge eines seelischen Traumas **Rhodonit, Obsidian** oder **Achat**, langfristig auch **Rosenquarz** ans Bett stellen,
zur Verbesserung der Wahrnehmungsverarbeitung **Amethyst, Chalcedon** oder **Chrysokoll** tragen,
bei Folge von fehlenden oder einseitigen Sinneseindrücken und fehlendem Sozialkontakt **Smaragd, Rubin, Turmalin, Sonnenstein** oder **Chalcedon** tragen oder als Wasser trinken,
zur Verbesserung der Geschicklichkeit wie auch des emotionalen und sozialen Verhaltens und des Selbstwertgefühls der Kinder **Chrysokoll, Rhodonit, Jaspis, Chalcedon** oder **Serpentin** tragen,
zur Erhöhung der Effizienz in der logopädischen Therapiesitzung **Diamant, Chrysoberyll, Disthen,** alternativ **Tansanit** tragen,
bei Folge einer Mangel- und Fehlernährung **Apatit, Citrin,** roten **Chalcedon, Prehnit** oder **Turmalin** tragen,
bei Folge von Impfschäden **Antimonit, Schalenblende** oder **Peridot** tragen,
bei Erbschäden **Coelestin, Strontianit** oder **Bergkristall** tragen oder als Wasser trinken,
zur Verbesserung des Allgemeinbefindens mit einem **Amethyst**-Drusenstück ausstreichen,
zur Stärkung der Nerven der Eltern **Biotit-Linse, Dumortierit** oder **Coelestin** tragen.

Weitere Steine: Aquamarin, Aragonit, Epidot, Koralle und Labradorit, Sugilith, Tansanit, Diamant.

Erbrechen und Übelkeit

Emesis, Vomitus

Übelkeit, der Brechreiz vor dem eigentlichen Erbrechen und das Erbrechen selbst sind häufige Symptome zahlreicher Erkrankungen.

Das Erbrechen ist die ruckartige, rückläufige Entleerung von Mageninhalten (seltener auch Darminhalten) durch die Speiseröhre und den Mund als Reflex über das im Gehirnzentrum befindliche Brechzentrum.

Ursachen: Erbrechen kann eine sinnvolle Reaktion des Körpers auf unverträgliche Lebensmittel oder Gifte sein; kommt bei verschiedenen Infektionserkrankungen, bei Entzündungen des Magens, Darms, der Bauchspeicheldrüse, Leber, Gallenblase, bei Darmverschluss, bei Nierenentzündungen, Hirnerkrankungen, Migräne und Reiseerkrankungen, auch psychisch, zum Beispiel bei Ekelgefühlen, Gerüchen, schockierenden Anblicken und bei verschiedenen Tumoren vor.

Ätherische Öle: Es liegen keine sinnvollen und gesicherten Ölempfehlungen vor.

Heilsteinanwendungen:

Bernstein

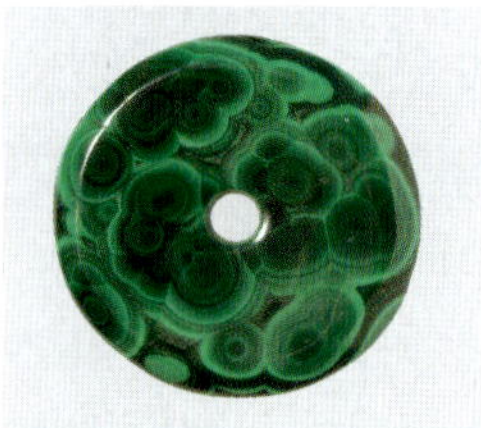

Malachit

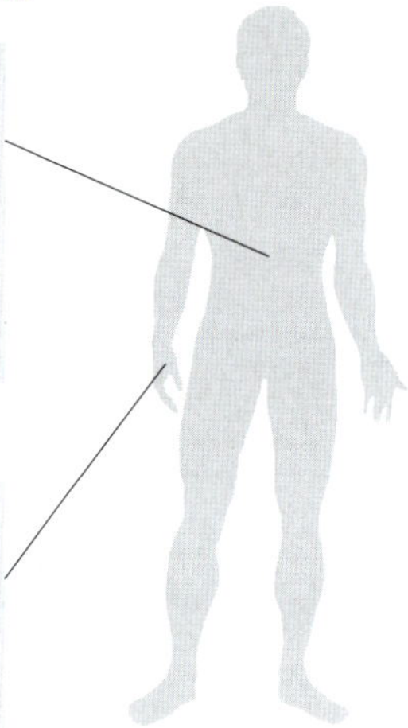

Zur Intensivierung des Brechreizes, insbesondere auch bei großer seelischer oder sozialer Komponente, **Malachit** oder alternativ **Antimonit** auf den Magen halten,
zur Förderung des Erbrechens bei Übelkeit durch Vergiftung **Malachit, Covellin** oder **Chrysokoll** in der Hand halten,
zur Erleichterung des trotz dem entleerten Magen weiter andauernden Erbrechens bei Übelkeit und erfolglosem Würgen **Bergkristall** mit aufwärts gerichteter Spitze vor den Bauch halten,
zur Linderung des Brechreizes **Dumortierit, Magnesit** oder **Chalcedon** als Rosette tragen,
zur Normalisierung der Verdauung erst **Bernstein,** dann **Chalcedon** oder **Citrin** tragen.

Weitere Steine: Aquamarin, Gagat, Heliotrop, rosa Moosachat, Pyrit-Sonne und Sphärolithischer Chalcedon.

Erfrierung

Congelatio

Ein akuter schmerzhafter Gewebeschaden durch Kälteeinwirkung, meist an Körperendungen wie Ohren, Nase, Finger oder Zehen.

Je nach Schwere der Hautschädigung werden Erfrierungen, wie Verbrennungen, in vier Schweregrade eingeteilt, und nur die ersten drei Stufen sind behandelbar.

Symptome:

Grad 1: schmerzhafte, starke Hautrötung ohne Blasenbildung.

Grad 2: schmerzhafte, gerötete Haut mit Blasenbildung.

Grad 3: Hautzerstörung mit schwarzer Verkrustung (Kältebrand).

Grad 4: »Vereisung« des Gewebes mit schwarzer Verkrustung (Kältebrand).

Ursachen: Kälteeinwirkung durch langsames stetiges Abkühlen, zum Beispiel im Winter, im Hochgebirge oder in einer Kühlanlage, oder plötzlich durch Berührung mit extrem abgekühlten Gegenständen. Eng anliegende Bekleidung begünstigt Erfrierungen.

Ätherische Öle: Nur in leichten Fällen bis maximal Grad 2, betroffene Hautstelle mit 2 Tropfen **Zimtöl/Lavendelöl**-Gemisch lokal auf die schon leicht erwärmte Hand einreiben.

Heilsteinanwendungen:

Smaragd

Granat

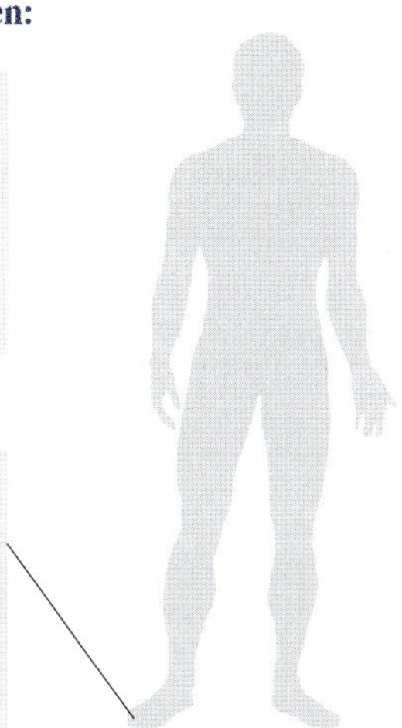

Zur Durchblutungsverbesserung **Granat, Rubin, Rhodonit** oder **Obsidian** lokal auflegen,
zum Abbau der Zellgifte und deren Abtransport **Smaragd, Rubin-Zoisit** oder **Sphärolithischen Chalcedon** tragen und als Wasser trinken,
zur Regeneration der Haut **Rhodonit, Mookait** oder **Schalenblende** auflegen oder als Wasser trinken.

Weitere Steine: Ägirin, Lepidolith, Malachit und Unakit.

Alternative Anwendungen: Kolloidales Silber, besser noch **kolloidales Gold** unverdünnt tropfenweise auftragen und auf der Haut verteilen, aber nicht auf der noch kalten Haut.

Erkältung, grippaler Effekt

Eine Sammelbezeichnung für eine meist durch Viren verursachte fieberhafte Erkrankung mit Katarrh der oberen Luftwege.

Symptome: Schnupfen, vermehrte Schleimabsonderung der Nase mit Rötung der Nasenlöcher, Halsschmerzen, Heiserkeit und Husten, auch Auswurf, schwere Beeinträchtigung des Allgemeinbefindens, mit Abgeschlagenheitsgefühl, Kopfschmerzen und leichtem Fieber.

Ursachen: Eine Virusinfektion, meist als Folge einer Unterkühlung oder Durchnässung, oft mit einer Abwehrschwäche verbunden. Übermüdung und Stress begünstigen eine Infektion.

Komplikationen: Meist Sekundärinfektionen der Lungen wie Bronchitis, Nebenhöhlen oder Stirnhöhlen oder der Ohren wie eine Mittelohrentzündung.

Ätherische Öle: 2-mal täglich 2 Tropfen mit **Pfefferminzöl** inhalieren und 2-mal täglich 1–2 Tropfen Ingweröl einnehmen.

Heilsteinanwendungen:

Sphärolithischer Chalcedon

Chalcedon

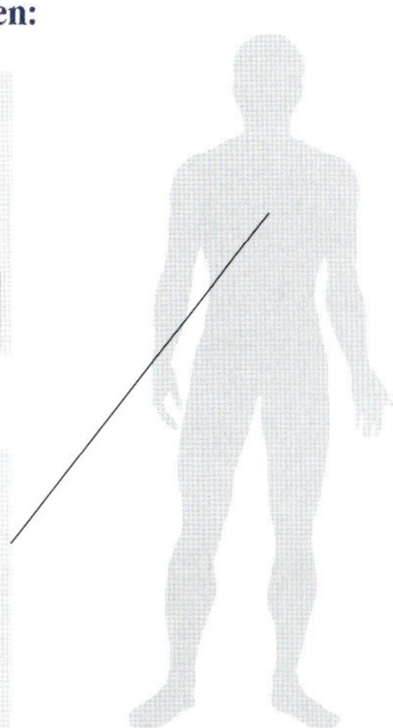

Zur Vorbeugung und Immunstärkung bereits bei den ersten Anzeichen **Heliotrop, Sphärolithischen Chalcedon, Amethyst** als Kette oder **Chalcedon** auf der Brust tragen oder trinken,
zur Verstärkung des notwendigen Fiebers bei kalten Extremitäten **Karneol** oder **Rubin** in die Hand nehmen,
zur Fiebersenkung bei heißen Extremitäten **Chalcedon, Prasemquarz** oder **Bergkristall** zur Kühlung auflegen,
bei Glieder- und Knochenschmerzen rosa **Chalcedon, Ägirin** oder **Magnesit** tragen oder trinken.
bei Husten **Sphärolithischen Chalcedon** oder **Sodalith** tragen,

zur Schleimhautabschwellung **Chalcedon,** hellen **Mookait, Moosachat** oder **Fluorit** als Kette tragen,
zur Lymphanregung **Chalcedon, Girasol** oder **Moosachat** in die Hand nehmen,
zur Rekonvaleszenz bei ausgeprägter Erschöpfung oder Schwäche **Rubin-Zoisit, Variscit** oder **Unakit** bei sich tragen,
zum Schutz vor Rückfällen und zur Vermeidung von Komplikationen **Sardonyx** oder **Smaragd** tragen,
Sphärolithischer Chalcedon ist in jeder Phase günstig.

Weitere Steine: Aquamarin und grüner Turmalin.

Alternative Anwendungen: 2-mal täglich 1 Teelöffel **kolloidales Silber** unverdünnt einnehmen, gurgeln und bei Bedarf einige Tropfen in die Augen träufeln. Eine 0,5–1-prozentige **Salzsolelösung** durch die Nase ziehen.

Erschöpfung

Ein durch Überbeanspruchung oder mangelnde Erholungsphasen hervorgerufener Zustand mit völligem Verbrauch der zur Verfügung stehenden Kräfte und Ressourcen.

Symptome: Stark verminderte Leistungsfähigkeit der Muskulatur und der psychischen Prozesse.

Ätherische Öle: 2-mal täglich 2 Tropfen mit **Muskatellersalbei,** dazu 2-mal täglich 1–2 Tropfen Ingweröl einnehmen. Alternativ 2-mal täglich 2 Tropfen Rosmarinöl in die Brust einreiben.

Heilsteinanwendungen:

Unakit

Sphärolithischer Chalcedon

Zur Erholung nach großer Anstrengung **Unakit** oder **Zoisit** tragen und als Wasser trinken,
zur Mobilisierung der Kraftreserven **Granat** oder **Rhodochrosit** als Anhänger oder Kette tragen bzw. als Wasser trinken,
gegen Erschöpfung infolge einer unerkannten inneren Entzündung **Sphärolithischen Chalcedon** oder **Smaragd** tragen,
zur Anregung des Eiseneinbaus in das Blut **Tigereisen** oder **Mookait** tragen.

Weitere Steine: Apatit, Magnetit, Peridot, Rauchquarz, Türkis und grüner Turmalin.

Alternative Anwendungen: 2-mal täglich 2 Teelöffel **Trinkgold** einnehmen.

Essstörung

Magersucht, Bulimie

Eine längerfristige Abweichung des Essverhaltens vom wünschenswerten Maß infolge psychisch bedingter, gestörter Nahrungsaufnahme oder aufgrund des Körpergewichts, die sich verschieden manifestieren und ineinander übergehen können.

Ursachen: Es spielen verschiedene genetische, familiäre und soziokulturelle Faktoren dabei mit, ebenso akute und chronische physische und psychische Belastungen.

Die Pubertätsmagersucht (Anorexia nervosa) ist durch einen absichtlich selbst herbeigeführten und/oder aufrechterhaltenen Gewichtsverlust charakterisiert. Die Krankheit verläuft häufig fluktuierend oder chronisch.

Die Ess-Brech-Sucht (Bulimia nervosa) ist durch wiederholte Anfälle von Heißhunger und eine starke Beschäftigung mit der Kontrolle des Körpergewichts charakterisiert. Dies veranlasst die Patienten, mit extremen Maßnahmen den dick machenden Effekt der zugeführten Nahrung zu mildern (Erbrechen).

Das Binge-Syndrom ist von starken Essattacken gekennzeichnet; da es jedoch zu keinen kompensatorischen Verhaltensweisen wie Erbrechen oder Abführmittelmissbrauch kommt, sind die Betroffenen meist übergewichtig.

Psychogene Essstörungen können Ausdruck ernst zu nehmender innerer Konflikte mit falschen, oft schwer korrigierbaren Selbstbildern sein. Sie sind Hinweise auf zurückliegende Erziehungsfehler, pathologische familiäre Verhaltensstrukturen.

Ätherische Öle: 2-mal täglich 1–2 Tropfen **Muskatellersalbeiöl** einnehmen.

Heilsteinanwendungen:

Roter Chalcedon

Covellin

Zur Anregung des Appetits und zur positiven Lebenseinstellung **Apatit, Koralle, Rhodochrosit** oder **Rubin** mehrere Monate tragen,

zur Minderung von Gelüsten **Covellin,** optimal roten **Chalcedon** oder **Antimonit** tragen, bringt das Essverhalten ins Bewusstsein,
zur Bewusstwerdung des (weiblichen/männlichen) Selbstbildes und Auseinandersetzung mit der eigenen Geschlechtlichkeit **Malachit** oder **Covellin** tragen,
zur Auseinandersetzung mit eigenen unerreichbaren Schönheitsidealen **Covellin, Antimonit** oder **Dioptas** tragen,
zur Annahme der eigenen Weiblichkeit **Jadeit, Serpentin** oder rosa **Chalcedon** tragen,
zur allgemeinen Selbstannahme und Selbstliebe **Dumortierit, Covellin, Dioptas, Serpentin** oder **Rubin** tragen.

Weitere Steine: Rosenquarz, goldener Topas und Versteinertes Holz.

Alternative Anwendungen: 2-mal täglich 2 Teelöffel **Trinkgold** einnehmen.

Fallsucht

Epilepsie

Eine vorübergehende Funktionsstörung des Gehirns mit vielgestaltig auftretenden Anfallsformen, die durch plötzlich entstehende elektrische Entladungen von Nervenzellen des Gehirns bedingt sind.

Symptome: Charakteristisch auftretende, anfallsweise Bewusstlosigkeit mit gleichzeitiger Verkrampfung der Muskulatur, Beine und Arme sind meist gestreckt, die Haut kann sich durch Sauerstoffmangel bläulich verfärben. Nach 10–30 Sekunden folgen bis zu 2 Minuten lang andauernde Zuckungen in Armen und Beinen. Nach dem Anfall bestehen oft noch starke Kopfschmerzen und Benommenheit, der Patient schläft daraufhin häufig ein.

Ursachen: Kann sehr vielfältig sein, zum Beispiel krankhafte Veränderung des Gehirns, Geburtsschäden, Schädel-Hirn-Verletzungen, Hirntumor, Stoffwechselstörungen, Gehirnentzündungen oder Durchblutungsstörungen des Gehirns.

Ätherische Öle: Es liegen keine sinnvollen und gesicherten Ölempfehlungen vor. Einige Öle können latent vorhandene Epilepsien auslösen.

Heilsteinanwendungen:

Magnesit

Tansanit

Zur Krampflösung und Reduktion der Krampfneigung **Magnesit** oder **Dolomit** tragen oder als Wasser trinken, vermittelt Gelassenheit; bei schwierigen Verläufen kann brauner **Zirkon** hilfreich sein,
zur Lockerung chronisch verkrampfter Muskulatur **Coelestin, Baryt** oder **Selenit** tragen,
zur Verbesserung der nervlichen Ursache **Kunzit, Sugilith, Tansanit** oder **Disthen** tragen,
zur Erhaltung oder Zurückgewinnung der Selbstständigkeit, mit schnellerer Wirkung **Lapislazuli** oder mit nachhaltiger Wirkung **Smaragd,** alternativ **Larimar** tragen, hilft die Gesamtsituation im Lauf der Monate zu verbessern,
zur Verbesserung der Körperkontrolle **Saphir, Lapislazuli** oder **Chrysoberyll** tragen,
für das seelische Wohlbefinden **Dumortierit, Serpentin** oder **Mookait** tragen.

Weitere Steine: Bergkristall, Chiastolith, Diamant, Dumortierit und Topas.

Fehlsichtigkeit

Ametropie

Eine gegenüber dem normalen Sehen veränderte eingeschränkte Sicht, durch eine Brechungsanomalie des Auges hervorgerufen.

Ursachen: Durch einen zu großen oder zu kleinen Augapfel, eine Augenmuskelschwäche oder Störung des Augennervs, selten durch einen Vitamin- oder Mineralstoffmangel ausgelöst.

Kurzsichtigkeit: Durch einen zu großen Augapfel; im Alter durch eine Augenmuskelstörung ausgelöst.

Weitsichtigkeit: Durch einen zu kurzen Augapfel, eine zu geringe Brechkraft oder im Alter durch eine Augenmuskelstörung ausgelöst.

Schielen: Durch einen Stellungsfehler eines bzw. beider Augen oder eine Augenmuskelstörung ausgelöst.

Nachtblindheit: Eine eingeschränkte Sicht, die nur in der Dämmerung oder Nacht auftritt, die durch einen Vitaminmangel ausgelöst wird.

Ätherische Öle: Es liegen keine sinnvollen und gesicherten Ölempfehlungen vor.

Heilsteinanwendungen:

Zur Entspannung der Augenmuskulatur **Disthen** oder **Anden-Opal,** alternativ den schwächer wirkenden **Aquamarin** auf die geschlossenen Augen legen,
zur Kräftigung der Augenmuskulatur **Aquamarin** und **Smaragd** auf die geschlossenen Augen legen,
gegen die Ermüdung **Achat, Girasol** oder **Anden-Opal** tragen und mit einem **Amethyst**-Drusenstück ausstreichen,

bei starker Ungleichsichtigkeit **Topas, Disthen** oder **Sardonyx** tragen,
zur Klärung des psychischen Hintergrunds **Malachit, Lapislazuli** tragen,
zur Leberstärkung **Dioptas** oder **Peridot** tragen oder als Wasser trinken,
zur Förderung der Strahlkraft der Augen goldenen **Topas** oder **Turmalin** tragen.

Aquamarin

Amethyst

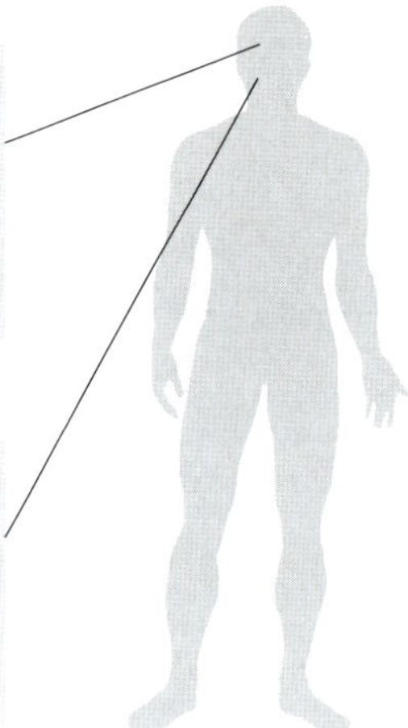

Weitere Steine: Bergkristall, Chalcedon und Larimar.

Fieber

Febris

Eine veränderte Wärmeregulation der normalen Körpertemperatur mit vorübergehend erhöhter Körpertemperatur (über 38,5 Grad, im After gemessen) bei krankhaft verändertem Allgemeinempfinden.

Temperatur bis 38,5 Grad nennt man mäßiges, über 39 Grad hohes Fieber. Liegt bei einer Infektionserkrankung das Fieber nicht hoch genug, kann es vorübergehend erhöht werden, da damit die Abwehrlage verbessert wird.

Fieber ist keine Krankheit, sondern nur ein Symptom und damit immer ein Hinweis für eine Erkrankung. Fieber unter 39 Grad ohne Krämpfe bei Kindern ist ein tolerierbarer Zustand, an dem die Eltern mehr leiden als die Kinder.

Symptome: Meist beschleunigter Puls, Beschleunigung der Atemzüge, Schüttelfrost mit folgendem Hitzegefühl, meist mit Schweißausbrüchen, geröteter Haut, Durst, Appetitlosigkeit und Kräfteabnahme. In manchen Fällen treten Gelenk- und Muskelschmerzen, häufig auch Kopfschmerzen auf.

Bei Kleinkindern weisen Reizbarkeit, Weinen, Essstörungen, Ohrenreiben und Husten auf Fieber hin. Ein Fieber bis 38 Grad ist bei Kindern als normal zu betrachten – vorausgesetzt, es ist nicht mit Krämpfen verbunden. Eine Körpertemperatur über 42 Grad bedeutet akute Lebensgefahr.

Ursachen: Meist durch eine Infektion mit Bakterien oder Viren ausgelöst, Fieber ist dann eine Abwehrreaktion des Körpers, um das Immunsystem zu stimulieren.

Ätherische Öle: 2–3-mal täglich 1–2 Tropfen **Eukalyptusöl** einreiben und zusätzlich 2 Tropfen **Fenchelöl** einnehmen, alternativ Kampferbaumöl, Pfefferminzöl oder Rosmarinöl einreiben.

Öl-Stein-Einreibungen: Ideal ergänzt sich die sanfte Einreibung von Rosmarinöl mit Bergkristall.

Heilsteinanwendungen:

Halit

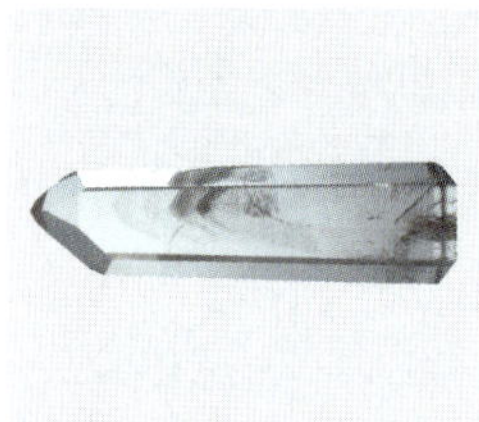

Bergkristall

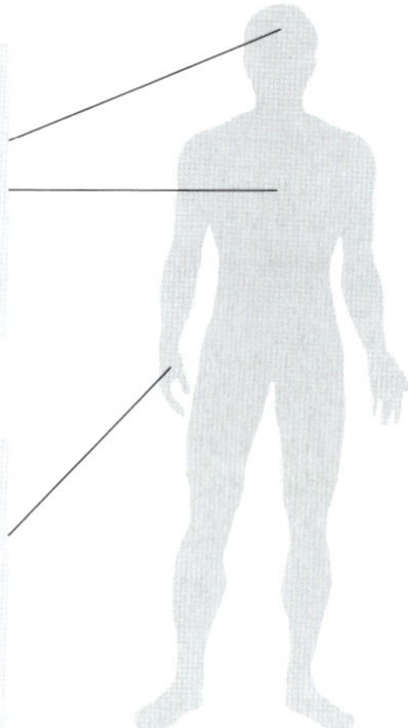

Zur Fiebersenkung und Kühlung **Bergkristall, Chalcedon, Chrysokoll** oder **Moosachat** in die Hand nehmen,
mit einem natürlich gewachsenen »**Abzieher-Bergkristall**« mit ausstreichenden Bewegungen Hitze abziehen,
zur Temperaturregulierung **Halit-Kristalle** nacheinander für Minuten auf die jeweils heißeste Körperstelle legen,
zur weiteren Erhöhung der Temperatur, falls dies im Einzelfall notwendig sein sollte, **Rubin, Karneol** oder **Sardonyx** tragen oder **Amethyst** als Wasser trinken,
bei Fieberkrämpfen **Chrysokoll** oder **Malachit** auflegen,
zur Anregung der Nierenfunktion **Smaragd** oder **Prehnit** tragen.

Weitere Steine: Dioptas, Jadeit und Sphärolithischer Chalcedon.

Alternative Anwendungen: 2–3-mal täglich 1–2 Teelöffel **kolloidales Silber** zur Linderung der Nebenwirkung wie belegte Stimme, brennende Augen, Heiserkeit einnehmen oder gurgeln oder einige Tropfen unverdünnt auftragen.

Furunkel

Furunculus

Eine schmerzhafte, knotige Entzündung des Haarbalgs auf der Haut, die sich auf das umgebende Gewebe ausdehnt.

Symptome: Gerötete Haut, mit zentralem Eiterpfropf. Die Entzündung kann mit schweren allgemeinen Erscheinungen wie Abgeschlagenheit, Fieber und Schwellung der regionalen Lymphknoten einhergehen.

Fließen mehrere, dicht nebeneinander stehende Furunkel zusammen, nennt man dies Karbunkel.

Ursachen: Eine bakterielle Infektion durch Staphylokokken oder Streptokokken. Meist jedoch mit einer schwachen Abwehrlage und Übermüdung oder Unterernährung verbunden, selten infolge einer Blut- oder Zuckerkrankheit.

Ätherische Öle: 2-mal täglich 1 Tropfen **Lavendelöl** direkt auf den Furunkel auftropfen und sanft einreiben.

Heilsteinanwendungen:

Sphärolithischer Chalcedon

Chrysopras

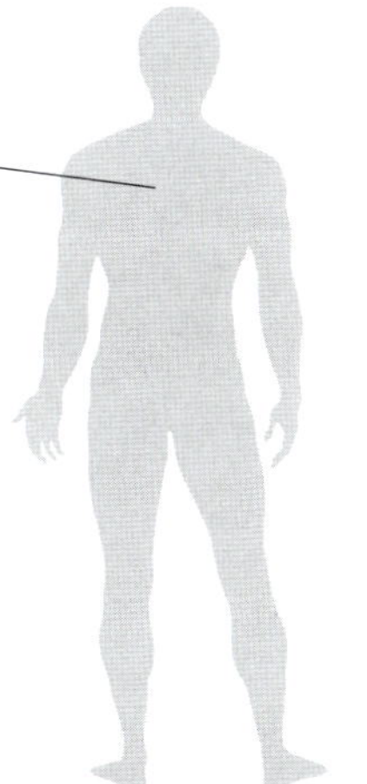

Zur Entzündungshemmung, Fiebersenkung und zum Eiterabbau **Heliotrop, Sphärolithischen Chalcedon** oder **Smaragd** tragen oder als Wasser trinken,
zur Anregung des Lymphflusses **Chrysopras, Sphärolithischen Chalcedon** oder **Chalcedon** tragen, lokal auflegen oder als Wasser trinken,
zum Abheilen der Haut **Rhodonit** oder **Jadeit** als Wasser auftragen.

Weitere Steine: Covellin, Dioptas und Malachit.

Alternative Anwendungen: Einige Tropfen **kolloidales Silber** oder **Kieselsäuregel** lokal auftragen.

Gallenbeschwerden

Beschwerden, die von einer gestörten Gallenblase ausgehen und oft nicht direkt auf die Gallenblase zurückzuführen sind.

Ursachen: Durch eine Anregung der Leber, die bei Leberschwäche schon auf Essensgeruch reagieren kann. Meist ausgelöst durch fettes und süßes Essen oder Alkohol, aber auch Chemikalien und Ärger.

Ätherische Öle: Optimal 2-mal täglich 2 Tropfen **Pfefferminzöl,** alternativ Bergamottöl, Eukalyptusöl, Ingweröl oder Rosmarinöl in die rechte Oberbauchregion einreiben.

Heilsteinanwendungen:

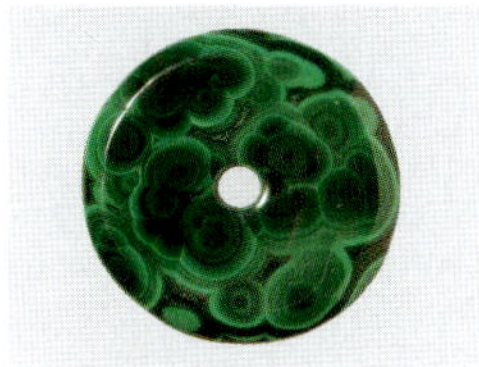

Malachit

Peridot

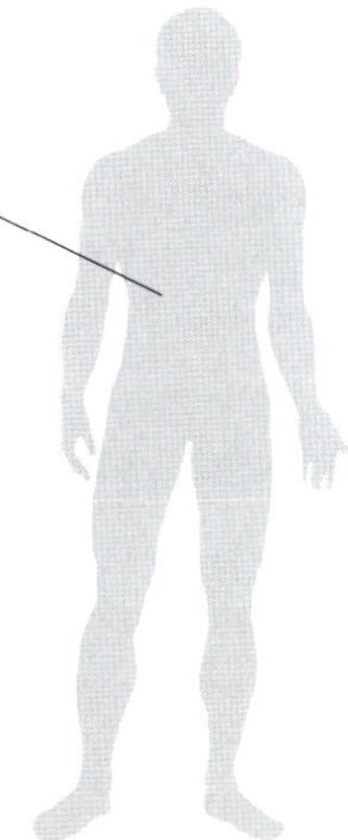

Bei Stauungen in den Gallenwegen mit Übelkeit **Malachit** oder **Chrysopras** auf die rechte Bauchseite unterhalb des Rippenbogens aufkleben,
zur Regulierung der Gallenflüssigkeit **Peridot, Smaragd** oder grünen **Turmalin** tragen, auf die rechte Bauchseite unterhalb des Rippenbogens aufkleben oder als Wasser trinken,
zur Veränderung der Gallenflüssigkeit und zur Auflösung der schon vorhandenen Gallensteine **Zirkon** oder **Bernstein** tragen,
bei Gallenstörungen infolge ungelöster Konflikte **Peridot, Malachit** oder **Sphärolithischen Chalcedon** tragen oder als Wasser einnehmen.

Weitere Steine: Prehnit und Unakit.

Gallenblasenentzündung

Cholezystitis

Eine Entzündung der Gallenblase bzw. der -gänge mit akutem oder chronischem Verlauf.

Symptome: Akut: plötzlich auftretendes, eventuell intermittierendes Fieber oder Schüttelfrost, leichte Gelbsucht, örtliche Schmerzen und Druckempfindlichkeit unterhalb des rechten Rippenbogens mit Ausstrahlung zwischen die Schulterblätter, Erbrechen und einem sehr schlechten Allgemeinbefinden. Chronisch: Druck- und Spannungsgefühl im rechten Oberbauch, Appetitmangel, morgendliche Übelkeit, Blähungszustände und eine Unverträglichkeit von fetten Speisen mit übel riechenden, blassen und schaumigen Stühlen.

Ursachen: Eine bakterielle Infektion, meist durch Kolibakterien oder Eiterbakterien vom Darm aus aufsteigend, selten auch auf dem Blutweg über die Leber.

Ätherische Öle: 2-mal täglich 2 Tropfen **Pfefferminzöl** in den Bauchbereich einreiben und einnehmen, alternativ 1-mal täglich 2–3 Tropfen Anisöl, Bergamottöl, Eukalyptusöl, Fenchelöl, Rosmarinöl oder Wacholderbeerenöl in den Bauch einreiben.

Heilsteinanwendungen:

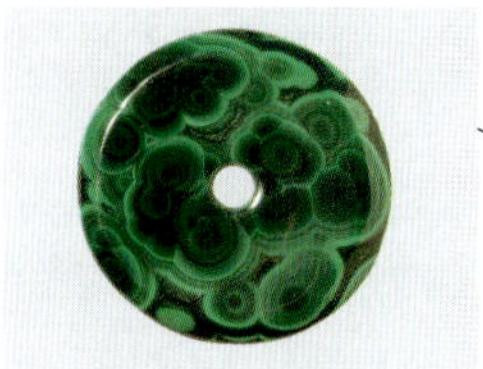

Malachit

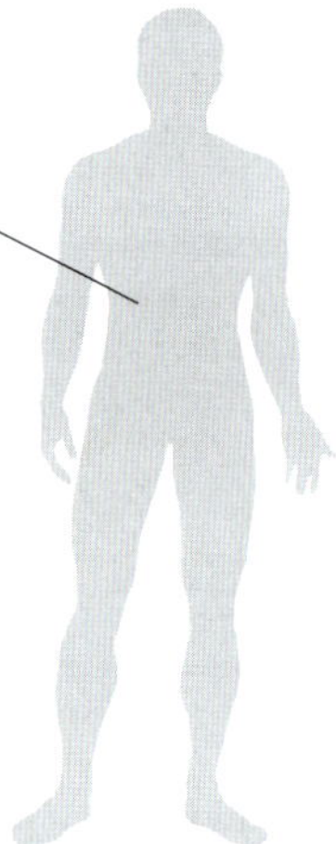

Heliotrop

Zur Entkrampfung und Schmerzlinderung **Malachit** etwa eine Stunde, **Zirkon** wenige Minuten, alternativ **Charoit** auflegen,
zur Entzündungshemmung und Fiebersenkung **Heliotrop** aufkleben oder als Wasser trinken, **Achat** oder **Peridot** auflegen,
bei chronischer Entzündung **Sphärolithischen Chalcedon** tragen oder als Wasser trinken,
zur Entgiftung **Chrysopras, Smaragd** lokal aufkleben, oder **Malachit** auflegen oder in der Hosentasche tragen,
zur Entlastung der Leber gelben **Prehnit** oder **Peridot** aufkleben,
zur Vorbeugung weiterer Belastung durch Gallensäfte **Aventurin** aufkleben oder **Malachit** als Kette tragen.

Weitere Steine: Disthen, Magnetit, grüner Turmalin und Unakit.

Alternative Anwendungen: 2-mal täglich 1–2 Teelöffel **kolloidales Silber** zur Entlastung des Organismus einnehmen.

Gallenkolik

Colica biliaris

Krampfartige Schmerzen in der Gallenblasengegend.

Symptome: Plötzlich auftretende, krampfartige unerträgliche, meist in der Nacht einsetzende Schmerzen im rechten Oberbauch mit einer Schmerzausstrahlung bis unter den rechten Rippenbogen oder das rechte Schulterblatt, begleitet von Erbrechen und Übelkeit.

Ursachen: Ausgelöst durch die Bewegung eines Gallensteins.

Ätherische Öle: Zur Krampflösung 2 Tropfen Pfefferminzöl in das Gebiet der Galle am unteren rechten Rippenbogen einreiben.

Heilsteinanwendungen:

Dumortierit

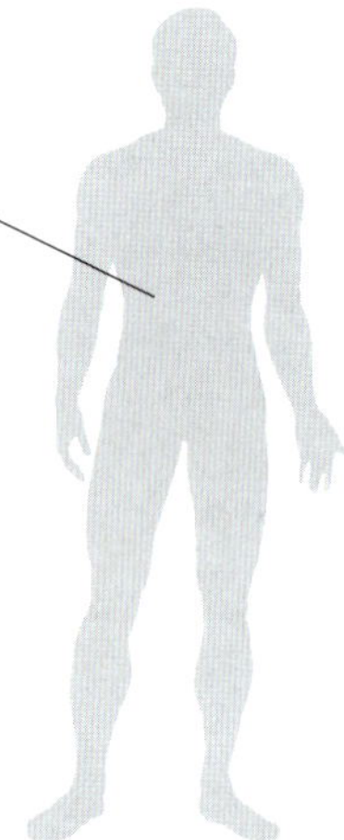

Malachit

Zur Krampflösung und Schmerzlinderung **Malachit** oder **Magnetit** oder **Saphir** aufkleben,
zur Verbesserung der Übelkeit **Dumortierit** oder **Malachit** tragen oder auflegen,
zur Vorbeugung gegen eine Kolik **Malachit** oder **Smaragd** tragen.

Weitere Steine: Dioptas, Heliotrop, Peridot, Sphärolithischer Chalcedon und Unakit.

Alternative Anwendungen: Bei Bedarf 2 Teelöffel **Kieselsäuregel** gegen Übelkeit und Erbrechen einnehmen.

Gallensteine

Cholelithiasis

Ein Leiden durch das Vorhandensein eines oder mehrerer Gallensteine in den Gallenwegen.

Sie bestehen aus kristallinen Fettpartikeln, vor allem aus Cholesterin. Die Größe der Gallensteine reicht von einem Korn bis zur Größe eines Hühnereies.

Symptome: Druckgefühl im rechten Oberbauch, Völlegefühl und Übelkeit, Unverträglichkeit von fetten, schweren Mahlzeiten. Die Steine können eine Gallenkolik auslösen.

Ursachen: Durch Ausfällen wasserunlöslicher Stoffe, die sich zuerst zu Gries, dann immer größer werdenden Steinen zusammenballen; bei Stoffwechselstörungen, Fettsucht oder Schwangerschaft.

Komplikationen: Gallenblasen und Gallengangentzündung, Leberschädigung und selten ein durch Gallensteine ausgelöster Darmverschluss.

Ätherische Öle: Optimal 2-mal täglich 2 Tropfen **Pfefferminzöl,** alternativ Bergamottöl, Eukalyptusöl, Ingweröl oder Rosmarinöl in die rechte Oberbauchregion einreiben.

Heilsteinanwendungen:

Malachit

Zirkon

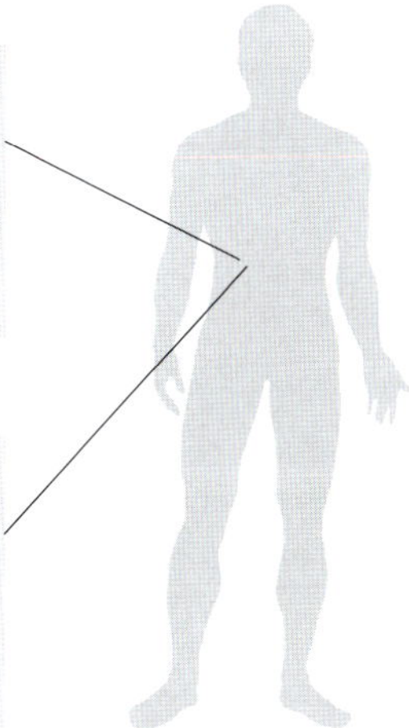

Zur Krampflösung und Schmerzlinderung **Malachit,** braunen **Zirkon** oder **Charoit** auflegen und damit massieren, zur Gallensteinauflösung und Gallensteinaustreibung **Malachit, Zirkon** oder versuchsweise **Biotit-Linse,** alternativ **Peridot** auf die Lebergegend kleben,
zur Entgiftung über den Darm **Sardonyx** als Wasser trinken und mit einem **Amethyst**-Drusenstück ausstreichen.

Weitere Steine: Chrysopras, Sphärolithischer Chalcedon, grüner Turmalin und Unakit.

Geburt, Entbindung

Der natürliche Vorgang der Austreibung des ungeborenen Kindes am Ende der Schwangerschaft aus dem Mutterleib.

Der Vorgang wird unterteilt in die Eröffnungsphase, Austreibungsphase und der Nachgeburtsphase.

In der Eröffnungsphase wird der noch geschlossene Gebärmutterkanal durch die Wehen langsam erweitert, bis er ungefähr 10 Zentimeter geöffnet ist.

In der Austreibungsphase wird das Kind durch Presswehen aus der Gebärmutter durch das Becken und die Scheide hindurch geboren.

In der Nachgeburtsphase werden Mutterkuchen und Eihäute als Nachgeburt ausgestoßen.

Ätherische Öle: 1 Tropfen **Muskatellersalbeiöl** einnehmen. Nach der Geburt bei jedem zweiten Windelwechsel 1 Tropfen Fenchelöl in den ersten Tagen, dann für weitere 4 Tage bei jedem Windelwechsel 1 Tropfen Fenchelöl direkt in den Bauch des Kleinkindes einreiben.

Heilsteinanwendungen:

Biotit-Linse

Malachit

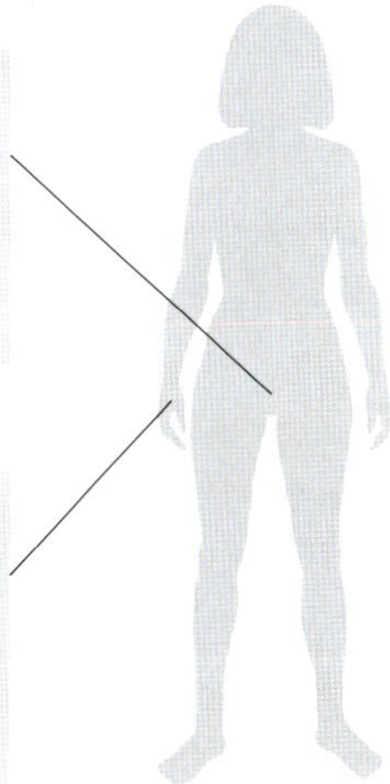

Vor und bei der Geburt:
Zur Krampflösung und Entspannung **Magnesit** oder **Malachit** tragen,
zur Schmerzlinderung und Wehenverstärkung **Malachit** oder **Biotit-Linse** in der Hand halten oder als Essenz einnehmen,
zur Öffnung des Muttermundes, zur Eröffnung der Wehentätigkeit und Beschleunigung der Austreibung **Biotit-Linse,** alternativ **Amazonit** auf das Schambein und in der Hand halten,
bei großem Blutverlust **Rhodonit,** alternativ **Obsidian** auf den Unterleib halten, bis die Blutung gestoppt ist,
zum Schutz gegen Infektionen **Heliotrop** oder **Sphärolithischen Chalcedon** tragen,
zur Abhilfe bei Geburtskrisen **Malachit** oder **Magnesit** in die Hand nehmen.

Weitere Steine: Chrysokoll, Karneol.

Nach der Geburt:
Zur besseren Heilung von Rissen oder Schnitten **Rhodonit** als Wasser zur Intimpflege verwenden, alternativ **Obsidian** oder **Mookait** als Scheibe auf das Schambein kleben oder in die Unterwäsche stecken und als Wasser trinken,

zur Rückbildung der Gebärmutter **Achat** mit Gebärmuttersignatur oder **Chalcedon**-Rosetten auflegen,
zur Erleichterung der hormonellen Umstellung **Mondstein, Malachit,** alternativ **Lapislazuli** als Kette oder Anhänger tragen,
zur Stabilisierung der Gesundheit der Mutter **Mookait** oder **Sphärolithischen Chalcedon** tragen,
zur Erleichterung der liebevollen Annahme des Kindes und der Mutterrolle **Kunzit, Rosenquarz** oder **Larimar** tragen,
bei hormonell bedingten Stimmungsschwankungen **Mondstein, Smaragd, Rosenquarz** oder **Bernstein** tragen,
zur Regeneration nach einer schweren Geburt **Unakit, Rubin-Zoisit** oder **Dioptas,** alternativ **Amazonit** tragen und als Wasser trinken.

Weitere Steine: Chrysokoll, Peridot und Tigereisen.

Für das Kind:
Zur Erleichterung der »Ankunft« im neuen Leben ein **Amethyst**-Drusenstück neben das Bettchen legen,
zur Überwindung des »Geburtstraumas« **Rutilquarz** oder **Rhodonit** als Trommelstein (so groß, dass er nicht zu verschlucken ist) ins Bettchen legen,
bei Verdauungsbeschwerden **Citrin** als Trommelstein in die Windel einbinden.

Gedächtnisschwäche, Verwirrtheit

Eine Störung der Fähigkeit, Sinneswahrnehmungen oder seelische Vorgänge im Gehirn zu speichern oder gespeicherte Wahrnehmungen wieder abzurufen.

Verwirrtheit ist eine plötzliche Vergesslichkeit mit einer Bewusstseinstrübung, wobei der Betroffene örtliche, zeitliche oder situative Gegebenheiten verkennt.

Symptome: Nachlassen der Merkfähigkeit oder das Schwinden von Bewusstsein, meist im höheren Alter. Die Reaktionsfähigkeit nimmt ab. Die Betroffenen können sich zwar oft noch an Ereignisse erinnern, die weit in der Vergangenheit liegen, vergessen aber häufig aktuelle Termine, Daten und Namen.

Ursachen: Kann ein natürlicher Alterungsprozess, eine Störung der Hirndurchblutung oder des Hirnstoffwechsels, die Folge eines Alkoholgenusses, Schlaganfalls, Hirntumors oder psychisch bedingt sein.

Ätherische Öle: 2-mal täglich 2 Tropfen **Eukalyptusöl,** alternativ Kampferöl, Pfefferminzöl oder Zitronenöl zur Raumverdunstung einsetzen.

Heilsteinanwendungen:
Zur Verbesserung der Gehirndurchblutung **Chrysoberyll** einnehmen; er hilft beim Gefühl der Überforderung, selbstbeherrscht und analytisch zu bleiben, sowie **Magnesit, Larimar** oder **Schalenblende** auflegen,
zur Synchronisation der Gehirnhemisphären, zum Zusammenspiel von Gefühl und rationalem Intellekt optimal **Disthen** oder **Chrysokoll** quer auf die Stirn halten oder in den Mund nehmen, die Steine lösen emotional bedingte Blockaden und beschleunigen die Rückruffähigkeit,
zur Verbesserung der Konzentration, der Merkfähigkeit, auch für Details, **Saphir, Ametrin, Fluorit** oder **Sardonyx,** des Erinnerungsvermögens, emotionalen Gedächtnisses und der Geistesgegenwart **Kunzit** tragen,
zur Verbesserung des Langzeitgedächtnisses und zur Verbesserung der Fähigkeit, Gedanken zu verknüpfen, **Chrysoberyll** oder **Diamant** aufkleben oder als Schmuck tragen,
bei Konzentrationsmangel durch innere Unruhe und Ablenkung **Amazonit** tragen,
zur besseren geistigen Organisation **Fluorit** oder **Lapislazuli** tragen – sie helfen innerlich und äußerlich Ordnung zu schaffen und stärken dadurch das Kurzzeit- und Mittelzeitgedächtnis,
zur Verbesserung der Gedächtnisleistung **Diamant** zusammen mit **Bergkristall** als Wasser trinken, im Alter **Baryt** tragen,
zum Aufbau von neuen Nervenverbindungen im Gehirn **Magnesit** mit Hirnsignatur, **Tansanit, Schalenblende, Disthen** oder **Coelestin** tragen oder als Wasser trinken.

Disthen

Fluorit

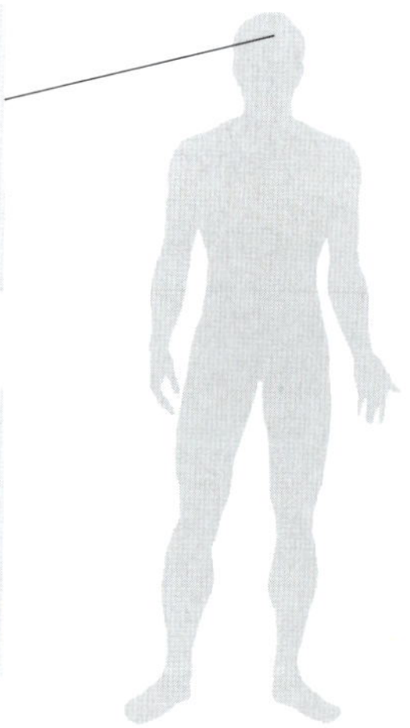

Weitere Steine: Cavansit, Charoit, Labradorit, Pyrit-Sonne und Rauchquarz.

Ergänzende Maßnahmen: Regelmäßige Gedächtnisspiele wie Memory sind wichtig, um das Gedächtnis bis ins hohe Alter aktiv zu halten. Nur ein aktiv gefordertes Gedächtnis kann auch unter normalen Umständen Sinnvolles leisten.

Gefühlskälte

Frigidität

Eine bei Frauen auftretende verringerte Ansprechbarkeit gegenüber sexuellen Reizen, die mit einer Orgasmusunfähigkeit während des Geschlechtsverkehrs verbunden ist.

Ursachen: In den meisten Fällen ist sie psychisch bedingt und nicht auf einen Mangel sexuellen Interesses zurückzuführen. In stark ausgeprägten Fällen besteht ein Widerwille gegen jede Art der körperlichen Berührung. Geringe sexuelle Erfahrung, moralische Hemmungen durch eine falsche und sexualfeindliche Erziehung können ebenso Ursache sein wie negative sexuelle Erfahrungen.

Ätherische Öle: 2-mal täglich 1–2 Tropfen **Muskatellersalbeiöl** einnehmen, alternativ 2-mal täglich 2 Tropfen Patchouliöl oder Ylang-Ylang-Öl in den Unterleib einreiben.

Heilsteinanwendungen:

Rosenquarz

Covellin

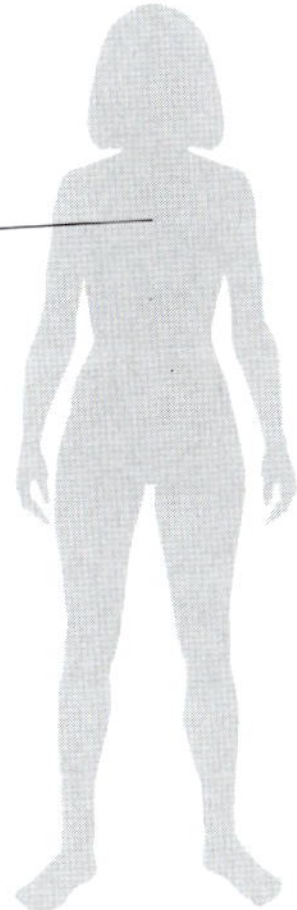

Zur Verbesserung des Verhältnisses zu Sinnlichkeit und Selbstannahme **Rosenquarz** oder **Covellin,** mit stärkerer Schutzfunktion **Jadeit** über Monate tragen,
zur Bewusstmachung der eigenen Bedürfnisse und Empfindungen **Rosenquarz, Malachit** oder **Kunzit** tragen,
zur Heilung seelischer und körperlicher Verletzungen **Rhodonit** oder **Obsidian,** alternativ **Rosenquarz** tragen,
zur Erleichterung der ehrlichen und offenen Aussprache der Partner **Lapislazuli** oder rosa **Chalcedon,** alternativ **Sodalith** tragen,
zur Gefühlsstimulierung und zur Überwindung der moralischen Hemmung **Feueropal, Rhodochrosit** oder **Purpurit** tragen.

Weitere Steine: Amazonit, Chrysokoll, Chrysopras, Granat und Prehnit.

Gelenkentzündung

Arthritis

Eine akute oder chronische Entzündung der Gelenke, die »trocken« oder »exsudativ« verlaufen kann – oft in Schüben.

Einteilung: Nach der Zahl der betroffenen Gelenke, nach dem Verlauf in akut oder chronisch sowie nach der Ursache.

Symptome: Das betroffene Gelenk ist meist geschwollen, schmerzhaft und bewegungseingeschränkt (zumindest am Morgen), selten gerötet und überwärmt. Bei chronischem Verlauf kommt es zu einem Funktionsverlust des Gelenks mit Fehlstellung und Kontraktur.

Formen: Rheumatische Arthritis, eitrige Arthritis, Monarthritis, Polyarthritis und Morbus Bechterew.

Ursachen: Infektiös, rheumatisch, Folge einer entzündlichen Bindegewebserkrankung, allergisch, durch hormonelle Störung bedingt, infolge von Gelenksblutungen bei Blutgerinnungsstörungen, Gelenkstumoren, durch Unfälle und Erkrankungen des Gelenkknorpels.

Ätherische Öle: Optimal bei Schmerzen 1–2 Tropfen **Nelkenöl,** alternativ Pfefferminzöl lokal einreiben.

Öl-Stein-Einreibungen: Ideal ergänzt sich die Einreibung einer Mischung aus Rosmarin- und Zimtöl mit Labradorit.

Heilsteinanwendungen:

Labradorit

Aragonit

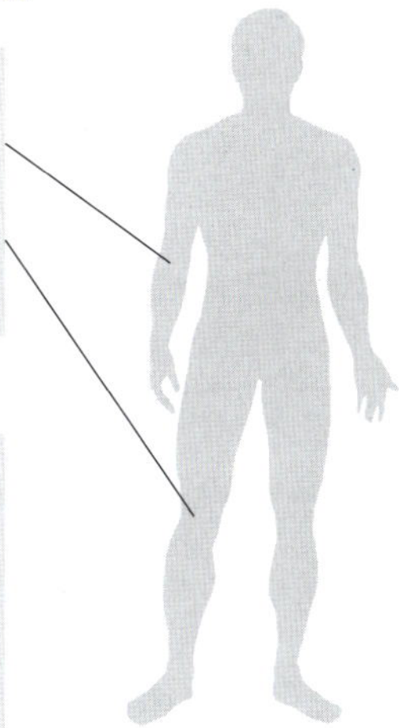

Zur Schmerzlinderung und Entzündungshemmung **Bergkristall, Labradorit, Sphärolithischen Chalcedon** oder **Heliotrop** aufkleben bzw. am Gelenk fixieren,
zur Bewegungsverbesserung **Ägirin, Fluorit, Aragonit** oder **Bernstein** lokal fixieren oder tragen,

zur Durchblutungsverbesserung und Verbesserung der energetischen Versorgung **Hämatit,** grünen **Granat** oder **Purpurit** tragen oder als Wasser trinken,
zur Entsäuerung des Bindegewebes und Anregung des Stoffwechsels **Variscit, Türkis, Dolomit** oder **Magnesit** als Wasser trinken und/oder aufkleben,
zur Verbesserung des energetischen Flusses **Ägirin** oder grünen **Turmalin** auf das Gelenk legen, sie lindern die Entzündungen und vermindern die Gelenkdegeneration.

Weitere Steine: Chiastolith, Lepidolith und Saphir.

Alternative Anwendungen: 2-mal täglich 1 Teelöffel **kolloidales Gold** trinken, zur Entgiftung und Entschlackung **Salzkristall**-Solebäder.

Ergänzende Maßnahmen: Baubiologische oder radiästhetische Schlafplatzuntersuchungen mit der Wünschelrute sind meist sinnvoll.

Gesichtsschmerzen

Trigeminusneuralgie

Ein meist einschießender, starker Schmerz im Verlauf des Gesichtsnervs.

Symptome: Blitzartiger, bis maximal 60 Sekunden andauernder, mit extremer Intensität auftretender, meist brennender Schmerz in einem oder mehreren Ästen des Gesichtsnervs, mit dabei zuckender Gesichtsmuskulatur. Der Schmerz kann mit beschwerdefreien Intervallen immer wieder auftreten.

Ursachen: Eine Reizung des im Gesicht verlaufenden Trigeminusnervs, bei Stirn- oder Kieferhöhlenentzündung, bei Zahngranulome, Schwermetallvergiftungen, Tumoren oder Herpes-Zoster im Gesichtsbereich, kann auch durch Kälte ausgelöst werden.

Disthen

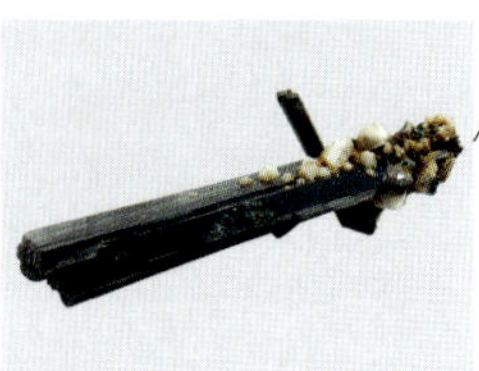

Ägirin

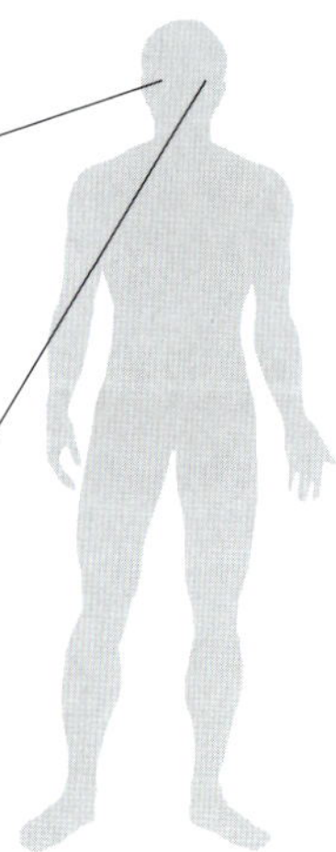

Ätherische Öle: 1–2 Tropfen **Nelkenöl** bei Schmerzen lokal einreiben, jedoch ist darauf zu achten, dass kein Öl in Augennähe kommt.

Heilsteinanwendungen:
Zur Schmerzlinderung **Kunzit, Disthen, Sugilith** oder **Ägirin** lokal auf den Schmerzbereich halten oder **Diaspor** lokal auflegen.

Weitere Steine: Diamant, Richterit und Tansanit.

Alternative Anwendungen: Zur Entzündungsvorbeugung einige Tropfen **kolloidales Silber** unverdünnt lokal auftragen.

Ergänzende Maßnahmen: Gute Erfahrungen liegen mit der Anwendung von Klangschalen vor – in die Nähe des Schmerzbereichs gehalten, über einen Zeitraum von einigen Tagen.

Gewebewassersucht, Wassereinlagerung

Ödema

Eine Schwellung, die durch meist eiweißreiche Wasseransammlung im Gewebe, etwa an den Knöcheln oder in den Körperhöhlen, besonders im Bauchraum, entsteht.

Symptome: Umschriebene oder diffuse Schwellung, oft auch mit Schmerzen.

Je nach Art und Ort des Ödems treten zusätzliche Symptome auf, als Folge der Störung des umgebenden Gewebes oder Organs.

Ursachen: Folge einer verminderten Wasserausscheidung bei einer Herz-, Kreislauf-, Nieren- oder Lebererkrankung sowie bei Entzündungen oder einer stumpfen Verletzung, in den Wechseljahren und bei Bindegewebsschwäche und bei chronischer Überlastung.

Ätherische Öle: 2–3-mal täglich 1–2 Tropfen **Lavendelöl,** alternativ Wacholderöl lokal einreiben.

Heilsteinanwendungen:

Blauer Turmalin

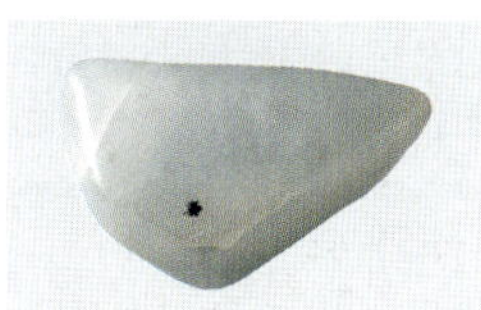

Weißer Opal

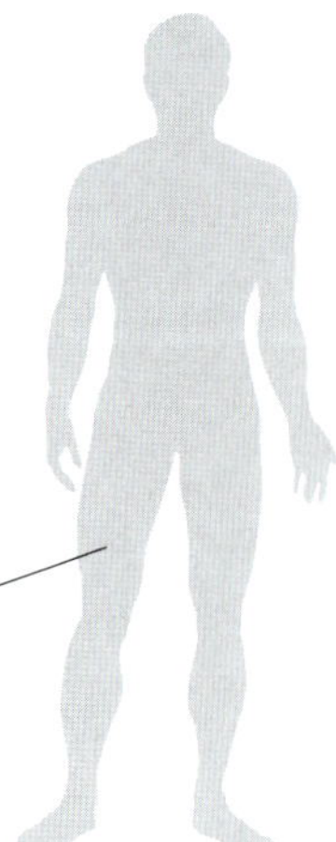

Zum Ödemabbau **Anden-Opal** oder weißen **Opal** tragen und **Chalcedon** für Massagen verwenden und als Wasser trinken,
alternativ **Anhydrit** zur Wasserrückresorption lokal fixieren,
zur verstärkten Wasserausscheidung und zur Anregung der Nierentätigkeit blauen **Turmalin,** alternativ **Chalcedon** als Wasser trinken.

Weitere Steine: Aquamarin und Dumortierit.

Ergänzende Maßnahmen: Stehen in Abhängigkeit zur ermittelten Ursache der Ödeme.

Gicht

Arthritis urtica

Eine durch Harnsäurevermehrung im Blut ausgelöste entzündliche Störung des Eiweißstoffwechsels der Extremitätengelenke, die vorwiegend Männer mittleren Lebensalters betrifft.

Symptome: Plötzliche, meist nachts auftretende Anfälle, mit heftigem Schmerz, am häufigsten im Großzehengrundgelenk. Das Gelenk ist gerötet und geschwollen, meist mit Fieber. Die akuten Schmerzanfälle dauern nur wenige Tage, wiederholen sich jedoch in unregelmäßigen Abständen.

Die chronische Form führt zu Verwachsungen und Deformierungen der betroffenen Gelenke. In schweren Fällen können auch innere Organe, besonders die Nieren geschädigt werden.

Ursachen: Primär angeborener Stoffwechseldefekt, sekundär bei Nierenfunktionsstörungen. Fehlerhafte Ernährung, Alkoholgenuss, Anstrengung und Unterkühlung können eine anfallauslösende Wirkung haben. Auch Herz- oder Bluthochdruckmedikamente mit harntreibender Wirkung können Gichtanfälle auslösen.

Ätherische Öle: 2-mal täglich 2 Tropfen **Rosmarinöl,** alternativ Kampferöl, Thymianöl, Wacholderöl oder Zimtrindenöl einreiben.

Heilsteinanwendungen:
Zur Schmerzlinderung im akuten Gichtanfall **Ägirin oder Sugilith,** alternativ **Chiastolith** auflegen,
zur Entzündungshemmung und Fiebersenkung **Chrysopras, Smaragd** oder **Sphärolithischen Chalcedon** als Wasser einnehmen, **Labradorit** lokal fixieren,
zur Entsäuerung, Senkung des Blutharnsäurespiegels und Verminderung der Harnsäureproduktion **Diaspor, Purpurit** oder **Magnesit** als Wasser trinken,
zur Stärkung der Reinigungsfunktion der Niere **Smaragd, Jadeit** oder **Prehnit** tragen und als Wasser trinken,
zur Ausscheidung der Harnsäurekristalle aus den Gelenken **Chrysopras, Diamant** oder **Fluorit** als Wasser trinken,
zur Verbesserung der Beweglichkeit **Bernstein, Fluorit** oder **Aragonit** tragen,
zur Durchblutungsverbesserung **Granat** kurzfristig auflegen, **Koralle** oder **Rhodochrosit** lokal fixieren,
zur Vorbeugung von Gichtanfällen **Purpurit** oder **Smaragd** tragen oder als Wasser einnehmen.

Chrysopras

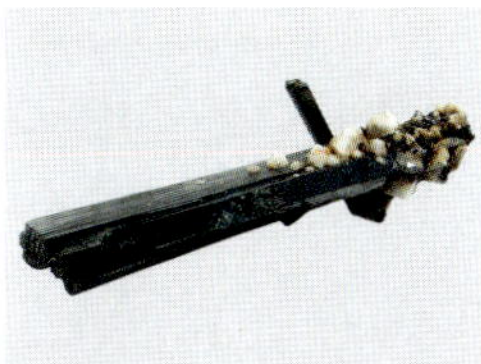

Ägirin

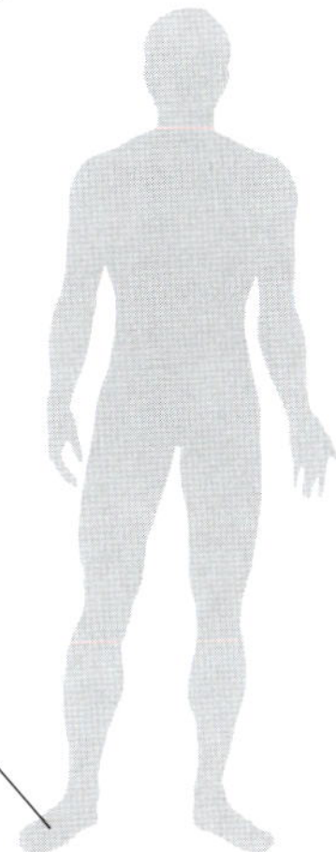

Weitere Steine: Dolomit, Nephrit, Prehnit.

Alternative Anwendungen: Salz-Fußbäder, lokale Abreibungen oder Salzsole-Vollbäder nehmen.

Gliederschmerzen

Eine Begleiterscheinung bei fast allen durch Viren bedingte, fiebrige Erkrankungen, auch oft bei grippalen Infekten ohne Fieber, als Reaktion auf körpereigene Abwehrstoffe.

Ätherische Öle: 2-mal täglich 2 Tropfen **Rosmarin** in den Bereich der Wirbelsäule einreiben und 2-mal täglich 2 Tropfen Pfefferminzöl inhalieren.

Heilsteinanwendungen:

Magnesit

Jadeit

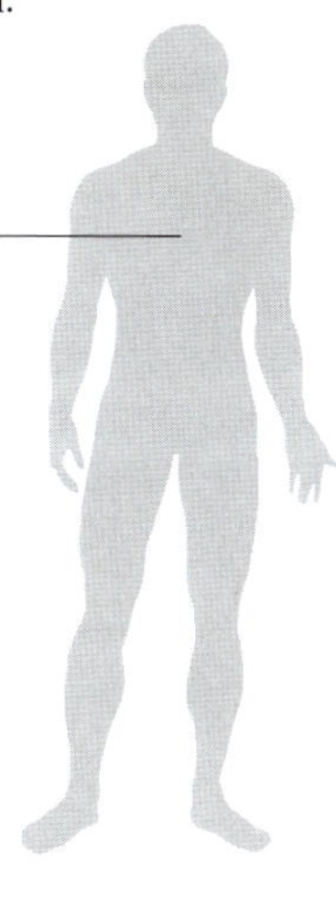

Zur Schmerzlinderung **Bernstein, Chalcedon** oder **Magnesit** als Kette oder Anhänger tragen,
zur Ausscheidung der Giftstoffe **Prehnit** oder **Jadeit** tragen.

Weitere Steine: Moosachat, Sardonyx und Sphärolithischer Chalcedon.

Grauer Star

Katarakt

Eine Augenerkrankung mit Verlust der Durchsichtigkeit der Linse, welche die Sehkraft einschränkt.

Symptome: Eine nach und nach sich verschlechternde Sehstörung, die Umgebung wird immer unschärfer und wird wie durch einen Nebel wahrgenommen, helles Tageslicht als grell empfunden. In manchen Fällen entstehen Doppelbilder. Bei fortgeschrittener Erkrankung wirkt das Auge von außen getrübt, die Sehkraft verschlechtert sich drastisch, und es kann zur Erblindung kommen.

Ursachen: Die Krankheit kann angeboren sein, sich aus ungeklärten Gründen im Alter entwickeln, aber auch Folge anderer Erkrankungen sein.

Ätherische Öle: Es liegen keine gesicherten Ölempfehlungen vor. Prinzipiell kein ätherisches Öl ins Auge bringen, da es eine sehr schmerzhafte Reaktion auslöst.

Heilsteinanwendungen:

Topas

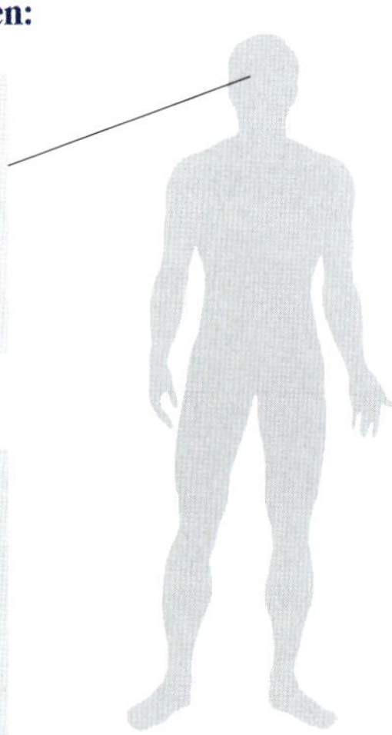

Malachit

Zur Erhaltung und Verbesserung der Sehkraft optimal weißen **Topas,** alternativ **Girasol** oder blauen **Chalcedon** ohne Bänderung auf die geschlossenen Augen legen, sehr klaren **Bergkristall** über längere Zeit tragen,
zur Regeneration der Leber **Dioptas** oder **Smaragd** über längere Zeit tagsüber auf die Lebergegend kleben oder als Wasser trinken sowie **Malachit** tragen,
zur Regeneration der Augenlinse und des Auges **Achat** mit Augensignatur, **Bergkristall** oder **Sardonyx** in der Tasche tragen,
zur Klärung des seelischen Hintergrunds **Malachit** als Anhänger tragen.

Weitere Steine: Apophyllit, Chrysoberyll, Diamant und Rauchquarz.

Grippe

Influenza epidemica

Eine akute, ansteckende, epidemisch auftretende, schwere Infektionserkrankung, die sehr uneinheitlich verläuft.

Symptome: Hohes, in der Regel plötzlich beginnendes Fieber, oft mit Schüttelfrost, schwerem Krankheitsgefühl, Abgeschlagenheit, Fröstelgefühl, Kopfschmerzen, wässrigem Fließschnupfen, Husten und Bronchienentzündung, oft mit Muskel-, Glieder- oder Gelenkschmerzen, häufig auch mit Augenbeschwerden und einer allgemeinen Schwäche. Es können dabei auch eine Bindehautentzündung und Lippenbläschen auftreten.

Komplikationen: Vor allem bei Menschen mit chronischen Erkrankungen des Herzens, der Atemwege oder des Stoffwechsels und bei älteren Menschen.

Ursachen: Ein Virusinfekt, meist infolge einer geschwächten Abwehrlage, die durch eine Tröpfcheninfektion übertragen wird.

Ätherische Öle: 2-mal täglich 2–3 Tropfen **Fenchelöl** einnehmen und inhalieren, alternativ Ingweröl in den Tee zum Trinken; Pfefferminzöl, Thymianöl, Kampferbaumöl und Rosmarinöl in die Brust einreiben.

Heilsteinanwendungen:

Amethyst

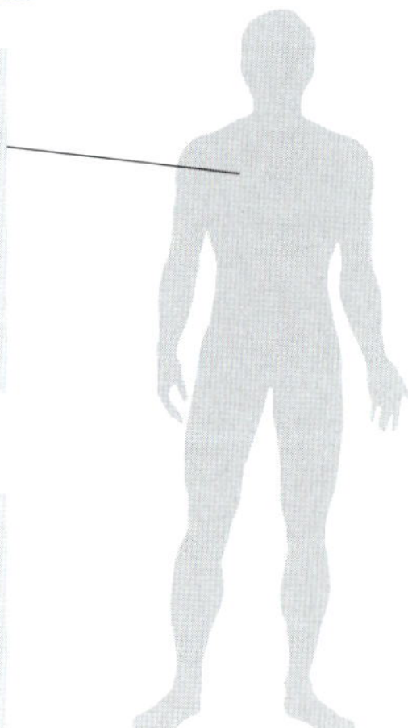

Heliotrop

Zu Beginn der Erkrankung, besser vorbeugend **Heliotrop** tragen oder als Wasser trinken sowie mit einem **Amethyst**-Drusenstück den ganzen Körper ausstreichen,
zur Entzündungshemmung und Immunstärkung **Heliotrop** oder **Sphärolithischen Chalcedon** tragen oder auf die Thymusdrüse kleben,
zur Hustenreizmilderung **Rutilquarz** oder **Apophyllit** tragen,
zur Schleimhautabschwellung **Aquamarin, Fluorit** oder **Chalcedon** als Scheibe tragen,
zur Linderung der Glieder- und Knochenschmerzen **Sugilith,** schwarzen oder grünen **Turmalin, Ägirin** oder **Chrysokoll** tragen,
zur Überwindung der allgemeinen Schwäche, Erschöpfung und Mattigkeit **Unakit, Peridot, Thulit** oder **Rubin-Zoisit** als Wasser trinken,
zur Anregung des Lymphflusses **Anden-Opal, Chalcedon** oder **Moosachat** als Wasser trinken,
bei Auswirkung oder Mitbeteiligung auf Herz und Kreislauf rosa **Chalcedon, Heliotrop** oder **Anden-Opal** tragen,
zur Nachbehandlung und zur Vermeidung von Rückfällen oder Komplikationen **Smaragd** auf die Nasenwurzel auflegen oder während des Ruhens **Heliotrop** auf die Brust halten oder **Sardonyx** tragen,
zur Rekonvaleszenz bei ausgeprägter Erschöpfung oder Schwäche **Rubin-Zoisit, Variscit** oder **Unakit** tragen.

Weitere Steine: Bernstein und Sphen.

Alternative Anwendungen: 2–3-mal täglich 1 Teelöffel **kolloidales Silber** unverdünnt einnehmen oder verdünnte **Kristallsalzsole** durch die Nase hochziehen.

Grüner Star

Glaukom

Symptom einer Erkrankung durch erhöhten Druck im Auge.

Symptome: Plötzlich ansteigender Augendruck mit aufquellenden, hervortretenden Augäpfeln, die stark gerötet und druckempfindlich sind, mit starken Schmerzen, Sehstörungen mit Gesichtsfeldausfällen und Kopfschmerzen.

Das Sehvermögen ist ernsthaft gestört.

Formen: Offenwinkelglaukom und Winkelblockglaukom.

Ursachen: Eine Verlegung der Abflusswege des Augenkammerwassers.

Ätherische Öle: Es liegen keine gesicherten Ölempfehlungen vor. Kein ätherisches Öl ins Auge bringen.

Heilsteinanwendungen:
Zur Schmerzlinderung **Tansanit** oder **Kunzit** auf das geschlossene Auge unter einer Augenklappe auflegen,
zur Reduktion der Flüssigkeitsregulation und des Augeninnendrucks **Anden-Opal, Girasol** oder **Chalcedon** als Wasser trinken,
zur Stärkung des Lebermeridians **Dioptas, Peridot** oder **Smaragd** auf die Lebergegend kleben,
zur Verbesserung der Sehfähigkeit **Topas,** alternativ **Girasol** auf das geschlossene Auge unter einer Augenklappe legen.

Peridot

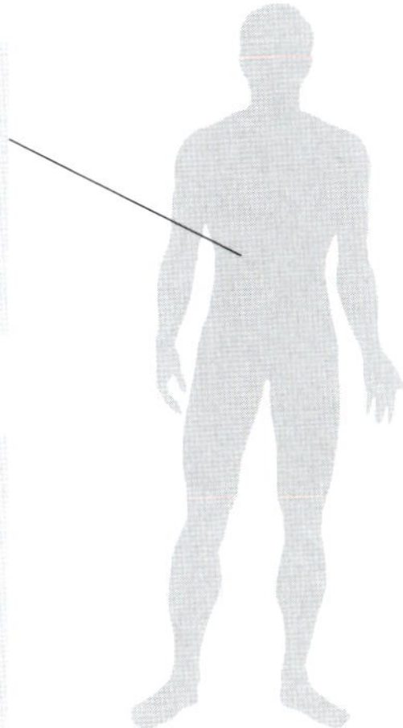

Anden-Opal

Weitere Steine: Achat mit Augensignatur, Chrysopras, Malachit, Opal, Prehnit und Sardonyx mit Augensignatur.

Gürtelrose

Herpes zoster

Eine schmerzhafte, virusbedingte, kaum ansteckende Nervenentzündung.

Symptome: Plötzlich auftretende, einseitig bandartige juckende Bläschenbildung auf der Haut im Verlaufsgebiet eines Nervs, mit einem allgemeinen Krankheitsgefühl (mit oder ohne Fieber); es sieht aus, als ob ein Gürtel um eine Körperhälfte zieht. Der Blaseninhalt kann wässrig, blutig oder eitrig sein. Die Bläschen platzen auf und verschorfen. Der unerträgliche Schmerz tritt meist schon vor dem Ausbruch der Bläschen auf und bleibt oft noch nach dem Abheilen monate- oder jahrelang bestehen.

Ursachen: Erneute Aktivierung der Varicella-Zoster-Viren, die nach einer Windpocken-Erstinfektion jahrelang an den Nervenfasern und Spinalganglien stumm ruhten.

Ätherische Öle: Optimal 2-mal täglich 1–2 Tropfen **Nelkenöl,** alternativ Pfefferminzöl lokal auftragen.

Öl-Stein-Einreibungen: Ideal ergänzt sich die sanfte, lokale Einreibung von Nelkenöl mit Richterit in das schmerzhafte Gebiet.

Heilsteinanwendungen:
Zur Schmerzlinderung **Richterit, Sugilith** oder **Purpurit** tragen oder als Wasser einreiben,
zum Abheilen der Pusteln **Rhodonit** oder **Mookait** als Wasser auftragen und mit einem **Amethyst**-Drusenstück ausstreichen,
zur Regeneration der Haut **Aventurin** als Anhänger – wenn möglich auf Höhe der betroffenen Hautpartie – tragen, **Antimonit** oder **Schalenblende** auflegen, anschließend **Rosenquarz** in die verwendete Tagescreme einlegen,
zum Schutz der Gefühlswelt **Türkis, Larimar** oder **Achat** tragen,
zur Abwehrstärkung **Sphärolithischen Chalcedon** oder **Achat** tragen.

Richterit

Rhodonit

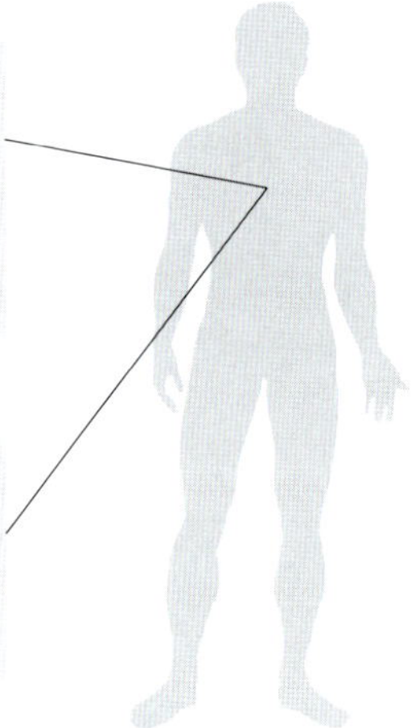

Weitere Steine: Bergkristall.

Alternative Anwendungen: Einige Tropfen **kolloidales Silber** oder besser **kolloidales Gold,** alternativ **Kieselsäuregel** auftragen und zusätzlich 2-mal täglich 1 Teelöffel **kolloidales Silber** einnehmen.

Haarausfall

Effluvium, Defluvium

Eine zeitweilige oder dauernde sichtbare Lichtung der Kopfhaare, das heißt ein Zustand mit abnorm »schütterem« Haupthaar oder mit haarlosen Hautbezirken im Sinne einer Glatze.

Ursachen: Infolge einer Erkrankung der Haarschäfte, des Haarbodens, bei Eisenmangel, Infektionserkrankungen, Folge einer Vergiftung, Chemotherapieanwendung oder von Strahlenschäden, bei Frauen auch durch Hormonstörungen.

Ätherische Öle: 3-mal täglich 1 Tropfen **Muskatellersalbeiöl** einnehmen, alternativ Rosmarinöl lokal auf die Kopfhaut auftragen.

Heilsteinanwendungen:

Antimonit

Rutilquarz

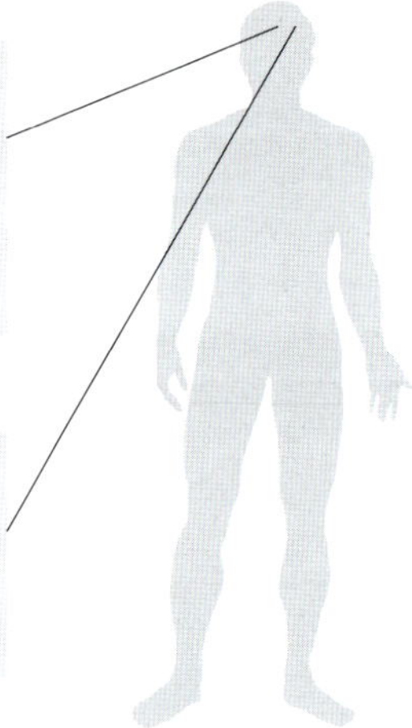

Zur Förderung des Haarwuchses **Rutilquarz,** alternativ **Antimonit** als Wasser auftragen,
zur Durchblutungsförderung und lokalen Stoffwechselanregung **Rubin, Turmalin** oder **Granat** als Wasser einreiben, zusätzlich mit einem **Amethyst**-Drusenstück ausstreichen,
zur hormonellen Umstimmung **Mondstein** oder **Malachit** als Kette tragen,
zur Entschlackung und Entgiftung **Peridot, Smaragd** oder **Chrysopras** als Wasser trinken oder tragen,
zum Harmonisieren des Säure-Basen-Haushalts **Dolomit** oder **Magnesit** tragen,
zum Ausgleich des Mineralstoffmangels **Variscit,** bunten **Turmalin** oder grünen **Granat** tragen.

Weitere Steine: Diamant.

Alternative Anwendungen: Salzsole als Badezusatz oder lokal mit **Salzsole** abreiben.

Ergänzende Maßnahmen: Auf vollwertige, basische Ernährung, vernünftigen Lebensstil achten und Stoffwechselschlacken abbauen.

Halbseitenkopfschmerz

Migräne

Anfallsweise auftretender halbseitiger Kopfschmerz, der meist nach einem Vorstadium auftritt und durch eine Verengung und anschließende Erweiterung der Gehirnarterien hervorgerufen wird.

Symptome: Meist mit einer Seh- und Sprachstörung, einer Einschränkung des Gesichtsfelds und oft mit Übelkeit, Erbrechen und Schwindel begleitet. Der Schmerz, der oft bohrend über dem Auge oder an der Schläfe beginnt, erstreckt sich bald über die ganze Kopfhälfte.

Der Migräneanfall verläuft meist in Phasen: 1. Vorstadium mit Angstgefühl, Konzentrationsschwäche, Reizbarkeit, Reizüberempfindlichkeit, Schwindel und Unruhe. 2. Sehstörungen, mit Lichtblitzen vor den Augen; Taubheitsgefühl; Auftreten des einseitigen Kopfschmerzes mit Erbrechen. 3. Der andere Typus weist ein euphorisches Vorstadium mit großem Tatendrang und Hochstimmungen auf.

Ursachen: Verschiedene Einflüsse werden diskutiert, wobei erbliche, allergische und psychische Faktoren die Hauptrolle spielen dürften, aber auch hormonelle Einflüsse und Veränderungen der Halswirbelsäule sind feststellbar.

Ätherische Öle: Bei Bedarf 1–2 Tropfen **Muskatellersalbeiöl** einnehmen.

Heilsteinanwendungen:

Rhodochrosit

Amethyst

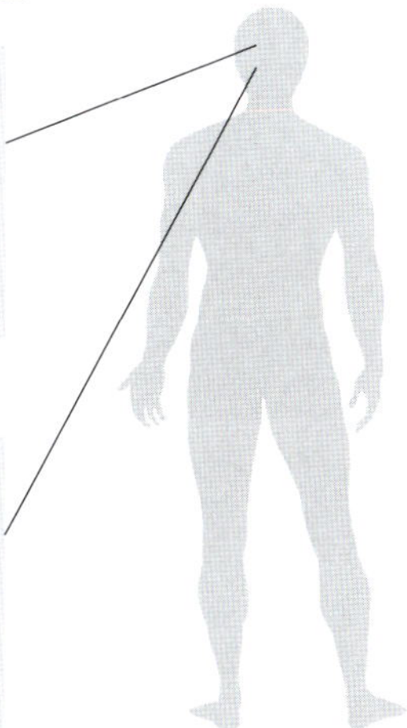

Zur Krampf- und Schmerzlinderung **Rhodonit** oder **Magnesit** als Kette tragen und mit einem **Amethyst**-Drusenstück oder **Halit** ausstreichen,
zur Durchblutungsverbesserung und Weitstellung der Gehirngefäße beim Ruhen am Schädelansatz (Hinterkopf) einen **Rhodochrosit** mit Gefäßsignatur unterlegen oder **Rubin** tragen,
zur Erleichterung der begleitenden Augenflimmer oder Sehstörungen **Disthen, Dioptas, Lapislazuli** oder blaue **Koralle** auf die Stirn legen,
zur Besserung der begleitenden Übelkeit und des Brechreizes **Dumortierit** oder **Saphir**, alternativ **Magnesit** als Knolle tragen,
zur Schwindelverbesserung **Schalenblende** oder **Sardonyx** tragen,
zur Angstlösung **Dumortierit, Magnesit, Sonnenstein** als Kette oder **Rutilquarz** tragen,

Weitere Steine: Dioptas, Jadeit, Malachit, Sphärolithischer Chalcedon und Tigereisen.

Ergänzende Maßnahmen: Baubiologische oder radiästhetische Schlafplatzuntersuchungen mit der Wünschelrute sind meist sinnvoll.

Halsentzündung

Pharyngitis, Tonsilitis

Eine Erkrankung der Hals- und Rachenschleimhaut, bei der oft insbesondere die Rachenmandel geschwollen ist.

Symptome: Akut auftretende Entzündung im Rachen, mit Gefühl der Trockenheit, allgemeinem Krankheitsgefühl mit Abgeschlagenheit, Schluckbeschwerden, Halsschmerzen und Fieber. Häufig bestehen zusätzlich Schmerzen im Kopf oder in den Ohren. Die Kehle ist hochrot, die Schleimhaut geschwollen, das entzündete Gebiet kann mit einer dicken Schleimschicht bedeckt sein.

Ursachen: Meist eine bakterielle Streptokokken-Infektion.

Ätherische Öle: 2-mal täglich mit 2–3 Tropfen **Fenchelöl,** alternativ mit Salbeiöl oder Myrtenöl, gurgeln und 2-mal täglich 1 Tropfen Fenchelöl auf etwas Honig einnehmen.

Heilsteinanwendungen:

Chalcedon-Rosette

Lapislazuli

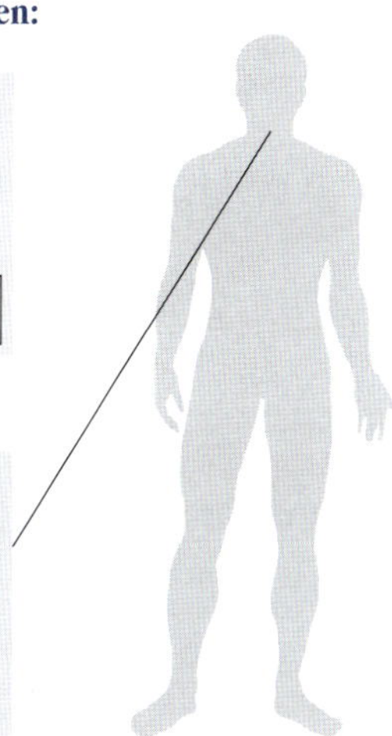

Zur Schmerzlinderung eine **Chalcedon**-Rosette, **Lapislazuli** oder **Chrysokoll** am Halsansatz tragen,
bei Schmerzen und Heiserkeit durch Überbeanspruchung der Stimme **Amazonit** tragen oder als Wasser trinken,
zur Erleichterung der Schluckbeschwerden **Sphärolithischen Chalcedon, Chalcedon** oder **Lapislazuli** mit viel Pyrit tragen oder als Wasser trinken, versuchsweise **Baryt** tragen,
zur Entzündungshemmung **Heliotrop, Lapislazuli** oder **Disthen** tragen oder als Wasser trinken.

Weitere Steine: Apophyllit, Aquamarin, Dumortierit, Fluorit, Labradorit, Larimar, Moosachat, Opal, Pyrit-Sonne, Rutilquarz, Sardonyx, Smaragd, Sodalith und Türkis.

Alternative Anwendungen: 1 Teelöffel **kolloidales Silber** unverdünnt zum Gurgeln verwenden und mehrfach täglich 1 Teelöffel **Kieselsäuregel** einnehmen.

Halsschmerzen

Ein Symptom, das bei verschiedenen Beschwerden und Erkrankungen im Halsbereich oder mit Halsbeteiligung vorkommt.

Symptome: Meist brennende Schmerzen, oft mit Heiserkeit und Husten verbunden.

Ursachen: Entzündungen im Hals- und Kehlkopfbereich, grippale Infekte, Begleiterscheinung verschiedener Infektionserkrankungen, Überanstrengung der Stimme sowie chemische Reize und Rauch.

Ätherische Öle: 2-mal täglich mit 2–3 Tropfen **Fenchelöl,** alternativ mit Salbeiöl oder Myrtenöl gurgeln und 2-mal täglich 1 Tropfen Fenchelöl auf etwas Honig einnehmen.

Heilsteinanwendungen:

Disthen

Larimar

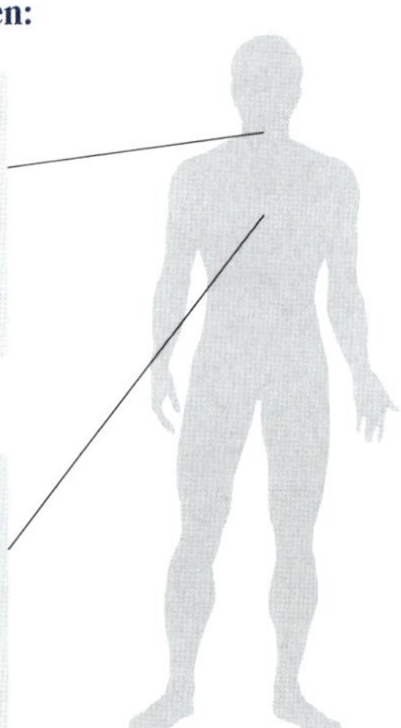

Bei Überbeanspruchung der Stimme **Amazonit, Disthen** oder **Chalcedon** am Hals tragen oder als Wasser trinken,
bei Allergien und Schilddrüsenbeschwerden **Aquamarin** oder **Fluorit** am Hals tragen oder als Wasser trinken,
bei Schluckbeschwerden **Chalcedon, Coelestin** oder **Chrysokoll** tragen,
bei Husten **Rutilquarz** oder **Chrysokoll** auf der Brust tragen,
bei beginnender Erkältung **Heliotrop** oder **Sphärolithischen Chalcedon** am Hals tragen oder als Wasser trinken,
bei chronischen Schmerzen **Larimar, Lapislazuli** oder **Chrysokoll** tragen,
bei hartnäckig verschleimtem Husten **Sphärolithischen Chalcedon** oder **Moosachat** tragen.

Weitere Steine: Apophyllit, Lapislazuli, Sardonyx, Smaragd oder Sodalith.

Alternative Anwendungen: 2 Teelöffel **kolloidales Silber** unverdünnt zum Gurgeln verwenden.

Hämorrhoidalbeschwerden

Symptome: Bis kirschgroße Erweiterung der mit Blut gefüllten venösen Gefäßknoten im oder am After, die als innere und äußere Hämorrhoiden vorkommen. Beim Pressen und Husten können sich die Hämorrhoiden vergrößern oder erst in Erscheinung treten. Es sind im Allgemeinen weiche, knotige oder wulstartige Vorwölbungen. Meist hellrotes Bluten beim Stuhlgang, verbunden mit Schmerzen, die beim Stuhlgang gesteigert werden; oft mit Juckreiz und Nässe oder Brennen mit Spannungsgefühl in der Aftergegend und einer Verstopfung verbunden. Im späteren Zustand werden die Knoten größer und können heftig spontan bluten.

Formen: Innere Hämorrhoiden sind von außen nicht sichtbar, können aber beim Pressen oder während des Stuhlgangs austreten.

Äußere Hämorrhoiden sind von außen sichtbar und heben sich von der Umgebungshaut als blaurote Knoten ab.

Ursachen: Meist eine angeborene Bindegewebsschwäche oder ausgelöst durch Rückstau venösen Bluts des Pfortaderkreislaufs.

Ätherische Öle: 2-mal täglich 2 Tropfen **Lavendelöl,** alternativ Indisches Melissenöl, Myrrhenöl, Wacholderöl oder Weihrauchöl in die Afterregion einreiben.

Heilsteinanwendungen:
Zur Verbesserung der Hämorrhoidalbeschwerden konzentrisch gebänderten **Achat,** auch konzentrisch gebänderten **Rhodochrosit** oder **Sardonyx** auflegen oder als Wasser auftragen,
zur Juckreizmilderung **Aventurin, Sardonyx** oder **Achat** tragen und als Wasser trinken,
zur Schmerzlinderung auf **Charoit, Sardonyx** oder **Lapislazuli** sitzen,
zur Blutungsreduzierung **Rhodonit** oder **Obsidian** lokal anlegen,
zur Entzündungshemmung und Reduzierung der Entzündungsneigung blauen **Turmalin** oder **Lapislazuli** tragen,
zur Erleichterung des Stuhlgangs bei hartem Stuhl rosa **Moosachat** oder **Stromatolith** tragen,
zur Entstauung auf dem Pfortaderkreislauf **Koralle** oder – mit günstiger Wirkung auf die Leber – **Malachit** tragen.

Sardonyx

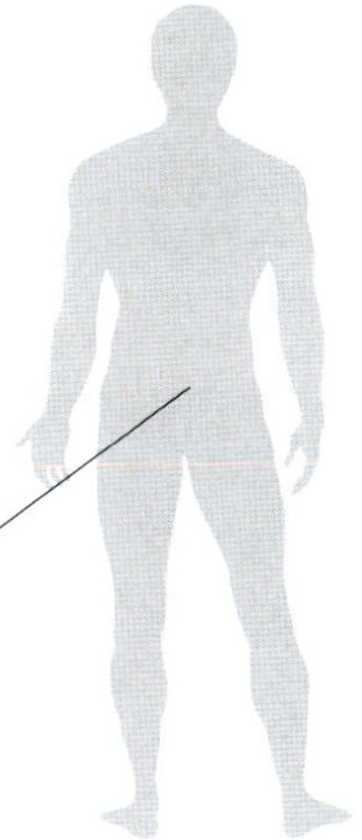

Konzentrischer Achat

Weitere Steine: Amethyst, Heliotrop, Saphir oder Türkis.

Alternative Anwendungen: Einige Tropfen **kolloidales Silber** unverdünnt und **Kieselsäuregel** lokal auftragen.

Ergänzende Maßnahmen: Sitzbäder mit Hamamelis- oder Rosskastanienextrakt durchführen.

Harnröhrenentzündung

Urethritis

Eine durch Bakterien ausgelöste entzündliche Infektion der Schleimhaut der Harnröhre, die meist in Verbindung mit anderen Infektionen der Harnwege oder der Prostata auftritt.

Symptome: Fahlgelbe Haut, Juckreiz, Druckgefühl in der Blase mit einem ausstrahlenden Schmerz in die Leistengegend, häufigem Harndrang mit brennendem Schmerz beim Wasserlassen und schleimigem bis eitrigem Ausfluss. Selten tritt ein hohes Fieber mit auf.

Ursachen: Eine Infektion, meist ausgelöst durch Colibakterien, Staphylokokken, Streptokokken sowie Trichomonaden, Candidapilzen, Chlamydien oder Mykoplasmen, auch als Folge einer Blasenuntersuchung, selten auch infolge einer allergischen Reaktion im Intimbereich (meist der Frau).

Ätherische Öle: 2–3-mal täglich 2 Tropfen **Wacholderöl,** alternativ Eukalyptusöl in den Unterleib einreiben.

Heilsteinanwendungen:

Zur Schmerzmilderung **Kunzit,** grünen **Turmalin** oder **Chrysokoll** tragen,
zur Entzündungshemmung und Fiebersenkung **Saphir, Sphärolithischen Chalcedon, Heliotrop** oder grünen **Turmalin** in der Hosentasche mehrere Wochen tragen oder am Schambein aufkleben,
zur Ausscheidungsverstärkung **Chalcedon,** blauen **Turmalin, Jadeit** oder **Prehnit** auf den Unterleib kleben,
zur besseren energetischen Versorgung **Obsidian** fixieren, optimal **Granat** oder **Turmalin** für nur zirka 3 Minuten auf die Blasengegend legen,
zur Vorbeugung **Citrin, Jadeit** oder **Achat** in der Hosentasche tragen.

Turmalin

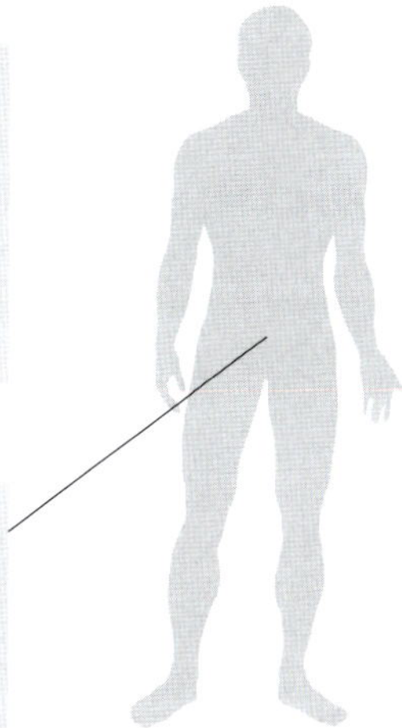

Jadeit

Alternative Anwendungen: Kolloidales Silber einnehmen und lokal in den Unterbauch einreiben.

Weitere Steine: Karneol.

Hautausschlag

Acne vulgaris

Eine Sammelbezeichnung verschiedener eitriger Entzündungen der Hauttalgdrüsenausgänge und Haarbälgchen.

Symptome: Mit gelbem Eiter gefüllte Pickel und Pusteln im Gesicht, Hals, Rücken und auf der Brust. In schlimmeren Fällen oder durch Kratzen der juckenden Bläschen entstehen zusätzliche Hautdefekte, die Narben hinterlassen können.

Sie tritt meist bei Jugendlichen von der Pubertät an bis zum 25. Lebensjahr auf, zum Teil unter Hormonbeeinflussung. Der Schweregrad der Akne variiert sehr stark, in den meisten Fällen verschwindet die Akne nach der Pubertät.

Ursachen: Meist infolge einer allergischen Reaktion, auch hormonell oder psychisch bedingt.

Ätherische Öle: 2-mal täglich 2–3 Tropfen **Lavendelöl** lokal einreiben und 2-mal 1 Tropfen Muskatellersalbeiöl einnehmen, alternativ Rosenholzöl, Teebaumöl oder Sandelholzöl lokal einreiben.

Heilsteinanwendungen:

Aventurin

Chrysopras

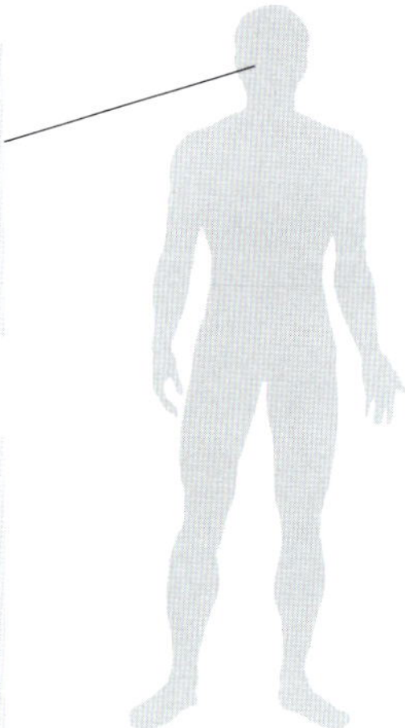

Zur Entzündungshemmung und Juckreizmilderung **Chrysopras** als Wasser auftragen,
zur Hautreinigung und Zellerneuerung **Amethyst** oder **Aventurin** als Wasser bei Pickel, Mitessern und Ausschlägen auftragen,
zur Abwehrstärkung, Entgiftung und Giftausscheidung **Chrysopras** oder **Türkis** als Wasser trinken, als Kette oder Pi-Scheibe tragen oder abends auf die Lebergegend legen,
zur Verhinderung der Narbenbildung und zur Regeneration **Rhodonit** oder roten **Turmalin** auf das Narbengewebe auflegen,
zur Hormonregulierung während der Pubertät und hormonellen Umstimmung **Mondstein** oder **Malachit,** alternativ **Amazonit** als Anhänger oder Kette längere Zeit tragen,
zur Entgiftung des Bindegewebes unter der Haut **Malachit** als Wasser auftragen oder mit **Antimonit** über dem betroffenen Hautgebiet massieren,
zur psychischen Stabilisierung und zur Steigerung des Selbstwertgefühls **Citrin** oder **Rhodonit** tragen oder als Wasser trinken.

Weitere Steine: Rhodochrosit.

Alternative Anwendungen: Einige Tropfen **kolloidales Silber** unverdünnt auftragen und einreiben, alternativ **Kieselsäuregel** oder **Grüne Mineralerde** lokal auftragen.

Hautjucken

Pruritus

Eine lästige Empfindung, die nur auf der Haut auftritt und durch Kratzen sich kurzfristig verbessert.

Symptome: Jucken am ganzen Körper; Wärme verschlimmert den Zustand, deshalb oft mit Schlafstörungen verbunden.

Bei starkem Juckreiz wird das Blutigkratzen in Kauf genommen, da der dafür auftretende Wundschmerz relativ erträglicher erscheint als das Jucken.

Ursachen: Kann infolge einer Nieren- oder Lebererkrankung, Durchblutungsstörung, Diabetes, Infektionserkrankung, Hämorrhoidalerkrankung, Hauterkrankung mit trockener Haut, eines Hautausschlags, einer Vergiftung, allergischen Reaktionen eines Hautpilzes, Altern der Haut oder einer hormonellen Störung auftreten.

Ätherische Öle: Bei Bedarf optimal 1–2 Tropfen **Lavendelöl,** alternativ Bergamottöl in die juckenden Bereiche einreiben.

Öl-Stein-Einreibungen: Ideal ergänzt sich die lokale Einreibung von Lavendelöl mit Aventurin.

Heilsteinanwendungen:

Fuchsit

Lapislazuli

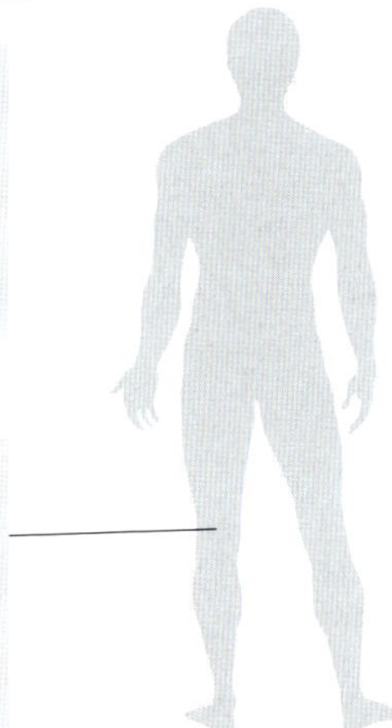

Zur Histaminunterdrückung, Juckreizmilderung und Hautberuhigung optimal **Fuchsit, Saphir, Prasemquarz** oder **Aventurin** tragen,
zur Entzündungshemmung **Lapislazuli** mit wenig Einsprengungen von Pyrit tragen und eventuell als Wasser auftragen, alternativ **Chalcedon,**
zur Regeneration der Haut und Erhöhung der Widerstandskraft **Sardonyx, Saphir, Lepidolith** oder **Achat** über längere Zeit als Wasser auftragen,
bei Hautunreinheiten und zur Linderung bei Infektionen oder Hauterkrankungen **Amethyst** auf den betroffenen Bereich legen oder als Drusenstück drückend massieren,
zur Stärkung der Niere optimal **Jadeit** oder **Prehnit** tragen,
bei Leberbeteiligung **Dioptas** oder **Smaragd** lokal aufkleben,

zur Vorbeugung **Jadeit, Bernstein** oder **Chalcedon** tragen.

Weitere Steine: Aragonit oder Calcit.

Alternative Anwendungen: Ein **Salzvollbad** nehmen oder mit einer **Salzseife** abreiben. Auf die betroffene Stelle **Kieselsäuregel** auftragen, bei Hautschädigung einige Tropfen **kolloidales Silber** auftragen und einreiben.

Ergänzende Maßnahmen: Wenn möglich, nicht kratzen, sondern kneifen und knibbeln und die Unterarme kalt abduschen.

Heiserkeit

Raucedo, Rausitas

Eine meist vorübergehende Störung der Stimmbänder mit Stimmverlust.

Symptome: Brennen oder Kitzeln im Hals, oder mit Schmerzen beim Sprechen verbunden, rauhe, klanglose Stimme, die bis zur völligen Stimmlosigkeit führen kann.

Ursachen: Meist Folge einer Erkältung, Hals- oder Kehlkopfentzündung bzw. einer meist bakteriellen Infektion der Atemwege, einer Aufregung, Überanstrengung beim Reden oder Zugluft.

Ätherische Öle: 2–4-mal täglich 1 Tropfen **Anisöl,** alternativ Fenchelöl auf die Zunge tropfen.

Heilsteinanwendungen:

Lapislazuli

Chrysokoll

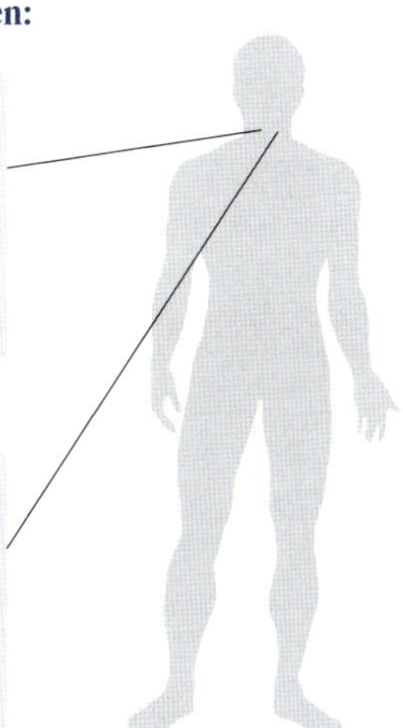

Zur Entzündungshemmung **Lapislazuli, Disthen** oder **Aquamarin** tragen,
zur Schmerzmilderung **Lapislazuli** optimal als Kette, **Chrysokoll** oder blaue **Koralle** tragen,
bei einer Überbeanspruchung der Stimme oder infolge einer Atemwegsinfektion **Chalcedon, Lapislazuli** oder **Heliotrop** tragen,
im akuten Fall oder zur Aussprache unangenehmer Themen oder zurückgehaltenen Zorns **Lapislazuli** tragen,
im chronischen Fall **Sodalith,** alternativ **Dumortierit** oder **Chalcedon** auflegen,
zur Vorbeugung **Aquamarin** als Anhänger, **Heliotrop** oder **Chalcedon** als Kette tragen,
im Zusammenhang mit einer Allergie **Aquamarin** tragen, vor allem in Phasen großer Belastung.

Weitere Steine: Amazonit, Larimar, blauer Turmalin und Variscit.

Alternative Anwendungen: 1–2-mal täglich 1 Teelöffel **kolloidales Silber** zum Gurgeln und **Kieselsäuregel** zum Einnehmen.

Herzbeschwerden

Ein Auftreten verschiedener Störungen der Herzfunktion, die meist subjektiv stark empfunden werden.

Symptome: Es können Herzklopfen, -stolpern, Stiche, Aussetzen des Herzschlags, Schmerzen in der Herzgegend, meist vorübergehende Atemnot, Angst- oder Beklemmungsgefühl, Schwäche, Blässe und Blutdruckunregelmäßigkeiten auftreten.

Ursachen: Sehr unterschiedlich bedingt, zum Beispiel durch Blutdruckschwankungen, Durchblutungsstörungen oder Reizleitungsstörungen am Herz, Entzündungen, Herzmuskelschwäche, hochstehendes Zwerchfell oder andere raumbeengende Prozesse im Brust- oder Bauchraum, Ausstrahlungen von anderen Organen des Brust- oder Bauchraums, Vergiftungserscheinungen und psychische Faktoren,

Ätherische Öle: 2-mal täglich 1 Tropfen **Eukalyptusöl** einnehmen, alternativ Lavendelöl oder Indisches Melissenöl.

Heilsteinanwendungen:

Rosa Chalcedon

Amazonit

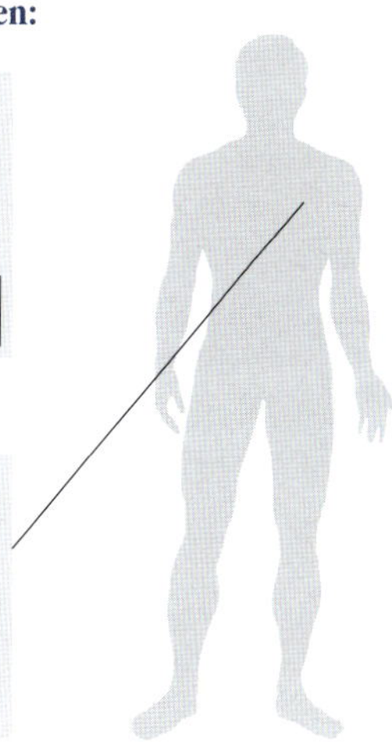

Zur Linderung der Herzangst und Nervenberuhigung **Rutilquarz, Amazonit** oder **Saphir** tragen,
zur Befreiung bei Enge und Beklemmungsgefühlen **Lapislazuli,** grünen **Apophyllit** oder **Apophyllit,** alternativ **Amazonit** tragen,
zur Normalisierung des Herzschlags und Kreislaufregulierung rosa **Chalcedon** oder **Heliotrop** tragen; sie lindern Entzündungen im Herzbereich, verbessern die Fließeigenschaft des Bluts,
zur Entgiftung und Entschlackung des Gewebes, zur Vorbeugung gegen Herzinfarkt und zur Verbesserung des Fettstoffwechsels **Aventurin, Chrysopras** oder **Prehnit** tragen, die auch Ablagerungen in den Herzkranzgefäßen verhindern; optimaler wäre der schwer erhältliche **Smithonit,**
zur Harmonisierung des Herzrhythmus rosa **Chalcedon** tragen, er lindert Kummer, oder **Rosenquarz** aufkleben,
bei Herzrhythmusstörungen **Heliotrop** oder **Amazonit** tragen,
zur Entzündungshemmung und Herzkräftigung **Heliotrop** oder **Rhodonit** tragen, sie schützen und weiten Verengungen,
zur Lösung von Ablagerungen in den Blutgefäßen, optimal **Prehnit** oder **Chrysopras** tragen,
zur Entspannung und Regeneration des Herzens **Aventurin** oder **Amazonit** auf der Brust tragen,
bei seelischen und körperlichen Verletzungen **Rhodonit** oder **Rosenquarz** tragen,
zur Entlastung des Herzens **Anden-Opal** oder **Wassermelonen-Turmalin** als Scheibe auf die Herzregion kleben,
zur Angstlösung bei Enge und Beklemmungsgefühlen **Rutilquarz** optimal in der Brusttasche tragen.

Weitere Steine: Apophyllit, Chrysokoll, Koralle, Rubin-Zoisit, Saphir, Sarder, Sugilith und Zirkon.

Alternative Anwendungen: 2 Teelöffel Trinkgold kurmäßig über 2–3 Wochen einnehmen.

Ergänzende Maßnahmen: Aus der Heileurythmie übernommen: Eine fortlaufende Acht sowie gleichmäßige Spiralen in die Luft zeichnen.

Herzenge

Angina pectoris

Ein dramatische Erkrankung des Herzens, dessen Schmerzzustand nur kurzfristig bis etwa 20 Minuten anhält. Ausgelöst wird dieser Anfall meist durch eine körperliche oder psychische Belastung (Ärger oder Schreck).

Symptome: Anfallsweise auftretender, heftig drückender, brennender oder bohrender Schmerz unterschiedlicher Stärke im Brustraum, besonders hinter dem Brustbein. Dieser kann in die linke Schulter, den linken Arm, manchmal sogar an der linken Körperseite entlang bis in den Fuß ausstrahlen, verbunden mit Atemnot, Beklemmung, Todesangst, Schwitzen, Übelkeit und einem Vernichtungsgefühl.

Wenn der Schmerz und das Vernichtungsgefühl unerträglich sind, ist ein Herzinfarkt zu befürchten. Die Herzenge ist ein deutliches Warnzeichen, das auf einen drohenden Herzinfarkt hinweist.

Ursachen: Mangelnde Durchblutung der Herzkranzgefäße.

Ätherische Öle: Bei Bedarf 1–2 Tropfen **Muskatellersalbeiöl** einnehmen.

Heilsteinanwendungen:

Rhodonit

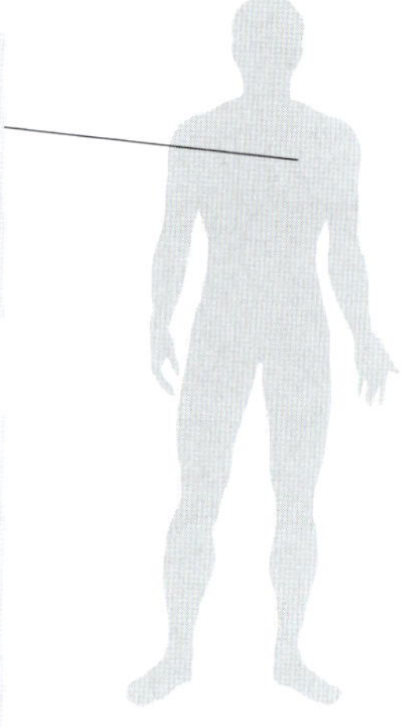

Apophyllit

Zur Angstlösung grünen **Apophyllit, Rutilquarz, Chrysokoll** oder **Sugilith** tragen,
zur Schmerzlinderung **Rhodonit, Chrysokoll** oder **Charoit** tragen,
zur Linderung des Herzrasens rosa **Chalcedon,** bei leichten Fällen **Rosenquarz** tragen,
bei Herzrhythmusstörungen **Rutilquarz** oder **Heliotrop** tragen,
gegen die Panikgefühle optimal **Sugilith** oder **Zoisit** in der Hand halten,
zur Blutdrucksenkung, Durchblutungsverbesserung und Gefäßerweiterung akut: **Rhodonit** als Wasser trinken oder auf Herzhöhe aufkleben, dann **Chalcedon** oder blaue **Koralle** über dem Brustraum ohne Druck in Spiralbahnen massieren,
zur Verbesserung der Durchblutung der Herzkranzgefäße **Bergkristall, Rhodochrosit, Koralle** oder **Rosenquarz** tragen,

zur Entgiftung und Entschlackung **Aventurin** oder **Chrysopras** über der Herzgegend tragen,
zur Entlastung des Herzens und des Stoffwechsels **Prehnit** oder rosa **Chalcedon** tragen,
als Folge einer verschleppten Infektion rosa **Chalcedon** oder **Heliotrop** tragen,
zur psychischen Stabilisierung erst rosa **Chalcedon,** dann **Rosenquarz** als Anhänger tragen,
zur Vermittlung von Geborgenheit dunklen **Bernstein** oder **Labradorit** tragen,
zur Nachbehandlung **Rhodonit** als Wasser über mehrere Wochen einnehmen, danach **Rosenquarz** tragen,
zur Vorbeugung der Anfälle rosa **Chalcedon** oder **Anden-Opal,** alternativ **Rosenquarz** über mehrere Wochen tragen,
zur Vorbeugung gegen Herzinfarkt optimal **Heliotrop** oder **Aventurin** tragen,
bei allen Herzbeschwerden mehrfarbigen **Turmalin** oder **Achat** über dem Herzbereich aufkleben oder tragen.

Weitere Steine: Beryll, Calcit, Feueropal, Kunzit, Magnesit, Malachit, Serpentin, Sonnenstein und goldenen Topas.

Heuschnupfen

Rhinitis allergica

Eine allergische Reaktion der Nasen- und Nasennebenhöhlenschleimhäute.

Symptome: Wässriger oder glasartiger Fließschnupfen, selten Stockschnupfen, mit häufigen Niesattacken, meist ausgeprägtem, starkem Juckreiz in der Nase, Behinderung der Nasenatmung, Rötung und Schwellung der Augen. Oft treten asthmaartige Anfälle oder eine Nesselsucht mit hohem Fieber auf. Die Augen sind meist lichtempfindlich, oft mit Kopfschmerz verbunden.

Ursachen: Es ist eine Reaktion auf verschiedene eingeatmete Substanzen aus der Luft.

Ätherische Öle: 2-mal täglich 2 Tropfen **Lavendelöl** in die Nase einreiben.

Heilsteinanwendungen:
Zur Histaminunterdrückung und Juckreizminderung **Aventurin** oder **Aquamarin,** alternativ **Prasemquarz** tragen und als Wasser trinken,
zur Linderung des Fließschnupfens und zur Schleimhautabschwellung **Fluorit** oder grünen **Apophyllit** tragen und bei Gelegenheit lutschen,
zur Lymphflussanregung **Sphärolithischen Chalcedon, Chrysopras** oder **Chalcedon** tragen oder als Wasser trinken,
zur Entschlackung und Entgiftung während der Belastungszeit **Aquamarin, Bernstein** oder gelbbraunen **Jaspis** als Kette tragen,
zur Allergieminderung 2–3 Monate vor der Belastungszeit optimal vorbeugend **Aquamarin** als Wasser trinken.

Fluorit

Aquamarin

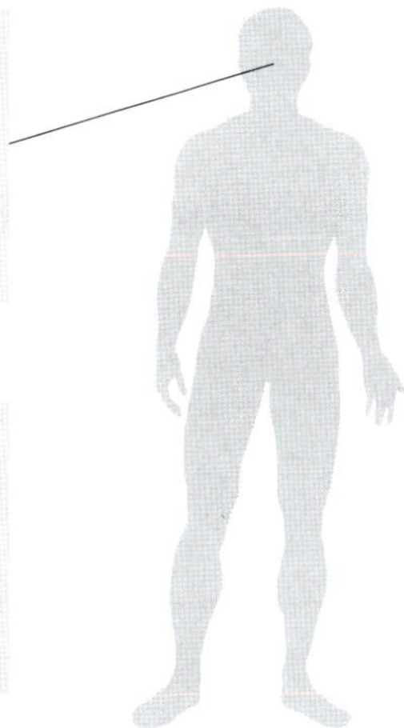

Weitere Steine: Smaragd.

Alternative Anwendungen: 2-mal täglich mit 1 Teelöffel **kolloidalem Silber** gurgeln und in die Nase einbringen.

Hexenschuss

Lumbago

Eine heftige und meist in unregelmäßigen Abständen spontan auftretende Schmerzsymptomatik im Lendenbereich.

Symptome: Plötzlicher Schmerzbeginn (mit spastischen Zuckungen der Rückenmuskeln und kurzfristiger Rückensteifheit), der zu einer Bewegungseinschränkung, vorübergehenden Versteifung mit Schonhaltung führt. Das Bücken ist fast unmöglich, verschwindet jedoch in wenigen Tagen wieder. Ist der Ischiasnerv beteiligt, so strahlen die Schmerzen von der Lendengegend in das Bein hinunter bis zum Fußaußenrand aus. Oft sind die Schmerzen beim Husten, Niesen oder Pressen verstärkt.

Ursachen: Zumeist durch eine Muskelverspannung, die eine degenerative Veränderung der Bandscheiben oder Nerveneinklemmung auslöst.

Ätherische Öle: Optimal 2-mal täglich 2 Tropfen **Nelkenöl,** alternativ Lavendelöl, Rosmarinöl oder Zimtrindenöl lokal einreiben.

Heilsteinanwendungen:
Zur Krampflösung und Spannungslösung **Ägirin, Chiastolith** oder **Aragonit** aufkleben und als Wasser trinken,
zur Schmerzlinderung **Sugilith, Kunzit** oder optimal **Pyrit-Sonne** auf den Schmerzbereich lokal auflegen,
zur Förderung der Beweglichkeit rosa **Turmalin** oder **Kunzit** aufkleben,

zur Durchblutungsverbesserung **Obsidian** oder **Rhodonit** aufkleben oder als Wasser trinken,
zur Vorbeugung **Bernstein, Dolomit** oder mehrfarbigen **Turmalin** als Kette tragen.

Sugilith

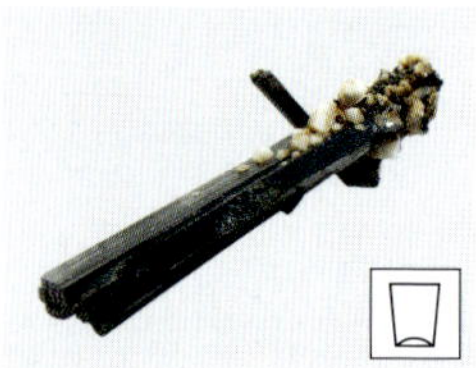

Ägirin

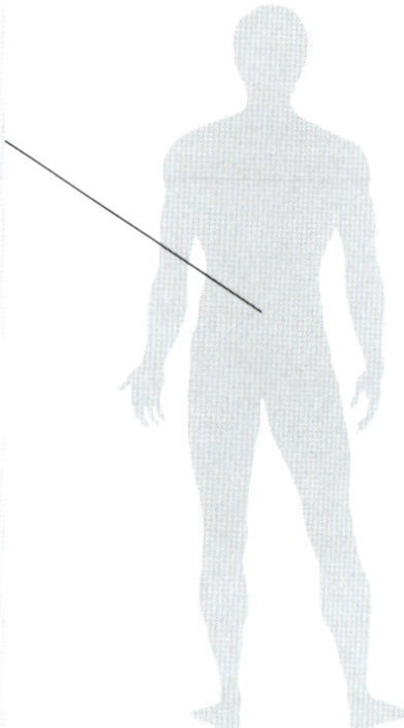

Weitere Steine: Malachit und Rhodochrosit.

Hörsturz

Eine plötzlich eintretende einseitige Schwerhörigkeit, aus völligem Wohlbefinden heraus.

Symptome: Schwerhörigkeit, die von einem geringen Hörverlust bis zur Ertaubung jede Abstufung betreffen kann. Gefühl, als sei Watte im Ohr. Meist verbunden mit einem dumpfen Druckgefühl im Ohr oder Ohrgeräuschen, nur ganz selten mit Schwindel begleitet.

Heilsteinanwendungen:

Sardonyx

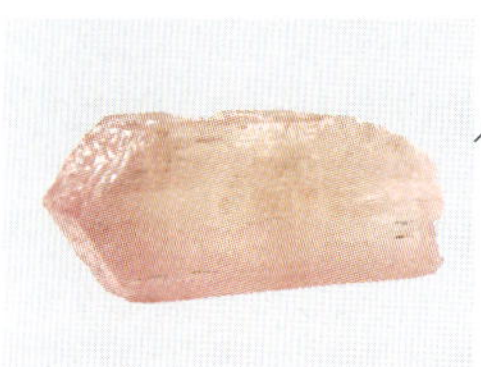

Kunzit

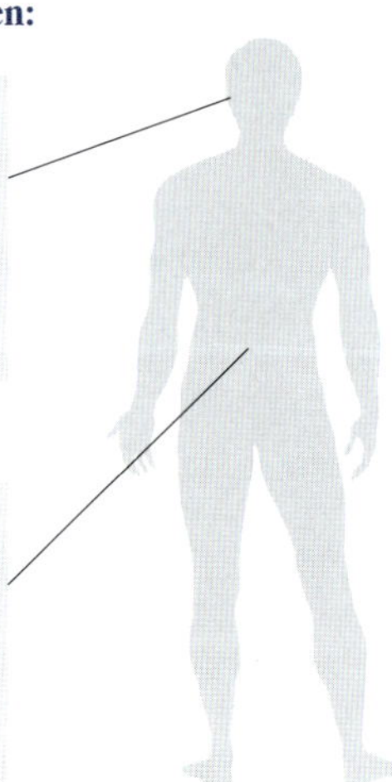

Ursachen: Plötzliche Durchblutungsstörung des Innerohrs nach einer Gefäßerkrankung, Bakterien- oder Virusinfektion, Stoffwechselstörung nach einer außergewöhnlichen Stressbelastung oder nach Unfällen mit Kopfbeteiligung.

Ätherische Öle: Es liegen keine gesicherten Ölempfehlungen vor. Ein Versuch, 2-mal täglich 2 Tropfen **Rosmarinöl** hinter das Ohr einzureiben, könnte sich als hilfreich erweisen.

Zur Verbesserung der Schwerhörigkeit **Sardonyx** oder **Cavansit** auflegen sowie **Kunzit** auf die Region der Niere der gleichen Seite kleben,
zur Vorbeugung und Stressabbau **Silberaugen-Serpentin, Lepidolith** oder **Anhydrith** in der Hosentasche tragen,
zur Stärkung der Nieren blauen **Turmalin** als Wasser trinken.

Husten

Tussis

Eine durch einen Schutzreflex unwillkürlich oder willkürlich ausgelöste explosionsartige Entleerung der Luft.

Symptome: Hustenanfälle, verbunden mit einem Auswurf von Schleim, um die Atemwege von Fremdkörpern wie Staub oder auch Schleim zu befreien.

Ursachen: Reizung der Atemwege durch Gifte, Rauch und Staub (oft berufsbedingt), beim Zigarettenrauchen, bei allergischen Lungenerkrankungen; Fremdkörper in den Atemwegen, Symptom bei Asthma, Grippe, Pseudokrupp, Keuchhusten und anderen Kinderkrankheiten oder psychischen Problemen, bei Tumoren der Bronchien und Lunge.

Ätherische Öle: 3–4-mal täglich 1–2 Tropfen **Eukalyptusöl,** alternativ Fenchelöl in die Brustregion einreiben.

Öl-Stein-Einreibungen: Ideal ergänzt sich die Brusteinreibung von Fenchelöl mit Moosachat.

Heilsteinanwendungen:
Zur Hustenreizlinderung **Apophyllit** oder **Rutilquarz** aufkleben oder in der Hand halten,
zur Hustenreizlinderung bei allergischer Disposition **Aquamarin** oder **Apophyllit** tragen,
bei trockenem Reizhusten **Fluorit** oder **Chalcedon** auf den oberen Brustbereich legen,
bei lange anhaltenden, schmerzhaften Hustenanfällen **Moosachat, Türkis** oder **Chrysokoll** über der Brust tragen,
bei Beklemmung und Atembeschwerden **Rutilquarz** oder **Apophyllit** tragen oder als Wasser trinken,
zur Schleimlösung und Auswurfförderung **Rutilquarz, Opal,** bei Bedarf zusätzlich **Moosachat** tragen.

Moosachat

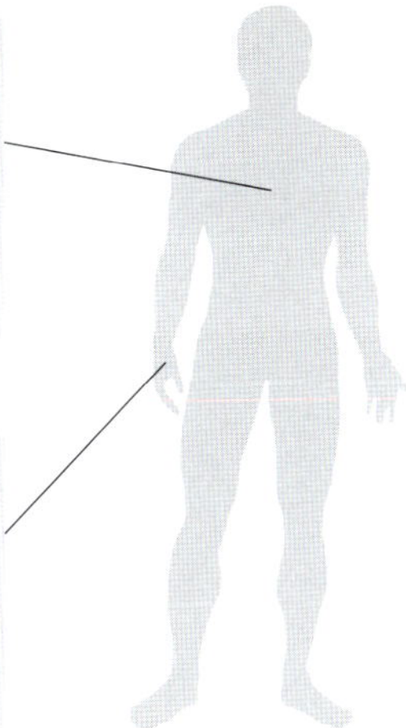

Apophyllit

Weitere Steine: Dumortierit und Sphärolithischer Chalcedon.

Alternative Anwendungen: 1 Teelöffel **kolloidales Silber** unverdünnt einnehmen.

Immunschwäche

Geschwächtes körperliches Immunsystem. Anfälligkeit für Infekte und Pilzbefall, Reinfekte in kurzem Zeitabstand.

Ätherische Öle: 2-mal täglich 1–2 Tropfen **Ingweröl,** alternativ Weihrauchöl einnehmen, wenn kein zu niedriger Blutdruck vorliegt.

Heilsteinanwendungen:

Sphärolithischer Chalcedon

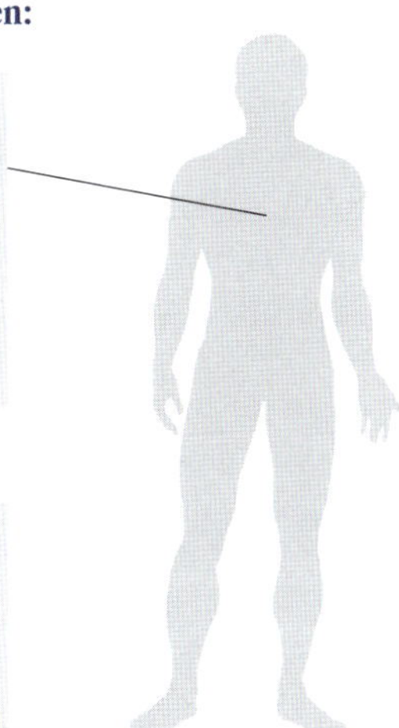

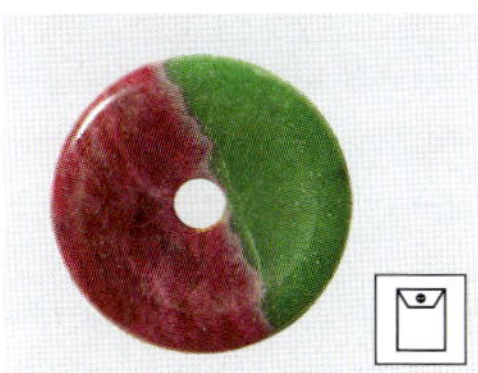

Rubin-Zoisit

In Erkältungszeiten einige Wochen **Heliotrop** oder **Sphärolithischen Chalcedon,** alternativ **Moosachat** als Anhänger oder Kette tragen, besonders bei eitrigen Prozessen,
zur Gewebereinigung und Lymphanregung **Chrysokoll** oder **Chalcedon** als Wasser trinken,
zur Durchblutungsverbesserung **Obsidian** oder **Granat** tragen,
zur konstitutionellen Verbesserung **Aquamarin,** alternativ **Smaragd** einige Monate tragen, **Bernstein** oder **Jadeit** zur Gesundheitserhaltung,
zur Stärkung bei körperlicher Schwäche **Unakit, Thulit** oder **Rubin-Zoisit** als Wasser trinken.

Weitere Steine: Aragonit, Charoit und Koralle.

Alternative Anwendungen: Zusätzlich 3-mal täglich 1 Teelöffel **kolloidales Silber** einnehmen.

Impffolgen

Ein nach einer Impfung auftretender Folgeschaden, der allgemein schwer erkannt wird und nicht mit der Impfung in Zusammenhang gebracht wird.

Symptome: Vertrauensverlust in die Mutter, Entwicklungsstörungen, Verhaltensauffälligkeiten bis zu späterer Unfruchtbarkeit.

Impfversuche mit 6-fach- oder 8-fach-Impfungen werden, oftmals ohne Wissen der Eltern, bereits an Säuglingen vorgenommen. Der Wirkstoff enthält Quecksilberverbindungen, welche als Depotgifte vom Körper nicht ausgeschieden werden können und die frühkindliche Entwicklung massiv beeinträchtigen können.

Ätherische Öle: Es liegen keine sinnvollen und gesicherten Ölempfehlungen vor.

Heilsteinanwendungen:

Smaragd

Chrysokoll

Zur Immunstabilisierung **Smaragd, Chrysokoll** als Wasser trinken,
zur Entgiftung optimal **Smaragd, Chrysopras** oder **Peridot,** alternativ **Sphärolithischen Chalcedon** tragen,
zur Schwermetallausleitung **Antimonit** oder **Covellin** auflegen, optimaler wäre der schwer erhältliche **Cinnabarit.**
Je nach Symptomatik können weitere Steine notwendig sein.

Weitere Steine: Malachit, Tansanit und Türkis.

Alternative Anwendungen: Über einen Zeitraum von 10 Tagen 2-mal täglich 1 Teelöffel **kolloidales Silber** unverdünnt einnehmen.

Ergänzende Maßnahmen: Eine spezielle homöopathische Ausleitung.

Insektenbisse und -stiche

Die Reaktion auf einen Insektenbiss oder -stich kann bis zum tödlichen Schock führen.

Symptome: Auftreten einer Rötung an der Einstichstelle, der ein Juckreiz folgt – mit mehr oder minderer Schwellung – und eventuell Bildung einer Blase.

Infiziert sich ein Insektenbiss oder -stich, kann die verstärkte Reaktion darauf sich massiv mit Fieber und Gelenkschmerzen äußern. Bei einer allergischen Reaktion auf einen Biss oder Stich kann eine lokale oder auch generalisierte Schwellung auftreten, die im Bereich der Atemwege zu Atembeschwerden führen kann.

Komplikationen: Durch einen Insektenbiss oder -stich kann eine Sekundärinfektion übertragen werden, die zu schweren Erkrankungen führen kann, zum Beispiel Frühsommermeningitis, Borrelliose oder Malaria.

Ursachen: Durch einen Insektenbiss oder -stich ins Gewebe gelangte Gift. Spinnen zählen, obwohl sie keine Insekten sind, ebenfalls dazu.

Ätherische Öle: Optimal 2-mal täglich 2 Tropfen **Teebaumöl,** alternativ Lavendelöl lokal auftupfen.

Heilsteinanwendungen:

Prasemquarz

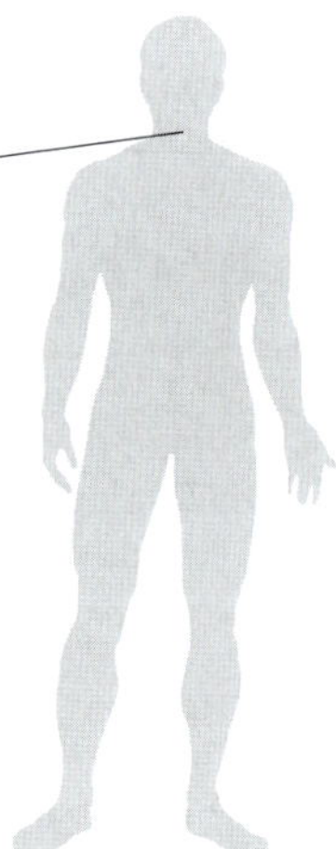

Rhodonit

Zur Kühlung und Abschwellung **Amethyst, Bergkristall** oder **Prasemquarz** auflegen,
zur Histaminunterdrückung und Juckreizmilderung **Rhodonit,** alternativ **Prasemquarz** auflegen oder als Wasser trinken; Prasemquarz neutralisiert das Insektengift,
zur Entzündungshemmung **Heliotrop** und **Prasemquarz** auf den Stich legen,
zur Entgiftung und Neutralisierung des Insektengifts sowie zur Förderung des Lymphflusses **Chrysopras** oder blauen **Turmalin** tragen,
zur energetischen Ableitung mit **Bergkristall** als Kristall vom Einstich in Richtung der Hände, sonst in Richtung der Füße abstreichen und mit einem **Amethyst**-Drusenstück ausleiten,
zur Stärkung der Nieren **Jadeit, Prehnit** oder blauen **Turmalin** tragen oder als Wasser trinken,
zur Vorbeugung **Silberaugen-Serpentin** tragen, um den pH-Wert des Urins basisch zu prägen.

Weitere Steine: Halit.

Alternative Anwendungen: Bei Bedarf einige Tropfen **kolloidales Silber** auf den Stichbereich auftragen und im Falle einer allergischen Reaktion einnehmen. Bei Kreislaufschwäche eine Prise **Salz** einnehmen.

Ergänzende Maßnahmen: Möglichst viel Wasser trinken, allgemein auf basischen pH-Wert des Urins achten. Stechmücken gehen kaum an Menschen mit basischem pH-Wert.

Ischias

Ischialgie

Eine Reizung oder Schädigung der Ischiasnervenwurzel.

Symptome: Akut einsetzende charakteristische Schmerzen vom Gesäß aus dem Verlauf des Ischiasnervs folgend, über die Oberschenkelhinterseite und Wade, bis zu den Fersen ausstrahlend. Oft ist dieser Schmerz mit einem Ausfall der Reflexe verbunden. Charakteristisch für diesen Schmerz ist, dass er sich während eines Husten- oder Niesanfalls verstärkt.

Ursachen: Meist durch einen Bandscheibenvorfall oder eine Einklemmung des Ischiasnervs verursacht.

Ätherische Öle: Optimal 2-mal täglich 1–2 Tropfen **Nelkenöl,** alternativ Rosmarinöl lokal einreiben.

Öl-Stein-Einreibungen: Ideal ergänzt sich die Einreibung von Nelkenöl mit Kunzit.

Heilsteinanwendungen:

Zur akuten Schmerzlinderung **Sugilith, Kunzit** oder **Saphir** lokal über dem Steißbein aufkleben,
zur Regeneration der Nerven optimal **Ägirin, Kunzit** oder mehrfarbigen **Turmalin** aufkleben,
zur Regeneration der Bandscheiben **Aragonit,** alternativ **Apatit** über Monate aufkleben und als Wasser trinken.

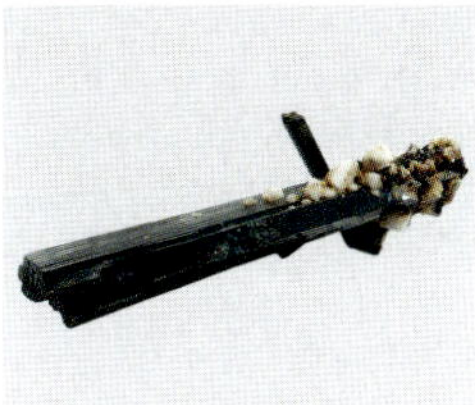

Ägirin

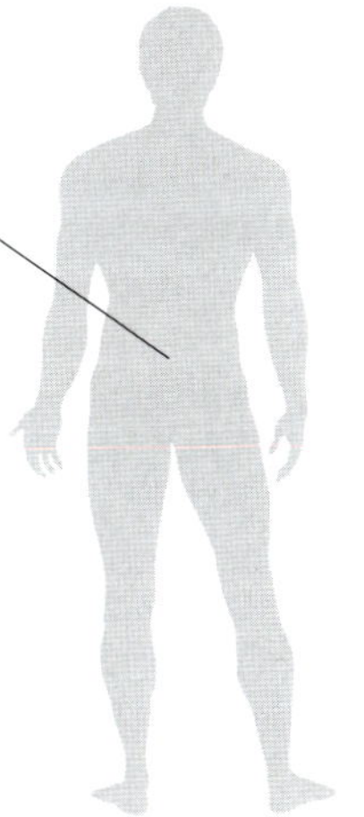

Sugilith

Weitere Steine: Biotit-Linse, Malachit, Lepidolith, Rhodochrosit.

Keuchhusten

Pertussis

Eine hoch infektiöse akute bakterielle Atemwegserkrankung, vorwiegend im Kindesalter.

Symptome: Typische, sehr heftige Hustenanfälle, starke Atembeschwerden und leichtes Fieber unter 38 Grad. Die Hustenanfälle bestehen aus einer Serie von stakkatoartigen Hustenstößen und sind oft mit kurzem Atemstillstand bis zu einer halben Minute verbunden. Diese Hustenanfälle treten vorzugsweise in der Nacht auf. Dickflüssiger Schleim wird abgehustet, häufig mit Erbrechen. Das Gesicht kann dabei anschwellen und durch Sauerstoffmangel bläulich anlaufen. Vorwiegend tritt diese Erkrankung im Frühjahr auf.

Die Hustenanfälle sehen bedrohlich aus, sie wirken auf den Beobachter schlimmer als auf den Kranken. Bei Kleinkindern und Säuglingen kann es zu Krämpfen und Bewusstlosigkeit kommen. Manchmal treten auch infolge der Hustenanfälle Blutungen in der Augenbindehaut auf.

Ursachen: Bakterielle Tröpfcheninfektion mit Bordetella pertussis, nach einer Inkubationszeit von 7–14 Tagen.

Ätherische Öle: 2–3-mal täglich 2–3 Tropfen **Fenchelöl,** alternativ Eukalyptusöl in die Brust einreiben.

Heilsteinanwendungen:
Zur Hustenreizlinderung und Besserung der Atemnot **Rutilquarz** oder grünen **Apophyllit** in der Hand halten,
zur Krampflösung **Malachit** als Pi-Scheibe auf der Brust tragen oder **Zirkon** in der Hand halten,
zur Schleimlösung **Moosachat** oder **Anden-Opal** tragen und als Wasser trinken,
zur Linderung der Panikzustände **Angelit, Strontianit** oder **Coelestin** tragen oder in der Hand halten.

Rutilquarz

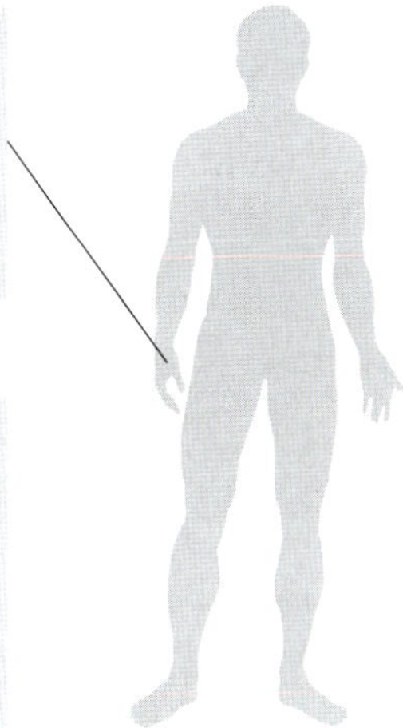

Moosachat

Weitere Steine: Bernstein, Saphir und Türkis.

Alternative Anwendungen: 2–3-mal täglich 1 Teelöffel **kolloidales Silber** einnehmen.

Knochenbruch, Knochenriss

Fraktur

Eine Knochenerkrankung, die allgemein durch Einwirkung von Gewalt entsteht.

Symptome: Starke Schmerzen, der gebrochene Körperteil wirkt deformiert, die Umgebung ist durch Blutergüsse verfärbt. Bei verletzten Nerven kann ein Taubheitsgefühl oder gar eine Lähmungserscheinung mit auftreten.

Formen: Dehnungsbruch, Drehungsbruch, Abscherbruch und Stauchungsbruch. Weiter werden offene Brüche, bei der ein Knochenteil die Haut durchbricht, und geschlossene Brüche, wobei die Knochen im Gewebe eingeschlossen bleiben, unterschieden.

Ursachen: Meist durch äußere Gewalteinwirkung wie Unfälle, selten durch Dauerbelastung eines Knochens oder Knochenschwund ausgelöst.

Ätherische Öle: Es liegen keine gesicherten Ölempfehlungen vor. 1–2 Tropfen **Lavendelöl** lokal aufgetragen, kann gegen die Schmerzen sinnvoll sein.

Heilsteinanwendungen:
Zur Heilungsförderung **Apatit** nahe dem Bruch aufkleben und als Wasser trinken, alternativ **Versteinertes Holz** oder **Aragonit** auflegen,
zur Anregung des Calciumeinbaus in den Knochen **Calcit,** alternativ **Dolomit** aufkleben und als Wasser trinken,

zur allgemeinen Stärkung bei brüchigen Knochen **Apatit** und **Fluorit** tragen und als Wasser trinken,
zur Beschleunigung der Wundheilung **Rhodonit** oder **Magnetit** tragen,
zur Schmerzlinderung grünen **Turmalin** und zum Abbau des Blutergusses **Mookait** aufkleben.

Apatit

Versteinertes Holz

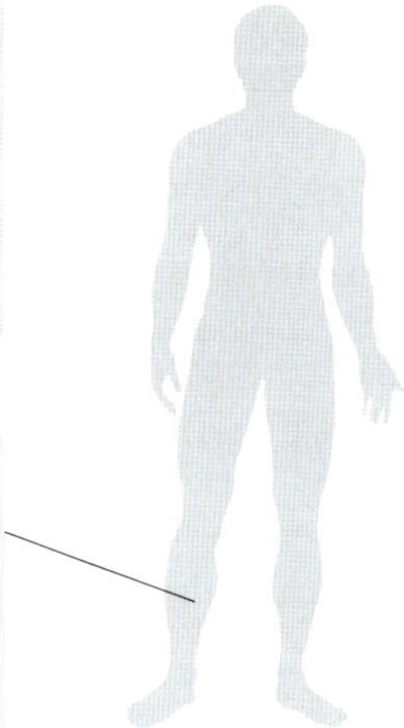

Weitere Steine: Ägirin und Malachit.

Knochenerweichung

Osteoporose

Eine Knochenerkrankung, die durch einen krankhaften Schwund von Knochengewebe gekennzeichnet ist. Durch den Abbau werden die Knochen poröser und brechen leichter als gesunde Knochen. Knochenbrüche (Frakturen) des Handgelenks, der Wirbelsäule und der Hüfte sind häufig die Folge, es kann jedoch auch das ganze Skelett betroffen sein.

Symptome: Schmerzen, vor allem im Rücken; Haltungsänderung mit Rundrücken mit Hautfalten am Rücken, die tannenbaumähnlich aussehen.

Ursachen: Die häufigsten Formen dieser Erkrankung stellen die primären Osteoporosen dar, deren Ursachen noch ungeklärt sind. Dazu zählt die nach den Wechseljahren auftretende Osteoporose, die bei Frauen wahrscheinlich durch den Rückgang der Produktion von Östrogen verursacht wird, sowie die Altersosteoporose, die sich ab dem siebzigsten Lebensjahr manifestiert und auch Männer befällt.

Die sekundäre Osteoporose kann durch Bewegungsmangel, Mangelernährung und Alkoholismus, verschiedene Erkrankungen (zum Beispiel Diabetes mellitus, Tumoren) oder medikamentöse Langzeitbehandlung (zum Beispiel mit Kortikoiden) verursacht sein.

Ätherische Öle: Es liegen keine sinnvollen und gesicherten Ölempfehlungen vor.

Heilsteinanwendungen:

Apatit

Fluorit

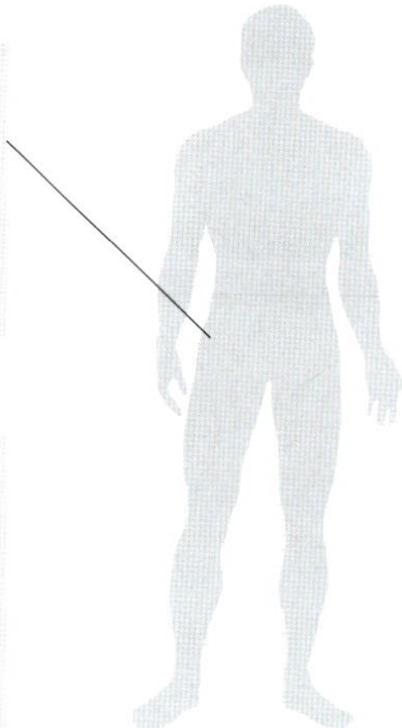

Zur Anregung des Calciumeinbaus in den Knochen **Apatit** oder alternativ **Calcit** oder **Dolomit** aufkleben und als Wasser trinken,
zur allgemeinen Stärkung bei brüchigen Knochen **Apatit, Versteinertes Holz** und **Fluorit** tragen und als Wasser trinken,
zur Knochenstabilisierung weiße **Koralle** oder **Ägirin** tragen,
zur Harmonisierung des Hormonhaushaltes braunen **Mondstein** tragen.

Weitere Steine: Aragonit und Bergkristall.

Alternative Anwendungen: 2-mal täglich 1 gestrichenen Teelöffel **Heilerde** über einen Zeitraum von 3 Monaten einnehmen.

Konzentrationsstörung, Lernschwäche

Eine mangelnde Fähigkeit, die Lerninhalte, beispielsweise des normalen Schulunterrichts, zu erfassen, zu behalten, wiederzugeben und anzuwenden.

Symptome: Konzentrationsstörungen, Merkschwäche, Vergesslichkeit. Störung der Aufmerksamkeit.

Ursachen: Konzentrationsstörungen oder Lernschwierigkeiten können nach Ermüdung und aufwühlenden seelischen Ereignissen, aber auch bei Vergiftungen, Durchblutungsstörungen, psychischen Erkrankungen und Hirnverletzungen auftreten.

Ätherische Öle: 1–2 Tropfen **Eukalyptusöl,** alternativ Bergamottöl oder Muskatellersalbeiöl im Raum verdunsten lassen oder 1 Tropfen in die Schulmappe tropfen.

Heilsteinanwendungen:

Fluorit

Chalcedon

Zur Konzentrationssteigerung, Arbeitshaltung, ernsthaften Auseinandersetzung mit dem Lernstoff **Ametrin** oder **Saphir** tragen oder ein **Amethyst**-Drusenstück oder großen Einzelkristall am Arbeitsplatz auf Dauer aufstellen,
zur leichten Aufnahme und Wiedergabe des Stoffs optimal **Chalcedon** tragen, er hilft den Stoff gut zu verstehen und mit Erlerntem zu verknüpfen,
zur Nervenstärkung bei außergewöhnlichen Belastungen und zur Aufnahme großer Wissensmengen im Kurzzeitgedächtnis **Chrysoberyll, Diamant** oder **Rauchquarz** tragen,
zum Auswendiglernen oder Abrufen größerer Datenmengen **Bergkristall** auf die Stirn halten oder **Sardonyx** tragen,
für Geistesgegenwart und gute Auffassungsgabe **Kunzit** oder **Disthen** als Anhänger tragen,
bei inneren Widerständen gegen den Lernstoff **Disthen** oder **Kunzit** tragen,
für Selbstkontrolle und Geisteskraft **Chrysoberyll** tragen, er hilft auch die Konzentration bei Belastung oder lange andauernden, schwierigen Situationen aufrechtzuerhalten,
zur Förderung des logischen Denkens und Durchhaltevermögens **Diamant** oder **Amethyst** tragen und als Wasser trinken,
zur gedanklichen Strukturierung, gegen Denkblockaden und Vorurteile **Fluorit,** alternativ **Kunzit, Halit** oder **Lapislazuli** tragen oder am Arbeitsplatz aufstellen – sie helfen Ordnung zu schaffen.
zur Stimmungsaufhellung, bei Unsicherheit und Lampenfieber goldenen **Topas,** zusammen mit **Chalcedon** in der Hosentasche tragen,
zur Überwindung von Prüfungsangst, bei extremer Nervosität **Aventurin, Chiastolith, Disthen** oder **Purpurit** tragen.

Weitere Steine: Cavansit, Charoit, Dumortierit, Heliotrop, Magnesit, Malachit, Rauchquarz, Rhodochrosit und Tigereisen.

Alternative Anwendungen: Über eine Zeit von 4 Wochen täglich 2 Teelöffel **Trinkgold** einnehmen.

Kopfschmerzen

Cephalgie

Ein hartnäckiger, diffuser oder örtlich begrenzter Schmerz in unterschiedlichen Kopfbereichen. Sie sind keine eigenständige Erkrankung, sondern Folge einer vasomotorischen Regulationsstörung und ein vieldeutiges Krankheitssymptom.

Die Stärke des Kopfschmerzes gibt keinen Hinweis über die Schwere der zugrunde liegenden Krankheit.

Symptome: Der Schmerz kann klopfend, dumpf, bohrend, dröhnend oder drückend sein, sich an den unterschiedlichsten Bereichen des Kopfes abspielen, dauernd, sporadisch oder zyklisch und an einem Ort oder ausstrahlend auftreten. Oft wird der Schmerz durch Geräusche oder Helligkeit verstärkt, manchmal durch Ruhe oder Dunkelheit verbessert.

Ursachen: Folge einer Gehirnerschütterung, von fiebrigen Infektionserkrankungen; aufgrund von Eiterherden an Mandeln, Nebenhöhlen oder Zähnen; Überanstrengung bei Kurzsichtigkeit, verschiedene Augenerkrankungen, Verspannungen durch Haltungsfehler, Beschwerden der Halswirbelsäule, hormonelle Umstellung und Überempfindlichkeit bei Wetterwechsel (besonders bei Föhn), Veränderungen des Blutdrucks, Stoffwechselstörungen, raumbeengende Tumoren im Kopfbereich, Schlaganfall und Blutarmut, schwere Allgemeinerkrankungen, Vergiftungen, Alkohol- oder Drogenkonsum, selten auch bei rheumatischen Beschwerden.

Oft im psychischen Bereich zu finden und als Folge einer lang andauernden Konzentration.

Ätherische Öle: Bei Bedarf 1–2 Tropfen **Muskatellersalbeiöl** einnehmen oder 1 Tropfen Pfefferminzöl in den Schläfenbereich einreiben.

Heilsteinanwendungen:

Amethyst

Rhodochrosit

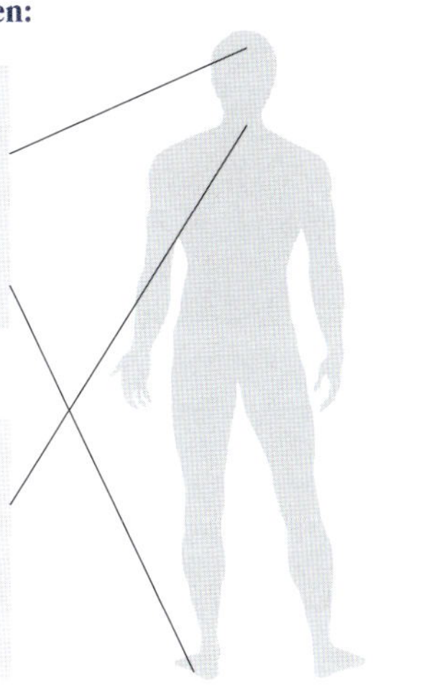

Zur allgemeinen Kopfschmerzlinderung (bei unklarer Ursache) mit einem **Amethyst**-Drusenstück ausstreichen und die Füße drückend massieren, alternativ **Magnesit** und **Rhodonit** als Wasser trinken,
zusätzlich viel **Magnesit** als Wasser trinken,
bei Verspannungskopfschmerz **Amethyst** oder **Rauchquarz,** alternativ **Tigereisen** als Kette tragen oder mit einem **Amethyst**-Drusenstück abstreichen,
bei periodisch erscheinenden Kopfschmerzen **Diaspor** tragen,
zur Durchblutungsverbesserung **Rubin,** bei Bedarf **Rauchquarz** tragen, bei zu eng gestellten Gefäßen **Rhodochrosit** in die Kuhle am Ende des Hinterkopfs legen – während der Ruhe im Liegen,
bei Schmerzen infolge einer Entzündung und/oder Vereiterungen **Smaragd** als Wasser trinken und/oder **Sphärolithischen Chalcedon** tragen,
bei Schmerzen mit hormonellen, nervösen und seelischen Ursachen **Lapislazuli, Dioptas, Bernstein** oder **Silberaugen-Serpentin** über Wochen als Kette tragen.

Weitere Steine: Cavansit, Gagat, Halit, Lepidolith und Sugilith.

Alternative Anwendungen: Heißes Fußbad im Wechsel mit kaltem nehmen.

Ergänzende Maßnahmen: Baubiologische oder radiästhetische Schlafplatzuntersuchungen sind meist sinnvoll.

Krampfadern

Varikosis

Eine krankhafte Erweiterung und Schlänglung der oberflächlichen Venen ohne ersichtlichen Grund.

Symptome: Sichtbar als erweiterte, unter der Haut meist an den Beinen hervortretende Venen; können auch in der Speiseröhre, am After, im Hodensack und auf dem Bauch vorkommen. Im Liegen erscheinen diese als gewundene, dicke bläuliche Schlangenlinien, die sich beim Stehen prall füllen. Beim Auftreten größerer oberflächlicher Venen kann ein brennender Schmerz und Schweregefühl auftreten.

Es kommt zu Schmerzen, Wadenkrämpfen und einem Schweregefühl der Beine. Bei einer starken Ausprägung können sie zu einer Wassereinlagerung in den Beinen führen.

Ursachen: Vererbte Disposition, hormonelle Umstellungen während der Schwangerschaft, Übergewicht, Folge einer angeborenen Bindegewebsschwäche, langes Stehen und Sitzen ohne ausreichende Bewegung kann verstärkend wirken.

Ätherische Öle: Es liegen keine sinnvollen und gesicherten Ölempfehlungen vor.

Heilsteinanwendungen:

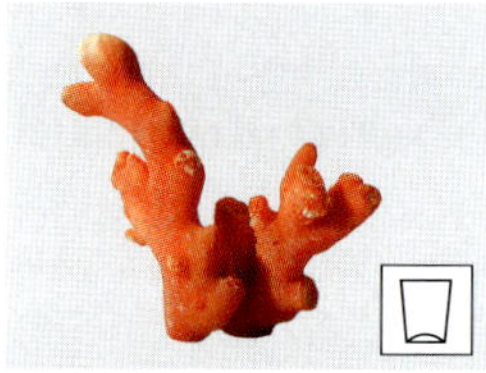

Koralle

Rhodochrosit

Zur Bindegewebsstärkung konzentrisch gebänderten **Achat, Koralle, Mookait** oder **Versteinertes Holz** auf den betroffenen Bereich kleben,
zur Durchblutungsverbesserung konzentrisch gebänderten **Rhodochrosit** oder rote **Koralle** aufkleben,
zur Schmerzlinderung flachen **Rhodonit** und flachen **Magnesit** zusammen in Schmerznähe in den Strumpf fixieren.
zur Vorbeugung **Rosenquarz, Versteinertes Holz** oder **Koralle** als Wasser auftragen oder trinken,
zur Nachbehandlung, auch nach Venenoperationen, **Rhodonit** als Wasser auftragen.

Weitere Steine: Dumortierit und Malachit.

Krebs und Tumorerkrankungen

Karzinome

Eine allgemeine Bezeichnung von Laien für alle bösartigen Erkrankungen, die durch eine unkontrollierte Vermehrung von veränderten Zellen in bestimmten Teilen des Körpers gekennzeichnet sind. Diese Zellen können das umliegende Gewebe zerstören und Tochtergeschwülste ausbilden, die über den Blut- oder Lymphweg verschleppt an entfernte Organe weitergetragen werden können und eine neue Krebskolonie bilden. Unbehandelt verläuft eine Krebserkrankung relativ schnell tödlich.

Symptome: Abhängig vom Sitz des Tumors, dessen Größe, Wachstumsgeschwindigkeit und dessen Reaktion auf den Organismus; die Symptomatik ist sehr unterschiedlich.

Zu den eigentlichen durch Krebs ausgelösten Symptomen kommen im Laufe der Zeit Sekundärerkrankungen hinzu, ebenso weitere Symptome, die sich infolge der Krebsbehandlung als Nebenwirkung einstellen.

Symptome der Sekundärerkrankungen: Auszehrung, Gewebewasserverlust, grippale Infekte, Pilzinfektionen, Kopfschmerzen.

Symptome der Nebenwirkungen: Haarausfall, Übelkeit, Erbrechen, Schwindel, nach Bestrahlungen auch Hautrötungen und Verbrennungen, nach Operationen auch Lymphstau.

Lokalisation des Krebses:

Karzinome der Lippe, der Mundhöhle und des Rachens,

Karzinome der Speiseröhre, des Magens, des Dünndarms, des Dickdarms, der Bauchspeicheldrüse, der Gallenblase und der Leber,

Karzinome des Kehlkopfs, der Luftröhre, Bronchien und der Lunge,

Karzinome der Knochen,

Karzinome der Brustdrüsen und der Haut,

Karzinome der weiblichen Geschlechtsorgane wie der Gebärmutter, der Eierstöcke, der Eileiter, der Vulva und der männlichen Geschlechtsorgane wie des Hodens, der Prostata und des Penis,

Karzinome der Blase, der Niere, des Nierenbeckens und der Harnleiter,

Karzinome des Hirns, der Hypophyse und Hirnmetastasen,

Karzinome der Lymphdrüsen und des Knochenmarks,

Karzinome der Schilddrüse, Nebenniere.

Ursachen: Die vielen verschiedenen Krebsformen haben häufig sehr unterschiedliche Ursachen, die für den einzelnen Krebs aber oft spezifisch sind, wie: Fehlernährung, chemische Gifte, Hormone, Rauch, Ruß oder Teer, Asbest, Schwermetalle, ionisierende Strahlungen, ultraviolette Strahlung, lange andauernde Entzündungen, Viren und veränderte Leberflecken.

Stark diskutiert werden heute auch psychische Faktoren wie Dauerstress.

Ätherische Öle: 3-mal täglich 1 Tropfen **Ingweröl** zur Immunstärkung einnehmen.

Heilsteinanwendungen:

Zur Schmerzlinderung **Sugilith, Richterit** oder **Malachit** tragen,
zur Abwehrsteigerung **Charoit, Richterit** oder **Sugilith** tragen,
zur Atemvertiefung **Larimar** oder **Türkis** tragen,
bei Abmagerung und Hinfälligkeit **Versteinertes Holz, Apatit, Variscit** oder **Dioptas** tragen,
gegen Müdigkeit und Schwäche **Unakit, Türkis** oder **Citrin** tragen,
zur Reinigung des Lymphflusses und zur energetischen Klärung mit einem **Amethyst**-Drusenstück großflächig ausstreichen,
zur Stärkung und Reinigung des gesamten Organismus **Sphärolithischen Chalcedon, Malachit** oder **Moosachat** auf die Lebergegend kleben,
um sein Leben selbstverantwortlich zu gestalten, **Charoit** oder **Lapislazuli** tragen,
zur Aufdeckung zugrunde liegender Konflikterlebnisse **Malachit,** sofern verfügbar den besseren **Azurit-Malachit** oder **Pyrit-Sonne** tragen,
zur Krisenbewältigung, Energiezufuhr und für neuen Mut **Charoit** oder **Granat** tragen,
bei depressiver Verstimmung **Richterit, Granat** oder **Dioptas** tragen oder über der Lebergegend fixieren,
zur Unterstützung der medizinischen Krebsbehandlung **Richterit** oder **Coelestin** tragen.

Richterit

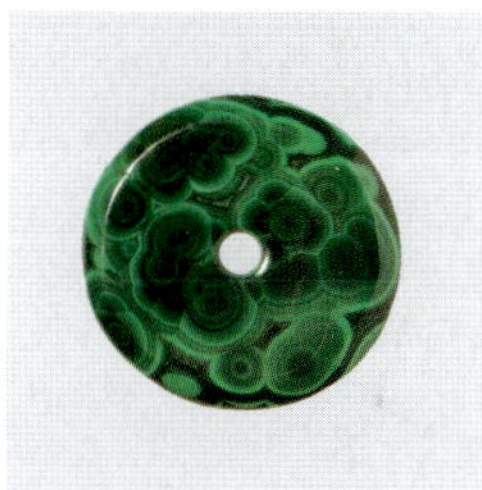

Malachit

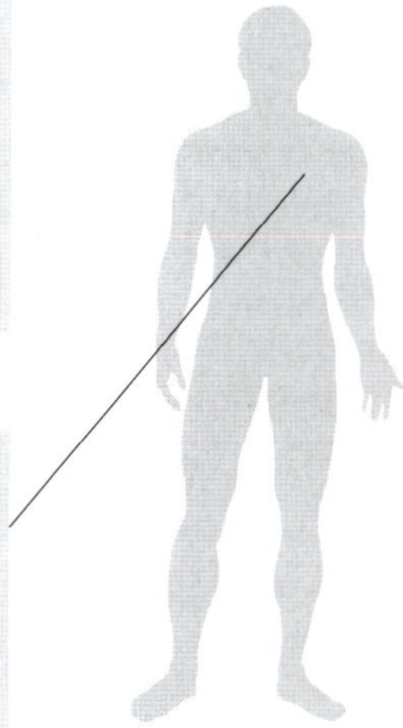

Weitere Steine: Coelestin, Covellin, Opal und grüner Turmalin.

Alternative Anwendungen: Kurmäßig 2-mal täglich über mehrere Wochen 2 Teelöffel **kolloidales Silber** oder **kolloidales Gold** trinken, alternativ 1-mal täglich 2 Teelöffel **Trinkgold** einnehmen.

Ergänzende Maßnahmen: Baubiologische oder radiästhetische Schlafplatzuntersuchungen sind meist sinnvoll.

Kreislaufbeschwerden

Orthostatische Dysregulation

Eine Reaktion des Körpers auf eine Störung der Durchblutung oder des Blutdrucks.

Symptome: Schwindel bis Schwarzwerden vor den Augen, Kältegefühl in Händen und Füßen, Müdigkeit und Antriebsschwäche und Blässe, aber auch Herzklopfen, schneller Puls und Ohrensausen, selten Schweißausbrüche.

Ursachen: Meist unbekannt; mitunter eine Folge innerer Erkrankungen, von Infektionserkrankungen, Blutverlust oder Wasserverlust.

Ätherische Öle: 1–2-mal täglich 1 Tropfen **Eukalyptusöl** einnehmen, alternativ Rosmarinöl.

Heilsteinanwendungen:

Rhodochrosit

Halit

Zur Durchblutungsverbesserung **Rhodochrosit** oder **Koralle** tragen,
bei chronischer Kreislaufschwäche zur Blutdruckregulierung **Rubin** (schnell wirksam) und **Lapislazuli** mit hohem Pyritanteil (nachhaltig wirksam) als Anhänger auf Brusthöhe tragen,
zur Kreislaufstabilisierung **Granat** oder **Halit** als Kristall tragen,
zur sanften Kreislaufanregung **Rosenquarz, Karneol** oder **Rhodonit** tragen,
zur starken Kreislaufanregung **Rhodochrosit, Feueropal** oder goldenen **Topas** als Anhänger tragen,
zur Erwärmung der Hände und Füße optimal **Obsidian** als flache Scheibe in den Socken tragen.

Weitere Steine: Hämatit, Tigereisen und Zirkon.

Alternative Anwendungen: Bei akuten Schwindelgefühlen **Kristallsalz** als Prise einnehmen oder als **Salzsole** kurmäßig trinken.

Kummer und Sorgen

Ein psychisches Geschehen, das ursächlich durch ein erlittenes Verlusterlebnis, Leid oder erschwerte Lebensumstände nicht immer bewusst oder zugänglich ist, sich über einen längeren Zeitraum entwickelt und sich allem Anschein nach in absehbarer Zeit nicht ändern wird.

Typisch am Kummer ist ein Festhalten an der Vergangenheit, im positiven wie im negativen Sinne.

Ätherische Öle: Bei Bedarf 1–2 Tropfen **Muskatellersalbeiöl** einnehmen.

Heilsteinanwendungen:
Zur bewussten Verlustverarbeitung **Ametrin** tragen, er hilft das eigene Leben wieder in die Hand zu nehmen, oder mit einem **Amethyst**-Drusenstück ausstreichen, um sich aus der Situation herauszulösen,
bei Empfindsamkeit und tiefen Gefühlen **Chrysopras** als Wasser trinken, er schenkt Vertrauen und Geborgenheit und lindert damit auch Liebeskummer, oder **Chrysokoll** tragen, zur Klärung von zwiespältigen Gefühlen,
zur Stimmungsaufhellung, für Optimismus und Aufgeschlossenheit **Anden-Opal** oder **Citrin** tragen,
bei Sorgen **Dumortierit, Mookait** und **Fluorit** tragen, sie fördern eine positive Lebenseinstellung und Leichtigkeit,
um verzeihen zu können, **Rhodonit,** alternativ **Obsidian** tragen, sie lösen und klären Verstrickungen.

Ametrin

Chrysopras

Weitere Steine: Amazonit, Gagat, Moosachat, Opal und Unakit.

Lebererkrankungen

Hepatopathien

Eine Sammelbezeichnung sehr unterschiedlicher Erkrankungen, die durch verschiedene Störungen der Leberfunktionen ausgelöst werden.

Symptome: Meist unspezifisch, mit Abgeschlagenheit, Müdigkeit, Leistungsminderung, Schmerzen im Oberbauch mit Übelkeit und Erbrechen, Unverträglichkeit von Fett oder fetthaltigen Produkten; manchmal löst der Geruch von fettem Essen schon Übelkeit aus.

Komplikationen: Es können dabei Blutungen aus der Speiseröhre, Bauchwassersucht und Atembeschwerden auftreten.

Ursachen: Infektionen durch Bakterien, Viren und Würmer (selten); Folge von Alkohol- oder Drogenmissbrauch, Vergiftungen oder Medikamentenschäden; Autoimmunerkrankungen oder chronische Entzündungen ungeklärter Ursache.

Ätherische Öle: 2-mal täglich 1 Tropfen **Ingweröl,** alternativ 2-mal täglich 2 Tropfen Pfefferminzöl einnehmen.

Heilsteinanwendungen:
Zur Besserung der Übelkeit **Citrin** oder optimal den schwer erhältlichen **Prasiolith** aufkleben,
zur Entgiftung und Stärkung der Leberfunktionen **Dioptas, Peridot, Smaragd** oder **Chrysopras** als Wasser trinken,

zur Anregung der Gallenflüssigkeit **Malachit, Chrysokoll** oder **Smaragd** auf die Lebergegend legen,
zur Blähungsmilderung und Besserung der Obstipation rosa **Moosachat**,
bei Abgeschlagenheit und Müdigkeit **Rubin-Zoisit** tragen und bei allgemeiner Schwäche 4 Wochen **Unakit** aufkleben oder tragen,
zur vollständigen Erholung über Monate **Dioptas** aufkleben.

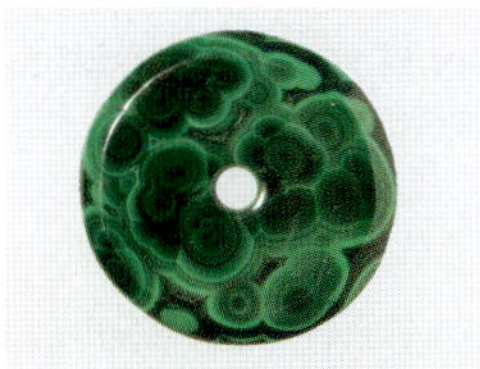

Malachit

Smaragd

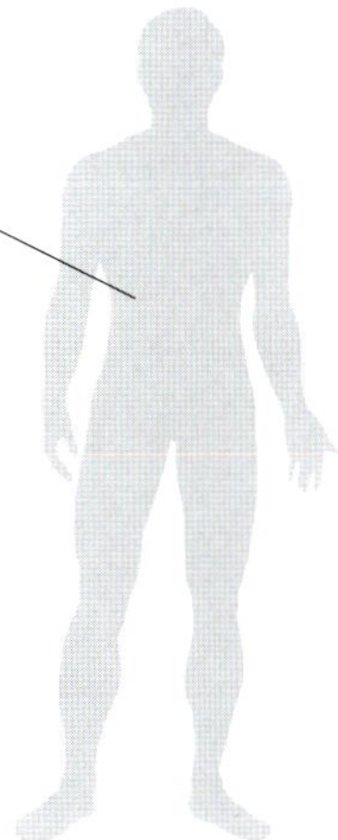

Weitere Steine: Chrysoberyll, Sphärolithischer Chalcedon und Zirkon.

Ergänzende Maßnahmen: Verzicht auf Alkohol und schwere abendliche Mahlzeiten, stattdessen zeitiges Zubettgehen; zugehörige Reflexzonen des Rückens und unterhalb des unteren rechten Rippenrands mit Saugschröpfkopf bis zur Hautrötung massieren. In der Erholungsphase Wärmezufuhr mit ölgetränkten warmen Packungen auflegen.

Lippenbläschen

Herpes labialis

Eine harmlose Viruserkrankung mit schmerzhaften Bläschen auf den Lippen und um den Mund, bzw. den Übergangszonen der Lippenschleimhaut zur Mundschleimhaut.

Symptome: In Gruppen auftretende Bläschen, die mit serösem Inhalt gefüllt sind; verkrusten nach wenigen Tagen und heilen ohne Narbenbildung ab und werden durch Sonneneinfluss verschlimmert. Die umgebende Haut schwillt an und jede Berührung ist schmerzhaft. Bei großflächigem Befall kommt es zu Abgeschlagenheit, Fieber mit Lymphknotenschwellung.

Herpes verläuft gutartig, kann jedoch in regelmäßigen Abständen erneut auftreten.

Ursachen: Meist als Begleiterscheinung der verminderten Abwehr bei fieberhaften Erkrankungen.

Ätherische Öle: Bei Bedarf 1 Tropfen **Bergamottöl,** alternativ Lavendelöl lokal auftragen.

Heilsteinanwendungen:

Rhodonit

Sphärolithischer Chalcedon

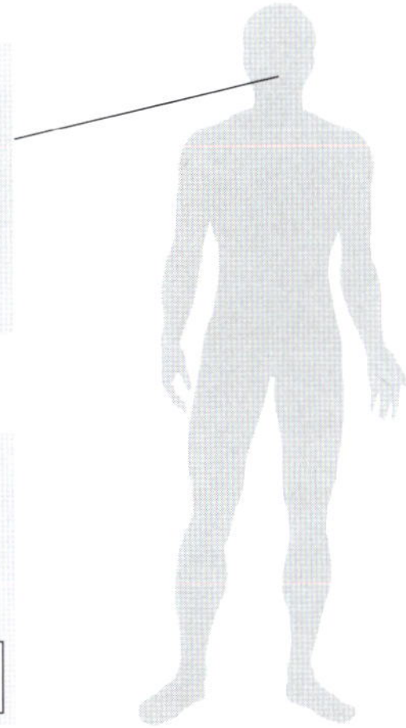

Zur Entzündungshemmung und Entgiftung **Chrysopras** oder **Sphärolithischen Chalcedon** als Wasser trinken,
zur Beschleunigung des narbenfreien Abheilens **Rauchquarz** in der Tasche tragen oder **Rhodonit** als Wasser trinken,
zur Linderung des Brennens der Bläschen **Labradorit, Anden-Opal** oder alternativ **Chalcedon** darauf halten.

Weitere Steine: Ametrin, Citrin.

Bei Fieberbläschen: Zur energetischen Reinigung und Anregung des Immunsystems mit einem **Amethyst**-Drusenstück ausstreichen,

zur Entgiftung des Bindegewebes **Peridot, Chrysopras** oder **Smaragd,** alternativ weißlichen **Opal** lokal auflegen, als Wasser auftragen und trinken,

zur Lymphflussanregung **Sphärolithischen** oder dendritischen **Chalcedon** tragen.

Weitere Steine: Anden-Opal, Gagat, Magnetit und Prasemquarz.

Alternative Anwendungen: Einige Tropfen **kolloidales Silber** unverdünnt lokal auftragen und 2-mal täglich 1 Teelöffel einnehmen sowie die Lippen mit **Kristallsalzsole** einreiben.

Luftröhrenerweiterung

Bronchiektasen

Eine sackförmige Erweiterung der Bronchialäste, der Luftwege zu den Lungen.

Symptome: Häufig starker Husten mit großen ausgeworfenen Schleimmengen, der jedoch nur Teile des Schleims herausbringt; Atembeschwerden bis zur Atemnot. Fieberschübe wechseln mit einer Zeit der Beschwerdenfreiheit ab.

Ursachen: Als Folge einer schlecht ausgeheilten Lungenerkrankung, wie Keuchhusten, Lungenentzündung, Tuberkulose oder Asthma, selten angeboren.

Ätherische Öle: 2–3-mal täglich 2 Tropfen **Eukalyptusöl** einnehmen, alternativ 2-mal täglich 2–3 Tropfen Rosmarinöl oder Zypressenöl in den oberen Brustbereich einreiben.

Öl-Stein-Einreibungen: Ideal ergänzt sich die Brusteinreibung von Eukalyptusöl mit Sodalith.

Heilsteinanwendungen:

Türkis

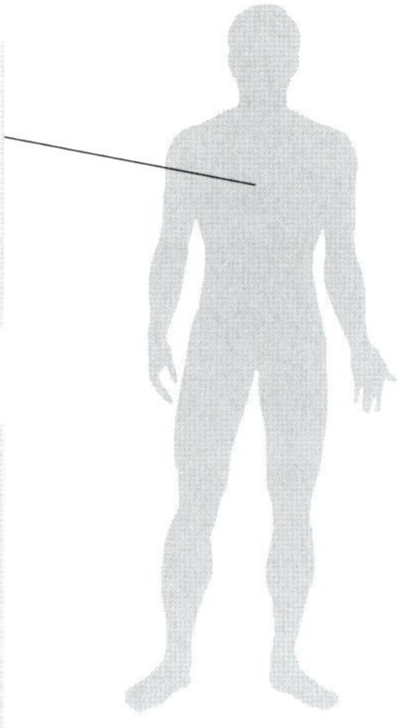

Blaue Koralle

Zur Atemvertiefung bei flacher Atmung **Türkis, Larimar** oder **Sodalith** tragen,
zur Entzündungshemmung blaue **Koralle**, alternativ **Chalcedon** mit Dendriten tragen,
zur Husten- und Schleimlösung **Rutilquarz, Anden-Opal, Labradorit** oder **Moosachat** tragen.

Weitere Steine: Dumortierit.

Lungenentzündung

Pneumonie

Eine meist gefährliche, akute oder chronische, durch Bakterien oder Viren ausgelöste Entzündung des Lungengewebes, die häufig plötzlich beginnt.

Symptome: Schwere Beeinträchtigung des Allgemeinempfindens mit beschleunigter, oberflächlicher Atmung mit Luftnot, Auswurf; plötzlich auftretendes hohes Fieber, meist mit Schüttelfrost, trockenem Husten und stechendem, atemabhängigem, meist einseitigem Brustschmerz. Husten mit rostrotem Auswurf kommt erst später hinzu.

Rückfälle nach einer überstandenen Lungenentzündung sind grundsätzlich möglich.

Ursachen: Durch verschiedene Bakterien wie Pneumokokken oder Staphylokokken, seltener Viren oder Pilze hervorgerufen, aber auch durch radioaktive Strahlen, chemische Reizstoffe oder das fehlerhafte Einatmen sauren Mageninhalts oder Essens bei Schluckstörungen.

Ätherische Öle: 2-mal täglich 2 Tropfen **Eukalyptusöl,** alternativ Fenchelöl, Lavendelöl, Pfefferminzöl, Rosmarinöl, Salbeiöl oder Zedernholzöl in die Brust einreiben.

Heilsteinanwendungen:

Sphärolithischer Chalcedon

Labradorit

Zur Schmerzlinderung **Richterit** oder **Sugilith** tragen,
zur Hustendämpfung und Krampflösung **Rutilquarz** und **Chalcedon** mit Dendriten tragen, bei starken Krämpfen/Anfällen grünen **Apophyllit** auf die Brust halten,
zur Entzündungshemmung und Fiebersenkung **Labradorit** oder **Moosachat** in der Hand halten oder tragen,
zur Schleimlösung und Auswurfförderung weißen **Opal** oder milchigen **Rutilquarz** tragen,
zur Bronchialerweiterung und allgemeinen Erleichterung blaue **Koralle, Chalcedon** als Rosette oder **Anden-Opal** als Anhänger auf der Brust tragen.

Weitere Steine: Larimar und Türkis.

Alternative Anwendungen: 2-mal täglich 1–2 Teelöffel **kolloidales Silber** einnehmen.

Lymphgefäß- und Lymphknotenentzündung

Lymphangitis, Adenitis

Eine Entzündung der Lymphgefäße und Lymphknoten, nach Eindringen von Erregern in die Lymphkapillaren.

Symptome: Rote streifenförmige Schwellung unter der Haut, mit Schwellung der Lymphknoten.

Ursachen: Die Folge einer meist bakteriellen Infektion; verschiedene Kinderkrankheiten, Lymphgefäßentzündung, Leukämie, Abbau einer Metastasierung.

Ätherische Öle: 2-mal täglich 1–2 Tropfen **Ingweröl** lokal auf die Schwellung auftragen.

Heilsteinanwendungen:

Heliotrop

Chalcedon

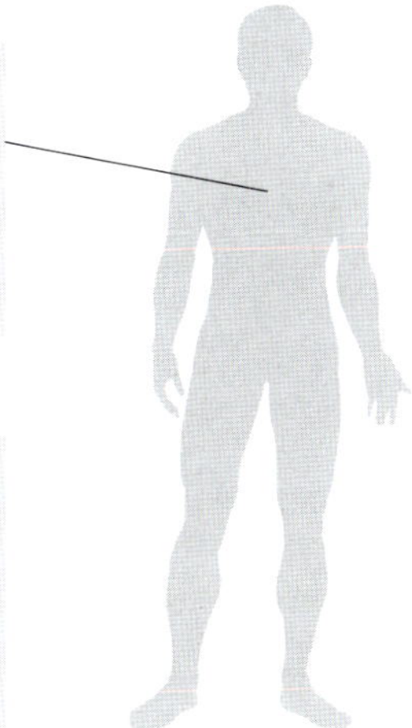

Zur Entzündungshemmung optimal **Heliotrop,** alternativ **Sphärolithischen Chalcedon** tragen,
zur Lymphableitung **Sphärolithischen Chalcedon** tragen, dazu **Chalcedon** mit Dendriten oder **Girasol** als Wasser trinken,
zur Stärkung der Nieren und Optimierung des Wasserhaushalts blauen **Turmalin** als Wasser trinken und **Jadeit** oder **Prehnit** auf die Nierengegend kleben.

Weitere Steine: Covellin, Moosachat, Opal und Prasemquarz.

Alternative Anwendungen: 2-mal täglich 1 Teelöffel **kolloidales Silber** unverdünnt einnehmen.

Magenbeschwerden

Eine Anzahl unspezifischer Beschwerden im Oberbauchbereich, die sich kaum von einer Erkrankung der Bauchspeicheldrüse, Gallenblase, Leber und des Darms unterscheiden und genauso unterschiedlich sein können wie die möglichen Ursachen.

Symptome: Druckgefühl oder Schmerzen in der Magengegend, Völlegefühl, oft mit Appetitlosigkeit und Aufstoßen, Blähungen oder Unverträglichkeit bestimmter Speisen, Übelkeit, manchmal auch mit Erbrechen. Es können Durchfall oder Stuhlverstopfung mit vorhanden sein, meist aber ist die Stuhlkonsistenz nicht betroffen.

Ursachen: Verdorbener Magen, Alkohol oder Medikamentennebenwirkung, chronische Magenschleimhautentzündung, verminderte Säureproduktion im Magen, Kummer, Sorgen und Stress.

Ätherische Öle: 2-mal täglich 2 Tropfen **Ingweröl,** alternativ Fenchelöl in den Bauch einreiben.

Heilsteinanwendungen:

Dumortierit

Bernstein

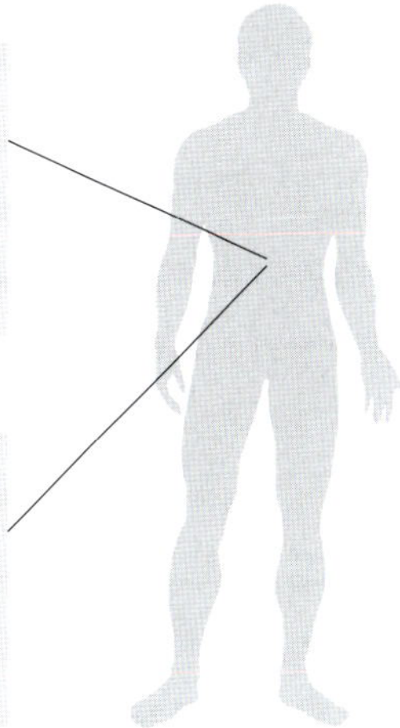

Bei Übelkeit **Dumortierit, Malachit, Smaragd** oder bei nur geringen Empfindungen **Bernstein** zur Beruhigung aufkleben,
bei Verdauungsschwäche **Citrin** und **Chalcedon** als Rosette lokal auflegen,
bei übersäuertem Magen optimal **Diaspor** oder **Magnesit** aufkleben und als Wasser trinken,
bei Schmerzen im Magenbereich **Calcit** tragen,
bei Krämpfen im Magenbereich **Chalcedon**-Rosetten tragen,
bei Magenleiden körperlicher und seelischer Ursache **Achat** mit Magensignatur oder **Bernstein** auflegen.

Weitere Steine: Antimonit, Beryll, Feueropal, Stromatolith und Türkis.

Alternative Anwendungen: 2-mal täglich 2 Teelöffel **Kieselsäuregel** als Schleimhautschutz einnehmen.

Magen-Darm-Geschwür

Ulcus ventriculi et duodeni

Eine Sammelbezeichnung für Geschwüre in Magen und Zwölffingerdarm.

Symptome: Der Beginn der Geschwüre ist schleichend, meist als leichtes Unwohlsein oder als brennende, nagende oder krampfartige Schmerzen in der Magengrube, mit saurem Aufstoßen und einem Nüchternschmerz oder einem Schmerz sofort nach den Mahlzeiten. Dann treten Übelkeit, Sodbrennen, Erbrechen und Verstopfung auf.

Das Geschwür kann tief in die Schleimhaut eindringen und schwere Blutungen verursachen, wobei Blut im Erbrochenen oder im Kot auftreten kann.

Ursachen: Meist unbekannt, auch als Folge einer Magenschleimhautreizung, von übermäßigem Alkohol- oder Tabakgenuss, Stress und Überarbeitung; Nebenwirkung verschiedener Medikamente, oftmals psychische Komponente.

Ätherische Öle: 2-mal täglich 1 Tropfen **Ingweröl** einnehmen und 2-mal täglich 2 Tropfen in den Bauch einreiben.

Heilsteinanwendungen:

Achat

Türkis

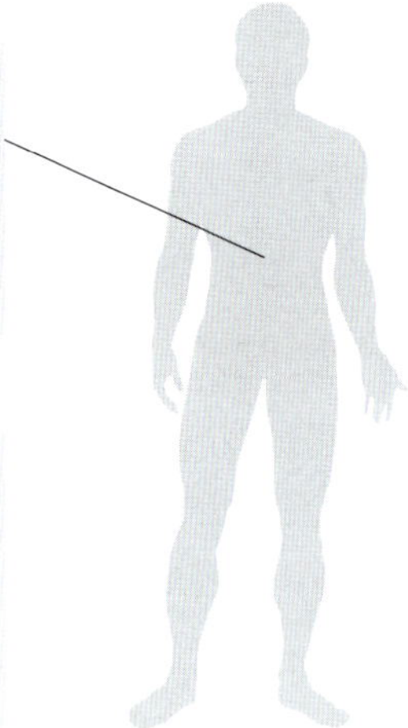

Zur Schmerzlinderung **Chalcedon** als Rosette auflegen,
zur Entzündungshemmung, bei Völlegefühl und zum Magenschutz **Achat** mit Magensignatur aufkleben,
bei Übelkeit nach dem Essen und zur raschen Entsäuerung des Gewebes **Diaspor** oder **Magnesit** aufkleben,
zur Vorbeugung gegen Übersäuerung des Magens und des Gewebes **Türkis** tragen, gegen Krämpfe und Gereiztheit **Dolomit** oder **Magnesit** als Wasser trinken,
zur Magenschleimhautregeneration und zum Schleimhautschutz bei Geschwüren und gegen Sorgen **Türkis, Charoit** oder **Bernstein** aufkleben,

Weitere Steine: Citrin.

Alternative Anwendungen: **Kolloidales Silber** einnehmen.

Magenschleimhautentzündung

Gastritis

Eine gereizte und entzündliche Veränderung der Magenschleimhaut, die akut oder chronisch auftreten kann.

Symptome: Akute Form mit plötzlichem Beginn, meist nach Alkohol oder scharf gewürztem Essen. Begleitet von saurem Aufstoßen, Blähungen, Druckgefühl oder krampfartigem Schmerz im Oberbauch, von fadem Geschmack im Mund, Zungenbelägen, Mundgeruch, Erbrechen, Übelkeit, Völlegefühl und gelegentlichen Durchfällen. Es können auch Schwindel und Durchfall auftreten.

Ursachen: Akut: Meist Folge von übermäßigem Alkoholgenuss oder Zigarettenkonsum; Nebenwirkung verschiedener Medikamente, Stress. Chronisch: Autoimmun, durch Helicobacter pylori verstärkt oder ausgelöst und durch Gallenrückfluss verursacht.

Ätherische Öle: Es gibt keine gesicherten Ölempfehlungen.

Heilsteinanwendungen:

Heliotrop

Chalcedon

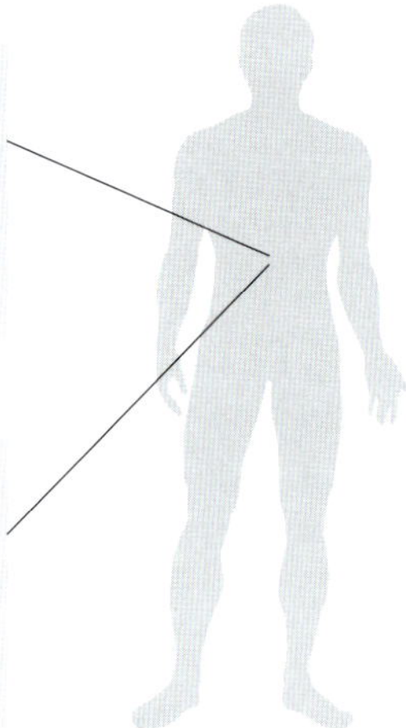

Bei Magenschmerzen **Chalcedon** als Rosette auf den Bauch halten, bei Magenkrämpfen **Malachit** auflegen,
gegen Unwohlsein und Übelkeit **Bernstein** oder **Sardonyx** aufkleben,
zur Entzündungshemmung gelben **Jaspis, Achat** mit Entzündungssignatur oder **Heliotrop** aufkleben,
zur Nachbehandlung, Magenstabilisierung und zum Schleimhautschutz gelben **Karneol** oder gebänderten **Achat** tragen.

Weitere Steine: Mookait, Smaragd.

Alternative Anwendungen: 2-mal täglich 1 Teelöffel **kolloidales Silber,** alternativ 1 Esslöffel **Kieselsäuregel** oder **Grüne Mineralerde** einnehmen.

Mandelentzündung

Angina tonsilitis

Eine akute Entzündung der Gaumenmandeln des lymphatischen Rachenrings.

Symptome: Flammende Rötung des Rachens mit Schwellung der Mandeln, Schluckschmerz und einem Engegefühl im Hals, mit meist plötzlich einsetzendem hohem Fieber, eventuell auch Schüttelfrost und Erbrechen. Die Schmerzen können beim Schlucken bis ins Ohr ausstrahlen. Die Lymphknoten am Hals sind geschwollen und schmerzhaft, auf den Mandeln erscheint ein gelber Belag, meist mit üblem Mundgeruch. Es besteht ein allgemeines Krankheitsgefühl mit Abgeschlagenheit, Glieder- und Kopfschmerzen.

Komplikationen: Eine nicht richtig ausgeheilte Mandelentzündung kann eine Nieren-, Mittelohr- oder Herzbeutelentzündung oder Gelenkrheumatismus auslösen.

Ursachen: Eine Infektion meist durch Streptokokken oder Viren, selten auch Pilze ausgelöst.

Ätherische Öle: 2-mal täglich 1 Tropfen **Bergamottöl**, alternativ 2-mal täglich 2–3 Tropfen mit Fenchelöl, Rosmarinöl, Salbeiöl und Teebaumöl gurgeln.

Heilsteinanwendungen:

Chrysokoll

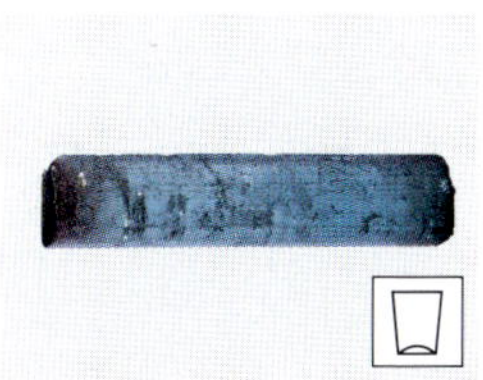

Turmalin

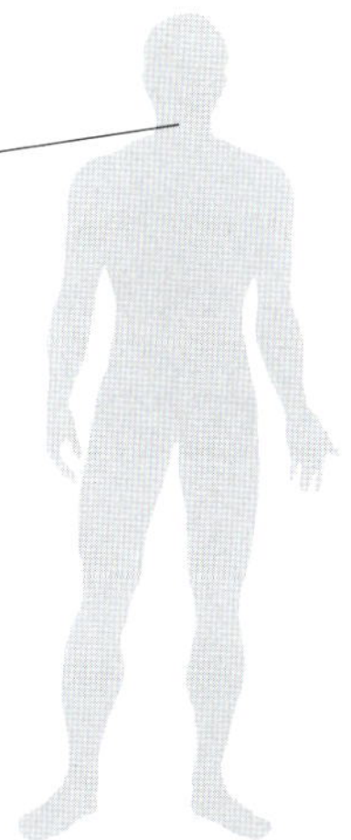

Zur Schmerzlinderung **Chrysokoll** oder **Sugilith**, alternativ **Chalcedon** lokal fixieren,
zur Entzündungshemmung und Fiebersenkung **Smaragd**, **Malachit**, **Heliotrop** oder **Sphärolithischen Chalcedon** tragen,
zusätzlich zur Unterstützung des Immunsystems mit einem hellen **Amethyst**-Drusenstück den gesamten Körper ausstreichen,
zur Abschwellung grünen **Anden-Opal**, **Selenit** oder blauen **Turmalin** auf die Mandelregion aufkleben bzw. blauen **Turmalin** als Wasser trinken,
zur Entgiftung und Lymphentstauung **Chrysopras** oder **Chalcedon** tragen,
zur Schleimlösung grünen **Moosachat** oder hellen **Mookait** als Anhänger auf der Brust tragen,
zur Bronchialerweiterung **Lapislazuli**, **Larimar** oder **Türkis** als Anhänger auf der Brust tragen,
zur Vorsorge, allgemeinen Besserung und Regeneration der Mandeln **Achat** mit Mandelsignatur oder als Geode, alternativ **Mookait** lokal aufkleben.

Weitere Steine: Bergkristall und Serpentin.

Alternative Anwendungen: 2-mal täglich je 1 Teelöffel **kolloidales Silber** zum Gurgeln und Trinken.

Masern

Morbili

Eine sehr ansteckende, durch Tröpfcheninfektion ausgelöste fieberhafte Virusinfektion, die besonders im Kindesalter auftritt.

Symptome: Beginnt mit uncharakteristischen Erkältungserscheinungen, Appetitlosigkeit, Mattigkeit, Halsschmerzen sowie Lichtscheue mit geröteten, tränenden Augen, einem aufgedunsenen Gesicht, trockenem Husten, Bindehautentzündung und Fieber, das sehr hoch steigen kann, aber wieder verschwindet.

Der typische Hautausschlag beginnt hinter den Ohren und breitet sich vom Gesicht, über den Hals über den gesamten Körper aus, mit erneutem Fieberanstieg bis zu 40 Grad (dabei erfüllt das Fieber eine wichtige Heilungsfunktion und sollte in der Regel nicht gesenkt werden). Nach 2–5 Tagen geht das Fieber zurück, der Ausschlag verschwindet. Auf der Haut bilden sich kleine weiße Schuppen.

Komplikationen: Es kann infolge verschleppter Masern zu einer Mittelohrentzündung, Lungenentzündung oder Gehirnentzündung kommen.

Ursachen: Eine Masernvirusinfektion, mit einer Inkubationszeit von 9–11 Tagen.

Ätherische Öle: Bei Bedarf täglich 2 Tropfen **Fenchelöl** lokal auftragen und einnehmen, alternativ 3-mal 2 Tropfen Lavendelöl lokal auftragen.

Heilsteinanwendungen:

Chrysokoll

Jadeit

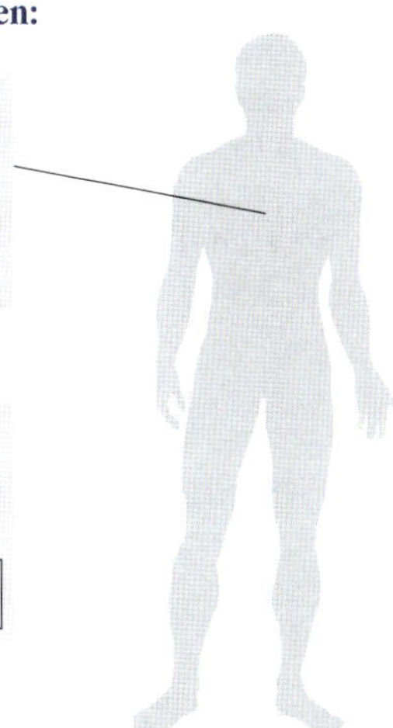

Zur Entzündungshemmung und Fiebersenkung **Chrysokoll** oder grünen **Moosachat** tragen oder als Wasser trinken,

zur Juckreizmilderung mit **Aventurin, Labradorit** oder **Bernstein** entsprechende Regionen sanft streicheln oder tragen,
zur Förderung der Entgiftungsfunktion der Niere **Jadeit** oder **Prehnit** tragen bzw. als Wasser trinken,
zur Hautregeneration **Aventurin, Chalcedon** oder **Achat** tragen.

Weitere Steine: Heliotrop.

Alternative Anwendungen: 2-mal täglich 1 Teelöffel **kolloidales Silber** einnehmen und tropfenweise auf die betroffene Fläche unverdünnt auftragen sowie **Salzsole** auf die Haut gegen den Juckreiz auftragen.

Menstruationsbeschwerden

Dysmenorrhö

Verschiedene Störungen der monatlichen Regel.

Symptome: Schmerzhafte, teils psychisch bedingte Regelblutung mit Spannungsgefühl, krampfartigen Unterleibs- und Rückenschmerzen und Völlegefühl. Sie können sich bis zu wehenartigen Gebärmutterkoliken steigern und treten kurz vor der Regel meist bei Frauen unter 30 Jahren auf, verbunden mit einem Unwohlsein und gedrückter psychischer Stimmung. Neben Stimmungsschwankungen können Reizbarkeit, Appetitlosigkeit und Nervosität, verschiedene Beschwerden im Kopf- und Magen-Darm-Bereich sowie Übelkeit und Schwindel auftreten.

Prämenstruelles Syndrom: Viele Frauen leiden einige Tage vor dem Einsetzen der Regelblutung unter verschiedenen körperlichen und psychischen Beschwerden, die mit dem Einsetzen der Regelblutung verschwinden, wie Spannung in der Brust, Völlegefühl, Blähungen, Ödeme, Schwindel, Kopfschmerzen, Hungergefühl, depressive Verstimmung und Schlafstörungen.

Formen der Menstruationsstörung:

Amenorrhö: Ausbleiben der Regel mit mehr als 3 Monaten.

Oligomenorrhö: Zu seltene Regelblutung, mit einem Zyklus von länger als 35 Tagen.

Polymenorrhö: Zu häufige Regelblutung, mit einem Zyklus kürzer als 22 Tage.

Hypomenorrhö: Zu schwache Regelblutung.

Hypermenorrhö: Zu starke Regelblutung.

Menorrhagie: Verlängerte und verstärkte Regelblutung, die 7–14 Tage andauert.

Metrorrhagie: Längere Zwischenblutung über 7 Tage, die auch unabhängig von der normalen Regelblutung auftreten kann.

Ursachen: Fehlende, unvollständig angelegte oder fehlfunktionierende Eierstöcke oder Gebärmutter, Schwangerschaft, Unterfunktion der Hirnanhangsdrüse oder Schilddrüse, Nebenwirkung der Pille, Endometriose, Entzündungen, Myome oder Polypen, selten Karzinome, psychische Probleme und Stress, nach Angst, Freude, Schreck oder Spannungen. Emotionale Beeinflussungen wie anstrengende geistige Arbeit oder der Beginn einer neuen Arbeit können ebenso dafür verantwortlich sein.

Ätherische Öle: Optimal 2-mal täglich 1–2 Tropfen **Muskatellersalbeiöl** einnehmen oder in den Unterleib einreiben, das in etwa 90 Prozent aller Fälle sehr schnell hilft. Oder Anisöl bzw. Fenchelöl, alternativ Lavendelöl, Rosmarinöl, Salbeiöl oder Thymianöl in den Unterleib einreiben, deren Wirkung lange nicht so zuverlässig ist.

Öl-Stein-Einreibungen: Ideal ergänzt sich die Einreibung in den Unterleib von Muskatellersalbei mit Mondstein.

Heilsteinanwendungen:

Mondstein

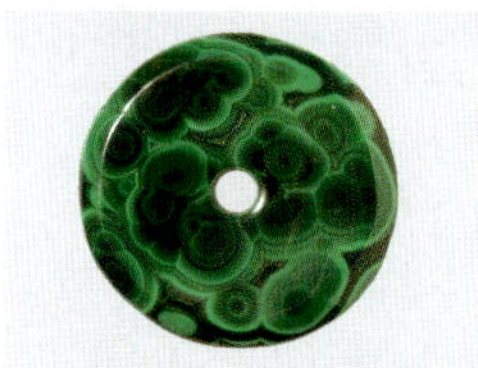

Malachit

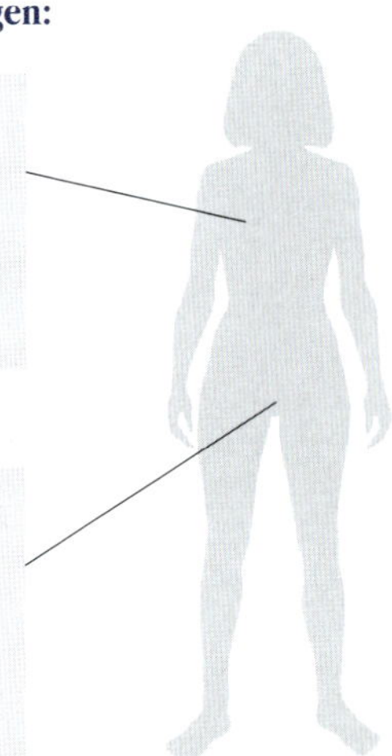

Zur Schmerzstillung und Entkrampfung des Unterleibs **Dumortierit, Chrysokoll** oder **Covellin,** bei stärkeren Krämpfen **Malachit** oder **Zirkon** auflegen,
zur Regulierung der Blutungsstärke sowie bei spät einsetzender Blutung **Malachit** oder **Zirkon** auf den Unterbauchbereich legen,
zur Erleichterung der körperlichen Beschwerden vor dem Einsetzen der Blutung **Mondstein** oder **Amazonit** tragen,
zur Verlängerung des Zyklus bei stets verfrüht einsetzender Blutung **Lapislazuli** ohne Einsprengsel von Pyrit tragen,
zur Einstellung des Eisprungs auf den Vollmond **Mondstein** 2–3 Zyklen tragen, stärkt durch die Verbundenheit mit den Naturrhythmen,
zur Menstruationsauslösung als letztes Mittel **Zirkon** wiederholt wenige Minuten auflegen,
zur Regulierung der Hormonschwankungen **Mondstein** oder **Rubin** tragen,

zur Durchblutungsverbesserung und Kreislaufstabilisierung **Mookait, Rubin** oder **Rosenquarz** in der Hosentasche tragen,
zur Erleichterung der Hitzewallungen **Bernstein, Anden-Opal** tragen,
bei Schwäche und Energiemangel während der Menstruation **Tigereisen,** roten **Jaspis** oder **Magnetit** auflegen,
zur Klärung der seelischen Ursache **Malachit** als Anhänger tragen,
bei Reizbarkeit, Kopfschmerzen und Spannungsgefühlen **Magnesit** als Wasser reichlich trinken,
zur psychischen Aufhellung rosa **Anden-Opal, Covellin, Amazonit** oder violetten **Jadeit** tragen.

Weitere Steine: Amethyst, Bernstein, Citrin, Pyrit-Sonne und Tigereisen.

Milchbildungsstörung

Eine Störung der normalen Muttermilchbildung während der Stillzeit.

Ursachen: Können Unsicherheit und Nervosität, häufig jedoch auch Störungen von außen während der Stillzeit sein.

Das Stillen sollte im »Stillen«, rückgezogen in behaglicher Umgebung durchgeführt werden. In der Muttermilch sind alle Stoffe enthalten, die das Baby braucht; sie ist durch nichts zu ersetzten.

Ätherische Öle: 1-mal täglich 1–2 Tropfen **Fenchelöl,** alternativ Anisöl in den Brustbereich, nach dem Stillen einreiben. Der Abstand von der Einreibung zum nächsten Stillvorgang sollte mindestens 2 Stunden betragen, wobei die Brust vor dem Stillvorgang nochmals abgewaschen werden sollte.

Chalcedon

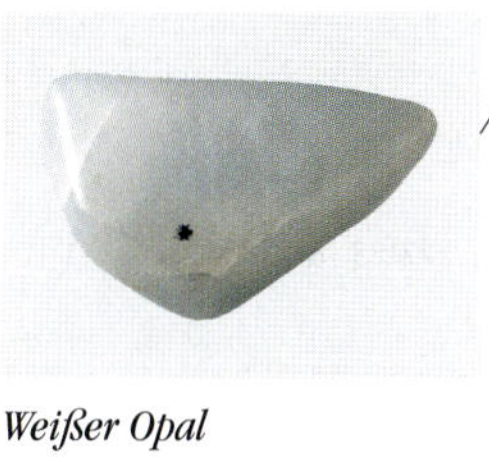

Weißer Opal

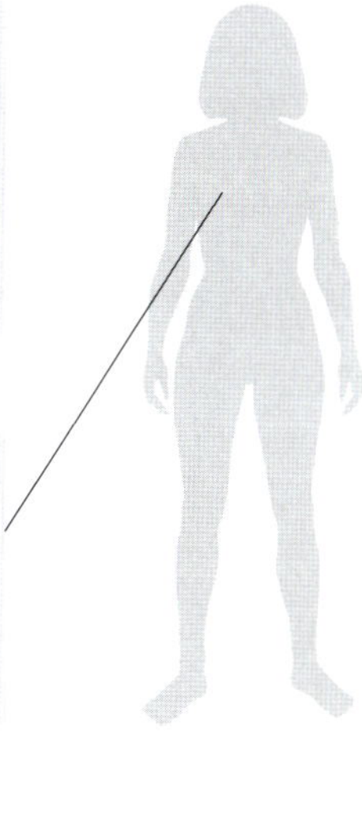

Öl-Stein-Einreibungen: Ideal ergänzt sich die Brusteinreibung von Fenchelöl mit Mondstein.

Heilsteinanwendungen:
Zur Unterstützung der Milchbildung hellblauen **Chalcedon,** dendritischen **Chalcedon** oder weißlichen **Opal** als Anhänger tragen oder als Wasser trinken,
zur Entzündungshemmung und zur Heilung wunder Brustwarzen **Heliotrop** oder **Rhodonit** im BH tragen.

Weitere Steine: Chiastolith, Malachit, Moosachat.

Alternative Anwendungen: Tropfenweise **kolloidales Silber** oder das weniger wirksame **Kieselsäuregel** zur Behandlung von Hautrissen auf die Brustwarzen auftragen.

Ergänzende Maßnahmen: Wenn das Säugen schmerzhaft ist, weil das Baby zu fest beißt, kann mit Stillhütchen vorgebeugt werden.

Milchschorf

Crusta lactae

Ein im Säuglingsalter oder bei Kleinkindern auftretendes weißschuppiges Hautekzem, welches häufig auf Nahrungsmittelunverträglichkeiten zurückgeht.

Symptome: Kleinschuppige Rötung, weißliche oder gelbe Schuppen und Krusten, selten mit Bläschen, treten vor allem am behaarten Kopf, mit Juckreiz auf. Wird die Haut aufgekratzt, kann sie nässen.

Auf Nahrungsmittelunverträglichkeit wie Kuhmilch oder Früchte achten.

Ätherische Öle: 2-mal täglich 1–2 Tropfen **Lavendelöl,** alternativ Fenchelöl oder Sandelholzöl lokal einreiben.

Heilsteinanwendungen:

Aventurin

Rhodonit

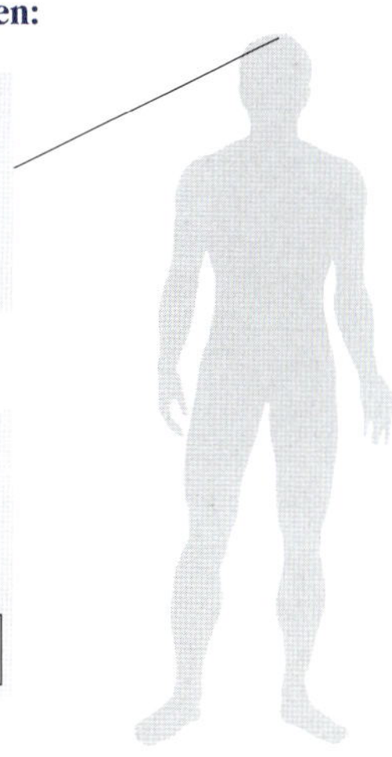

Zur Juckreizmilderung **Aventurin** oder **Lepidolith** als Wasser auf die Kopfhaut auftragen,

zum Abheilen aufgekratzter Haut **Rhodonit** oder **Jadeit** als Wasser auftragen oder zu trinken geben,
zur Stärkung der Nierentätigkeit **Prehnit** oder **Jadeit** in die Windel stecken oder tragen,
zur Verbesserung der Verdauung **Citrin** oder **Achat** als Wasser trinken, oder **Stromatolith** tragen.

Weitere Steine: Fuchsit.

Alternative Anwendungen: Mit **Kristallsalzsole** bei nässendem Hautzustand waschen.

Mineralstoffmangel

Mineral-Defizit-Syndrom

Ein Auftreten diverser Beschwerden, ausgelöst durch das Fehlen verschiedener Mineralstoffe.

Ursachen: Eine meist mineralstoffarme Fehl- oder Mangelernährung, Folge von hormonellen Störungen, Nebenwirkungen von Diuretika, Vergiftung, Nierenerkrankungen.

Ätherische Öle: Es liegen keine sinnvollen und gesicherten Ölempfehlungen vor, 1–2 Tropfen **Muskatellersalbeiöl** können jedoch über den Hormonhaushalt auf verschiedene Mineralstoffe einwirken.

Heilsteinanwendungen:

Karneol

Richterit

Grundsätzlich verbessert das Tragen eines Steins die Resorption über den Darm und den Einbau ins Gewebe der in ihm enthaltenen Mineralstoffe,
zur Verbesserung der allgemeinen Resorption im Dünndarm bei Mineralstoffmangel **Richterit, Karneol** oder **Sardonyx,** alternativ mehrfarbigen **Turmalin** oder **Granat** tragen oder als Wasser trinken,
bei Kupfermangel optimal **Dioptas** oder **Covellin,** alternativ **Malachit** tragen,
bei Magnesiummangel **Magnesit** oder **Dolomit** tragen,
bei Manganmangel **Purpurit** oder **Rhodonit,** alternativ **Rhodochrosit** tragen,
bei Lithiummangel **Kunzit** oder **Lepidolith** tragen,
zur Verbesserung der Calciumresorption **Apatit** oder **Fluorit** tragen,
zur Verbesserung der Eisenresorption **Tigereisen** oder **Magnetit** tragen,
zur Verbesserung der Zinkresorption **Schalenblende** tragen.

Weitere Steine: Dolomit und Karneol.

Alternative Anwendungen: Über einen Zeitraum von 2–4 Wochen täglich 1 Teelöffel **Grüne Tonerde** einnehmen.

Mittelohrentzündung

Otitis media

Eine entzündliche Erkrankung des Mittelohrraums, oft mit Schmerzen und Schwerhörigkeit. Die akute Form entsteht durch eine Infektion der Mittelohrschleimhaut, die im Rahmen einer Erkältungskrankheit auftritt.

Symptome: Herabgesetztes Allgemeinempfinden, plötzlich auftretende, starke Ohrschmerzen, Ohrgeräusche, Hörverminderung mit Schwerhörigkeit bis Taubheit, hohes Fieber und im Spätstadium Ohrfluss, eventuelles Erbrechen.

Bei der chronischen Form tritt manchmal eine Schwerhörigkeit auf, die jedoch nicht stark ausgeprägt sein muss, mit dumpfem Gefühl im Ohr; Absonderungen und Schmerzen können fehlen.

Bei der chronisch-eitrigen Form besteht Ausfluss aus dem Ohr, häufig schubweise auftretend, oft mit Schmerzen. Die Absonderung fließt durch einen Trommelfelldefekt nach außen. Die Schwerhörigkeit wird zunehmend stärker.

Komplikationen: Wenn eine Mittelohrentzündung nicht abheilt, kann eine Mastoiditis entstehen.

Ursachen: Meist durch eine aufsteigende bakterielle oder virale Infektion, nach einer Verletzung des Trommelfells oder über die Tuben ausgelöst.

Ätherische Öle: 3-mal täglich 1 Tropfen **Anisöl,** alternativ Fenchelöl lokal hinter dem Ohr einreiben. Das Ohr mit verdünnter, warmer Kamillelösung ausspülen.

Sardonyx

Smaragd

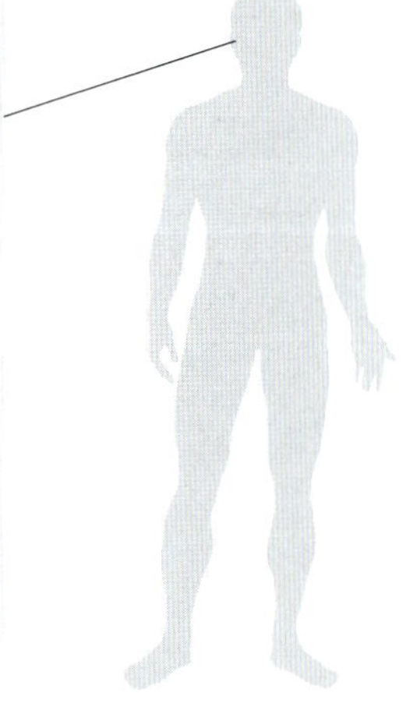

Heilsteinanwendungen:
Zur Entzündungshemmung **Smaragd, Heliotrop** oder **Cavansit** in der Hörmuschel befestigen,
bei chronischer Entzündung mit beginnender Schwerhörigkeit **Smaragd** oder **Sardonyx** auf das Ohr legen,
zur Stärkung der Nieren **Prehnit** oder **Jadeit** tragen,
zur Immunstärkung **Chalcedon** als Rosetten oder **Smaragd** tragen,
zum Schutz des Ohrs **Sardonyx** tragen.

Weitere Steine: Malachit und Türkis.

Alternative Anwendungen: **Kolloidales Silber** konnte in Einzelfällen durch Einträufeln in die Ohren die Entzündung stoppen.

Müdigkeits- und Erschöpfungssyndrom, chronisch

Chronic-fatigue-Syndrom

Eine rätselhafte und umstrittene Krankheit, wobei die Betroffenen an einer permanenten und extrem starken Erschöpfung leiden, die ein normales alltägliches Leben unmöglich macht.

Symptome: Eine monatelange Müdigkeit mit Abgeschlagenheit und Konzentrationsschwäche. Zusätzlich können depressive Verstimmungen, Nachtschweiß und Sensibilitätsstörungen auftreten.

Ursachen: Vermutlich mehrere Faktoren, kann sowohl auf Entzündungen, Eisenmangel, Durchblutungsstörungen, Nervenleiden, Umweltgifte, Belastungen durch Elektrostress, Schwermetallbelastung, hormonelle Störung als auch auf ungünstige Lebensgewohnheiten sowie seelische Belastungen und Sorgen zurückgeführt werden.

Ätherische Öle: 3-mal täglich 1 Tropfen **Eukalyptusöl** in das Pulsgebiet am Arm einreiben und 2-mal täglich 1 Tropfen **Muskatellersalbeiöl** einnehmen, alternativ mit 3-mal 2 Tropfen Anisöl und Rosmarinöl einreiben.

Heilsteinanwendungen:
Zur Kräftigung **Apatit** oder **Variscit** tragen, sie mobilisieren Energiereserven, erfrischen und motivieren,
zur Steigerung der körperlichen Leistungsfähigkeit **Aquamarin** tragen, hilft Lustlosigkeit zu Überwinden; alternativ zur Vitalisierung und für Tatendrang roten **Granat** tragen, der mit besonderer Ausdauer durch Krisen hindurch hilft; alternativ **Rhodochrosit** sowie **Tigereisen** nicht länger als 3 Wochen am Stück tragen, um sich nicht unbemerkt zu verausgaben,
zur Besserung mentaler Erschöpfungszustände **Cavansit** oder **Aquamarin** tragen, sie setzen Energiereserven frei und helfen bei der Zielfindung,
zur Anregung der Nebenniere **Feueropal, Rubin** oder **Jadeit** tragen, gegen Energiemangel, bei Müdigkeit und Erschöpfung,
zur Regeneration nach schweren zehrenden Erkrankungen **Rubin-Zoisit** oder **Unakit** in der Hosentasche tragen,
gegen Energiemangel **Feueropal** tragen.

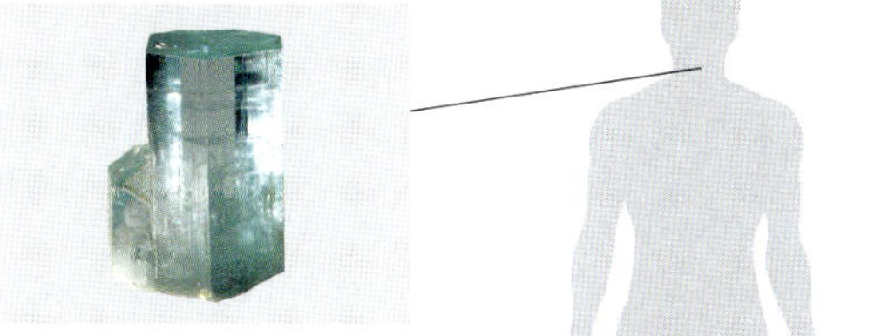

Aquamarin

Variscit

Weitere Steine: Variscit.

Alternative Anwendungen: 2-mal täglich 1 Teelöffel **Trinkgold** oder **kolloidales Gold** einnehmen.

Ergänzende Maßnahmen: Wichtig ist, möglichst viele belastende Faktoren zu reduzieren. Wertvolle Fragen: Wozu mache ich das alles? Stimmt der Austausch, die Gegenleistung?

Multiple Sklerose

Encephalomyelitis

Eine schubförmig oder langsam sich entwickelnde entzündliche Erkrankung des Rückenmarks mit einer Schädigung der Nervenhüllen.

Symptome: Sehr vielfältig und sehr unterschiedlich. Beginnt meist mit einer Sehverschlechterung, verschwommenem Sehen und Augenzittern, mit zunehmender Müdigkeit und Schwäche, Zittern beim Zugreifen und zunehmender Sprachschwierigkeit. Der Betroffene kann Stuhl und Urin nicht mehr halten. Sensibilitätsstörungen und immer stärker werdende Lähmungserscheinungen treten hinzu.

Ursachen sind weitgehend unbekannt; eine Beteiligung an auslösenden Infektionserkrankungen wie Masern und Röteln wird heute diskutiert.

Ätherische Öle: Es liegen keine gesicherten und sinnvollen Ölempfehlungen vor. **Indischer Weihrauch** in Kapseln mit 85 Prozent Boswelliasäureanteil, über längere Zeit eingenommen, kann die nächsten Schübe weit hinauszögern.

Heilsteinanwendungen:

Rhodonit

Strontianit

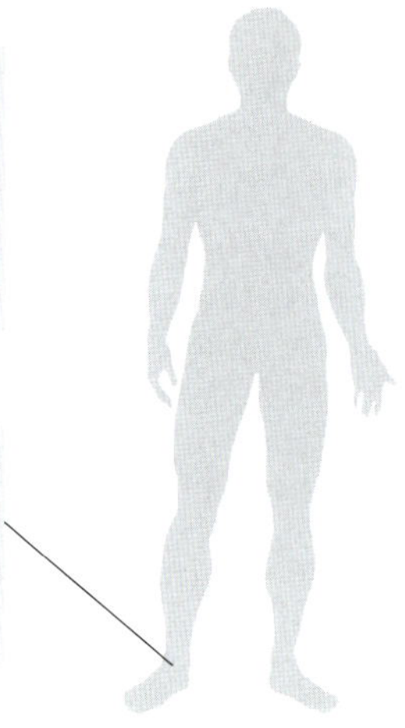

Zur Besserung der Sehstörungen **Topas** auf das Auge mit einer Augenklappe fixieren oder **Dioptas** als Wasser trinken bzw. als »Wala Augenwasser« ins Auge tropfen,
zur Besserung der Blasenschwäche **Jadeit** oder **Prehnit** tragen bzw. als Wasser trinken,
zur Linderung der Zuckungen und Spasmen **Strontianit** in der betroffenen Region fixieren, zum Beispiel nachts im Strumpf tragen,
zur Minderung der Lähmungserscheinungen **Turmalin, Ägirin, Kunzit, Diamant** oder **Sugilith** tragen,
zur Entzündungshemmung **Kunzit, Purpurit** oder **Sugilith** tragen,
zur Besserung des allgemeinen Wohlbefindens **Rhodonit** oder **Rhodochrosit** tragen,
bei Kontrollverlust **Kunzit, Sugilith** oder **Chrysoberyll** sowie **Turmalin** als Kristallanhänger tragen,
bei verzweifelter Stimmungslage und scheinbarer Hoffnungslosigkeit **Tansanit** und **Richterit** tragen,
zum Ausleiten der Gewebegifte nach Kortison oder Chemotherapie **Smaragd** oder **Chrysopras** tragen und als Wasser trinken.

Weitere Steine: Jadeit.

Alternative Anwendungen: In erster Linie indischen Weihrauch hochdosiert mit mindestens 800 Milligramm (besser 1400–1600 Milligramm) auf 67–80 Prozent Boswelliasäure einnehmen.

Mumps

Parotitis epidemica

Eine akute übertragbare hochansteckende Viruserkrankung mit Anschwellung der Ohrspeicheldrüse, die vorwiegend bei Kindern und Jugendlichen auftritt.

Symptome: Eine schmerzhafte nichteitrige Entzündung und Schwellung meist einer Ohrspeicheldrüse und anderer Speicheldrüsen sowie charakteristische Ohrenschmerzen und Beschwerden beim Kauen und Schlucken. Nach einem Vorstadium mit Appetitlosigkeit, Reizbarkeit, Hals- und Kopfschmerzen kommt es zu einem Fieberanstieg bis 40,5 Grad, oft mit Schüttelfrost. Die Ohrspeicheldrüse schwillt teigig und schmerzhaft an, meist zuerst einseitig, die andere Seite folgt nach wenigen Tagen.

Nach 5–8 Tagen sinkt das Fieber ab, die Drüsenschwellung bildet sich zurück.

Ursachen: Ausgelöst durch eine Tröpfcheninfektion mit dem Mumpsvirus nach einer Inkubationszeit von 15–21 Tagen.

Komplikationen: Hodenentzündung bei Jungen und Eierstock- und Brustdrüsenentzündung bei Mädchen, die Entzündungen können zu Unfruchtbarkeit führen; Bauchspeicheldrüsenentzündung, Herzmuskelentzündung oder Hirnhautentzündung.

Ätherische Öle: 2-mal täglich 2 Tropfen **Teebaumöl** lokal einreiben.

Heilsteinanwendungen:

Heliotrop

Chalcedon

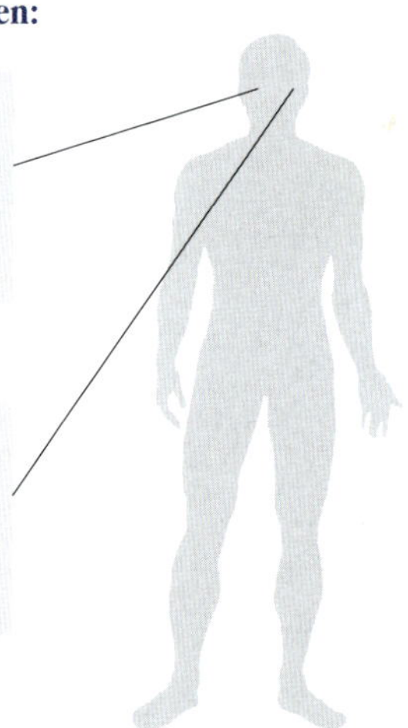

Zur Entzündungshemmung und Fiebersenkung **Heliotrop** und **Chalcedon** alle 2 Stunden im Wechsel lokal auflegen oder fixieren, nachts **Sphärolithischen Chalcedon** oder **Moosachat** mit ins Bett nehmen und in der Hand halten,
zur Lymphflussanregung und Drüsenabschwellung **Chalcedon, Chrysopras** oder **Anden-Opal** tragen,
zum Schutz des Innenohrs **Chalcedon** als Rosette, **Onyx** oder **Heliotrop** am Ohr fixieren,
zur Schmerzlinderung **Sardonyx** oder **Chrysokoll** auf die Backen legen,
zur Linderung der Halsschmerzen **Chalcedon,** alternativ **Heliotrop** als Kette oder im Halstuch direkt auf der Haut im Halsbereich tragen.

Weitere Steine: Mookait, Rhodonit.

Mundausschlag

Aphten

Ausschlag an Lippen und der Mundschleimhaut in Form kleiner, gelblicher Flecken.

Symptome: Linsengroße, gelblich weiße Flecken, die zu einer schmerzhaften und unangenehmen oberflächlichen Läsion führen. Die Bläschen verschwinden meist nach etwa 10–14 Tagen von alleine, ohne weitere Folgen.

Ursachen: Die Folge einer verminderten Abwehrlage mit der Anfälligkeit für Infektionen.

Ätherische Öle: Mit 2 Tropfen **Bergamottöl** in alkoholischer Lösung gurgeln.

Heilsteinanwendungen:

Peridot

Chrysopras

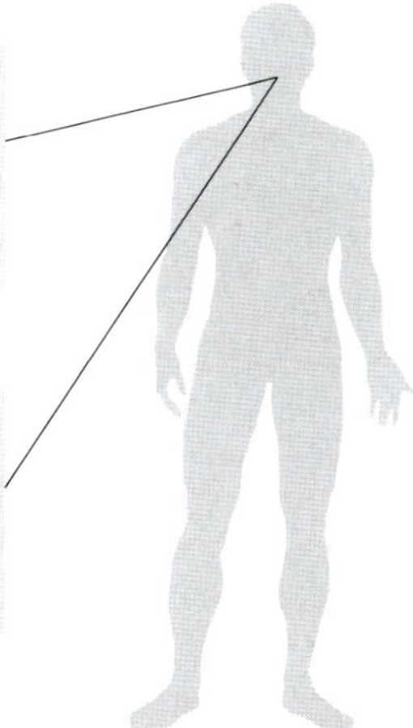

Zur Abheilung der Bläschen und zur Schmerzlinderung **Peridot** oder **Chrysopras** in den Mund zum Lutschen nehmen,
zur Stärkung der Abwehrkraft **Peridot** und **Smaragd** tragen oder als Wasser trinken,
vorbeugend zur energetischen Stabilisierung des Magen-Darm-Trakts **Ametrin** tragen.

Weitere Steine: Achat, Aventurin, Gagat und Sphärolithischer Chalcedon.

Alternative Anwendungen: Kolloidales Silber zur Mundspülung einsetzen, einnehmen und auftragen.

Mundschleimhautentzündung

Stomatitis simplex

Eine nichtansteckende Entzündung der Mundschleimhaut.

Symptome: Schmerzhafte Entzündung mit Rötung und Schwellung, Blutungen, Belägen, Mundgeruch, vermehrter Speichelbildung und erschwerter Nahrungsaufnahme, mit einer Empfindlichkeit gegen heiße, saure oder gewürzte Speisen und Beschwerden beim Kauen oder Schlucken.

Sonderform: Soor (St. mycotica): Weiße, brennende Bläschen an Wangen, Zunge und im Rachen, die leicht abwischbar sind.

Ursachen: Die Folgen einer bakteriellen oder viralen Erkrankung, einer Pilzinfektion; Tabakrauchen, Begleitreaktion einer Stoffwechselerkrankung wie der Zuckerkrankheit, Eisenmangelanämie, Vitamin-B-Mangelstörung, einer Metallvergiftung, Antibiotika- oder Chemobehandlung, Immunschwäche und empfindliche Reaktion auf Zahnprotesen.

Ätherische Öle: Es liegen keine gesicherten Ölempfehlungen vor, ein Versuch mit 2-mal täglich 1 Tropfen **Fenchelöl** sollte unternommen werden.

Heilsteinanwendungen:

Chrysopras

Peridot

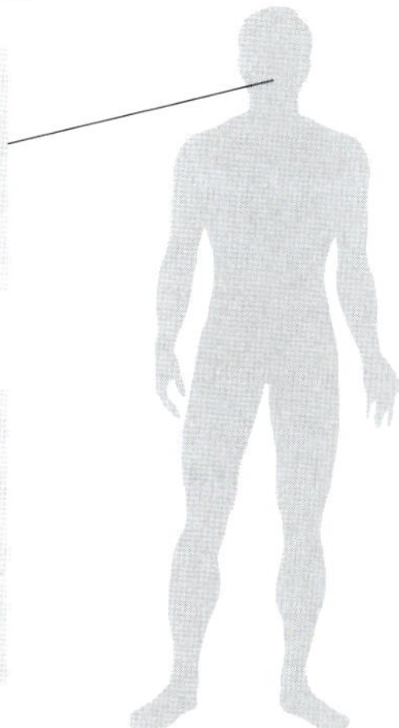

Zur Abheilung der Bläschen und zur Schmerzlinderung **Peridot** oder **Chrysopras** in den Mund zum Lutschen nehmen,
zur Stärkung der Abwehrkraft **Peridot** und **Smaragd** als Wasser trinken,
bei Zuckerkrankheit **Citrin** als Wasser reichlich trinken,
zur Entgiftung nach medikamentöser Behandlung **Chrysopras** oder **Sardonyx** als Wasser trinken,
vorbeugend zur energetischen Stabilisierung des Magen-Darm-Trakts **Achat** oder **Bernstein** tragen.

Weitere Steine: Gagat und Saphir.

Alternative Anwendungen: 2-mal täglich 1 Teelöffel **kolloidales Silber** unverdünnt zur Mundspülung einsetzen, einnehmen und tropfenweise auftragen.

Muskelschmerzen, chronisch

Fibromyalgie

Ein Krankheitszustand durch chronische Schmerzen in der Muskulatur.

Symptome: Ein über den ganzen Körper verteilter Schmerz, ausgelöst durch Fingerdruck auf Muskeln, Muskelhüllen oder Sehnen.

Chronische Müdigkeit und Erschöpfung, Schlafstörungen, Kopfschmerzen, kalte Hände und Füße, starke Schweißneigung, Zittern, Gleichgewichtsstörungen, Empfindungsstörungen wie Taubheitsgefühl oder Kribbeln, Gelenkschmerzen und erhöhte Kälteempfindlichkeit. Es kann zu Gesichtsfeldausfällen mit verschwommenem Sehen kommen. Ängstlichkeit, Gedächtnis- und Konzentrationsstörungen, Depressionen und Stressempfindlichkeit.

Ursachen: Bisher weitgehend ungeklärt; es werden heute Virusinfektionen, autoimmune oder psychogene Faktoren diskutiert.

Ätherische Öle: 2-mal täglich 1 Tropfen **Nelkenöl** in den Schmerzbereich sanft einreiben.

Heilsteinanwendungen:

Sugilith

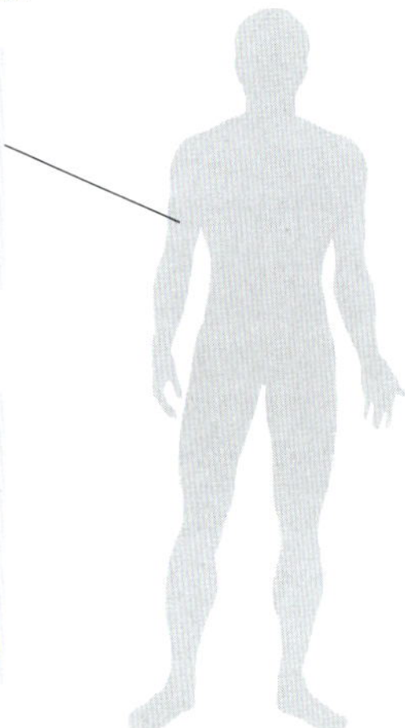

Magnesit

Zur Schmerzlinderung **Sugilith, Charoit oder Rauchquarz,** alternativ **Rhodonit** tragen,
zur Aktivierung und Verbesserung der Müdigkeit **Magnetit** oder **Tigereisen** tragen,
bei Empfindungsstörungen und Taubheitsgefühl **Turmalin** oder **Kunzit** tragen,
zur Reduktion der Reizbarkeit und Empfindlichkeit **Magnesit** als Wasser trinken.

Weitere Steine: Granat und Rhodonit.

Alternative Anwendungen: 2-mal täglich 1 Teelöffel **Trinkgold** einnehmen.

Muskelschwäche

Myasthenia gravis pseudoparalytica

Eine durch Muskelabbau auftretende Schwäche und Kraftlosigkeit, oft als Begleiterscheinung anderer Erkrankungen.

Symptome: Ein Augenlid schließt sich oder Auftreten von Doppeltsehen mit zunehmender Verschlechterung im Laufe des Tages. Schwierigkeiten beim Kauen und Schlucken, die sich während der Mahlzeit verschlimmern. Die Muskulatur des Gesichts erschlafft und die Lippen weichen zurück, wobei ein verzerrtes Lächeln entsteht. Die Kraft der gesamten Muskulatur wird immer schwächer, bis es zu einer Lähmung der Atemmuskulatur kommt.

Ursachen: Überanstrengungen, Infektionen, schlechte Ernährung; in seltenen Fällen eine Folge eines Antikörperüberschusses, der die normale Reizübermittlung zwischen Muskeln und Nerven stört.

Ätherische Öle: Es liegen keine gesicherten Ölempfehlungen vor.

Heilsteinanwendungen:

Tigereisen

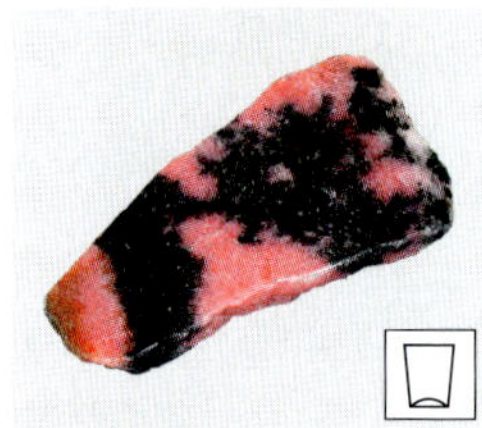

Rhodonit

Zum Muskelaufbau und zur Muskelkräftigung **Tigereisen** im Wechsel mit **Rhodonit** als Wasser trinken,
zur Anregung des Stoffwechsels zusätzlich **Apatit** oder roten **Granat** in der Hosentasche tragen,
zur Anregung der Körperenergie in den Meridianen roten **Turmalin** als Wasser trinken,
für eine aktive und engagierte Beteiligung am Leben **Rhodochrosit, Feueropal, Larimar** und **Thulit** tragen.

Weitere Steine: Coelestin und Magnetit.

Nagelfalzentzündung

Paronychie

Eine durch eine kleine Verletzung, rissige Nagelbette oder Nägelbeißen auftretende Entzündung des Nagelfalzes.

Symptome: Der Bereich um den Nagel ist mehr oder minder gerötet, geschwollen, berührungsempfindlich und schmerzhaft, mit klopfenden Schmerzen. Schreitet die Entzündung weiter fort, bildet sich Eiter unter der Haut. Eine Wärmeanwendung verschlimmert den Schmerz, kühlende Umwicklung lindert ihn meist etwas.

Ursachen: Eine Entzündung aufgrund verschiedener Bakterien wie Staphylokokken oder Streptokokken oder des Hefepilzes Candida albicans, ausgelöst nach einer Verletzung des Nagelbettes.

Ätherische Öle: Optimal 2-mal täglich 2 Tropfen **Lavendelöl** lokal auftragen, alternativ Weihrauchöl.

Heilsteinanwendungen:

Heliotrop

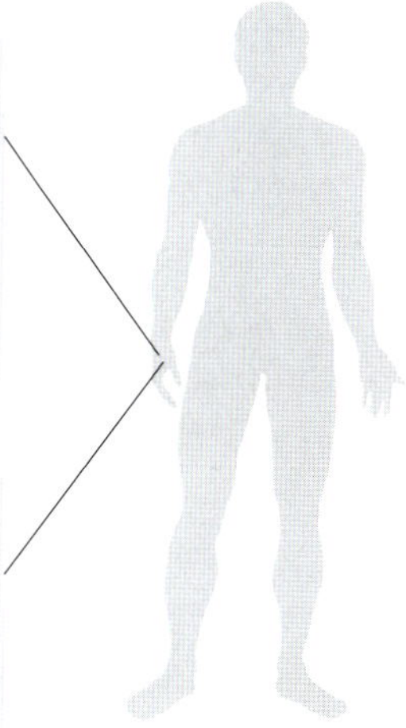

Disthen

Zur Entzündungshemmung **Heliotrop** oder **Lapislazuli** pyritfrei in der Hand halten,
zur Schmerzmilderung **Disthen** oder **Rhodonit** in die Hand nehmen,
zur Abschwellung und Entstauung der Lymphe **Chalcedon, Chrysokoll** oder **Anden-Opal** in die Hand nehmen.

Weitere Steine: Sphärolithischer Chalcedon.

Alternative Anwendungen: Tropfenweise **kolloidales Silber** unverdünnt auftragen oder durch ein Fingerbad tief einwirken lassen.

Nahrungsmittelallergien

Eine allergische Reaktion des Körpers durch den Verzehr von allergieauslösenden Nahrungsmitteln wie beispielsweise Erdbeeren, Nüsse.

Symptome: Erste Zeichen sind meist ein Hitzegefühl bei gleichzeitigem Ausbruch von kaltem Schweiß, Juckreiz, Übelkeit und Erbrechen.

Bei stark sensibilisierenden Allergien kann durch eine massive Histaminfreisetzung ein Schock ausgelöst werden, der innerhalb von wenigen Sekunden bis zu einer Stunde nach Allergenkontakt auftreten kann. Er betrifft oft mehrere Organsysteme gleichzeitig, wobei am häufigsten das Herz-Kreislauf-System, die Atemorgane, der Magen-Darm-Trakt sowie die Haut betroffen sind.

Ursachen: Reaktion auf allergieauslösende Nahrungs- und Genussmittel, Lebensmittelfarbstoffe, Geschmacksverstärker oder Konservierungsstoffe.

Ätherische Öle: Bei Bedarf 1–2 Tropfen **Lavendelöl,** alternativ Indisches Melissenöl, Minzöl, Thymianöl, Zitronenöl oder Zypressenöl lokal einreiben.

Heilsteinanwendungen:

Apophyllit

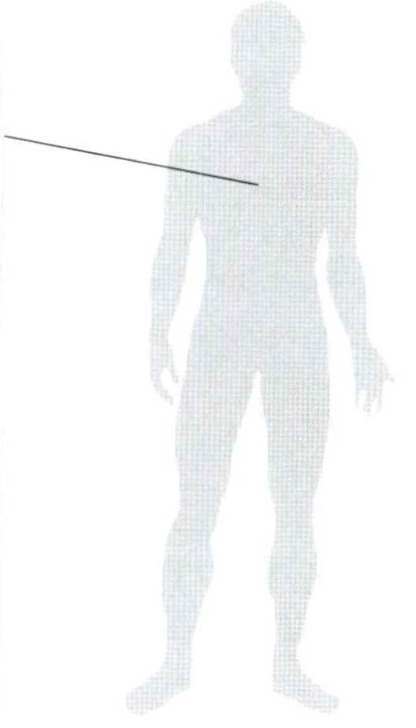

Aquamarin

Zur Histaminblockierung und Juckreizminderung **Aquamarin,** eventuell zusätzlich zur Desensibilisierung **Apophyllit** tragen und als Wasser trinken,
zur Abwehrstärkung **Granat, Aquamarin** oder **Smaragd** einige Wochen tragen,
zur Verbesserung der Verdauung **Citrin** oder **Sardonyx** auf Magenhöhe tragen.

Weitere Steine: Achat.

Alternative Anwendungen: Tropfenweise **kolloidales Silber** äußerlich aufgetragen, lindert Hautreizungen; **kolloidales Silber,** innerlich 1-mal 1 Teelöffel täglich eingenommen, senkt sanft die Allergiebereitschaft und Entzündungsneigung.

Anmerkungen: Nahrungsmittelunverträglichkeiten überfordern das Verdauungssystem und sind schwerer festzustellen, da keine direkte allergische Reaktion stattfindet. Grundsätzlich sollten allergieauslösende oder unverträgliche Nahrungsmittel über längere Zeit gemieden werden.

Narbennachbehandlung

Cicatrix

Ein im Laufe einer Wundheilung – bei Verletzungen der Haut, Geschwüren, Entzündungen, bei örtlichem Gewebstod, tieferen Verbrennungen und nach Operationen – auftretendes Gewebe, das sich als Ersatzgewebe für das zerstörte Körpergewebe bildet.

An exponierten Körperstellen werden sie als störend empfunden und stellen nicht nur ein kosmetisches Problem dar. Sie können mitunter erhebliche Schmerzen verursachen oder, wenn sie in der Nähe von Gelenken liegen, auch zu Einschränkungen der Beweglichkeit führen.

Grundsätzlich beeinträchtigen sie aufgrund der geringeren elektrischen Leitfähigkeit den Energiefluss in den betroffenen Energiemeridianen. Quer zur Körperachse verlaufende Narben wirken störender.

Ätherische Öle: 2-mal täglich 1–2 Tropfen **Lavendelöl** lokal auftragen.

Heilsteinanwendungen:

Obsidian

Rhodonit

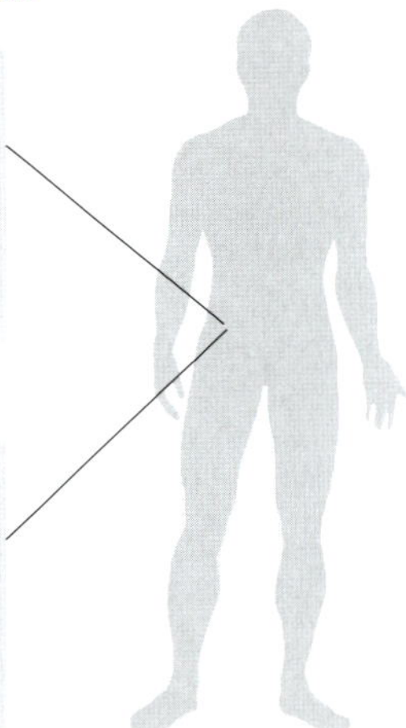

Zur Abheilung und weiteren Entstörung der Narbe mit **Obsidian** und **Rhodonit** als Wasser die gesamte Partie einreiben,
zur Regeneration des Narbengewebes **Chrysokoll** tragen oder lokal fixieren,
zur Verbesserung der Nervenleitung und zur Entstörung der Energiebahnen durch das Narbengewebe **Ägirin** oder **Turmalin** als Kristall mit Pflaster auf die Haut über der Narbe kleben,
zur gezielten Verbesserung des Energieflusses zusätzlich **Turmalinkristall** oder **Bergkristall** als Doppelender-Kristall mit Pflaster auf die Haut über der Narbe kleben.

Weitere Steine: Chrysokoll und Rauchquarz.

Nasenbluten

Epistaxis

Ein spontanes Austreten von Blut aus der Nase in unterschiedlicher Stärke mit sehr unterschiedlicher Ursache.

Symptome: Aus einem oder beiden Nasenlöchern fließt Blut.

Ursachen: Folge einer Erkältung; trockene Nasenschleimhaut, kräftiges Schnäuzen oder Niesen, Nasenbohren, Nasen- oder Kopfverletzungen, Bluthochdruck, Blutgerinnungsstörungen, Arteriosklerose und bei akuten Infektionen, Nasennebenhöhlenentzündung, Vitamin-C- und -K-Mangel, gelegentlich auch bei bösartigen Geschwülsten.

Ätherische Öle: Bei Bedarf 1 Tropfen **Lavendelöl** auf Watte getropft in die Nase einführen.

Heilsteinanwendungen:

Rhodonit

Karneol

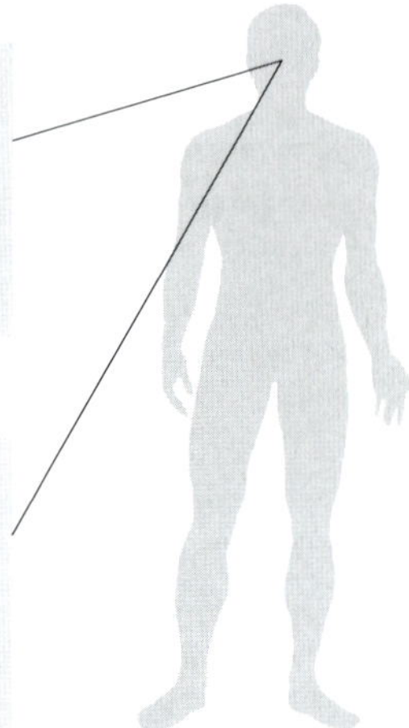

Zur Blutungsstillung **Karneol** oder **Rhodonit** auflegen, sie wirken zusammenziehend auf die Schleimhäute.

Weitere Steine: Turmalin.

Alternative Anwendungen: Mit verdünnter **Kristallsalzsole** Nasenspülung auf Verträglichkeit testen, nicht jedoch an dem Tag, an dem das Bluten aufgetreten ist.

Nebenhöhlenentzündung

Sinusitis

Eine meist bakteriell ausgelöste, hartnäckige, abszessähnlich eitrige Entzündung der Schleimhäute der Nebenhöhlen.

Symptome: Plötzlicher Beginn, mit klopfenden Druckschmerzen in der Gegend der erkrankten Nebenhöhlen an der oberen Wangenregion, die beim Bücken schlimmer werden; Schwindelgefühl, Lichtempfindlichkeit, Fieber bis zu 40 Grad, ein nicht abheilen wollender Schnupfen mit eitrig-gelblichem oder milchig-trübem Nasenausfluss, Schweregefühl im Kopf mit einem allgemeinen Unwohlsein sowie eine behinderte Nasenatmung und gerötete Augenlider können lange Zeit bestehen bleiben.

Ursachen: Eine Infektion durch Bakterien, Viren oder Pilze, kann auch durch einen kranken oberen Zahn oder eine Zahnwurzel verursacht werden.

Ätherische Öle: 1 Tropfen **Rosmarinöl** mit einem Wattestäbchen bis 1 Zentimeter tief in die Nase einführen.

Heilsteinanwendungen:

Smaragd

Moosachat

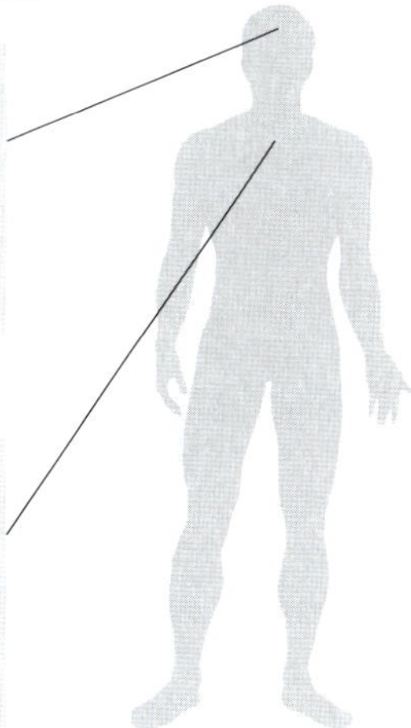

Zur Entzündungshemmung und zum Eiterabbau optimal **Smaragd** oder **Heliotrop**, versuchsweise **Cavansit** auf dem Nasenansatz für mehrere Stunden befestigen,
speziell bei Stirnhöhlenentzündung optimal **Smaragd, Sphen** oder **Türkis** auflegen,
zur Fiebersenkung und Regeneration der Schleimhäute **Moosachat** oder **Labradorit** als Anhänger oder Kette auf der Thymusdrüse tragen,
zur Schmerzlinderung und weiteren Stärkung der Abwehrkraft **Heliotrop** oder **Smaragd** in die Hand nehmen.

Weitere Steine: Chalcedon, Prehnit, Sphärolithischer Chalcedon.

Alternative Anwendungen: Kristallsalz-Solespülung durch die Nase ziehen und 1 Teelöffel **kolloidales Silber** unverdünnt lange im Mund belassen sowie äußerlich tropfenweise auftragen und einreiben.

Nervenentzündung und Nervenschmerz

Neuritis, Neuralgie

Eine Bezeichnung für anfallartig auftretende Schmerzen im Ausbreitungsgebiet eines sensiblen Nervs.

Symptome Neuritis: Ein wellenförmig, attackenartig oder dauerhaft auftretender Schmerz, der als stechend, bohrend, reißend, brennend empfunden wird und meist auf ein umschriebenes Gebiet begrenzt bleibt.

Symptome Neuralgie: Meist ein stechender oder bohrender Schmerz, der bis zum Schulterblatt ziehen kann, begleitet von Empfindungsstörungen wie Kribbeln, Brennen oder einem pelzigen Gefühl, auch mit Lähmungserscheinungen. Der Schmerz kann von wenigen Minuten bis zu mehreren Wochen anhalten und in unregelmäßigen Abständen immer wieder auftreten.

Beim Nervenschmerz sind im Gegensatz zur Nervenentzündung keine anatomischen Veränderungen oder Funktionsausfälle der Nerven nachweisbar.

Ursachen: Folge einer Infektion durch verschiedene Bakterien oder Viren, Vergiftung.

Ätherische Öle: Optimal 2-mal täglich 1 Tropfen **Nelkenöl,** alternativ Eukalyptusöl, Pfefferminzöl, Salbeiöl, Thymianöl oder Wacholderöl lokal auftragen.

Öl-Stein-Einreibungen: Ideal ergänzt sich die lokale Einreibung von Nelkenöl mit Selenit.

Heilsteinanwendungen:

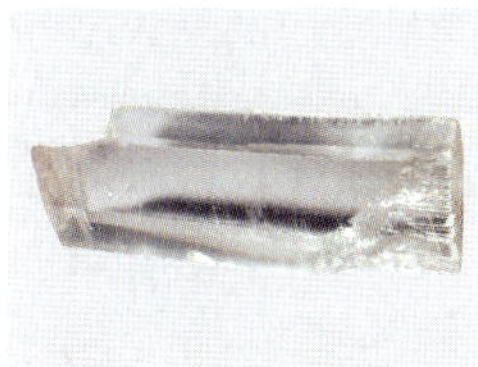

Selenit

Sugilith

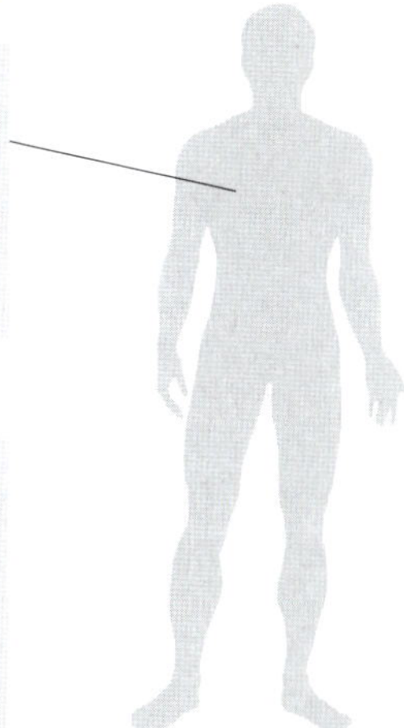

Zur akuten Schmerzreduktion **Selenit,** alternativ **Sugilith** lokal fixieren,
zur Entzündungshemmung, vor allem bei Empfinden von Hitze, bei ziehenden und ausstrahlenden Schmerzen **Kunzit** oder blauen oder grünen **Turmalin** lokal aufkleben,
zur Schmerzlinderung bei bohrenden, drückenden und stechenden Schmerzen sowie zur Nervenberuhigung **Sugilith** tragen,
zur Nervenregeneration und bei Taubheitsgefühlen **Ägirin** oder **Turmalin,** alternativ **Disthen** lokal aufkleben,
zur Entzündungshemmung bei wiederholtem Auftreten violetten **Jadeit** lokal aufkleben.

Weitere Steine: Amethyst, Larimar.

Nervosität

Nervosismus

Ein Zustand einer reizbaren Überempfindlichkeit oder Überreaktion.

Symptome: Reizbare Überempfindlichkeit, Ungeschicklichkeit, Unausgeglichenheit, Überreaktion, Hast, Unruhe, Ungeduld und gesteigerte Ermüdbarkeit.

Ein jahrelanger andauernder nervöser Zustand kann zu Kopfschmerzen, Magenbeschwerden, Herzbeschwerden und Schwindelgefühlen führen sowie irgendwann zur nervösen Erschöpfung.

Ursachen: Die Folge einer Schilddrüsenüberfunktion, aber auch psychischer aufwühlender Ereignisse.

Ätherische Öle: 1 Tropfen **Muskatellersalbeiöl,** alternativ Lavendelöl einnehmen.

Heilsteinanwendungen:

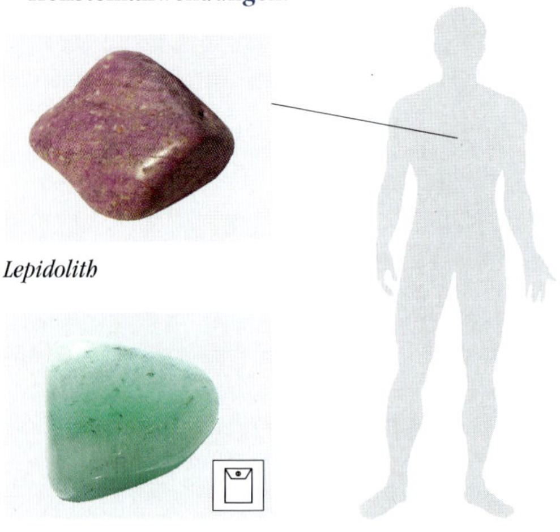

Lepidolith

Aventurin

Zur allgemeinen Beruhigung **Lepidolith, Aventurin,** alternativ **Achat** oder **Biotit-Linse** tragen, sie fördern Sammlung und Abgrenzung,
zur Beruhigung einer überaktiven Schilddrüse **Aquamarin** oder **Lapislazuli** tragen,
zur Verhinderung von negativem Stress, Missgeschicken und allen Formen von Kontrollverlust **Chrysoberyll** oder **Lapislazuli** tragen, sie vermitteln Nervenstärke und Überblick,
zur kontinuierlichen Erbringung von Leistungen während großer unausweichlicher Anforderung von außen **Rauchquarz, Charoit** oder **Granat,** alternativ **Halit** als Kristall oder **Dumortierit** tragen, sie senken den Stresspegel,
für eine Grundhaltung der Gelassenheit und für innere Zufriedenheit zunächst **Dumortierit,** dann nach 2 Wochen **Bernstein** als Kette tragen,
bei Nervosität, die mit Unruhe, Gereiztheit und Hektik einhergeht, **Magnesit, Türkis** oder **Diaspor** tragen,
zur Hebung des Selbstbewusstseins und bei Überempfindlichkeit **Charoit** oder **Kunzit** tragen,
zur Entsäuerung **Magnesit** oder **Dolomit** als Wasser trinken, **Türkis** oder **Variscit** tragen.

Weitere Steine: Ametrin, Disthen, Chiastolith, Larimar, Lepidolith, Selenit, Serpentin, Smaragd, Tigereisen, goldener Topas und Versteinertes Holz.

Alternative Anwendungen: Kurmäßig täglich 2 Teelöffel **Trinkgold** einnehmen.

Nesselsucht

Urtikaria

Eine angeborene oder erworbene veränderte, gesteigerte oder verminderte Reaktion der Haut oder Schleimhäute, auf bestimmte »normale« Reize.

Symptome können sofort und massiv oder erst später, teils erst nach einigen Tagen auftreten; mit heftigem Juckreiz und Prickeln, Hautrötung; Schwellung und Quaddeln auf der Haut, die sich unregelmäßig begrenzen, aber auch großflächig auf dem Körper ausbreiten können.

Ursachen: Folge einer Überempfindlichkeitsreaktion auf Nahrungsmittel, Pflanzen, Insektenstiche, Tierhaare, Medikamente oder chemische Stoffe und Sonnenstrahlen.

Ätherische Öle: 2-mal täglich 2–3 Tropfen **Lavendelöl,** alternativ Bergamottöl lokal auftragen.

Heilsteinanwendungen:

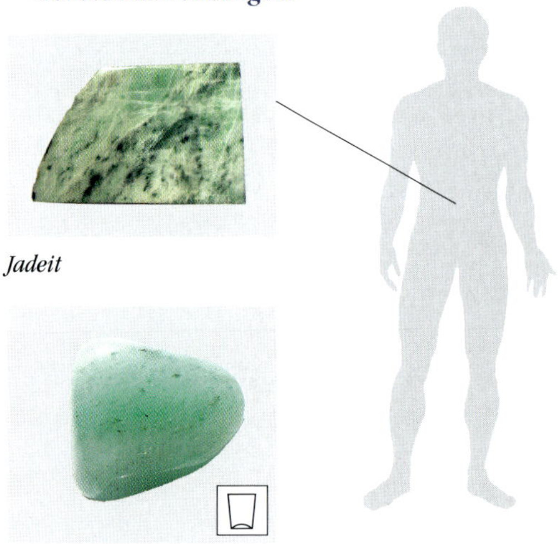

Jadeit

Aquamarin

Zur Senkung der Reaktionsbereitschaft, Histaminunterdrückung und Juckreizminderung **Jadeit, Aquamarin** und **Apophyllit** als Wasser trinken, alternativ Silberaugen-**Serpentin** tragen,
zur Linderung der Hautreizungen **Aventurin,** gelbbraunen **Jaspis** oder **Schalenblende** tragen,
zur Reduzierung von Überreaktionen des Immunsystems **Coelestin** oder versuchsweise **Schalenblende,** alternativ **Ägirin** aufkleben,

zur Abschwellung und Entzündungshemmung **Heliotrop, Chrysopras** oder **Lapislazuli** ohne Pyrit tragen,
zur Stärkung der Entgiftungsfunktion der Nieren **Jadeit** oder **Prehnit** tragen,
zur Stärkung der Ausscheidung über den Darm **Sardonyx, Schalenblende, Mookait** oder gelbbraunen **Jaspis** tragen.

Weitere Steine: Saphir und Sphärolithischer Chalcedon.

Alternative Anwendungen: Zur allgemeinen Linderung 2 Teelöffel **kolloidales Silber** einnehmen und äußerlich tropfenweise unverdünnt anwenden sowie **Kristallsalz**-Solevollbäder zur Entlastung des Bindegewebes einnehmen. Zur Verbesserung des Hautzustands täglich 2 Teelöffel **Kieselsäuregel** lokal auftragen.

Ergänzende Maßnahmen: Von Nutzen ist oft eine strenge, schweinefleischfreie Ernährung.

Neurodermitis

Eine zum Teil allergische, zum Teil stoffwechselbedingte und von der Veranlagung her vererbbare, in Schüben auftretende Erkrankung der Haut.

Symptome: Der Hautausschlag findet sich vor allem symmetrisch in den Armbeugen und Kniekehlen sowie im Nacken, Hals, Gesicht, an Hand- und Fußrücken. Die Haut ist gerötet, trocken, gespannt, leicht gedunsen mit einem unerträglichen Juckreiz, der in der Bettwärme noch schlimmer wird. Der unerträgliche Juckreiz zwingt zum Kratzen, wodurch der Ausschlag zu nässen beginnen kann und bei Verletzung der Haut auch blutet.

Merkmale: Haarverlust an den außen liegenden Rändern der Augenbrauen, auf Drucklinien bleiben weiße Linien erhalten, Vergröberung des Hautrasters vor allem an den Handrücken.

Häufig tritt die Neurodermitis im Wechsel mit Asthma auf.

Neurodermitis wird durch Ernährung, Seeaufenthalt und Reizklima verbessert.

Ätherische Öle: 2–3-mal täglich 1–2 Tropfen **Lavendelöl** und **Bergamottöl** zu gleichen Teilen, alternativ Teebaumöl lokal einreiben.

Öl-Stein-Einreibungen: Ideal ergänzt sich die lokale Einreibung von Lavendelöl mit Heliotrop.

Heilsteinanwendungen:
Zur Verbesserung des Hautzustands, zur Verbesserung der Widerstandskraft der Haut und zur Reizlinderung **Heliotrop** oder gelbbraunen **Jaspis** tragen oder bei Juckreiz sanft massieren,
zur Stärkung der Darmfunktionen und Entlastung der Ausscheidungsfunktion der Haut mit einem **Amethyst**-Drusenstück den Unterleib sanft ausstreichen und **Sardonyx** in der Hosentasche tragen,
zur anschließenden Entgiftung über die Nieren bei stabilem Hautzustand **Chrysopras** tragen und als Wasser trinken,
zur Entzündungshemmung und Juckreizminderung **Lapislazuli** möglichst ohne Einschlüsse von Pyrit oder **Chalcedon** als Anhänger oder Kette mehrere Wochen bis zur Abheilung tragen.

Heliotrop

Amethyst-Drusensegment

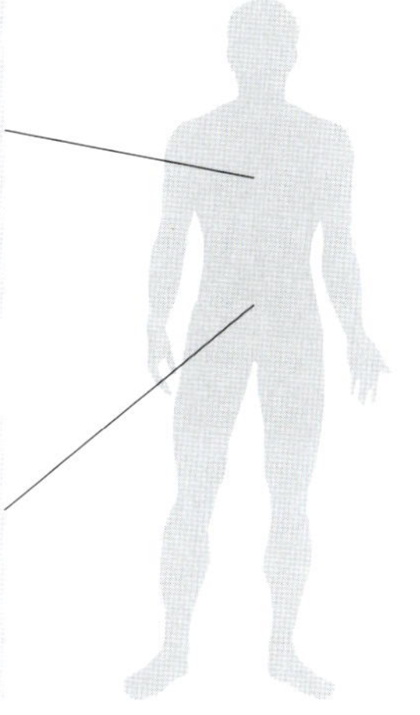

Weitere Steine: Antimonit, Aquamarin, Aventurin, Jadeit, Malachit, Mondstein, Rhodonit, Smaragd und Sphärolithischer Chalcedon.

Alternative Anwendungen: 2-mal täglich tropfenweise **kolloidales Silber** lokal auftragen, zur Entschlackung und besseren Wasserversorgung der oberen Hautschichten **Salzvollbäder** nehmen. Das über die Haut ausgeschiedene Gift mit **Salzsole** abwaschen.

Ergänzende Maßnahmen: Borretschsamenöl oder Schwarzkümmelöl mindestens 4 Wochen einnehmen und eventuell auftragen.

Nierenbeckenentzündung

Gomerulonephritis

Eine meist akute, bakterielle Entzündung des Nierenbeckens, die oft nach einer Blasenentzündung auftritt.

Symptome: Appetitlosigkeit, Unbehagen, Frösteln, Fieber und Schüttelfrost, Herpes labialis, heftige Kreuzschmerzen; Schmerzen oder ein Druckgefühl in der Nierengegend, die klopfempfindlich sind; trockene, belegte Zunge. Der Urin wird trübe und meist flockig. In schweren Fällen kann die Harnausscheidung immer mehr zurückgehen oder ganz aufhören. Das Gesicht ist morgens geschwollen, vor allem um die Augen.

Die chronisch verlaufende Form ist durch mildere Symptome mit vereinzelten Fieberanfällen und Schmerzen beim Wasserlassen gekennzeichnet.

Ursachen: Eine meist aufsteigende bakterielle Infektion, meist durch Colibakterien, Staphylokokken, Streptokokken, Gonnokokken, Mykobakterien oder Trichomonaden ausgelöst, die durch Kälte oder Harnstau begünstigt wird.

Ätherische Öle: 2-mal täglich 1 Tropfen **Wacholderöl** in den Unterleib, alternativ Lavendelöl einreiben.

Heilsteinanwendungen:

Fuchsit

Jadeit

Zur Entzündungshemmung **Fuchsit, Jadeit, Heliotrop,** alternativ **Serpentin** als Wasser trinken und lokal fixieren,
zur Stärkung der Nieren und Verbesserung ihrer Funktionen **Jadeit** oder **Prehnit** tragen,
zur Vorbeugung grünen **Jadeit, Chrysopras,** grünen **Granat,** alternativ **Serpentin** lokal aufkleben,
zur verstärkten Harnausscheidung **Peridot** oder blauen **Turmalin** als Wasser trinken,
zur Schmerzlinderung **Ägirin** oder **Labradorit** in der Kreuzgegend aufkleben.

Weitere Steine: Achat, Mookait und Rhodonit.

Alternative Anwendungen: 2-mal täglich 2 Teelöffel **kolloidales Silber** oder besser **kolloidales Gold** zur Reduktion der Entzündung einnehmen.

Nierensteine

Nephrolithiasis

Eine durch Steinbildung gekennzeichnete Erkrankung der Niere.

Symptome: Steine können von Reiskorngröße sein, sie können aber auch das ganze Nierenbecken ausfüllen; die Beschwerden sind von der Größe des Steins sowie dessen Sitz abhängig. Quälend-krampfartige Schmerzen, die in die Leistengegend oder Oberschenkelinnenseite ausstrahlen, mit Übelkeit, Erbrechen, Schweißausbrüchen, Schüttelfrost und Fieber, Blut im Harn.

Ursachen: Nierensteine entstehen durch das Auskristallisieren im Harn gelöster Stoffe.

Ätherische Öle: 2–3-mal täglich 1 Tropfen **Wacholderbeerenöl,** alternativ Eukalyptusöl, Fenchelöl, Lavendelöl, Rosmarinöl, Thymianöl oder Zypressenöl in den Unterbauch einreiben.

Heilsteinanwendungen:

Prehnit

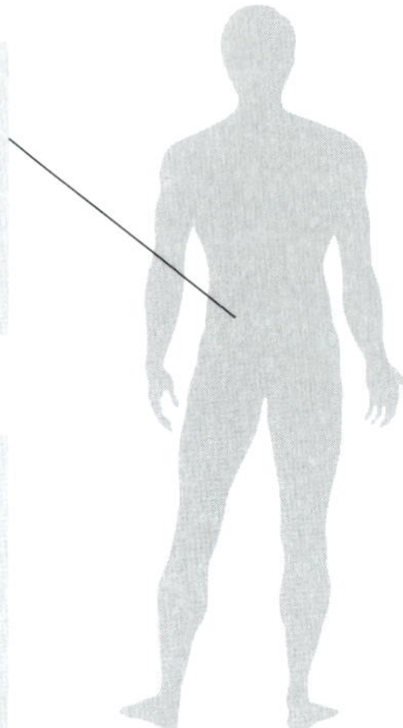

Biotit-Linse

Zur Beeinflussung der Grunderkrankung sowie zur Vorbeugung optimal **Prehnit** oder **Jadeit,** alternativ **Serpentin** lokal aufkleben,
zur Krampflösung **Biotit-Linse, Charoit** oder **Malachit** und zur Schmerzlinderung **Dumortierit** oder **Pyrit-Sonne** in der Hosentasche tragen,
zur Durchblutungsverbesserung **Rhodonit** oder **Mookait** zur sanften Massage verwenden oder grünen **Granat** tragen,
zum Auflösen und Austreiben der Steine **Jadeit, Diamant, Sphärolithischen Chalcedon** oder versuchsweise **Achat** mit Steinsignatur tragen oder als Wasser trinken,
zur Verbesserung und Glättung der Haut mit Ödemabbau **Anhydrit** tragen oder lokal auflegen,
zur Juckreizmilderung **Chalcedon, Serpentin** oder **Fuchsit** tragen oder als Wasser trinken.

Weitere Steine: Aventurin, grüner Granat und Turmalin.

Ohrgeräusche

Tinnitus aurium

Ein akutes und häufig nur kurzzeitig anhaltendes Phänomen mit störenden Ohrgeräuschen, die ohne äußere Schallquelle im Kopf empfunden werden.

Symptome: Rauschen, Pfeifen, Summen oder Klingen in einem oder beiden Ohren.

Chronisch ist Tinnitus, wenn die Ohrgeräusche über einen Zeitraum von mehr als 3 Monaten anhalten.

Komplikationen des chronischen Tinnitus sind psychische Folgeerscheinungen, die sich in Konzentrations- und Schlafstörungen, Depressionen und Ängsten äußern.

Ursachen: Hörbeeinträchtigungen, Lärmschäden, Morbus Ménière, Hörsturz, Probleme mit der Halswirbelsäule oder im Zahn-Kiefer-Bereich sowie Stress.

Ätherische Öle: Es liegen keine gesicherten Ölempfehlungen vor.

Heilsteinanwendungen:

Cavansit

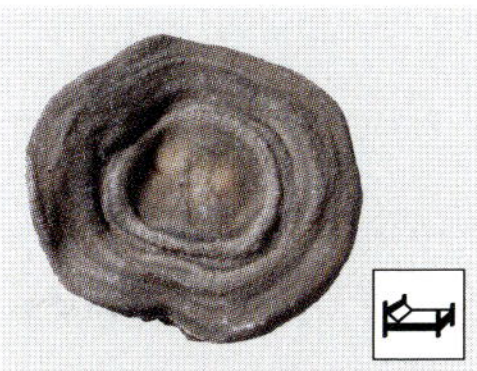

Chalcedon-Rosette

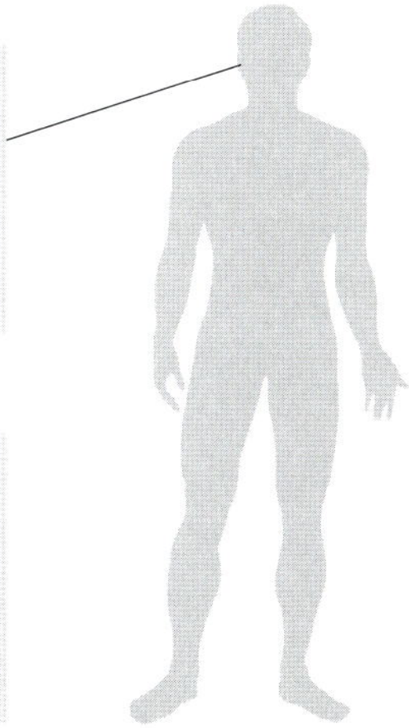

Zur Verbesserung der leichten Erkrankung nachts das Ohr auf eine **Chalcedon**-Rosette legen und **Sardonyx** tagsüber tragen,
in schweren Fällen 2-mal täglich ruhend 10 Minuten eine **Chalcedon**-Rosette auf jedes Ohr legen und **Sardonyx** tragen,
zur Hebung des Energieniveaus, wenn sich der Zustand mit obiger Anwendung nicht weiter verbessern lässt, **Cavansit** in einem Ohr fixieren, alternativ **Türkis** oder schwarzen Turmalin als Kristall ins Ohr mit einem Wattebausch stecken,
zur Durchblutungsverbesserung und Regeneration roten **Granat, Rhodonit, Cavansit** auflegen oder wenn möglich als Kette tragen,
zur Stärkung des Nierenorgans **Cavansit** und **Prehnit** tragen.

Weitere Steine: Sardonyx und Smaragd.

Operation

Ähnlich einer Schnittverletzung ist sie ein tiefer Gewebeeingriff mit einem scharfen Messer (Skalpell), wobei Haut, Bindegewebe, Nerven und Blutgefäße durchtrennt werden.

Größere Operationen müssen unter Narkose durchgeführt werden, wobei das Gehirn zumindest zeitweise vollständig ausgeschaltet wird. Kleinere Operationen werden unter einer lokalen Betäubung durchgeführt, wobei Medikamente zur Unterbrechung der Nervenübertragung gespritzt werden.

Ätherische Öle: Es gibt kaum eine Möglichkeit, eine OP mit Ölen vorzubereiten oder diese während einer Operation einzusetzen. Sinnvoll jedoch kann 1 Tropfen **Nelkenöl** lokal gegen Schmerzen und die Nachbehandlung der OP-Narbe und die Durchblutungsförderung des Gewebes um das OP-Feld mit **Lavendelöl** sein.

Heilsteinanwendungen:

Rhodonit

Obsidian

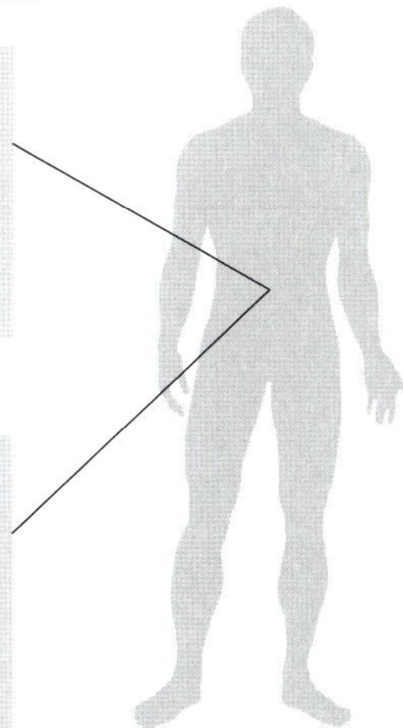

Zur Linderung der Sorgen vor einer Operation **Chrysopras** oder **Dumortierit** tragen,
gegen die Angst vor einer Operation **Sugilith** oder **Rhodonit** oder den viel selteneren, aber besseren **Richterit** tragen,
zur Linderung der Schmerzen nach einer Operation **Sugilith** lokal aufkleben,
zur Wundheilung nach einer Operation erst **Obsidian** auflegen, dann **Rhodonit** oder **Mookait** tragen,
zur Erholung und Kräftigung nach einer Operation **Unakit** tragen und **Dioptas** als Wasser trinken,
zur Schmerzlinderung nach einer Operation **Sugilith** aufkleben.

Orangenhaut

Cellulitis

Eine Veränderung der Beschaffenheit der Unterhautstruktur und des Unterhautfettgewebes.

Symptome: Unregelmäßige Einlagerungen von Fettdepots, die zu buckligen Unregelmäßigkeiten der Hautoberfläche mit orangenähnlichem Aussehen führen.

Ätherische Öle: 2-mal täglich 1–2 Tropfen **Wacholderöl,** alternativ Orangenöl oder Zitronenöl über etwa 6 Monate konsequent lokal einreiben.

Heilsteinanwendungen:

Lepidolith

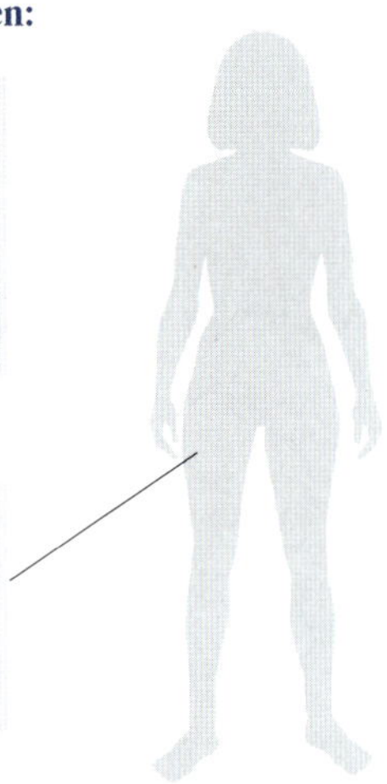

Amethyst-Drusenstück

Zur Bindegewebekräftigung **Lepidolith** tragen oder langfristig **Bergkristall** und **Rosenquarz** zusammen als Wasser trinken,
zur Hautregeneration **Sphärolithischen Chalcedon** tragen und mit einem **Amethyst**-Drusenstück ausstreichen, entschlackt auf energetischer Ebene,
zur Durchblutungsverbesserung und Gewebestraffung roten **Granat**, alternativ **Rhodochrosit** für Massagen verwenden,
zur Entgiftung über die Niere und Förderung der Wasserausscheidung **Peridot** oder blauen **Turmalin** als Wasser trinken,
zur Anregung des Lymphflusses **Chrysopras** oder blauen **Anden-Opal** tragen.

Weitere Steine: Girasol, Moosachat und Rhodonit.

Alternative Anwendungen: **Salzsole**-Vollbad nehmen und **Kieselsäuregel** auftragen.

Ergänzende Maßnahmen: Zeitweise Zufuhr basischer Mineralstoffe mit ausgewogener Ernährung und vermehrt trinken. Während der Zeit der Entgiftung keinen Sport treiben.

Pilzbefall

Mykosen

Ein Befall der feucht-warmen Hautpartien oder der Schleimhäute, unter anderem durch Candida-Hefepilze.

Symptome: Betroffen sind meist die Leistenbeugen oder Schleimhäute, verbunden mit einer Hautrötung sowie einem starken Juckreiz. Im Intimbereich der Frau macht sich ein Brennen mit Juckreiz in der Scheide bemerkbar. Die Schamlippen schwellen an und sind leicht gerötet. Der Ausfluss ist weißlich cremig.

Bei einer herabgesetzten Widerstandsfähigkeit können sich diese Pilze auch auf innere Schleimhäute etwa des Mundes, des Magens, des Darms und der Lunge festsetzen und schwere Krankheitsbilder hervorrufen.

Ursachen: Die Folge von Durchblutungsstörungen, Fehlernährung, Immunschwäche, Stoffwechselstörungen; Arzneimittelauswirkungen mit einer Pilzbesiedlung.

Vorsicht: Es gibt keine harmlosen Pilzinfektionen. Jede Pilzerkrankung muss intensiv behandelt werden, um ein Übergreifen auf andere Organe zu vermeiden. Die Behandlung von Pilzinfektionen muss lange genug durchgeführt werden. Mindestens jedoch noch drei Tage, nachdem alle äußeren Hauterscheinungen abgeklungen sind.

Ätherische Öle: Optimal 2–3-mal täglich 1–2 Tropfen **Lavendelöl,** alternativ Rosmarinöl, Zypressenöl lokal auftragen, bei Nagelpilz über mindestens 6 Monate auftragen.

Öl-Stein-Einreibungen: Ideal ergänzt sich die lokale Einreibung in das vom Pilz befallene Gebiet mit einer Mischung aus Lavendel-Rosmarinöl mit Rauchquarz.

Heilsteinanwendungen:

Rauchquarz

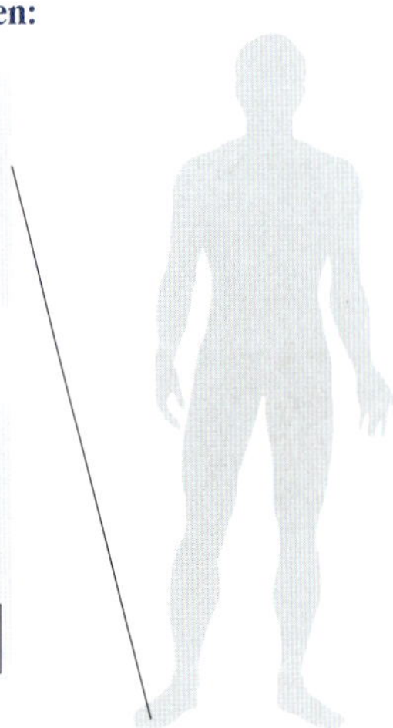

Chrysopras

Zur Immunstärkung **Rauchquarz** lokal fixieren,
bei Befall der Schleimhäute **Fluorit** innerlich als Wasser trinken,
bei Befall der Scheide als Zusatzmaßnahme **Rhodochrosit**, rosa **Chalcedon** als Rosette, alternativ **Achat** mit Signaturzeichen lokal auflegen oder im Slip tragen,
bei Befall der Fußnägel **Rauchquarz** lokal fixiert im Strumpf tragen.

zur Lymphflussanregung und Ausleitung **Chrysopras, Rauchquarz** oder **Fluorit** tragen und als Wasser trinken, zur Durchblutungsverbesserung **Rosenquarz**, roten **Granat** oder **Rhodonit** als Wasser trinken,
zur Vorbeugung oder begleitend mit Nierenstärkung **Jadeit** tragen, alternativ **Gagat** tragen.

Weitere Steine: Malachit und Sphärolithischer Chalcedon.

Alternative Anwendungen: Kolloidales Silber zur Pilzabtötung auch bei Nagelpilz und Reizlinderung einnehmen sowie häufig lokal auftragen.

Potenzstörungen

Impotentia

Unvermögen des Mannes, den Geschlechtsverkehr regelrecht und befriedigend zu vollziehen.

Symptome: Erektionsschwäche bis -unfähigkeit, verfrühter oder verzögerter Samenerguss, Ausbleiben der Befriedigung.

Ursachen: Psychisch durch Erwartungsspannung, Penisfehlbildung, Gefäßerkrankung und Durchblutungsstörung, hormonelle Fehlsteuerung bei Hypogonadismus, Nervenerkrankungen als Folge einer Zuckerkrankheit, Folge von Alkoholismus oder Morphinismus, Lähmungen, Medikamentennebenwirkungen.

Ätherische Öle: Es liegen, entgegen den vielen Buchbeschreibungen, bisher keine gesicherten und zuverlässigen Ölempfehlungen vor.

Heilsteinanwendungen:

Rubin

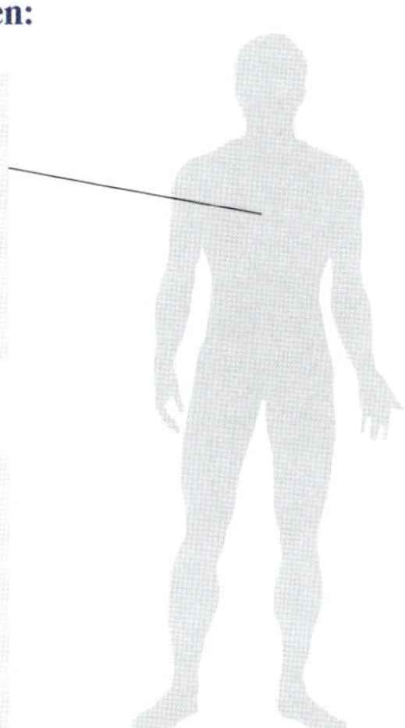

Purpurit

Zur Stärkung männlicher Kraft und Charaktereigenschaften **Rubin, Purpurit, Citrin** oder **Thulit** tragen,
zur Steigerung der sexuellen Leistungsfähigkeit und Ausdauer roten **Granat** und **Rubin** am Körper tragen,
zur Überwindung schmerzhafter oder traumatischer Erfahrungen **Rhodonit, Obsidian** oder **Malachit** tragen,
zur Linderung von Versagensangst und Unsicherheit **Rubin-Zoisit** oder **Thulit,** alternativ **Rhodonit** in der Hosentasche tragen,
zu Verhinderung von vorzeitigem Samenerguss **Rutilquarz, Granat,** versuchsweise **Antimonit** tragen,
Opal oder **Serpentin** helfen, sexuelle Befriedigung zu erfahren,
zur Überwindung von sexuellen Hemmungen wie auch zum Flirten und für Kontaktfreude **Feueropal, Rhodochrosit** oder **Thulit** tragen oder im Raum positionieren,
zur vertieften Entspannung und Steigerung sexueller Erlebnisfähigkeit **Serpentin** oder **Jadeit** am Körper tragen,
zur sinnlichen Anregung **Rosenquarz** oder **Obsidian** als großen Rohstein im Raum platzieren oder als Schmeichelstein tragen,
zur Unterstützung der männlichen Fruchtbarkeit **Rubin-Zoisit, Rosenquarz** oder **Thulit** tragen,
zur Stärkung der Potenz bei Energiemangel und großem Regenerationsbedarf **Rubin-Zoisit, Unakit** oder **Jadeit** tragen,
zur Klärung emotionaler Blockaden und Bedürfnisse **Malachit,** alternativ **Chrysokoll** in die Hand nehmen,
zur Erleichterung von Gesprächen **Chalcedon** oder **Kunzit** tragen; sie helfen, sich mit Vertrauten oder Fremden auf hohem Niveau auszutauschen; **Lapislazuli** für klärende Aussprachen, rosa **Chalcedon** für romantische Stunden – jeweils als Anhänger – tragen.

Weitere Steine: Sugilith.

Alternative Anwendungen: Trinkgold trinken.

Prellungen

Kontusion

Eine durch Einwirkung von stumpfer Gewalt, wie Fall, Schlag oder Stoß, auftretende schmerzhafte Verletzung, meist mit Bluterguss, aber ohne eine Gewebeverletzung.

Ätherische Öle: Optimal 2-mal täglich 2–3 Tropfen **Lavendelöl** lokal einreiben.

Öl-Stein-Einreibungen: Ideal ergänzt sich die Einreibung von Lavendelöl mit Obsidian.

Heilsteinanwendungen:

Als erste Hilfe **Obsidian,** anschließend **Rhodonit** auflegen,
zur Regeneration des Gewebes grünen **Granat** auflegen,
zur Schmerzlinderung **Amazonit** oder **Bergkristall,** sie wirken kühlend und abschwellend, oder **Rhodonit** aufkleben,

zur Rückbildung von Blutergüssen **Rhodonit** oder **Rhodochrosit** lokal fixieren.

Obsidian

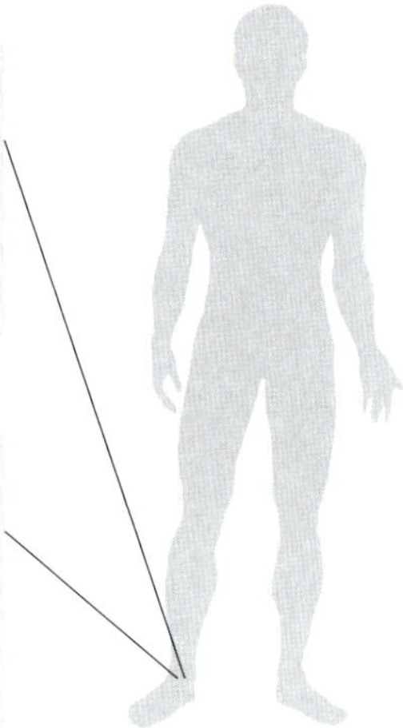

Amazonit

Weitere Steine: Amethyst und Karneol.

Prostatavergrößerung

Prostatahypertrophie

Eine meist nach dem 50. Lebensjahr bei Männern auftretende gutartige Wucherung der Vorsteherdrüse (Prostata), welche die Harnröhre abdrückt und dadurch zu Störungen beim Wasserlassen führt.

Symptome: Verzögerter Beginn des Wasserlassens, starker Harndrang (auch nachts) mit gleichzeitigem Abgang nur geringer Harnmengen; schwächer werdender Harnstrahl, wobei die vollständige Harnentleerung oft nicht mehr möglich ist; Schmerzen, Brennen und Ziehen beim Wasserlassen mit manchmal Blut im Urin. Die vollständige Harnentleerung ist oft schmerzhaft, und es kommt häufig zu einem ständigen Tröpfeln aus der Harnröhre.

Ätherische Öle: Es liegen keine gesicherten und zuverlässigen Ölempfehlungen vor.

Heilsteinanwendungen:

Zur Abschwellung der Prostata **Rubin-Zoisit, Versteinertes Holz** oder Achat tragen bzw. lokal aufkleben,
zur Schmerzmilderung **Magnesit,** konzentrischen **Achat** oder **Girasol** lokal aufkleben,
zur Stärkung der Vitalität roten **Granat, Jadeit** oder mehrfarbigen **Turmalin** in der Hosentasche tragen oder als Wasser trinken,
zur Stärkung des männlichen Selbstbewusstseins **Rubin-Zoisit** oder **Thulit** in der Hosentasche tragen oder über dem Schambein aufkleben,

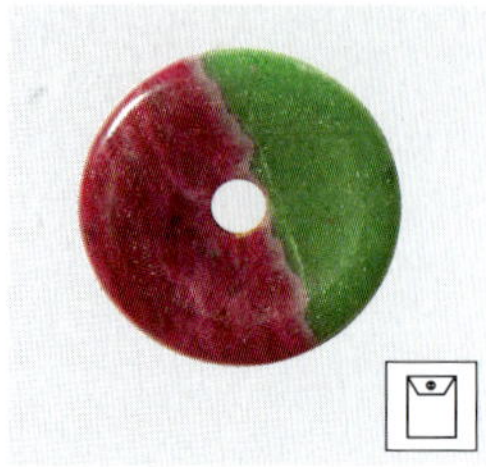

Rubin-Zoisit

Konzentrischer Achat

Weitere Steine: Versteinertes Holz, Sphärolithischer Chalcedon.

Rachen-Kehlkopfentzündung

Pharyngitis, Laryngitis

Eine akute oder chronische Entzündung der oberen Luftwege, meist als Begleiterscheinung einer Erkrankung.

Symptome: Entzündeter und geröteter Rachen, Hustenreiz mit trockenem, bellendem Husten mit einer pfeifenden Einatmung, mäßigem Fieber bis 38,5 Grad, Heiserkeit, die bis zur Stimmlosigkeit führen kann. Räusperzwang mit einem Kratzen im Hals oder einem Enge- oder Fremdkörpergefühl und Schmerzen beim Schlucken oder Sprechen, Kopfschmerzen und geschwollene Lymphknoten am Hals.

Ursachen: Meist durch eine bakterielle Streptokokken-, selten eine virale Infektion ausgelöst; kann auch durch das Einatmen von Chemikalien, Staub, Rauch oder Überanstrengung der Stimme ausgelöst werden. In seltenen Fällen können Masern, Röteln und Grippe ursächlich sein.

Ätherische Öle: 2-mal täglich 2–3 Tropfen **Fenchelöl** zum Gurgeln.

Heilsteinanwendungen:

Chalcedon

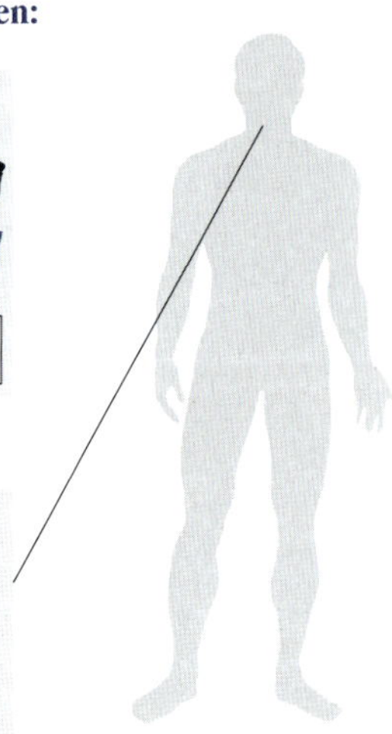

Lapislazuli

Zur Entzündungshemmung und Fiebersenkung **Heliotrop** oder **Lapislazuli,** alternativ bei Fremdkörpergefühl **Sphärolithischen Chalcedon** tragen oder lokal fixieren, zur Hustenreizlinderung **Chalcedon** oder **Moosachat** als Wasser trinken,
zur Schmerzlinderung **Rutilquarz** oder **Apophyllit** tragen,
zur Pflege der Stimmbänder **Disthen, Chalcedon** oder **Türkis** lokal fixieren oder **Disthen** als Wasser gurgeln.

Weitere Steine: Larimar.

Alternative Anwendungen: Mit **kolloidalem Silber** gurgeln.

Regeneration

Rekonvaleszenz

Die Wiederherstellung, Erneuerung oder Neubelebung von Zellen, Geweben oder Organen auf körperlicher Ebene sowie der geistigen Kraft, Vitalität und der Stimmungslage auf psychischer Ebene.

Ätherische Öle: 2–3 Tropfen einer Mischung aus **Bergamottöl, Muskatellersalbeiöl, Sandelholzöl** und **Zitronenöl** in der Aromalampe verdunsten.

Heilsteinanwendungen:

Granat

Unakit

Zur Regeneration nach großer körperlicher Anstrengung roten **Jaspis** tragen,
zur Regeneration nach schwerer Erkrankung **Unakit** oder **Rubin-Zoisit** tragen oder als Wasser einnehmen,
nach völliger körperlicher Auslaugung **Charoit** oder **Granat** tragen,
zur Regeneration nach langer geistiger Anstrengung **Fluorit** oder **Türkis** tragen,
zur Entgiftung und Entschlackung des Bindegewebes mit Ausscheidung der darin eingelagerten Stoffwechselprodukte **Chrysopras** oder **Unakit** tragen,
zur Stärkung der Leber und Anregung der Gallensäfte, um Gifte über den Darm auszuscheiden, **Peridot** und **Dioptas** tragen,
zur Zellerneuerung und allgemeinen Regeneration der Organe **Granat** oder **Amazonit,**
zur Vertiefung des Schlafs **Charoit** oder **Lepidolith** tragen,
zum Abschottung von außen kommender Energie **Lepidolith, Türkis** oder schwarzen **Turmalin** tragen.

Weitere Steine: Rauchquarz und Smaragd

Alternative Anwendungen: Kolloidales Gold oder **Trinkgold** in alkoholischer Lösung, alternativ das schwächer wirksame **kolloidale Silber** zur körperlichen und geistigen Regeneration trinken.

Reise- und Seekrankheiten

Kinetosen, Nausea

Eine vorübergehende Reaktion des Menschen auf ungewohnte, insbesondere schwankende oder drehende Bewegungsabläufe, vor allem auf Schiffen, durch monotones Rütteln in Automobilen oder Reisebussen, in der Eisenbahn, in Flugzeugen (das Gefühl, ohne Grund zu sein).

Ausgelöst werden die Symptome durch eine Reizung des Gleichgewichtssinns und des vegetativen Zentrums im Stammhirn, auch durch seelische Spannungen und Angst.

Leichte Form: Appetitlosigkeit, Übelkeit mit blasser Gesichtsfarbe, Kopfschmerzen, Müdigkeit, Antriebsarmut, Schweißausbrüche und Schwindelgefühl.

Schwerere Form: Übelkeit, oft mit Erbrechen, Appetitlosigkeit, ausgeprägte Müdigkeit, Antriebslosigkeit, oft mit Darmbeschwerden oder Durchfall.

Schwere Form: Subjektiv schweres Krankheitsgefühl, Appetitlosigkeit oder Übelkeit, oft mit starkem Erbrechen von Magensaft und Gallenflüssigkeit, Ekelgefühl gegenüber jeglichen Nahrungsmitteln, Koordinationsstörung, völlige Antriebslosigkeit.

Ätherische Öle: Bei Bedarf 2 Tropfen **Muskatellersalbei** einnehmen.

Heilsteinanwendungen:

Dumortierit

Rosa Moosachat

Zur Verbesserung der Übelkeit **Dumortierit** oder alternativ **Malachit** tragen,
bei Durchfall rosa **Moosachat** und **Gagat** tragen oder als Wasser trinken und den Unterleib mit einem hellen **Amethyst**-Drusenstück ausstreichen,

zur besseren Verträglichkeit von Busfahrten und Flügen **Biotit-Linsen,** alternativ **Türkis** in der Hosentasche tragen,
zur Förderung der geistigen Gelassenheit **Dumortierit** tragen,
zur Überwindung der Flugangst **Biotit-Linse** oder **Sugilith** tragen,
zur psychischen Stabilisierung, gegen unerwünschte Überraschungen und Missgeschicke **Türkis** oder **Aquamarin** tragen.

Weitere Steine: Aquamarin oder Chiastolith.

Alternative Anwendungen: Bei Übelkeit durch ungewohntes Essen und bei Durchfall **kolloidales Silber** einnehmen.

Reizdarm
Colon irritabile

Eine chronische Entzündung, die selten den gesamten Dickdarm, meist jedoch das Darmende befällt; sie kann plötzlich einsetzen oder jahrelang dauern. Es sind meist vieldeutige, stark wechselnde Beschwerden im Mittel- und Unterbauchbereich vorhanden, jedoch nur wenige »objektive« Nachweise.

Symptome: Der Beginn verläuft mit schleimigen Darmentleerungen, deren Folge Appetitlosigkeit, Gewichtsabnahme, Schwäche, oft auch Wadenkrämpfe sind. Meist ist eine psychische Komponente vorhanden, die verschlimmernd auf die Erkrankung wirkt.

Sie verläuft schubartig, wobei anfallsfreie Zeiten mit kolikartigen Schmerzanfällen abwechseln.

Ursachen: Bisher noch nicht auf organischer Grundlage feststellbar, häufig spielen psychische Belastungsfaktoren wie Angst oder Stress eine Rolle. Konstitutionelle Gegebenheiten können den Grundstein zum Leiden bilden. Auslöser können ebenso Schokolade, Milchprodukte, Alkohol oder Medikamente sein.

Ätherische Öle: 3-mal täglich 2 Tropfen **Ingweröl,** alternativ 2-mal täglich 2–3 Tropfen Anisöl oder Fenchelöl zur Einreibung in den Bauchbereich.

Heilsteinanwendungen:

Stromatolith

Dolomit

zur Entspannung und Entsäuerung **Dolomit, Chiastolith** oder **Diaspor** tragen,
zur Entkrampfung und Koliklösung **Malachit**, **Dumortierit** oder **Amazonit,** alternativ **Chalcedon** als Rosette aufkleben und **Magnesit** als Wasser trinken und mit einem dunklen **Amethyst**-Drusenstück ausstreichen,
zur Entzündungshemmung und Schmerzlinderung **Malachit** oder **Chrysokoll,** alternativ **Covellin** aufkleben,
zur Lösung der Stuhlverstopfung **Turmalin, Biotit-Linse** oder rosa **Moosachat** tragen und damit massieren,
zur Darmsanierung **Sardonyx**, **Stromatolith** oder **Mookait** tragen,
zur Schleimhautregeneration rosa **Moosachat** als Wasser trinken oder grünen **Granat** in der Hosentasche tragen,
zur Psychostabilisierung und Entspannung **Dumortierit, Malachit** oder **Biotit-Linse** tragen.

Weitere Steine: Achat mit Magen- oder Entzündungssignatur, gelber Jaspis oder Stromatolith.

Alternative Anwendungen: 2-mal täglich 2 Teelöffel **kolloidales Silber,** alternativ **Kieselsäuregel** oder 1 Teelöffel **Grüne Mineralerde** einnehmen.

Rheuma
Chronische Polyarthritis

Eine chronisch-entzündliche, systematische, oft in Schüben verlaufende Erkrankung des Binde-, Stütz- und Muskelgewebes mit Hauptmanifestation an Gelenkinnenhaut und Schleimbeutel.

Symptome: Neben unspezifischen Symptomen wie Appetitlosigkeit, Gewichtsverlust, leichter Ermüdbarkeit, allgemeiner Schwäche und eventuell leichtem Fieber die charakteristische Morgensteifigkeit. Das bedeutet, dass morgens nach dem Aufstehen die Gelenke für etwa 30 Minuten steif, kraftlos und nur schwer zu bewegen sind. Im weiteren Verlauf kann diese Morgensteifigkeit mehrere Stunden anhalten.

Es kommt zu Gelenkschmerzen, die zunächst nur bei Bewegung, später auch schon in Ruhe auftreten. Die Gelenke sind heiß, gerötet und angeschwollen. Es kommt zu Zerstörungen und Verkrüppelungen der Gelenke. In späteren Phasen der Erkrankung können neben den Gelenken auch fast alle inneren Organe mit Bindegewebe geschädigt werden.

Ursachen: noch ungeklärt. Eine erbliche Veranlagung zu entzündlichen Reaktionen gegen körpereigene Stoffe scheint eine Rolle zu spielen. Hinzu kommt die Wucherung der Gelenkhaut, die das Gelenk umschließt und Nerven und Gefäße enthält.

Ätherische Öle: 2-mal täglich 2 Tropfen **Eukalyptusöl** lokal einreiben und 2 Tropfen **Muskatellersalbeiöl** einnehmen, alternativ 2-mal täglich 2 Tropfen Pfefferminzöl, Rosmarinöl, Salbeiöl, Thymianöl, Wacholderöl oder Zimtrindenöl lokal einreiben.

Öl-Stein-Einreibungen: Ideal ergänzt sich die sanfte lokale Einreibung in das Schmerzgebiet mit einer Mischung aus Nelken-Rosmarin-Zimtöl mit Aragonit oder Fluorit.

Heilsteinanwendungen:

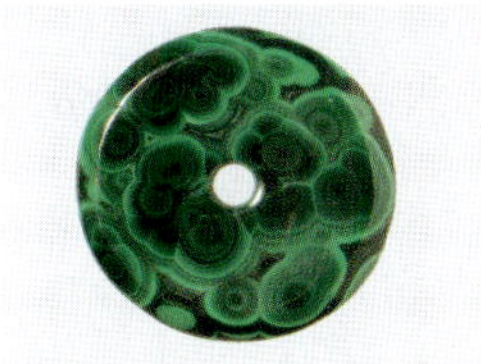

Malachit

Türkis

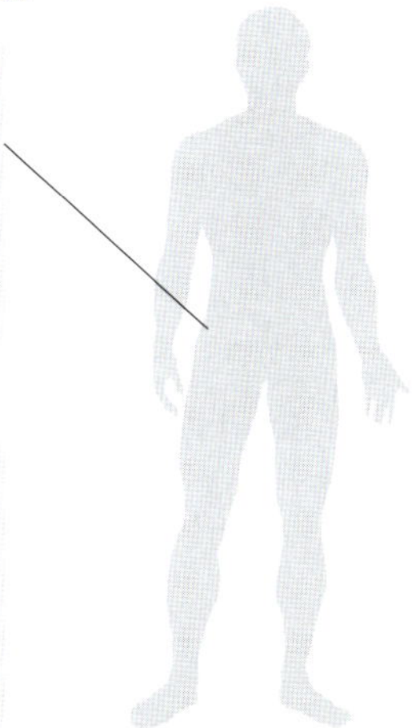

Zur Verkürzung des akuten rheumatischen Schubs **Malachit** lokal aufkleben und zusätzlich über längere Zeit zur Entsäuerung **Türkis** als Wasser trinken,
zur Verbesserung der Beweglichkeit **Aragonit** oder **Biotit-Linse** tragen und als Wasser trinken, zusätzlich **Bernstein** als Anhänger tragen,
zur Entzündungshemmung und Schmerzlinderung **Chiastolith, Labradorit** oder grünen **Granat** tragen,
bei Verschlechterung durch Wetterwechsel **Labradorit** oder **Versteinertes Holz** mit Signatur tragen,
zur Abwehrstärkung und Schlackenlösung **Smaragd, Malachit** oder **Chrysopras** als Wasser trinken,
zur Mobilisierung und Entsäuerung **Variscit** oder **Biotit**-Linse tragen,
zur Anregung des Stoffwechsels grünen **Granat,** grünen **Turmalin** oder **Variscit** tragen.

Weitere Steine: Gagat oder Rubin-Zoisit.

Alternative Anwendungen: Trinkgold einnehmen.

Röteln

Rubeola

Eine weit verbreitete akute, infektiös-fieberhafte, gutartig und leicht verlaufende Viruserkrankung im Kindesalter, die nicht medikamentös unterdrückt werden sollte.

Symptome: Beginn mit Grippe- und Augensymptomen, Husten, Anschwellen der Lymphdrüsen, dem ein masernähnlicher kleinfleckiger, rosaroter Hautausschlag folgt, der hinter dem Ohr beginnt und sich auf den ganzen Körper ausbreitet. Die einzelnen Flecken fließen nicht so stark zusammen. Weitere Symptome sind Lymphknotenschwellungen am Nacken und Hals sowie eine Milzschwellung mit leichtem, kurz andauerndem Fieber. Das Krankheitsgefühl ist selten ausgeprägt, der Ausschlag nach wenigen Tagen verschwunden.

Häufig ist nach Abklingen ein Entwicklungs- und Reifefortschritt des Kindes zu beobachten.

Ursachen: Eine Röteln-Virusinfektion mit einer Inkubationszeit von 14–21 Tagen.

Ätherische Öle: 2-mal täglich 2–3 Tropfen **Lavendelöl** lokal auftragen, alternativ Salbeiöl.

Heilsteinanwendungen:

Sphärolithischer Chalcedon

Chalcedon

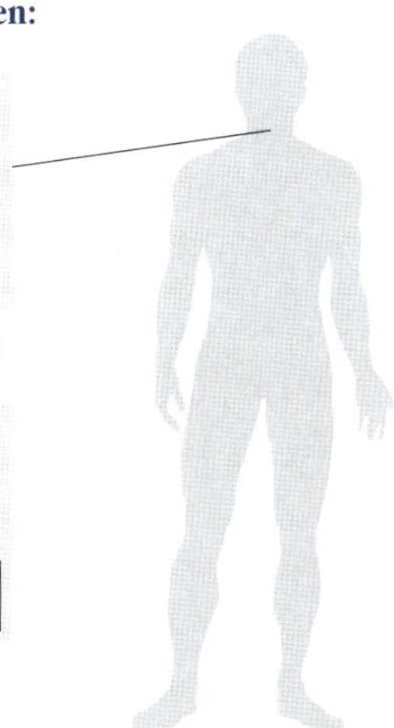

Zur Entzündungshemmung und Fiebersenkung **Sphärolithischen Chalcedon, Moosachat** oder **Heliotrop** als Kette tragen,
zur Schmerzlinderung bei Spannung der Haut **Chalcedon** oder bei Husten **Rutilquarz** oder **Apophyllit** tragen,
zur Hautregeneration mit **Rhodonit** ausstreichen, nach Abklingen mit **Rosenquarz** als Wasser pflegen,
zur Lymphflussanregung, Milzabschwellung **Chalcedon, Girasol** oder blauen **Anden-Opal** als Wasser trinken.

Weitere Steine: Achat, Citrin oder goldener Topas.

Alternative Anwendungen: Kolloidales Silber lokal auftragen, **Salzsole** als Wickel anlegen oder als Bad nehmen.

Rückenschmerzen

LWS-Syndrom

Ein meist chronisches Auftreten oft diffuser schmerzhafter Beschwerden im Bereich der Wirbelsäule.

Symptome: In der Anfangsphase treten häufig unspezifische Beschwerden auf, mit Morgensteifigkeit, Spannung oder Schwäche, die meist bagatellisiert oder durch Aktivität verdrängt werden. In späteren Stadien treten dann Symptome mit größerer Heftigkeit und längerer Erkrankungsdauer auf.

Ursachen: Überlastungsprobleme der Muskulatur und des Weichteilgewebes, statische Fehlhaltungen, chronische Verschleißprozesse, druckgereizte Nerven, Infektionserkrankungen, Tumorerkrankungen oder Gefäßleiden, psychische Belastungen sowie eine Schwangerschaft und Erkrankungen der Organe des Bauchraums (zum Beispiel Nieren, Dünn-/Dickdarm, Bauchspeicheldrüse).

Ätherische Öle: 2-mal täglich 2 Tropfen Nelkenöl, alternativ Rosmarinöl lokal einreiben.

Heilsteinanwendungen:

Ägirin

Aragonit

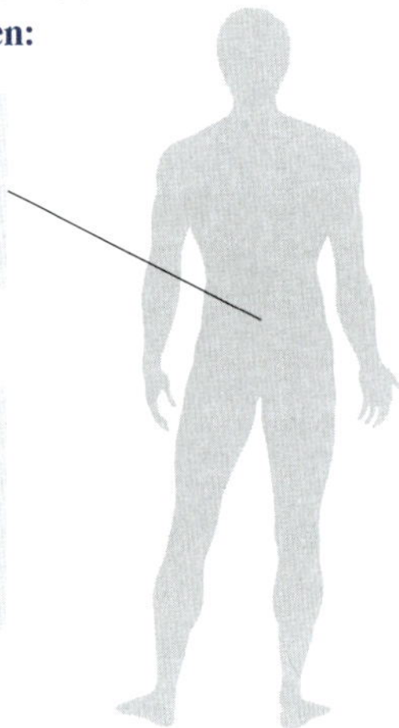

Zur Schmerzmilderung optimal **Ägirin,** schwarzer **Granat,** schwarzer **Turmalin, Rauchquarz, Kunzit** oder **Sugilith** lokal aufkleben,
zur Verbesserung der Beweglichkeit optimal **Ägirin** lokal fixieren, alternativ **Aragonit, Bernstein, Chiastolith** und **Kunzit** in der Hosentasche tragen,
zur Verbesserung der Belastbarkeit und Widerstandskraft **Bronzit, Rauchquarz** und **Granat** tragen,
zur Entsäuerung **Chiastolith, Türkis, Apatit** oder **Bernstein** tragen,
zur Stärkung der Blase blauen **Turmalin, Achat** mit Blasensignatur oder **Jadeit,** alternativ **Prehnit** tragen.

Weitere Steine: Gagat, Magnesit, Obsidian, Rubin, Selenit und Smaragd.

Scharlach

Scarlatina

Eine akute, sehr ansteckende gefährliche bakterielle Infektionskrankheit, die meist im Kindesalter auftritt.

Symptome: Plötzliches hohes Fieber über 39 Grad, Schüttelfrost, Kopf- und Halsschmerzen, Schluckbeschwerden und Erbrechen mit Appetitlosigkeit, Übelkeit. Die Zunge ist geschwollen dunkelrot, weiß belegt, die Mundschleimhaut gerötet, die Mandeln entzündet und mit einem gelblich weißen Belag überzogen. Der Hautausschlag ist scharlachrot und feinfleckig und tritt besonders in den Achselhöhlen, der Leistengegend, den Wangen und dem Kinn auf. Nach dem Fieberabfall beginnt die Abschuppung der Haut.

Komplikationen: Scharlach kann rheumatisches Fieber sowie Entzündungen der Herzinnenhaut, des Mittelohrs und der Nieren auslösen.

Ursachen: Eine bakterielle Streptokokkeninfektion mit einer Inkubationszeit von 1–7 Tagen.

Ätherische Öle: 2-mal täglich 2–3 Tropfen **Bergamottöl** und **Lavendelöl** zu gleichen Teilen lokal, alternativ Cajeputöl auftragen.

Heilsteinanwendungen:

Chrysokoll

Chalcedon

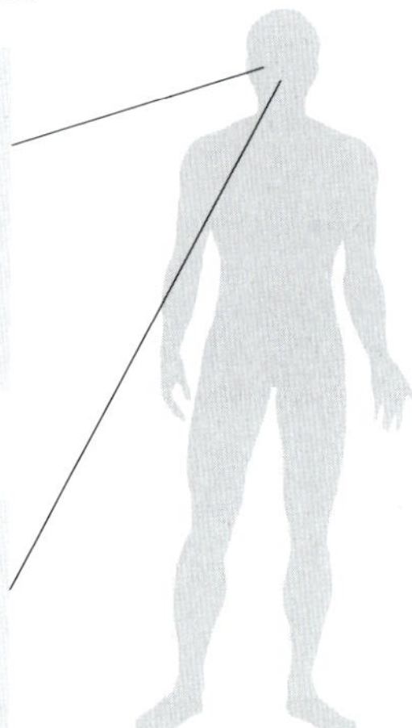

Zur Schmerzlinderung **Chrysokoll** oder **Sugilith** auflegen,
zur Abschwellung der Zunge und allgemeinen Kühlung **Chalcedon, Prasemquarz** oder **Amazonit** im Mund halten,
zur Entzündungshemmung, Fiebersenkung und Immunstärkung **Sphärolithischen Chalcedon, Mookait** oder **Moosachat** tragen,
zur Hautregeneration und Juckreizminderung **Rhodonit, Achat** oder **Aventurin** oder **Serpentin,** alternativ **Amazonit** auflegen.

Weitere Steine: Malachit.

Alternative Anwendungen: Kolloidales Silber einnehmen und gurgeln.

Schaufensterkrankheit

Arterielle Verschlusskrankheit

Eine Unterbrechung des sauerstoffreichen Blutstroms durch Verengung oder Abdrückung der arteriellen Blutgefäße mit stark unterschiedlichem Erscheinungsbild.

Symptome: Akut: Meist infolge einer Embolie mit plötzlich beginnenden heftigen Schmerzen, Erblassen und Kälte in den betroffenen Körperteilen, meist der Beine; oft mit Sensibilitätsverlust oder Lähmungserscheinungen verbunden.

Chronisch: Kann mit Schmerzen verbunden sein, aber auch vollkommen schmerzfrei verlaufen. Oft bleiben die Betroffenen zur Linderung der Schmerzen unvermittelt stehen – um nicht allzu sehr aufzufallen, schauen sie sich die Schaufenster an.

Ursachen: Durch einen gelösten Pfropf (Embolus), Gefäßwandveränderungen durch Ablagerung; Zusammendrückung von außen durch Tumore, Blutergüsse oder Knochenteile.

Ätherische Öle: 3-mal täglich 2–4 Tropfen **Rosmarinöl,** alternativ Kampferöl, Melissenöl und Zitronenöl lokal einreiben.

Heilsteinanwendungen:

Chalcedon

Koralle

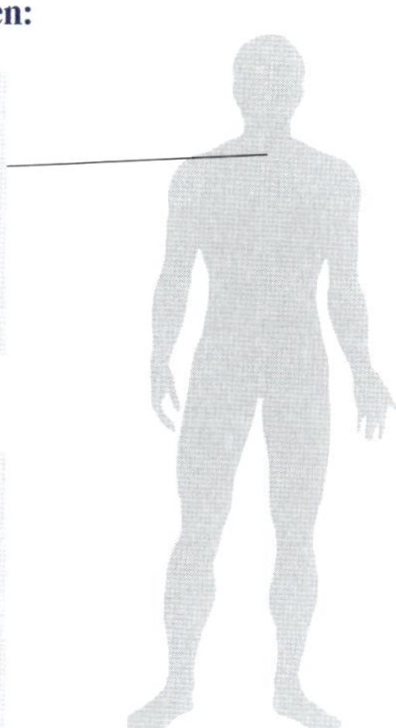

Zur Lymphflussverbesserung **Chalcedon** am besten als Kette tragen oder als Wasser trinken, alternativ **Chrysopras** tragen, mit zusätzlich entgiftender Wirkung,
zur Durchblutungsverbesserung und Stärkung der Blutgefäße rote **Koralle, Versteinertes Holz** oder **Rhodochrosit** als Wasser auftragen und einnehmen,
zur Vitalisierung der Blutgefäße **Versteinertes Holz,** zur Förderung der Umgebungskreisläufe **Rhodochrosit** oder rosa **Anden-Opal** als Wasser auftragen, sie wirken jedoch leicht blutdruckerhöhend,
zur Bindegewebsstärkung **Rosenquarz, Achat, Amazonit, Lepidolith, Bergkristall** oder **Variscit** auflegen,
zur Schmerzminderung **Charoit** oder **Sugilith** auflegen,
zur Entsäuerung **Diaspor** oder **Dolomit** als Wasser trinken.

Weitere Steine: Aventurin, Citrin, Chrysoberyll, Diamant, Dolomit, Heliotrop, Magnesit, Pyrit-Sonne, Rhodonit und Sonnenstein.

Schilddrüsenüberfunktion

Hyperthyreose

Eine gesteigerte Ausschüttung von Schilddrüsenhormonen als Erkrankung der Schilddrüse. Dies kann eine ungehemmte Produktion von Schilddrüsenhormonen in einzelnen Bezirken der Schilddrüse, bei der Basedow-Krankheit, in der Anfangsphase einer Schilddrüsenentzündung oder bei einem Schilddrüsentumor sein.

Symptome: Im Anfangsstadium innere Unruhe, nervöse Übererregbarkeit, schlechter Schlaf, Reizbarkeit, Leistungsschwäche, Hitzeempfindlichkeit und Schweißausbrüche, vegetabile Labilität, Angstgefühl, zittrige Hände. Das Spätstadium zeichnet sich aus durch Herzrasen, häufigen Stuhlgang und Durchfall, oft zeigen sich auch krampfartige Verstopfungen, Augenprobleme, Schilddrüsenschwellung, schwankender Blutdruck, feuchte und warme Hände. Häufig kommt es zu Gewichtsverlust, trotz erhöhtem Appetit.

Ursachen: Entzündung der Schilddrüse; nach Bestrahlung und bei Schilddrüsenadenom auftretend.

Ätherische Öle: Es liegen keine gesicherten Ölempfehlungen vor. 1–2 Tropfen **Muskatellersalbei** eingenommen, kann auf das Hormongeschehen positiv einwirken.

Heilsteinanwendungen:

Aquamarin

Mondstein

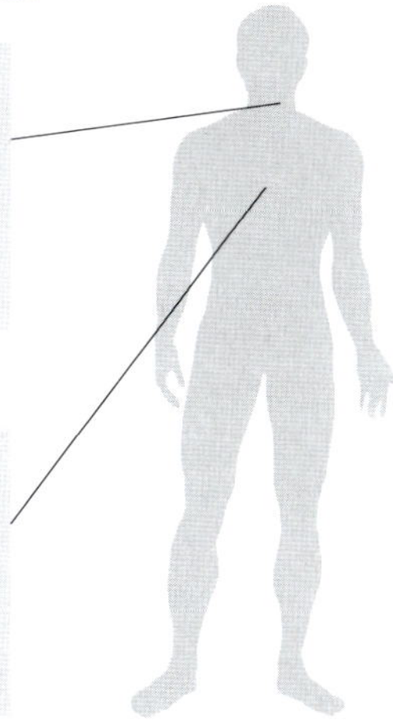

Zur Schilddrüsenregulierung **Aquamarin** oder **Lapislazuli** ohne Pyrit als Kette oder Anhänger tragen. Eventuell zusätzlich **Bergkristall** oder **Chalcedon** als Kette oder Anhänger tragen,
zur Hormonumstimmung **Mondstein** oder **Amazonit** mehrere Monate tragen,
zur Besserung der Begleiterscheinungen/Folgen wie Unruhe und Schwäche **Mookait** oder **Jadeit** tragen.

Weitere Steine: Kunzit und Topas.

Schilddrüsenunterfunktion

Hypothyreose

Eine Fehlfunktion der Schilddrüse, die sich durch eine Verminderung der Schilddrüsenhormonkonzentration im Blut äußert.

Symptome: Die primäre Schilddrüsenunterfunktion ist eine angeborene oder während der Schwangerschaft entstandene Funktionsstörung der Schilddrüse. Die sekundäre Schilddrüsenunterfunktion ist bedingt durch eine Störung im Bereich der Hypophyse. Bei später erworbenen Unterfunktionen sind die Symptome eher unspezifisch wie zum Beispiel Übergewicht, Müdigkeit, Antriebsarmut, Leistungsschwäche oder depressive Verstimmungen.

Ursachen: Angeboren, durch Jodfehlverwertung, nach Entzündung der Schilddrüse, Strahlentherapie, Medikamente und Hypophysenstörung.

Ätherische Öle: Es liegen keine sinnvollen und gesicherten Ölempfehlungen vor. 1–2 Tropfen **Muskatellersalbei** eingenommen, kann auf das Hormongeschehen positiv einwirken.

Heilsteinanwendungen:

Lapislazuli

Citrin

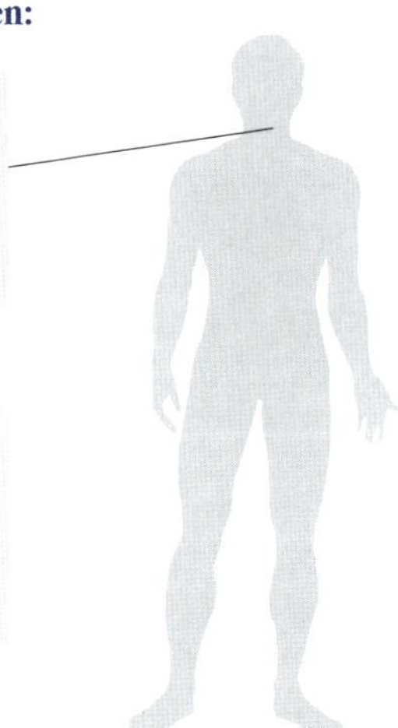

Zur Aktivierung der Schilddrüsenfunktion **Lapislazuli** mit Pyrit, alternativ **Aquamarin** als Kette tragen oder lokal fixieren,
zur Förderung der Aufnahme von Jod in die Schilddrüse **Bernstein** tragen,
zur Hormonumstimmung **Mondstein** mehrere Monate tragen,
zur Besserung der Folgen wie Müdigkeit oder Leistungsschwäche **Citrin** oder **Karneol** tragen.

Weitere Steine: Biotit-Linse, Chalcedon, Koralle, Kunzit, Sphärolithischer Chalcedon, Topas, Türkis und Zirkon.

Schlafstörungen

Insomnie, Agrypnie

Eine durch organische oder psychische Erkrankung bedingte oder durch eine Konfliktsituation ausgelöste Störung des Schlafs, als Ein- oder Durchschlafstörung.

Symptome: Entweder eine Behinderung des Einschlafens, der Verringerung der nächtlichen Schlaftiefe oder das vorzeitige Erwachen am Morgen.

Ursachen: Kaffee- und Tabakmissbrauch, Lärmbelastung, Schmerzen, Blutarmut, Sorgen sowie andere psychische Belastungen und Angstzustände, körperliche Erkrankungen wie Atembeschwerden, Entzündungen, Husten oder Juckreiz, Tumore, Nervenerkrankungen, Wechseljahrsbeschwerden sowie Zeitumstellungen und häufiges Wasserlassen bei Herz- oder Nierenerkrankungen.

Ätherische Öle: 2 Tropfen **Lavendelöl** abends auf das Kopfkissen auftropfen. Nicht höher dosieren, da dadurch längerfristig Kopfschmerzen ausgelöst werden können.

Öl-Stein-Einreibungen: Ideal ergänzt sich die abendliche Brusteinreibung von Lavendelöl mit Rosenquarz.

Heilsteinanwendungen:

Zur Förderung von tiefem und erholsamem Schlaf **Charoit, Selenit** oder schwarzen **Turmalin** mit ins Bett nehmen,
zur Verlängerung und Vertiefung des Schlafs bei zu frühem Erwachen harmonisch gebänderten **Achat** oder **Rosenquarz** unters Kopfkissen legen,
zur Verbesserung der Schlafqualität bei regelmäßig wenigen Stunden Schlaf **Lapislazuli** entweder tagsüber tragen oder nachts mit ins Bett nehmen,
zur Erholung bei chronischem Schlafmangel **Purpurit** oder bei Störungen von außen **Lepidolith** oder **Bronzit** tragen,
zur Beruhigung bei nervöser Ursache und Ängstlichkeit **Coelestin, Selenit, Labradorit, Chrysopras** oder **Türkis** tagsüber tragen,
zur Beruhigung und zum Abschalten vor dem Schlafengehen **Apophyllit** oder **Lepidolith,** bei Sorgen **Aventurin** tragen,
zur bewussten Verarbeitung des Tages bei Einschlafschwierigkeiten durch Grübeln **Amethyst** etwa 3 Wochen tagsüber tragen, anschließend **Chalcedon** zur Beruhigung tagsüber tragen,

zur Abgrenzung bei energetischen Störungen optimal **Halit,** schwarzen **Turmalin** als Kristall oder **Obsidian** um das Bett legen.

Charoit

Lapislazuli

Weitere Steine: Biotit-Linse, Dumortierit, Saphir, Smaragd und Topas.

Ergänzende Maßnahmen: Reduktion von Elektrosmog im Wohn- und Schlafraum. Radiästhetische oder baubiologische Untersuchungen sind meist sinnvoll, um eine negative Strahlenbeeinflussung zu erkennen.

Schlaganfall

Apoplexia cerebri

Ein plötzlicher Ausfall eines Teils des Gehirns; kann sich durch Lähmungserscheinung oder Sinnes- und Sprachstörung äußern.

Symptome: Je nach betroffener Hirnregion können auftreten: Leichte Fälle mit kaum feststellbaren Symptomen, die sich innerhalb weniger Tage zurückbilden; schwerste Fälle können mit Halbseitenlähmungen bis zur völligen Bewusstlosigkeit mit Koma ablaufen.

Ist das Großhirn betroffen, kann die Muskelkoordination, die Sprach-, Rechen-, Schreib- und Lesefähigkeit sowie die Sehfähigkeit durch Gesichtsfeldausfälle oder Doppelsehen gestört sein.

Folgende drei Gruppen von Symptomen werden dabei unterschieden:

1. Lähmungen der rechten Gesichtshälfte, des rechten Arms oder Beins, die Unfähigkeit zu sprechen, zu schreiben, zu lesen oder gar Sprache zu verstehen.

2. Lähmungen der linken Gesichtshälfte, des linken Arms oder Beins, mit dem Verlust des Raumbewusstseins einschließlich des Bewusstseins von der linken Hälfte des eigenen Körpers.

3. Schwierigkeiten beim Schlucken und Sprechen sowie leichte Gliederschwäche.

Ist das Kleinhirn betroffen, kommt es zu Kopfschmerzen, Koordinations- und Gangstörungen.

Ist das Stammhirn betroffen, kommt es zu Drehschwindel, Sehstörungen, Schluckstörungen und zu Ausfällen durch die Hirnnerven.

Ursachen: Kann durch eine Einblutung nach einem Riss eines Hirngefäßes, einem Verschluss, einer Verengung eines Hirngefäßes oder eines raumbeengenden Tumors ausgelöst sein.

Ätherische Öle: Es liegen keine sinnvollen und gesicherten Ölempfehlungen vor. Mit verschiedenen ätherischen Ölen der Zitrusfamilie kann jedoch über den Duft die Sinnesregeneration und über die Einreibung die Durchblutung verbessert werden.

Heilsteinanwendungen:

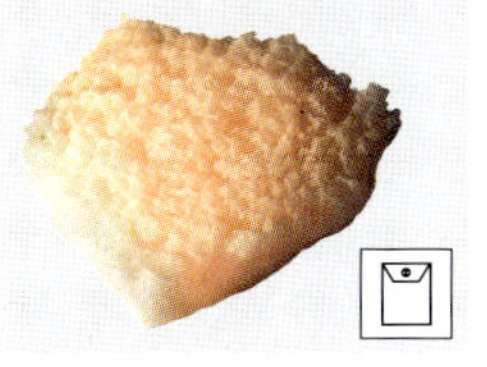

Strontianit

Magnesit-Knolle

Zur Entkrampfung bei Spasmen **Strontianit** tragen oder **Magnesit** als Wasser trinken,
zur Verbesserung des Zitterns **Strontianit** oder **Coelestin** tragen,
zur Schmerzmilderung **Sugilith** bei generalisierten Schmerzen, **Kunzit** bei lokal betroffenen Gebieten tragen
zur Linderung der Blasenstörung **Rubin-Zoisit, Aquamarin, Kunzit** oder **Achat** mit Blasensignatur tragen oder auf den Unterleib fixieren,
zur Minderung der Stuhlgangstörung **Sardonyx, Kunzit** oder **Achat** tragen,
zur Besserung der Sensibilitätsstörungen **Strontianit, Turmalin, Kunzit** oder **Sugilith** tragen,
zur Blutverdünnung **Rhodochrosit,** rosa **Chalcedon** und rosa **Anden-Opal** tragen oder als Wasser trinken,
bei Sprachschwierigkeiten, zur Verbesserung des Sprachflusses und des Sprachinhalts **Diamant, Chrysoberyll, Kunzit, Malachit** oder **Chalcedon** tragen oder als Wasser trinken.

Weitere Steine: Baryt, Coelestin, Granat, Heliotrop, Lapislazuli, Karneol, Rhodochrosit, Rhodonit und Tansanit.

Schmerzsyndrom

Dolor

Eines der häufigsten Symptome einer Krankheit oder einer Schädigung. Schmerz führt vielfach eine normale Warn- und Schutzfunktion aus.

Symptome: Ein Schmerz kann brennend, drückend, dumpf, klopfend sein.

Ursachen: Schmerz entsteht, wenn mechanische, thermische, chemische oder elektrische Reize einen gewissen Schwellenwert überschreiten und dadurch meist zu einer Gewebeschädigung mit Freisetzung von Schmerzstoffen führt. Der Schmerz lässt sich nach seinem Entstehungsort in somatischen (zum Beispiel Haut, Muskeln, Gelenke) und viszeralen (Eingeweide) Schmerz einteilen.

Der chronische Schmerz tritt entweder in Form des Dauerschmerzes oder des ständig wiederkehrenden Schmerzes auf. Sie können im Laufe der Zeit gegenüber der zugrunde liegenden Störung ganz in den Vordergrund treten und damit ein eigenständiges Krankheitssyndrom bilden.

Ätherische Öle: Nur bei peripheren Schmerzen optimal 2-mal täglich 2–3 Tropfen **Nelkenöl** lokal einreiben.

Heilsteinanwendungen:

Sugilith

Zirkon

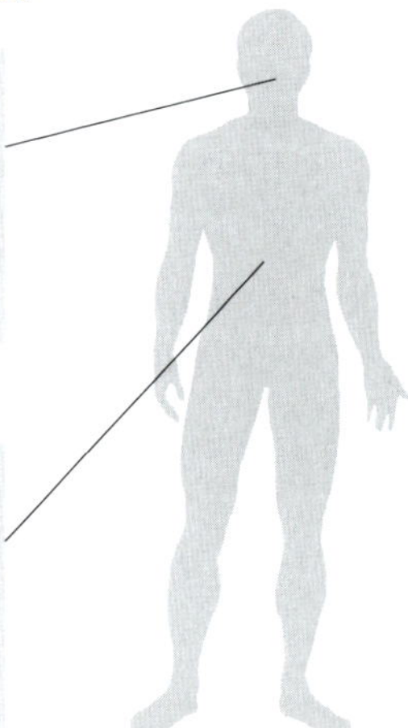

Zur Milderung unerträglicher Schmerzen **Zirkon, Sugilith** oder **Kunzit** tragen,
bei krampfartigen Schmerzen **Dumortierit** halbtags oder **Zirkon** stundenweise tragen,
zur Verbesserung der Schmerztoleranz **Amethyst**, **Rauchquarz** oder schwarzen **Granat** tragen,
bei Schmerzen im Bauchraum und Unterleib **Malachit** auflegen, **Dumortierit** aufkleben oder mit dunklem **Amethyst** ausstreichen,
bei Schmerzen der Extremitäten und Gelenke **Pyrit-Sonne, Versteinertes Holz** oder **Biotit-Linse** auflegen oder lokal fixieren,
zur Beeinflussung der Grunderkrankung bei organischen Schmerzen **Rhodonit** oder **Achat** tragen,
bei Phantomschmerzen **Ägirin, Bergkristall** oder **Rauchquarz** zum Auflegen, ein **Amethyst**-Drusenstück zum Ausstreichen bis ins nicht mehr vorhandene Organ.
zur Reduktion der Krampfbereitschaft **Magnesit, Dolomit** oder **Serpentin** als Wasser trinken,
zur Durchblutungsverbesserung **Rosenquarz, Karneol** oder **Granat** tragen sowie **Rhodonit** zur Massage einsetzen,
zur Stärkung der Grundvitalität des Körpers **Citrin, Jadeit, Magnetit** oder **Tigereisen** tragen.

Weitere Steine: Obsidian und Richterit.

Ergänzende Maßnahmen: Täglich mehrere Liter Wasser trinken.

Schnitt- und Schürfwunden

Schnitt: Eine Einwirkung scharfkantiger Gegenstände, wie zum Beispiel Messer oder Scheren, auf die Haut mit deren Verletzung. Die Wundränder sind glatt, die Wunde klafft häufig auseinander und blutet stark. Es kommt nur selten zu Wundinfektionen.

Schürf: Eine Verletzung der oberflächlichen Hautschicht durch eine seitliche Gewalteinwirkung auf die Haut.

Symptome: Meist nur schwache Blutung, jedoch mit Austritt von Gewebsflüssigkeit aus der Wundfläche und starkem Wundschmerz. Bei tieferen Schürfwunden kann es zu punktförmigem Austritt von Blut kommen.

Ätherische Öle: Bei Bedarf 2 Tropfen **Lavendelöl** in die offene Wunde tropfen.

Heilsteinanwendungen:

Obsidian

Rhodonit

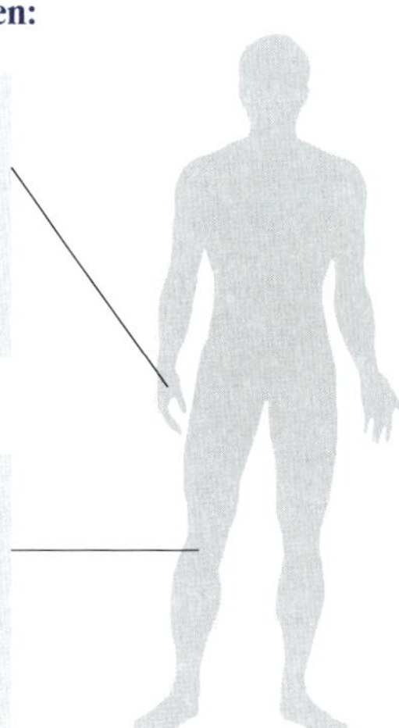

Zur ersten Hilfe und zur sofortigen Wundstillung schnellstmöglich optimal **Obsidian** nach Möglichkeit in, ansonsten auf die Verletzung, alternativ **Rhodonit** oder **Mookait** auflegen,
bei Schreck oder Schock **Obsidian** oder **Rhodonit** auf die Stirne legen, in der Hand halten oder tragen,

zur Beschleunigung der Wundheilung und bei andauernden Schmerzen **Rhodonit,** alternativ **Jadeit** auflegen.

Weitere Steine: Jaspis.

Alternative Anwendungen: Kolloidales Silber gegen eitrige Entzündung in die Wunde tropfen; bei kleineren Wunden **Kieselsäuregel** auftragen.

Schuppenflechte

Psoriasis

Eine gutartige, jedoch hartnäckige, nicht ansteckende, chronisch-entzündliche Hauterkrankung, die in verschiedenen Formen und Schweregraden auftritt. Sie wird immer wieder von akuten Schüben angefacht.

Symptome: Entzündliche, scharf abgegrenzte Wundstellen, auch mit landkartenähnlichen Mustern, vor allem an Knie, Ellenbogen und behaartem Kopf, die von feinen, wachsartigen silberhellen Schuppen oder harten, oft großflächigen Hautplatten bedeckt sind, aber zu keinem Haarausfall führen. Nach deren Ablösen treten feine Blutstropfen aus.

Ursachen sind noch nicht vollständig bekannt. Schuppenflechte scheint durch eine Störung der eigenen T-Zellen hervorgerufen zu sein, mit einer vererbten Veranlagung.

Ätherische Öle: Optimal 2-mal täglich 2–3 Tropfen **Lavendelöl,** alternativ 2-mal täglich 1–2 Tropfen Weihrauchöl lokal auftragen.

Heilsteinanwendungen:

Antimonit

Lepidolith

Als optimaler Stein bei Schuppenflechte erweist sich **Antimonit** – als Wasser schluckweise über den Tag verteilt trinken und die Haut damit abreiben,
zur Juckreizmilderung **Lapislazuli, Lepidolith, Chalcedon** und **Aventurin** tragen,
zur Schuppenminderung **Aventurin, Achat, Fuchsit** oder **Lepidolith** als Wasser auftragen, optimal der selten erhältliche **Schlangenhaut-Achat.**
zur Wundheilung optimal **Rhodonit** oder **Obsidian** als Kette tragen,
zur Hautregeneration **Rhodonit** oder **Jadeit** als Wasser trinken und auftragen,
zur Aufdeckung seelischer Hintergründe und wichtiger Bedürfnisse Malachit, Pyrit-Sonne, Lapislazuli mit viel Pyrit, Rhodonit oder Saphir als Anhänger tragen,
für das emotionale Wohlbefinden **Bernstein, Achat** und **Mookait** tragen.

Weitere Steine: Amethyst.

Alternative Anwendungen: Kolloidales Silber zur Hautpflege in allen Stadien auftragen, **Salzsole**-Vollbäder nehmen und lokale **Salzwickel** auflegen, **Kieselsäuregel** zur Juckreizminderung und Hautregeneration lokal auftragen.

Schuppung

Desquamatio

Eine chronische Störung der Kopfhaut, durch eine verstärkte Ablösung der plättchenförmigen Hornzellen der Oberhaut.

Ursachen: Folge einer zu trockenen Haut; Ende einer Infektionserkrankung mit Hauterscheinungen, Überproduktion der Talgdrüsen.

Ätherische Öle: 2-mal täglich 2–3 Tropfen **Lavendelöl** und **Muskatellersalbeiöl** im Wechsel lokal auftragen oder einreiben.

Öl-Stein-Einreibungen: Ideal ergänzt sich die Einreibung von Lavendelöl mit Aventurin.

Heilsteinanwendungen:

Aventurin

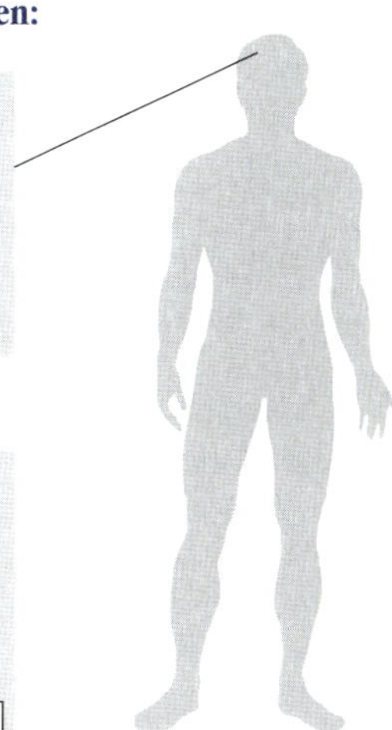

Antimonit

Zur Reduktion der Schuppenbildung **Aventurin** als Wasser in die Kopfhaut einmassieren oder **Antimonit** in der Hosentasche tragen und in schweren Fällen als Wasser in die Kopfhaut einmassieren,
zum Schutz der Unterhaut **Lepidolith** oder **Fuchsit** tragen und als Wasser auftragen.

Weitere Steine: Achat, Amethyst, Jadeit, Mookait und Prehnit.

Alternative Anwendungen: **Kolloidales Silber** zur Juckreizminderung bei Bedarf auftragen.

Schüttellähmung

Morbus Parkinson

Eine degenerative fortschreitende Erkrankung des Gehirns, bei der der Nervenüberträgerstoff Dopamin nicht mehr gebildet wird.

Symptome: Zuerst Zittern in Händen, Armen, Beinen. Die Händen zittern ständig und ohne erkennbaren Anlass. Die Bewegungsabläufe verlangsamen sich, mit vermindertem Minenspiel, das bis zur starren Maske werden kann; die Stimme wird leiser, die Feinmotorik immer schlechter, das Schriftbild immer kleiner, der Gang langsamer, kleinschrittig bis zu Trippelschritten. Im späteren Stadium kann der Patient nicht mehr gehen und sitzt stundenlang ohne jede Regung, bewegungsverharrend oft mit geöffnetem Mund.

Die Hände zittern immer stärker; hört jedoch auf, wenn eine Bewegung durchgeführt wird. Das Gesicht wird salbig, die Sprache stark verlangsamt, wenn auch bei normal erhaltener geistiger Wendigkeit. Dadurch kommt es meist zu einer depressiven, aber reizbaren Verstimmung.

Ursachen: Nicht sicher bekannt.

Ätherische Öle: Es liegen keine sinnvollen und gesicherten Ölempfehlungen vor. Auf einzelne Symptome kann jedoch mit ätherischen Ölen Einfluss genommen werden.

Heilsteinanwendungen:

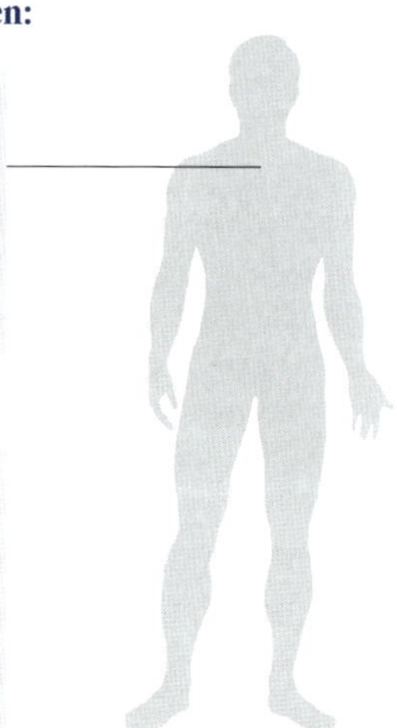

Turmalin

Strontianit

Zur Verminderung des Zitterns **Strontianit** oder **Kunzit** tragen,

zur Besserung der Beweglichkeit **Turmalin, Tansanit** oder versuchsweise **Richterit** als Anhänger tragen,

zur Überwindung der mimischen Starre und zur Teilnahme am Leben **Malachit, Rhodonit, Obsidian** oder **Turmalin** tragen,

zur Verbesserung depressiver Stimmung und gegen das Gefühl der Isolation **Tansanit** oder **Turmalin** tragen.

Weitere Steine: Chrysoberyll, Diamant, Lapislazuli, Larimar und Smaragd.

Schwangerschaftsbeschwerden

Schwangerschaft ist die Zeitspanne zwischen der Einnistung der befruchteten Eizelle in die Gebärmutter – mit der biologischen Entwicklung des Fötus zum Kind – und der Geburt. Während dieser Zeit unterliegt der Körper einer Reihe hormoneller Umstellungen und einer Gewichtszunahme.

Etwa jede zweite Frau leidet in den ersten Schwangerschaftsmonaten an einer mehr oder weniger starken Übelkeit, teilweise mit Erbrechen. Häufig treten die Beschwerden morgens nach dem Aufstehen am stärksten auf.

In der Regel kommt es im vierten Schwangerschaftsmonat zu einer spontanen Besserung. Nur in seltenen Fällen leiden schwangere Frauen unter sehr starkem Erbrechen mit hohen Flüssigkeitsverlusten und Gewichtsreduktion.

Ätherische Öle: In der Schwangerschaft sollte auf die meisten ätherischen Öle verzichtet werden, da viele Öle ungünstig in die Schwangerschaft eingreifen können. Nur **Fenchelöl**, Anisöl, Lavendelöl, Rosenholzöl und Sandelöl können niedrig dosiert sinnvoll angewendet werden.

Öle, von deren Gebrauch grundsätzlich abzuraten ist: Eukalyptusöl, Kampferbaumöl, Pfefferminzöl, Rosmarinöl, Salbeiöl, Thymianöl und Zedernholzöl.

Heilsteinanwendungen:

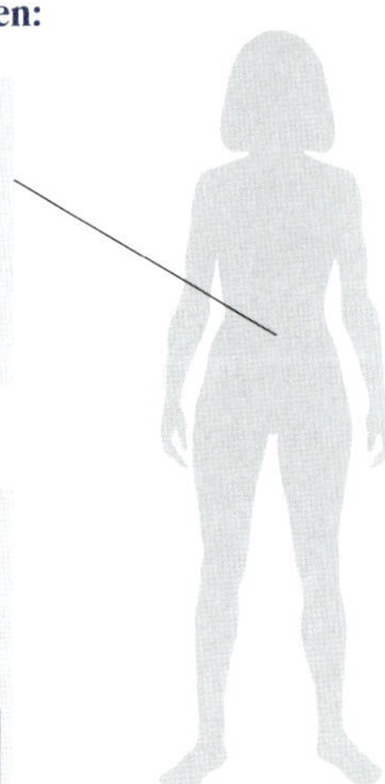

Jadeit

Achat

Gegen Übelkeit und Erbrechen **Dumortierit** oder **Malachit** tragen,
bei Wassereinlagerungen in die Beine **Chalcedon,** blauen **Turmalin** oder **Prehnit** tragen,
bei Blähungen **Moosachat** tragen,
bei unwillkürlichem Harnabgang durch Druck auf den Schließmuskel **Rubin-Zoisit** tragen,
bei Blutverlust und Eisenmangel **Magnetit** oder **Tigereisen** tragen,
bei Heißhungerattacken roten **Chalcedon** tragen,
bei massiver Gewichtszunahme **Malachit** tragen, in Verbindung mit auftretenden Gelenkschmerzen **Aragonit** oder **Versteinertes Holz** tragen oder **Pyrit-Sonne** auflegen,
zur Bindegewebsstärkung und Elastizitätsverbesserung **Achat** oder **Bergkristall** tragen,
zur Verminderung der venösen Stauung, zum Schutz der Venenklappen und gegen Krampfaderbildung **Koralle,** alternativ **Rubin-Zoisit** tragen,
zum Schutz des Fötus **Achat,** wenn möglich mit Wassereinschluss, **Bernstein, Malachit** oder **Jadeit** tragen; sinnvoll wäre es, das für das zukünftige Baby ausgesuchte **Bernstein**-Kettchen während der Spätschwangerschaft bereits selbst zu tragen, um es energetisch zu prägen,
zur Verhinderung einer Frühgeburt **Achat,** möglichst mit Wassereinschluss, oder **Jadeit** tragen,
bei Problemen der Hormonumstellung **Mondstein** oder roten **Granat** tragen,
gegen Stimmungsschwankungen und Ängste **Chrysokoll, Kunzit, Anden-Opal** oder **Bernstein** tragen.

Weitere Steine: Hämatit, Kunzit, Prehnit, Rhodochrosit.

Steine, von deren Gebrauch abzuraten ist: Astrophyllit, Biotit-Linse, Zirkon.

Alternative Anwendungen: **Kieselsäuregel** einnehmen.

Schwerhörigkeit, Taubheit

Hypakusis

Eine Minderung bis Fehlen des normalen Hörvermögens bzw. des Auseinanderhaltens verschiedener durcheinander sprechender Stimmen.

Ursachen: Verlegung des äußeren Gehörgangs, zum Beispiel durch Ohrenschmalzpfropf, Mittelohrerkrankung oder Erkrankungen des inneren Ohrs; Folge einer Infektionserkrankung; zu lange Lärmbelastung, Funktionseinschränkung der Höhrfähigkeit im Alter.

Ätherische Öle: Es liegen keine sinnvollen und gesicherten Ölempfehlungen vor. Zur Behandlung der seelischen Folgen einer empfundenen sozialen Isolation 3-mal täglich 1–2 Tropfen **Muskatellersalbei** einnehmen.

Heilsteinanwendungen:

Sardonyx

Chalcedon-Rosetten

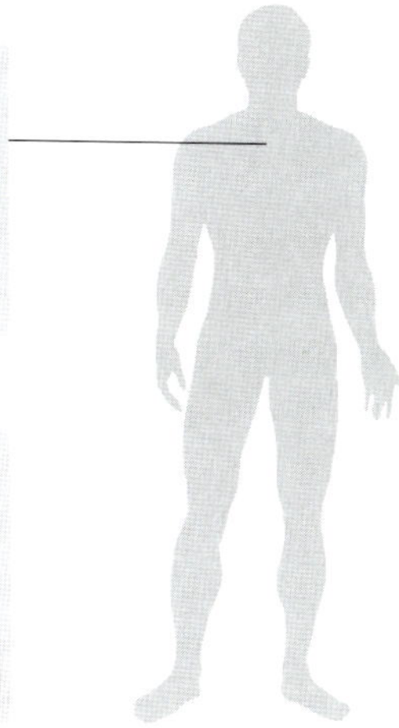

Zur Hörverbesserung mit dem Ohr auf einer **Chalcedon**-Rosette schlafen und **Sardonyx** als Anhänger tragen; in schweren Fällen 2-mal täglich (ruhend, 10 Minuten) eine **Chalcedon**-Rosette auf jedes Ohr legen und **Sardonyx** tragen, bei Bedarf zusätzlich **Cavansit** tragen,
zur Verbesserung des Gehörs nach Infektionen oder Entzündungen **Heliotrop** im Ohr fixieren,
zur Durchblutungsverbesserung roten **Granat** auflegen,
zur Stärkung des Nierenmeridians **Jadeit,** alternativ **Smaragd** auf die Nierengebiete der betroffenen Seite aufkleben.

Weitere Steine: Ametrin.

Schwindel

Vertigo, Morbus Ménière

Eine Gleichgewichtsstörung infolge einer fehlenden Übereinstimmung von Tiefensensibilitätsempfindungen und optischen Empfindungen.

Symptome: Das unangenehme Gefühl, dass sich der Kopf oder die Gegenstände der Umgebung drehen, obwohl man sich nicht bewegt; oft mit Gleichgewichtsstörungen und Schwerhörigkeit, Augenzittern, Angst, Erbrechen, Übelkeit, Schweißausbrüchen und Herzrasen.

Morbus Ménière ist ein akutes Auftreten von Drehschwindel: Plötzliches starkes Schwindelgefühl, das von Minuten bis Stunden dauern kann, mit Erbrechen, Schwerhörigkeit und Geräuschen im betroffenen Ohr, Augenzittern.

Ursachen: Folge von Kopfverletzungen, Störungen im Kleinhirn, Hirnnervenstörungen, Bluthochdruck; Verschluss von Blutgefäßen, die zum Gehirn führen; Alkohol- oder Drogenkonsum, Vergiftungen, oft bei Ohrenerkrankungen, bei Schiffsreisen; auch psychisch bedingt, häufig vollkommen unbekannte Ursache.

Ätherische Öle: Es liegen keine sinnvollen und sicheren Ölempfehlungen vor.

Heilsteinanwendungen:

Zirkon

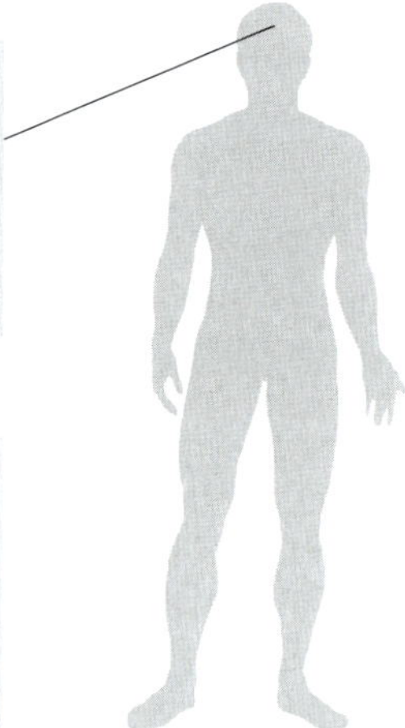

Weißer Topas

Zur Verbesserung des Schwindelgefühls **Zirkon** auf die Stirne auflegen,
zur Verbesserung des Gleichgewichts **Zirkon** oder **Turmalin** als Kette tragen,
zur besseren Orientierung im Raum **Lapislazuli, Topas** und **Turmalin** tragen,
zur Stärkung des Nierenmeridians **Jadeit,** alternativ **Smaragd** auf die Nierengebiete der betroffenen Seite aufkleben.

Weitere Steine: Achat, Bergkristall, Lapislazuli, Sardonyx, Versteinertes Holz und Zirkon.

Alternative Anwendungen: Bei niedrigem Blutdruck einen Prise **Salz** zu sich nehmen.

Sehnenscheidenentzündung

Tendovaginitis

Eine schmerzhafte Entzündung der umhüllenden Scheiden der Sehnen des Handgelenks oder Ellenbogens.

Symptome: Starke Schmerzen im Bereich des betroffenen Gelenks, selten auch ohne Schwellung; Fieber kann auftreten.

Ursachen: Akute oder chronische Fehl- oder Überbelastung des Handgelenks, auch Folge einer rheumatischen Erkrankung oder eines Infekts.

Ätherische Öle: Optimal 3-mal täglich 1 Tropfen **Nelkenöl** lokal in den schmerzenden Bereich einreiben.

Heilsteinanwendungen:

Kunzit

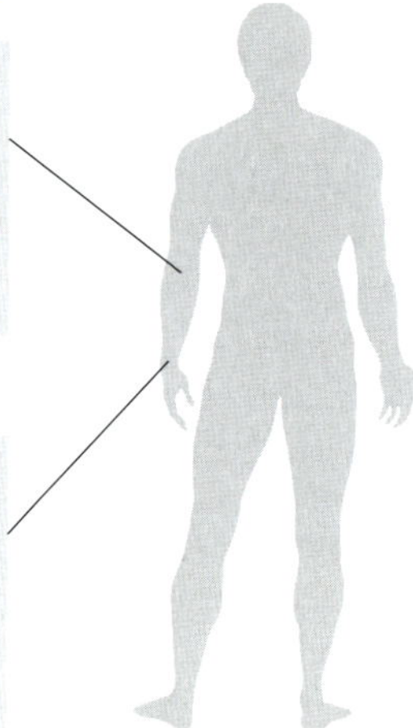

Amazonit

Zur Entzündungshemmung **Kunzit, Ägirin** oder **Achat** mit Entzündungssignatur auflegen,
bei trockener Entzündung durch chronische Belastung **Amazonit** als Tikra um das Handgelenk oder grünen **Turmalin** tragen,
zur Regeneration der Sehnen **Chrysokoll** oder **Fluorit** tragen,
bei infektiöser Entzündung mit Fieber **Heliotrop** tragen oder als Wasser trinken,
bei einer chronischen Entzündung **Smaragd** oder **Sphärolithischen Chalcedon** tragen,
im Zusammenhang mit einer rheumatischen Erkrankung **Smaragd** oder grünen **Turmalin** tragen oder als Wasser trinken.

Weitere Steine: Apatit.

Sodbrennen

Pyrosis, Refluxösophagitis

Ein durch Rückfluss von saurem Mageninhalt in die Speiseröhre ausgelöster Schmerz hinter dem Brustbein.

Symptome: Brennendes Schmerzgefühl in der Brustmitte oberhalb der Magengrube und entlang der Speiseröhre; Druckgefühl hinter dem Brustbein, das in den Hals, den Rachen oder sogar in das Gesicht ausstrahlen kann; meist nach den Mahlzeiten (durch Überfüllung oder Übersäuerung des Magens) und häufig beim Bücken oder Liegen.

Besteht Rückfluss von Magensaft, kommt saures Aufstoßen nach der Nahrungsaufnahme hinzu mit der Empfindung eines sauren Geschmacks. Wiederholt können Blutungen auftreten.

Bei längerem Bestehen kann die Schleimhaut sich geschwürig verändern und schließlich unter Narbenbildung verengen.

Ursachen: Oft Folge einer Übersäuerung des Magens, eines Zwerchfellbruchs, einer Magenschleimhautentzündung; Verdauungsstörungen, Magen- oder Zwölffingerdarmgeschwür, übermäßiger Alkohol- oder Speisengenuss.

Ätherische Öle: Es liegen keine sinnvollen und sicheren Ölempfehlungen vor.

Heilsteinanwendungen:

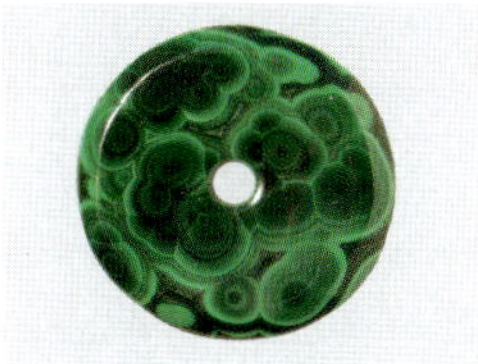

Malachit

Türkis

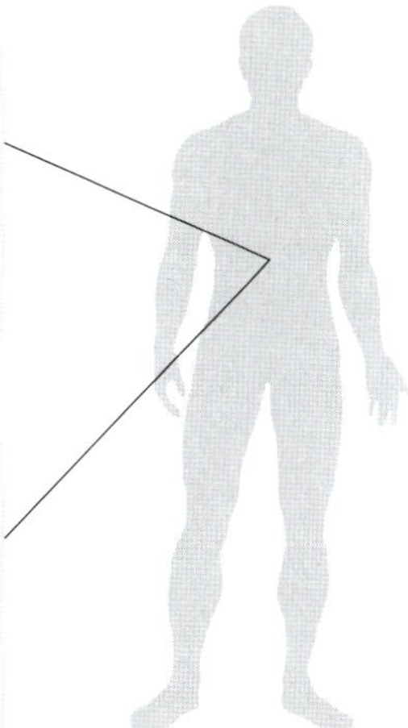

Zur raschen Linderung **Diaspor**, alternativ **Malachit** zusammen mit **Türkis** auf die Magengegend legen, bei Bedarf zusätzlich als Wasser trinken.

Weitere Steine: Dolomit und Magnesit.

Alternative Anwendungen: **Kieselsäuregel** oder **Heilerde** einnehmen.

Sonnenbrand

Dermatitis solaris

Eine akute schmerzhafte Entzündung der Haut nach einer zu starken Sonnenlichteinwirkung.

Symptome: Leichter Sonnenbrand: Etwa 1–24 Stunden nach der Sonnenbestrahlung tritt eine Rötung der Haut mit mäßigem Brennen und Jucken auf, das etwa 3–4 Tagen dauert.

Schwerer Sonnenbrand: Beginnt mit einer schmerzhaften Rötung, starkem Brennen, oft mit zusätzlicher schmerzhafter Blasenbildung mit anschließender Hautablösung; verbunden je nach Stärke mit allgemeinem Unwohlsein, Fieber, Übelkeit, Kopfschmerz und Kreislaufkollaps.

Ursachen: Folge einer zu starken ultravioletthaltigen Sonnenlichteinwirkung auf die ungeschützte Haut.

Ätherische Öle: Optimal 2-mal täglich 2–3 Tropfen **Lavendelöl** auftragen oder einreiben.

Öl-Stein-Einreibungen: Ideal ergänzt sich die Einreibung von Lavendelöl mit Bergkristall.

Heilsteinanwendungen:

Rauchquarz

Prasemquarz

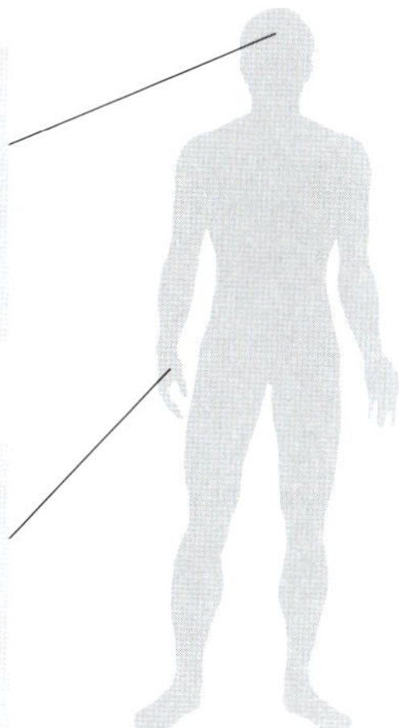

Zur Schmerzmilderung **Rauchquarz** oder **Bergkristall** als Ministeinchen in einem Leinensäckchen feucht auflegen; **Prasemquarz,** alternativ **Aventurin** in der Hand halten und baldmöglichst als Wasser auftragen,
zur Linderung der Hautreizung und Förderung der Hautregeneration **Aquamarin, Aventurin, Amazonit** oder **Rauchquarz** tragen,
zur Förderung des Lymphflusses **Chalcedon** oder **Girasol** tragen und als Wasser auftragen,
zur Linderung des Juckreizes **Aventurin** oder **Schalenblende** auflegen,
zur Vorbeugung und nach dem Sonnenbrand **Prasemquarz** tragen.

Weitere Steine: Amethyst, Ametrin und Fluorit.

Alternative Anwendungen: **Kolloidales Silber** oder **Kieselsäuregel** auftragen.

Sonnenstich

Heliosis

Ein schweres Krankheitsbild, das durch eine Reizung der Gehirnhaut durch eine zu lange direkte und starke Sonneneinstrahlung auf den ungeschützten Kopf entsteht.

Symptome sind hochroter, heißer Kopf, kühle Haut mit Blässe, Kopfschmerzen, Unruhe, Schwindel, Übelkeit auch mit Erbrechen und Kollaps, hohes Fieber und Schüttelfrost.

Ursachen: Folge einer zu starken ultravioletthaltigen Sonnenlichteinwirkung.

Ätherische Öle: Es liegen keine sinnvollen und gesicherten Ölempfehlungen vor. Symptomatisch kann auf die verbrannte Haut 2 Tropfen **Lavendelöl** lokal aufgetragen werden.

Heilsteinanwendungen:

Fuchsit

Prasemquarz

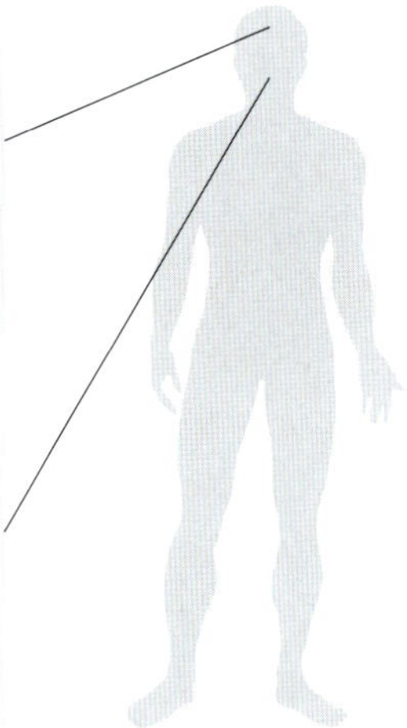

Zur Schmerzmilderung, Verhinderung von Strahlenschäden und gegen Benommenheit optimal **Prasemquarz**, alternativ **Fuchsit** oder **Aventurin** auf den Kopf legen; wenn keine Gefahr der Bewusstlosigkeit besteht, im Mund halten, bei auftretender Übelkeit **Citrin** oder **Dumortierit** auf die Stirn legen.

Weitere Steine: Bergkristall, Chrysokoll, Halit, Rauchquarz, Rhodonit und Turmalin.

Alternative Anwendungen: **Kolloidales Silber** einnehmen, **Kieselsäuregel** zur Magenberuhigung einnehmen.

Ergänzende Maßnahmen: Kühlung verschaffen, viel Wasser trinken, Kopf hoch lagern.

Sprachstörungen

Stottern ist eine Störung des Redeflusses durch Hemmungen und mehrfaches Wiederholen von Lauten, Silben oder Worten.

Ursachen: Anstrengung, Stress und Konfliktsituationen, aber auch Freude verstärken das Stottern; Ausgeglichenheit, Entspannung und eine innere Stabilität verbessern es.

Ätherische Öle: Es liegen keine sinnvollen und gesicherten Ölempfehlungen vor.

Heilsteinanwendungen:

Zum Stressabbau **Dumortierit**, **Disthen** oder **Chiastolith** tragen,
zur Verknüpfung der Gehirnhemisphären **Chrysoberyll**, **Disthen** oder **Chiastolith** tragen,
für die Stimmbänder und Verbesserung der Lautbildung **Disthen**, **Chalcedon**, **Sardonyx** oder **Lapislazuli** tragen oder als Wasser trinken,
zur Erhöhung der Grundspannung und Erdung des Stimmsitzes **Rubin** oder **Türkis**, alternativ **Thulit** tragen,
zur Klärung der Gedankenwelt und Vermittlung von Festigkeit sowie zur Sammlung **Bergkristall**, **Saphir** oder **Sardonyx** tragen,
zur Lösung krampfartiger Redehemmungen **Dumortierit** oder **Chalcedon** tragen.

Chalcedon

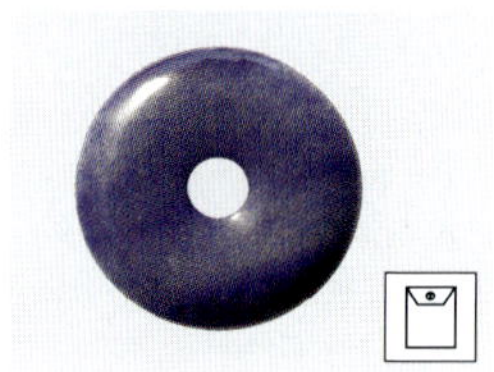

Dumortierit

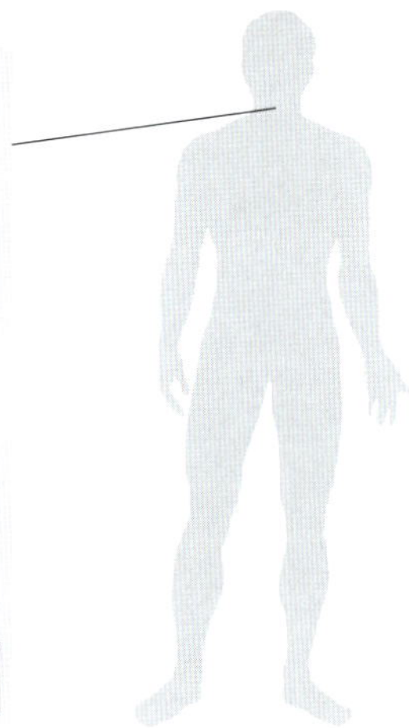

Weitere Steine: goldener Topas, Turmalin.

Stimmverlust

Aphonie

Eine funktionelle oder psychogene Störung der Sprechorgane, die als Stimmverlust, Stimmlosigkeit oder gar bis zur dauernden Stummheit auftreten kann.

Ursachen: Entzündung der Stimmbänder, der Luftröhre oder des Rachens; Folge einer Überanstrengung der Stimmbänder bei Rednern.

Ätherische Öle: Optimal 2-mal täglich 2–3 Tropfen **Fenchelöl** zum Gurgeln und Einnehmen.

Heilsteinanwendungen:

Zur Stimmwiederherstellung im akuten Fall optimal **Lapislazuli**, alternativ **Sodalith** oder **Chalcedon** lokal fixieren,
bei chronischer Heiserkeit **Sodalith** oder **Disthen** zur Glättung der Stimmbänder als Anhänger oder Kette tragen,
zur Vorbeugung und Nachversorgung **Chalcedon** oder **Türkis** als Kette tragen.

Lapislazuli

Chalcedon

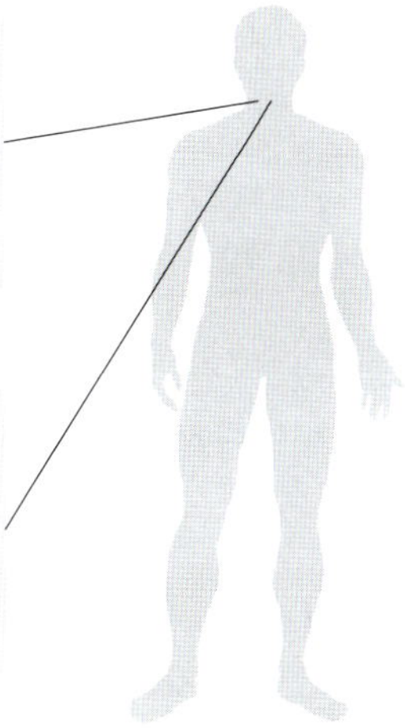

Weitere Steine: Aquamarin, Chrysoberyll, Larimar und Lepidolith.

Stuhlverstopfung

Obstipation

Ein verlängertes Verweilen des Stuhls im Darm mit seltener, verminderter und meist schwieriger Entleerung. Die Häufigkeit des Stuhlgangs bei gesunden Menschen liegt zwischen dreimal die Woche und zweimal am Tag.

Ursachen: Zur akuten Verstopfung kommt es häufig durch Bewegungsmangel, Ernährungsumstellung bei längeren Reisen oder Bettlägrigkeit, Darmverschluss, Tumoren oder Verwachsungen, Darmausstülpungen, Medikamenten und bei Hämorrhoiden.

Für die chronische Verstopfung sind eine ballaststoffarme Ernährung, Störungen des Nervensystems oder der Darmmuskulatur, Medikamente oder Hormone verantwortlich.

Ätherische Öle: 2-mal täglich 2–3 Tropfen **Anisöl,** alternativ Fenchelöl einnehmen oder in den Bauch einreiben.

Heilsteinanwendungen:

Zur Aktivierung der Darmtätigkeit und zur verstärkten Sekretabsonderung rosa **Moosachat** oder **Mookait** aufkleben, zur Massage verwenden und als Wasser trinken,

zur Verdauungsanregung nach stopfenden oder ungewohnten Lebensmitteln schwarzen **Turmalin** zum Massieren nehmen, dabei der Lage des Dickdarms folgen, oder auf der linken Bauchseite Steinspitze nach unten aufkleben,

bei chronischer Verstopfung rosa **Moosachat** tragen, wenn die Darmtätigkeit durch Einnahme von Abführmittel zum Stillstand gekommen ist,

zur Normalisierung der Darmflora **Stromatolith** tragen oder optimal als Wasser einnehmen und den Darmverlauf mit einem **Amethyst**-Drusenstück ausstreichen.

Rosa Moosachat

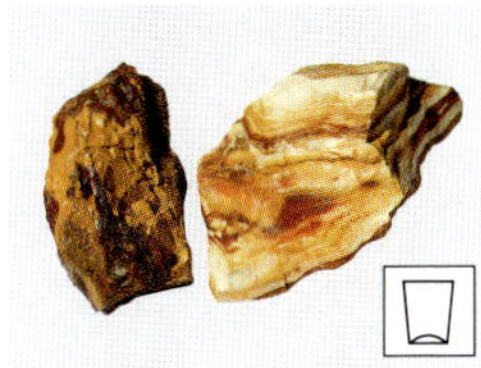

Mookait

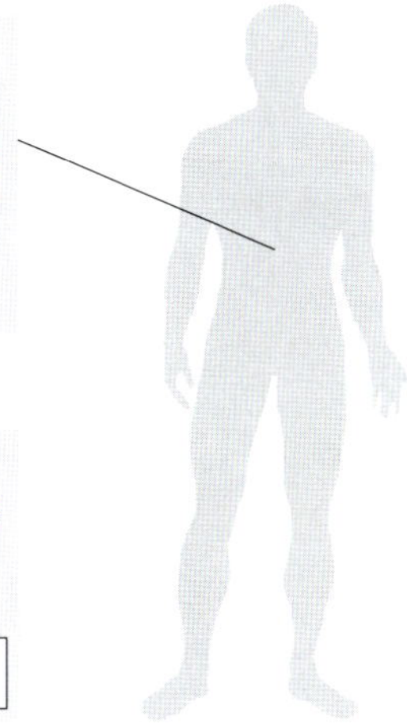

Weitere Steine: Bernstein, orangenfarbener oder grüner Calcit und Rutilquarz.

Taubheitsgefühl

Eine motorische oder sensible Störung des Gefühlsempfindens der Haut, der tastenden Finger oder Füße.

Ursachen: Meist Folge von unbequemem Sitzen, einer Kälteeinwirkung, Nervenstörung, Nervenverletzung wie etwa eines Bandscheibenvorfalls, Nervenentzündung, Durchblutungsstörung, Vergiftung, Zuckerkrankheit, Vitamin-B-Fehlernährung oder Folge einer Nervenerkrankung, wie multiple Sklerose, sowie bei Schlaganfall.

Ätherische Öle: 2-mal täglich 2–3 Tropfen **Rosmarinöl** lokal einreiben.

Öl-Stein-Einreibungen: Ideal ergänzt sich die Einreibung von Rosmarinöl mit Strontianit.

Heilsteinanwendungen:

Zur Durchblutungsverbesserung und Anregung der Nerventätigkeit mit **Turmalin**-Stäbchen die betroffenen Partien und deren Umgebung ausstreichen oder im Bereich der Extremitäten aufkleben und mit einem **Amethyst**-Drusenstück zur energetischen Belebung ausstreichen,

zur Anregung der Nerventätigkeit **Strontianit,** versuchsweise **Coelestin, Turmalin** oder **Ägirin** lokal fixieren,

zur Aktivierung bei allgemeiner Empfindungs- und Leblosigkeit **Larimar** auf das Brustbein legen,

zur Durchblutungsverbesserung roten **Granat, Obsidian** oder **Feueropal** regelmäßig eine Viertelstunde lokal auflegen.

Hinweis: **Tigerauge** und **Falkenauge** können bei längerem Tragen Taubheitsgefühle verursachen, sie sollten bei erstem Gefühlsverlust unbedingt abgelegt werden.

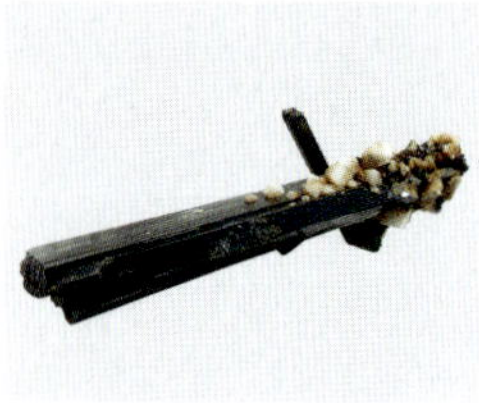

Ägirin

Strontianit

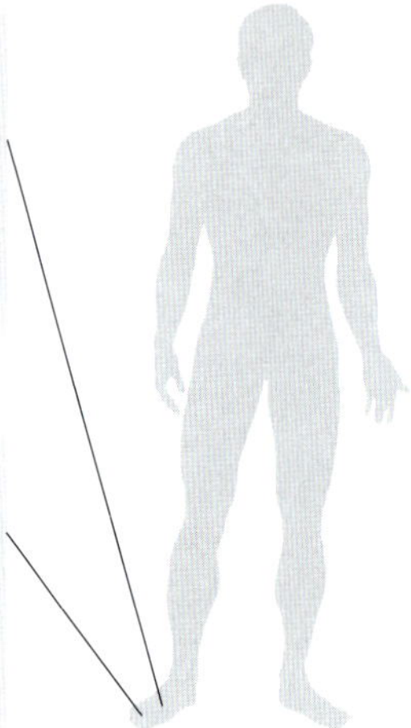

Weitere Steine: Bergkristall und grüner Granat.

Alternative Anwendungen: 2-mal 2 Teelöffel täglich **Trinkgold** einnehmen, **Salzabreibungen** der betroffenen Gebiete durchführen.

Trauer

Ein bis dahin noch nie erlebter seelischer Schmerz, dem sich der Betroffene hilflos ausgeliefert fühlt.

Symptome: Schmerzen mit Gefühlen wie Angst, Selbstzweifel, Wut und Verzweiflung sowie Schuldgefühle. Der Betroffene glaubt, niemals mehr glücklich und froh werden zu können.

Ursachen: Verlust eines lieben Menschen, Bruch von Beziehungen, Zurückweisung, unerwiderte Liebe; Enttäuschung, nicht verstanden zu werden.

Ätherische Öle: 2-mal täglich 2 Tropfen **Muskatellersalbeiöl,** alternativ Weihrauchöl einnehmen.

Heilsteinanwendungen:

Zur Konfrontation und Bewältigung des Verlusts oder des Schicksalsschlags **Amethyst**, wenn die Sinnfrage wichtig ist; **Gagat**, wenn Schuldgefühle vorliegen, oder alternativ **Sardonyx** als Anhänger bei sich tragen, bei Bedarf zusätzlich als Wasser trinken,

zur Heilung seelischer Wunden **Rhodonit,** rosa **Anden-Opal** oder **Serpentin,** alternativ **Rosenquarz** als Anhänger auf der Brust tragen,

um überhaupt weinen zu können und sich die Trauer von der Seele zu reden, blauen **Turmalin** tragen oder als Wasser trinken,

zur Ablösung und zur erneuten Öffnung für das Leben grünen **Granat, Dumortierit, Larimar** oder **Bernstein** tragen,

zur Begleitung in allen Phasen der Trauerarbeit **Halit** als Kristall tragen.

Rhodonit

Gagat

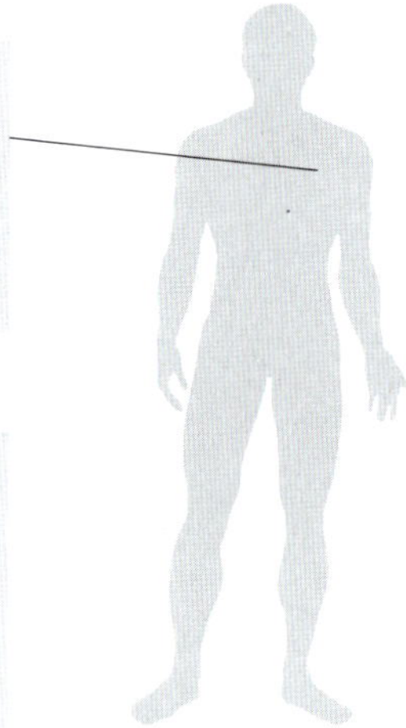

Weitere Steine: Amazonit, Opal, Variscit und Zirkon.

Träume

Ein aktiver Zustand des Gehirns während des Schlafens. Der Schlaf verläuft in verschiedenen Phasen, die mehrfach wechseln und über ein EEG oder die Augenbewegungen beobachtbar sind.

In der Einschlafphase tritt ein Entspannungszustand mit Nachlassen der Konzentrationsfähigkeit, der Sinneswahrnehmungen und der Muskelspannung auf. Das Bewusstsein ist noch vorhanden, aber leicht gedämpft. Die Hirnstromfrequenz liegt bei 8–12 Hz.

Phase I, die nur wenige Minuten andauert, wird dem leichten Schlaf zugeordnet. Häufig treten krampfartige Muskelzuckungen mit dem eigenartigen Gefühl des Fallens auf. Die Hirnstromfrequenz liegt bei 4–8 Hz. Erinnerbare Traumteile enthalten Licht- oder Geräuschhalluzinationen und eine veränderte Zeitwahrnehmung.

Phase II ist ein tieferer Schlafzustand mit wenig Augenbewegungen. Es findet noch keine Erholung statt. Die Hirnstromfrequenz liegt bei 8–15 Hz. Träume sind in der Regel realitätsbezogen, es werden Tageseindrücke verarbeitet. Bei starker psychischer Beanspruchung während des Tages drehen sich die Inhalte des Traumes immer wieder um das Erlebte.

Phase III ist eine Steigerung von Phase II. Die Hirnstromfrequenz liegt bei 2–4 Hz.

Phase IV ist ein tiefer Schlafzustand. Er dient der Erholung und Regeneration des Körpers und des Immunsystems.

Kommt es zu einer extremen Verkürzung des Tiefschlafs über längere Zeit, leiden die Abwehrkräfte. Die Atem- und Herzfrequenz ist niedrig, der Schlafende befindet sich in einem Zustand völliger körperlicher Entspannung fast ohne Muskelaktivität. Die Hirnstromfrequenz liegt bei 0,5–2 Hz.

Die REM-Phase ist der eigentliche Traumschlaf mit heftigen Augenbewegungen, erhöhtem Puls, erhöhter unregelmäßiger Atemfrequenz und Veränderungen des Gesichtsausdrucks. Die Zirbeldrüse produziert das Hormon Vasotocin. Die Hirnstromfrequenz liegt bei 4–8 Hz. Erwacht man aus dieser Phase, erinnert man sich gut an das Traumerlebnis, das sich durch einen lebhaften Charakter auszeichnet.

Ätherische Öle: Es liegt keine Erfahrung in der Auswirkung auf Traumtiefe oder Trauminhalte vor.

Heilsteinanwendungen:

Mondstein

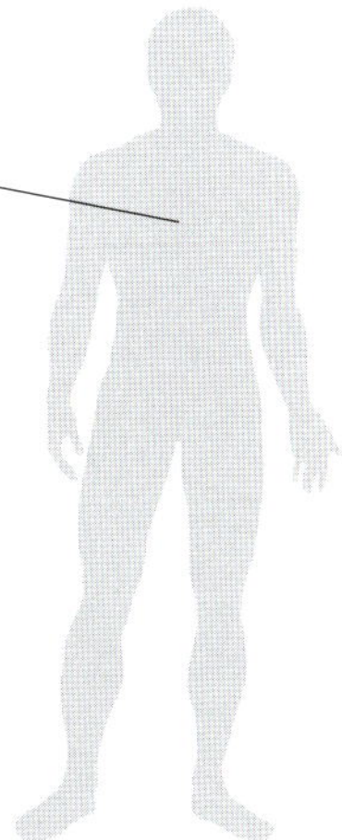

Heller Amethsyt

Bei Überreizung durch Sinneseindrücke des Tages **Lepidolith, Biotit**-Linse oder **Amethyst** tragen,
zur Intensivierung des Traumerlebens **Charoit, Malachit** oder **Rhodochrosit** tragen, dunklen Amethyst; noch besser der schwer erhältliche schwarze Amethyst.
zur zunehmend bewussten Steuerung des Traumgeschehens hellen **Amethyst** mit ins Bett nehmen, alternativ **Diamant** oder **Bergkristall**, oder **Chrysoberyll** über der Thymusdrüse zum Schlafen aufkleben und zusätzlich tagsüber Amethyst tragen,
um mit weniger Schlaf auszukommen, **Lapislazuli** tagsüber tragen,
zur besseren Einstimmung und zum besseren Verständnis der Träume **Labradorit, Mondstein** oder **Obsidian** tragen oder in die Hand nehmen,
beim Gefühl der Zerschlagenheit beim Aufwachen durch gestörte Träume Achat tragen und ins Bett legen.

Weitere Steine: Bernstein, Gagat, Labradorit.

Übergewicht

Adipositas

Ein durch Überernährung angegessenes Körpergewicht in Form vermehrten Körperfetts, das weitgehend als Fettreserve in Fettpolstern gespeichert wird.

Als Folge treten Bluthochdruck, erhöhte Blutfettwerte und erhöhte Blutzuckerwerte auf.

Ursachen können in schlechten Ernährungsgewohnheiten, ungenügender Lebensmittelqualität und Zusammenstellung, Unverträglichkeiten, Toxinbelastungen, Stoffwechselunterfunktionen, hormonellen Umstellungen, Bewegungsmangel, Veranlagungen und seelischen Einstellungen sowie gesteigertem Sicherheitsbedürfnis liegen.

Es stellt in den Ländern mit ausreichender Nahrungsmittelversorgung mittlerweile ein beträchtliches gesundheitliches Problem dar.

Ätherische Öle: Es liegen keine gesicherten und sinnvollen Ölempfehlungen vor.

Heilsteinanwendungen:

Magnesit

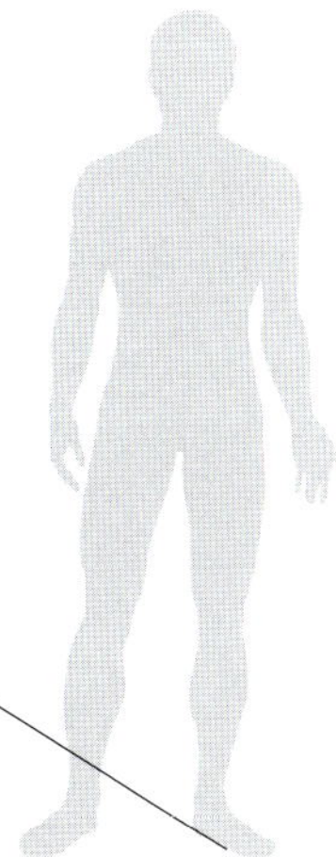

Versteinertes Holz

Zur Umstellung der Essgewohnheiten und gegen Gelüste roten **Chalcedon** oder **Fluorit** tragen,
zur Erdung, für psychische Belastbarkeit und zur Verbesserung des Körpergefühls **Versteinertes Holz** tragen oder unter die Fußsohlen legen,
zur Stoffwechselanregung **Magnesit,** roten **Granat** und roten **Jaspis** als Wasser trinken,
zur Selbstannahme **Magnesit, Dumortierit** und **Kunzit** tragen,

zur Reduktion von Empfindlichkeit, zur Ableitung fremder Energien und für das Schutzbedürfnis schwarzen **Turmalin** als Kristall und **Halit** als Anhänger tragen,
zur Entgiftung **Chrysopras**, **Peridot** und **Smaragd** tragen,
zur Lymphflussanregung **Chrysopras** oder **Chalcedon** tragen und als Wasser trinken.

Weitere Steine: Jadeit, Sodalith.

Alternative Anwendungen: **Salzsole**-Vollbäder, **Salzsole**-Darmkur oder **Salz**-Abreibungen zur Entschlackung nehmen.

Unfruchtbarkeit

Infertilität, Sterilität

Ein zeitweiliges oder dauerhaftes Unvermögen der Frau, ein Kind zu empfangen, oder beim Mann, ein Kind zu zeugen.

Es werden zwei Arten unterschieden. Von primärer Unfruchtbarkeit spricht man, wenn eine Frau, trotz ungeschütztem Geschlechtsverkehr, noch nie schwanger war. Für den Mann gilt, dass er, trotz Wunsch, noch kein Kind zeugen konnte. Eine sekundäre Unfruchtbarkeit besteht, wenn eine Frau schon einmal schwanger war, aber trotz Kinderwunsch keine zweite Schwangerschaft zustande kommt. Infertilität besteht dann, wenn eine Frau zwar schon einmal schwanger geworden ist, sie aber das Kind nicht lebend austragen konnte.

Ursachen:

Bei der Frau: Funktionsstörungen der Eierstöcke; hormonelle Störungen der Hypophyse, Schilddrüse und der Nebenniere. Folge einer Eileiter- oder Gebärmuttererkrankung und Spätfolgen von Infektionen während der Pubertät.

Beim Mann: Erkrankungen der Samenwege; Folge von Entzündungen der Hoden, Nebenhoden und der Prostata, meist nach schweren infektiösen Kinderkrankheiten.

Mögliche psychische Ursachen sind Partnerschaftsprobleme, beruflicher Stress.

Die statistisch signifikanten Geburtenrückgänge der letzten Jahre werden mit gestiegenen Umweltbelastungen, Mobilfunk, Impfungen und erhöhtem Stress als weitere Ursachen für Unfruchtbarkeit in Verbindung gebracht.

Ätherische Öle: 2-mal täglich 1–2 Tropfen **Muskatellersalbeiöl** einnehmen.

Heilsteinanwendungen:
Zur Stärkung der Fruchtbarkeit und der sexuellen Anziehung sollten beide Partner **Purpurit** oder **Rosenquarz** in der Hosentasche tragen,
bei organisch bedingter Unfruchtbarkeit goldenen **Topas** oder **Rosenquarz** tragen,
für Gelassenheit und zur Steigerung der Genussfähigkeit **Feueropal** und **Serpentin** tagsüber tragen,
zum Aufbauen neuer Kräfte **Granat, Thulit** oder **Rubin** tragen,
zur Entsäuerung **Malachit**, **Dolomit, Serpentin** tragen,
zur Regeneration der Sexualorgane und Potenzsteigerung **Granat, Thulit** oder **Rubin-Zoisit** tragen,
zur Förderung der weiblichen Fruchtbarkeit und Einstimmung auf die Zyklen der Natur **Mondstein** einige Monate, auch nachts tragen,
bei Unfruchtbarkeit ohne organische Schäden **Chrysopras** als Kette tragen,
bei ungeklärter emotionaler Spannung **Mondstein** oder goldenen **Topas** tragen.

Purpurit

Rosenquarz

Weitere Steine: Covellin.

Ergänzende Maßnahmen: Baubiologische sowie radiästhetische Schlafplatzuntersuchungen können sehr sinnvoll sein.

Unterschenkelgeschwür

Ulcus cruris

Eine meist infolge örtlicher venöser, seltener auch arterieller Durchblutungsstörungen ausgelöste Zerstörung des Gewebes, mit ausbleibender Heilung und dadurch Entstehung eines Geschwürs.

Symptome: Verfärbung der umgebenden Haut; mehr oder weniger tiefe offene Stellen, die keine Schmerzen verursachen; die Geschwüre können nässen oder eitern, bei tiefer gehenden Entzündungen treten Schmerzen auf, Hautzerstörung mit Nekrosebildung, auch Verkäsung.

Ursachen: Meist infolge einer Thrombose der Beinvenen, selten infolge einer arteriellen Durchblutungsstörung.

Ätherische Öle: 2-mal täglich 2–3 Tropfen **Lavendelöl,** alternativ Bergamottöl, Rosmarinöl, Salbeiöl, Sandelholzöl oder Zederholzöl lokal auftropfen.

Heilsteinanwendungen:
Zur Aktivierung des Zellstoffwechsels roten **Granat** oder **Rubin** auflegen oder als Wasser auftragen sowie trinken,
gegen das Absterben des Gewebes frühzeitig **Granat**, dann **Rhodonit** oder bei fortgeschrittenen Prozessen **Gagat** auflegen oder ohne Druck ausstreichen; zur energeti-

schen Reinigung mit einem **Amethyst**-Drusenstück ausstreichen,
zur Abheilung und Geweberegeneration **Rhodonit** oder **Rhodochrosit** – wenn noch kein Geschwür entstanden ist – auflegen, als Wasser auftragen und trinken,
zur Durchblutungsverbesserung und damit besseren Versorgung des Gewebes **Rhodochrosit** oder **Schaumkoralle** auflegen,
zur Juckreizminderung **Aquamarin, Aventurin** oder der Hautfarbe entsprechenden **Mookait** lokal auflegen,
zur Abwehrstärkung **Sphärolithischen Chalcedon** tragen.

Granat

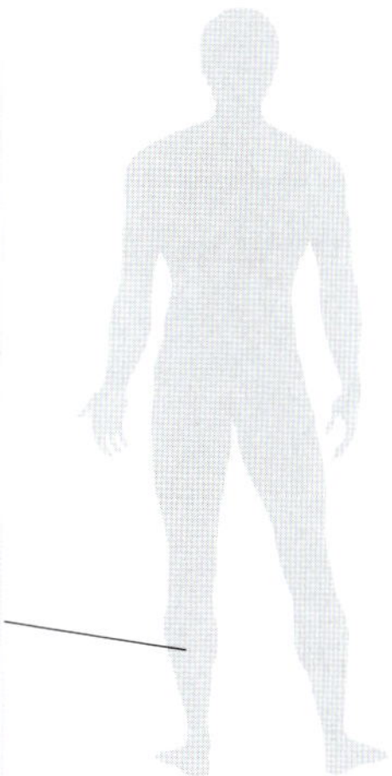

Rhodonit

Weitere Steine: Hämatit, Karneol und Lepidolith.

Alternative Anwendungen: Kolloidales Silber großflächig auftragen und einnehmen.

Verbrennungen

Combustico

Eine schmerzhafte Gewebeschädigung bzw. Gewebezerstörung durch eine meist örtliche Einwirkung von Hitze, Stromwirkung oder Strahlung.

Je nach Hautschädigung werden Verbrennungen in vier Schweregrade eingeteilt; nur die ersten drei Stufen sind behandelbar.

Symptome:

Grad 1: Schmerzhafte gerötete Haut, mit Schwellung ohne Blasenbildung, die sich nach wenigen Tagen zurückbildet.

Grad 2: Sehr schmerzhafte gerötete Haut, mit Blasenbildung; Füllung der Blasen mit eiweißreichen Exsudaten, die aufbrechen und dann Narben bilden können.

Grad 3: Schwellung und Blasenbildung; größere Hautzerstörung mit schwarzer Verkrustung, die schmerzfrei ist.

Grad 4: Tiefe Gewebezerstörung mit schwarzer Verkrustung. Komplikationen: Wasser-, Elektrolyt- und Eiweißverlust mit Bluteindickung, Immunstörung, generalisierter Schock mit Nierenversagen.

Ursachen: Direkte Hitze wie offenes Feuer oder erhitzte Gegenstände, heiße Gase oder Flüssigkeiten, Reibungshitze, Sonnenstrahlung, UV-Strahlung oder Röntgenstrahlung. Elektrische Hochspannungsströme, aber auch auf extrem niedrige Temperaturen abgekühlte Gegenstände wie zum Beispiel Trockeneis.

Ätherische Öle: Optimal 2-mal täglich 2–3 Tropfen **Lavendelöl** auftragen.

Heilsteinanwendungen:

Rhodonit

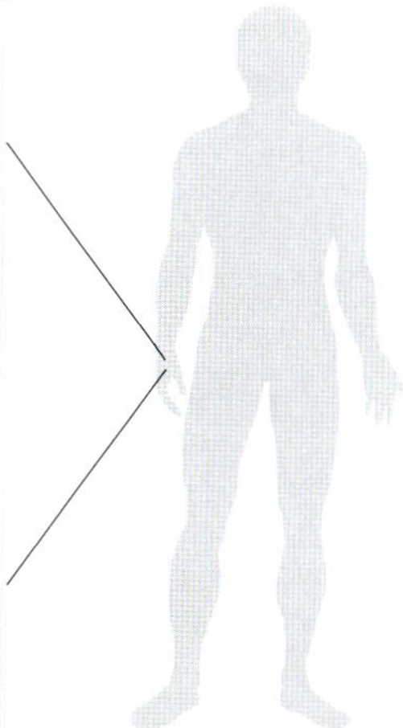

Chrysokoll

Zur Schmerzlinderung und Geweberegeneration **Rhodonit** oder grünen **Turmalin** auflegen,
zur Kühlung von Brandblasen **Prasemquarz** und **Bergkristall** oder blauen **Turmalin** auflegen,
zur Beschleunigung der Heilung von Brandwunden **Chrysokoll** tragen und als Wasser auf die betroffene Hautstelle auftragen,
zur narbenfreien Wundheilung blauen **Turmalin** als Wasser auf die betroffene Hautstelle auftragen.

Weitere Steine: Apophyllit, Aquamarin, Beryll, Chrysokoll und Halit.

Alternative Anwendungen: Kolloidales Silber oder **Kieselsäuregel** zur Kühlung und zur Hautregeneration auftragen.

Ergänzende Maßnahmen: Sofort nach dem Verbrennen unter fließend kaltem Wasser kühlen, keine Fettsalbe oder Puder auf die Verbrennung.

Verdauungsstörungen

Dyspepsie

Eine Störung der Verdauungstätigkeit, die verschiedene Verdauungsorgane betrifft.

Symptome: Aufgeblähter Bauch mit Völlegefühl, Unbehagen im Oberbauch, Aufstoßen, Schluckauf, Blähungsabgang, stark riechende Ausscheidungen, Stuhlverstopfung oder Durchfall mit unverdauten Resten.

Ursachen: Abhängig von der Art und dem Entstehungsort; Folge von reichlichem, zu schwerem, zu fettem oder zu stark gebratenem Essen oder zu viel Alkohol; Entzündungen oder Geschwüre, vor allem in Magen, Dünndarm, Bauchspeicheldrüse, Leber und Galle sowie Dickdarm, im venösen Pfortaderkreislauf; Gallensteine, Divertikel, Darmträgheit oder Frühsymptome eines Tumors im Verdauungstrakt.

Ätherische Öle: Optimal 2–3-mal täglich 1–2 Tropfen **Ingweröl,** alternativ Bergamottöl, Nelkenöl, Orangenöl oder Zimtrindenöl einnehmen.

Öl-Stein-Einreibungen: Ideal ergänzt sich die lokale Einreibung von Ingweröl mit Sardonyx.

Heilsteinanwendungen:

Zur Anregung der Peristaltik **Sardonyx** als Handschmeichler massieren und mit einem **Amethyst**-Drusenstück ausstreichen,
zur Eindickung des Stuhls **Moosachat** im Bauchbereich aufkleben und tragen und mit einem **Amethyst**-Drusenstück ausstreichen,
zur Stoffwechsel- und Verdauungsanregung **Citrin** oder **Ametrin,** dazu bei Leberbeteiligung Malachit, bei Bauchspeicheldrüsenbeteiligung hellen **Chalcedon** oder **Mookait,** bei Magenbeteiligung **Bernstein, Chalcedon** oder **Malachit,** bei Dünndarmbeteiligung **Karneol,** bei Dickdarmbeteiligung **Jaspis** auf den Bauch legen; oder als Wasser trinken.

Sardonyx

Ametrin

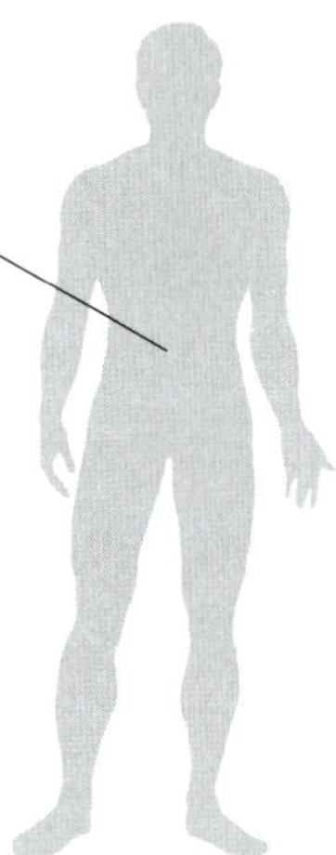

Weitere Steine: Antimonit, Sonnenstein und Zirkon.

Alternative Anwendungen: **Heilerde** einnehmen, außer bei Verstopfung; **kolloidales Silber,** alternativ **Kieselsäuregel** bei Magenbeteiligung einnehmen.

Verstauchungen, Zerrungen

Distorsion

Eine durch Gewalteinwirkung auf ein Gelenk auftretende schmerzhafte Verletzung.

Symptome: Schmerzen in der betroffenen Region; manchmal lässt sich das betroffene Gelenk nicht mehr richtig bewegen. Nach einiger Zeit kommt es zu einer Schwellung der betroffenen Gelenke, häufig bildet sich ein Bluterguss.

Das Ausmaß der Schädigung hängt von der Stärke der Gewalteinwirkung ab. So werden bei leichteren Verstauchungen die Faserstrukturen lediglich überdehnt, während es bei stärkeren Einwirkungen zum teilweise oder gar kompletten Riss der Gelenkkapsel oder der Bänder kommen kann.

Ursachen: Verletzung durch eine plötzliche Überdehnung, die den normalen Bewegungsspielraum des Gelenks überschreitet und den Kapsel- und Bandapparat des Gelenks schädigt

Ätherische Öle: 2-mal täglich 2–3 Tropfen **Lavendelöl,** alternativ 2-mal 1 Tropfen Zimtrindenöl lokal einreiben.

Öl-Stein-Einreibungen: Ideal ergänzt sich die Einreibung von Lavendelöl mit Obsidian.

Heilsteinanwendungen:

Obsidian

Amazonit

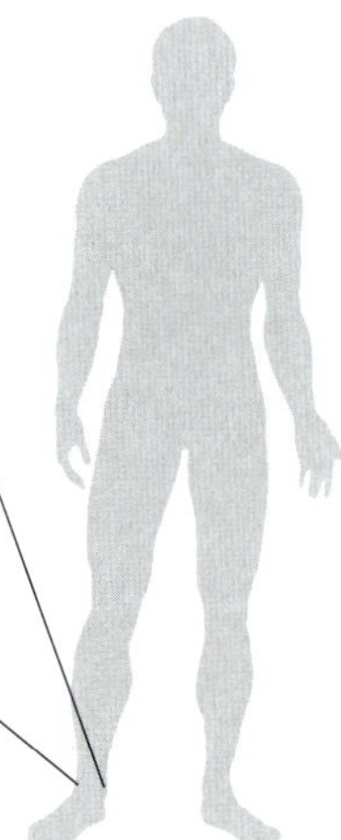

Als erste Maßnahme gegen Schreck und Schmerz einige Minuten **Obsidian** lokal auflegen, nach Eintreten einer Erleichterung **Rhodonit** auflegen,

zur Schmerzlinderung **Sugilith, Sphen** oder **Rhodonit** lokal auflegen bzw. aufkleben,
bei einer Bänderdehnung **Amazonit,** alternativ **Disthen** oder **Kunzit** aufkleben,
bei Bänderriss **Obsidian** gegen den Schock zwei Stunden aufkleben, nach der Operation **Rhodonit** und **Obsidian** zusammen in Nähe des betroffenen Gebiets fixieren,
zur Regeneration der Bänder und Kräftigung des Organismus **Aragonit** als Wasser trinken,
zur Abschwellung **Strontianit** oder **Rhodonit** lokal aufkleben,
zur Verbesserung der Bewegungseinschränkung **Disthen, Aragonit** oder Obsidian und Fluorit lokal fixieren,
zum Abbau des Blutergusses **Rhodonit** oder **Karneol** lokal fixieren.

Weitere Steine: Amethyst.

Wadenkrämpfe

Crampus

Schmerzhafte, meist plötzlich und hauptsächlich nächtlich oder nach Anstrengung auftretende, einseitige Krämpfe der Wadenmuskulatur.

Symptome: Krampfartige Schmerzen, mit erheblicher Bewegungseinschränkung im Unterschenkelbereich.

Ursachen: Meist Folge eines Magnesiummangels unterschiedlicher Ursache; Übersäuerung, starker Flüssigkeitsverlust, Überanstrengung, seltener arterielle oder venöse Gefäßerkrankung mit lokaler Durchblutungsstörung, hormonelle Stoffwechselstörung, Polyneuropathie oder Schwangerschaft.

Magnesit

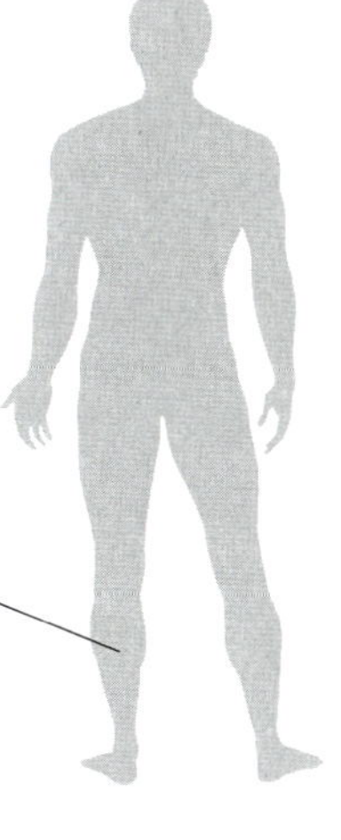

Dolomit

Ätherische Öle: 2-mal täglich 3 Tropfen **Pfefferminzöl,** alternativ Rosmarinöl lokal in das Krampfgebiet einreiben.

Öl-Stein-Einreibungen: Ideal ergänzt sich die Einreibung von Pfefferminzöl mit Magnesit im Krampfgebiet.

Heilsteinanwendungen:
Zur Krampflinderung **Dolomit** oder **Magnesit** nachts ins Bett nehmen oder als Wasser trinken,
bei Magnesiummangelkrämpfen **Magnesit,** alternativ den schwächeren **Serpentin** nachts im Strumpf tragen; und als Wasser trinken,
zur Durchblutungsverbesserung mit **Rhodochrosit** oder **Rhodonit** massieren,
bei stoffwechselbedingten Krämpfen **Smaragd, Malachit** oder **Lapislazuli** tragen oder als Wasser trinken,
zur Stoffwechselanregung reichlich **Magnesit** als Wasser einnehmen,
zur Entsäuerung des Gewebes **Malachit, Türkis** und **Diaspor** tragen,

Weitere Steine: Biotit-Linse, Mookait und Richterit.

Warzen

Veruca

Eine harmlose Wucherung der Haut mit vermehrter Hornbildung, die überall am Körper und im Gesicht auftreten kann und damit oft als »Schönheitsfehler« betrachtet wird, unter dem der Betroffene leidet.

Symptome: Häufig scharf begrenzte, weiche, rundliche, hautfarbene, mitunter kaum sichtbare oder auch verhornte, dunkelgefärbte Knoten auf der Haut, die zahlreich auftreten können. Sie können im Laufe der Zeit von alleine verschwinden.

Ursachen: Virusinfektion mit dem Verucavirus.

Ätherische Öle: 3-mal täglich 2–3 Tropfen **Teebaumöl** oder **Salbeiöl,** alternativ Muskatellersalbeiöl, Pfefferminzöl, Rosmarinöl oder Zitronenöl lokal auftropfen.

Heilsteinanwendungen:

Sphärolithischer Chalcedon

Peridot

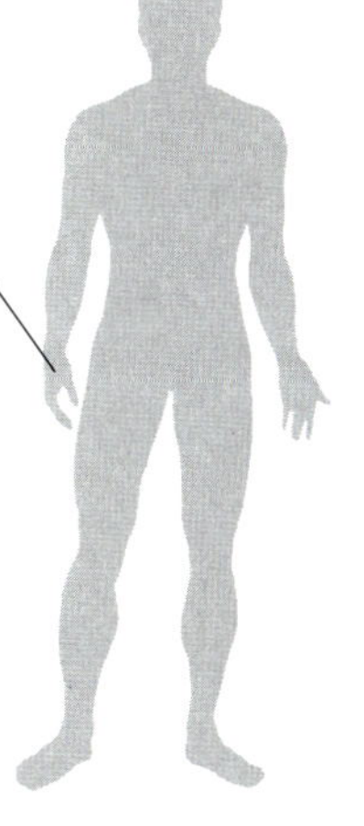

Zur Rückbildung der Warzen **Peridot** als Wasser trinken sowie **Sphärolithischen Chalcedon** aufkleben oder umgekehrt,
zur Juckreizmilderung **Aventurin** oder **Chalcedon** tragen,
zur Steigerung des Lymphflusses **Chrysopras** oder **Sphärolithischen Chalcedon** als Wasser trinken,
zur Hautregeneration und Hautreinigung mit einem **Amethyst**-Drusenstück ausstreichen und **Peridot** oder **Chrysopras** um die Warze großflächig sanft massieren,
zur Stimulation des Stoffwechsels grünen **Granat** tragen.

Weitere Steine: Bernstein, Heliotrop, Malachit, Mondstein und Peridot.

Alternative Anwendungen: **Kolloidales Silber** zusätzlich einnehmen und auftragen.

Wechseljahrsbeschwerden

Klimakterium

Verschiedene körperliche und psychische Beschwerden, die bei Frauen nach dem fünfzigsten Lebensjahr durch einen veränderten Hormonhaushalt auftreten.

Symptome: Depressive Verstimmung bis zur Depression, selten auch Weinkrämpfe, Herzklopfen, Atemnot, Hitzewallungen; Neigung zu Schweißausbrüchen, die bis zu 20 Mal täglich, auch nachts auftreten können. Weiter können Spannungsgefühle in der Brust, Erregbarkeit, Nervosität, Lustlosigkeit, Gewichtszunahme, Kopf- und Ohrenschmerzen und Schwindelanfälle auftreten. Entkalkung der Knochen mit Knochenschwund kann zu Knochenverformung oder zu spontanen Brüchen führen. Die Haut wird dünner und trockener, Verletzungen heilen nicht mehr so gut. Die Beschwerden halten etwa drei bis fünf Jahre an und verschwinden dann auch ohne Hormontherapie.

Ätherische Öle: Optimal 2-mal täglich 1–2 Tropfen **Muskatellersalbeiöl,** alternativ 3-mal täglich 2–3 Tropfen Fenchelöl einnehmen.

Heilsteinanwendungen:
Zur Hormonregulation **Mondstein** oder **Malachit** als Anhänger oder Kette tragen,
zur Erleichterung des Spannungsgefühls in der Brust rosa **Chalcedon** oder **Anden-Opal** tragen,
zur Besserung der körperlichen Erscheinungen wie Hitzewallungen und Schweißausbrüche **Mondstein, Amazonit, Rosenquarz** oder **Magnetit** tragen,
zur Stabilisierung der Knochen **Apatit, Dolomit** oder **Fluorit** tragen,
zur Durchblutungsverbesserung **Karneol, Mookait** oder tiefer greifend roten **Granat** als Wasser trinken,
zur Besserung der depressiven Stimmung **Citrin, Anden-Opal,** goldenen **Topas** oder **Mondstein** tragen,
zur Psychostabilisierung **Amazonit, Fluorit, Dumortierit** oder **Mookait** tragen.

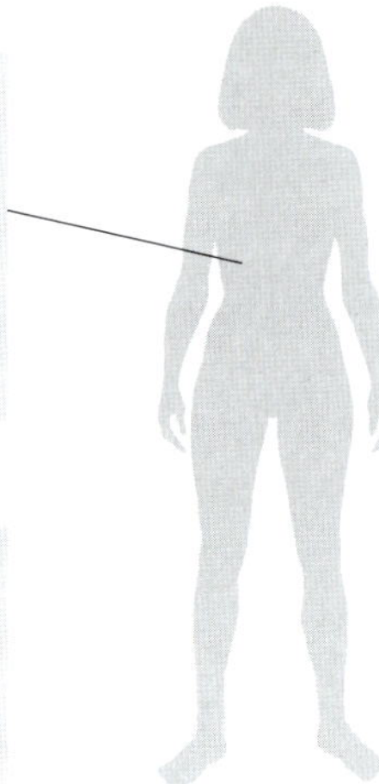

Mondstein

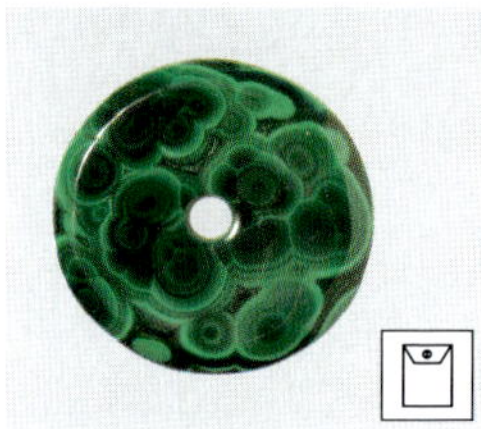

Malachit

Weitere Steine: Rubin und Sphärolithischer Chalcedon.

Wetterfühligkeit

Ein verstärktes Reagieren auf die Wettersituation, speziell des bevorstehenden Wetterwechsels und den damit auftretenden, als Sferics bezeichneten atmosphärischen Störfrequenzen.

Ausgeprägte Symptome treten bei Veränderungen von Luftdruck, Luftfeuchtigkeit oder Temperatur, aber auch bei der elektrischen Ladung vor Gewittern auf.

Symptome: Auftreten von Kreislaufveränderungen, Kopfschmerz mit Konzentrationsstörungen, Schwindel und Ohrgeräuschen sowie verstärkte rheumatische Schmerzen, aber auch das Auftreten von Schmerzen in alten Narben oder Verletzungsbereichen. Dazu kommen Unwohlsein, Angstzustände, Müdigkeit, Stimmungsschwankungen und Schlafstörungen.

Ursachen: Tritt oft infolge einer rheumatischen Erkrankung, Narbe oder Kopfverletzung auf.

Ätherische Öle: Es liegen keine gesicherten Ölempfehlungen vor; in Einzelfällen gibt es gute Erfahrungen mit der Einnahme von 2 Tropfen **Muskatellersalbeiöl.**

Heilsteinanwendungen:
Zur Reduktion der Wetterfühligkeit **Labradorit, Lapislazuli, Mondstein** oder **Magnetit,** alternativ **Bergkristall** tragen,
zur Stabilisierung des Kreislaufs bei Wetterwechsel **Granat, Achat** tragen,

zur psychischen Stabilisierung **Labradorit**, **Lapislazuli**, **Achat** oder **Versteinertes Holz**,
zur Anregung der zellulären Flüssigkeiten **Halit, Chalcedon, Versteinertes Holz**, grünen **Granat** oder **Girasol** tragen.

Lapislazuli

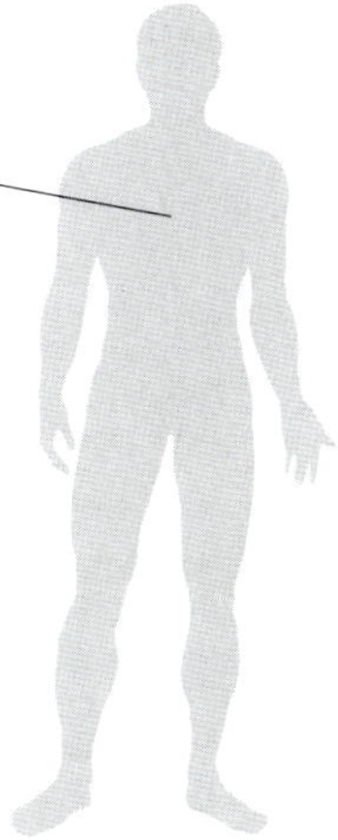

Labradorit

Weitere Steine: Citrin, Moosachat und Sphärolithischer Chalcedon.

Alternative Anwendungen: Kolloidales Gold und Salzsole zum Trinken.

Windpocken

Varizellen

Eine ansteckende Virusinfektion, betrifft vor allem Kinder; gekennzeichnet durch einen typischen Hautausschlag.

Symptome: Krankheitsbeginn meist mit Kopf-, Gelenk- und Gliederschmerzen, leichtem Fieber und Lymphknotenschwellungen.

Der typische weit verteilte und bläschenförmige Ausschlag tritt plötzlich am Körperstamm, am behaarten Kopf und Gesicht auf. Später können auch die Extremitäten und die Schleimhäute betroffen sein. Aus kleinen Knötchen entwickeln sich Bläschen mit klarer Flüssigkeit, die oft heftig jucken. Nachfolgend trocknen die Bläschen ein, verkrusten, heilen ab und verlaufen bei normaler Immunitätslage gutartig und ohne Nachwirkungen.

Ursachen: Infektion mit dem Varicella-Zoster-Virus, mit einer Inkubationszeit von 14–21 Tagen.

Ätherische Öle: 2-mal täglich 2–3 Tropfen **Lavendelöl** oder **Bergamottöl,** alternativ Eukalyptusöl, Fenchelöl oder Indisches Melissenöl lokal auftragen.

Heilsteinanwendungen:

Aventurin

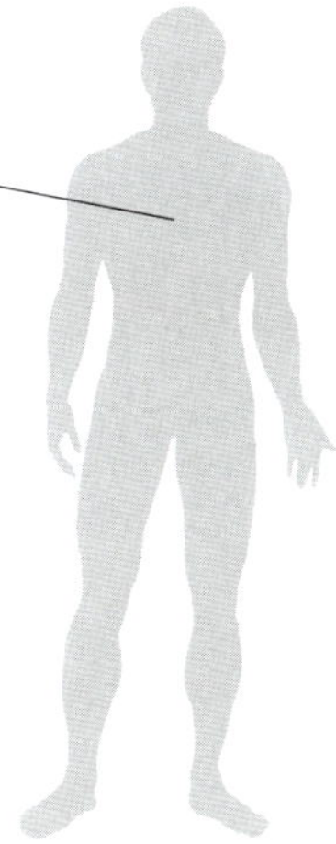

Chalcedon

Zur Entzündungshemmung und Juckreizmilderung **Aventurin, Fuchsit** oder **Jadeit** tragen; und als Wasser trinken,
zur Abheilung des Hautausschlags **Rhodonit** oder gelbbraunen **Jaspis** tragen,
zur Lymphableitung und Abschwellung der regionalen Lymphknoten **Chalcedon, Girasol, Anden-Opal** oder **Labradorit** tragen; oder als Wasser trinken,
zur Stärkung der Abwehr **Heliotrop** oder **Sphärolithischen Chalcedon** tragen.

Weitere Steine: Moosachat und Prehnit.

Alternative Anwendungen: **Kolloidales Silber** auftragen und einnehmen sowie **Kieselsäuregel** auftragen.

Wundliegen

Dekubitus

Eine Zerstörung der Haut oder Schleimhaut als Folge einer Druckwirkung, mit der daraus folgenden Mangeldurchblutung.

Ein Wundliegen ist immer ein Pflegefehler, da ein regelmäßig gelagerter Körper keinem zu lange andauernden lokalen Druck ausgesetzt ist.

Wundheilungsstörungen werden verstärkt durch Ernährungsstörungen, Eiweiß- und Vitaminmangel, Austrocknung durch zu wenig Trinken, Bewegungseinschränkungen, Anämie, Zuckerkrankheit und Chemotherapeutika sowie Durchblutungsstörungen, Druckwirkung, Infektionen, Ödeme und Blutergüsse.

Ätherische Öle: Mindestens 2-mal täglich 2–3 Tropfen **Lavendelöl** in die Wunde tropfen, alternativ 2-mal täglich 3 Tropfen Rosmarinöl um die Wunde auftragen.

Heilsteinanwendungen:

Rhodonit

Obsidian

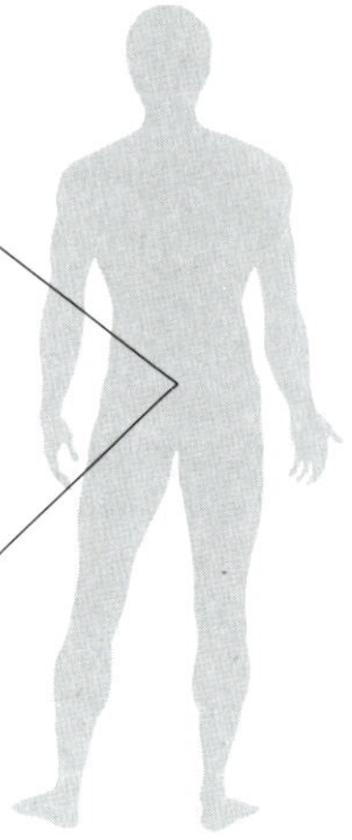

Zur lokalen Durchblutungsverbesserung und Verbesserung der Wundheilung **Obsidian** oder **Rhodonit** außerhalb der offenen Stelle auflegen,
zur Unterstützung der Hautpflege beim Wundliegen **Amethyst** oder **Ametrin** als Wasser zur Reinigung des betroffenen Bereichs verwenden und tagsüber trinken.

Weitere Steine: Antimonit, Granat, Karneol, Mookait, Rosenquarz und Smaragd.

Alternative Anwendungen: Kolloidales Silber großflächig in die Wunde auftragen.

Ergänzende Maßnahmen: Druckentlastetes Lagern mit weichen, beweglichen Unterlagen und zweistündliches Umlagern.

Wurmbefall

Oxyuren, Askariden

Eine durch verschiedene Wurmarten ausgelöste Erkrankung, meist durch verschluckte Maden-, Spul- oder Bandwurmeier. Die Infektion erfolgt ausschließlich über verunreinigte Nahrungsmittel.

Madenwürmer befallen hauptsächlich Kinder. Die weiblichen Würmer verlassen nachts den After und legen ihre Eier in der Analregion ab. Es kommt zu einem Juckreiz am After, Schlafstörungen, Gewichtsabnahme oder kann zu Entzündungen des Darms oder der äußeren Geschlechtsorgane führen.

Bei geringem Befall von **Spulwürmern** treten keine Beschwerden auf. Bei starkem Wurmbefall kann es zu Bauchschmerzen, Übelkeit, Unterernährung und Blutarmut kommen.

Die verschiedenen **Bandwürmer** (Fischbandwurm, Hundebandwurm, Fuchsbandwurm) können unterschiedliche Beschwerden hervorrufen. Es kann zu Bauchschmerzen, Durchfall und Gewichtsverlust kommen, im Stuhl erscheinen weiße Bandwurmstücke.

Hundebandwürmer greifen die Lunge an, es kann zu Reizhusten kommen. **Fuchsbandwürmer** können schwere Erkrankungen verursachen. Sie greifen die Leber an und führen zunächst zu einer Gelbsucht. Im weiteren Verlauf kann es zu einer vollständigen Zerstörung der Leber kommen.

Ätherische Öle: 3-mal täglich 1–2 Tropfen **Ingweröl,** alternativ 3-mal täglich 3–4 Tropfen Nelkenöl einnehmen.

Heilsteinanwendungen:

Smaragd

Amethyst

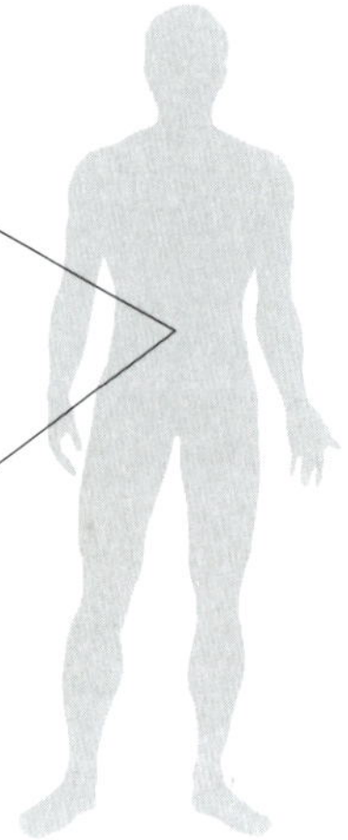

Zur Unterstützung der Wurmaustreibung **Smaragd** auf den Bauch kleben und als Wasser trinken sowie mit einem **Amethyst**-Drusenstück ausstreichen,
bei Verdauungsbeschwerden **Ametrin, Chalcedon** als Rosette, **Rauchquarz** oder **Mookait** tragen,
zur Minderung des Heißhungers bei Bandwurmbefall rosa **Chalcedon** tragen oder als Wasser trinken,
bei Gewichtsabnahme **Versteinertes Holz** oder **Mookait** tragen,
bei Schlafstörungen **Dumortierit** oder schwarzen **Turmalin** tragen,
zur Regeneration der Leber **Malachit, Peridot** oder **Chrysopras** tragen,
zum Giftabbau und zur Giftausleitung **Peridot** aufkleben und zusammen mit **Chrysopras** als Wasser trinken, **Malachit** und **Rauchquarz** tragen,
zur Steigerung der Abwehr **Rauchquarz** tragen.

Weitere Steine: Saphir.

Alternative Anwendungen: Kolloidales Silber zur Juckreizmilderung am After auftropfen oder aufsprühen, bei Spulwurmbefall auch einnehmen.

Zahnung

Dentition

Die Beschwerden beim Zahndurchbruch der Säuglinge oder Kleinkinder.

Symptome: Fieber, Schmerzen im Kiefer, geschwollenes und gerötetes Zahnfleisch, Krämpfe, Unruhe; Essunlust, die auch mit Durchfällen einhergehen kann. Der psychische Zustand dabei ist mürrisch, quengelig und oft weinerlich, auch schreien die Kinder nachts vermehrt, schlafen unruhig, wachen häufig auf und weinen.

Die Zahnungsbeschwerden können beim ersten Durchbruch der Milchzähne, aber auch bei jedem neuen Zahn auftreten, bis das Milchgebiss vollständig ist.

Ätherische Öle: Es liegen keine gesicherten Ölempfehlungen vor. Bei Kleinkindern sind ätherische Öle des Geschmacks wegen nicht einsetzbar, mit Ausnahme 1–2 Tropfen **Fenchelöl,** das in den Bauchraum bei fast allen Beschwerden eingerieben wird.

Heilsteinanwendungen:

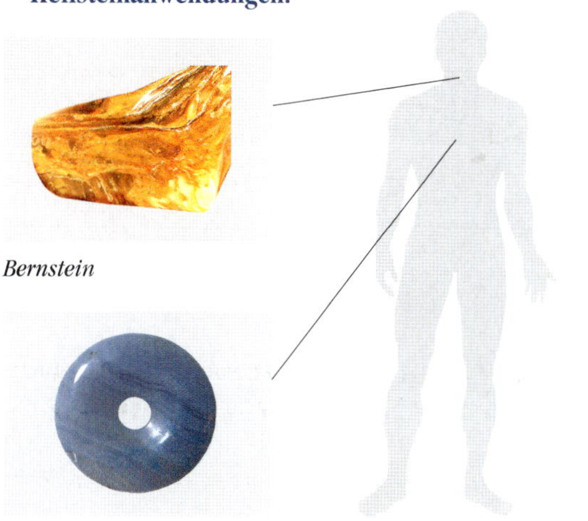

Bernstein

Chalcedon

Zur Schmerzlinderung **Bernstein** als Kettchen tragen,
zur Erleichterung des Durchbruchs und Besserung des allgemeinen Wohlempfindens **Bernstein** als Kettchen tragen, am besten nachdem die Kette von der Mutter getragen wurde,
bei unklaren Bauschschmerzen **Dumortierit,** alternativ **Chalcedon** als Rosette in die Windel packen,
zur Abschwellung des Zahnfleischs und zur Fiebersenkung **Chalcedon** tragen oder als Anhänger zum Lutschen geben,
zur Förderung der Zahnbildung **Apatit** tragen oder als Kristall in die Trinkflasche geben,
zur Psychestabilisierung und Schlafverbesserung **Bernstein** als Kettchen, alternativ **Dumortierit** tragen.

Weitere Steine: Fluorit.

Ergänzende Maßnahmen: Kleinkinder sollten keinen mit Zucker gesüßten Tee zu sich nehmen, da Zucker als Calciumräuber die Zähne schädigt.

Zahnfleischentzündung

Gingivitis

Eine entzündliche Veränderung des den Zahn umgebenden Gewebes, besonders des Kieferknochens; mit einer Zerstörung des Knochens, die als Folge einer Reaktion des körpereigenen Immunsystems, einer Verletzung, von Störungen während der Schwangerschaft, Zuckererkrankung oder schwerem Vitamin-C-Mangel anzusehen ist.

Symptome: Schwellung, Rötung, eventuell bläuliche Verfärbung und Schmerzen, mit einer Berührungsempfindlichkeit und erhöhter Blutungsneigung des Zahnfleischs. Es können auch Geschwüre und Zahnfleischwucherungen auftreten.

Ätherische Öle: Optimal 2-mal täglich 2 Tropfen **Salbeiöl,** alternativ Bergamottöl, Pfefferminzöl, Rosmarinöl oder Teebaumöl in das Zahnfleisch einreiben.

Heilsteinanwendungen:

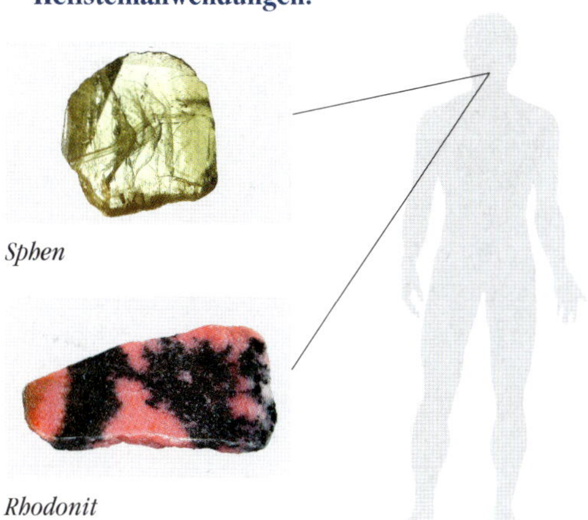

Sphen

Rhodonit

Zur Schmerzlinderung **Sphen** als Kristall oder grünen **Turmalin** in den Mund nehmen,
zur Entzündungshemmung optimal **Sphen,** alternativ **Diamant** oder grünen **Turmalin** als Wasser trinken oder als Kristall in den Mund nehmen,
zur Blutungsstillung und Festigung des Zahnfleischs mit zusammenziehendender Wirkung auf die Mundschleimhaut **Sphen** oder **Rhodonit** in den Mund nehmen,
zur Vorbeugung oder Nachbehandlung **Bernstein** tragen oder **Gagat** als Wasser zur Mundspülung einsetzen.

Weitere Steine: Antimonit.

Alternative Anwendungen: Kolloidales Silber, Salzsole oder/und **Kieselsäuregel** durch die Zähne ziehen.

Zahnschmerzen

Dentalgie

Ein schmerzhaftes Ereignis, bei dem die Nervenwurzel gereizt wird, entweder durch Zahnerkrankungen wie Zahnwurzelentzündungen, kariöse Zahnerweichungen oder aufgrund von Nasennebenhöhlenentzündungen.

Symptome: Sehr unangenehme bohrende, klopfende, dumpfe oder stechende Schmerzen, bis »zum Wahnsinnigwerden«, die oft durch Kälte, Hitze oder Zubeißen, manchmal auch durch Druckabfall bei der Flugzeuglandung ausgelöst werden.

Ätherische Öle: Bei Bedarf 1 Tropfen **Nelkenöl** lokal einreiben.

Heilsteinanwendungen:

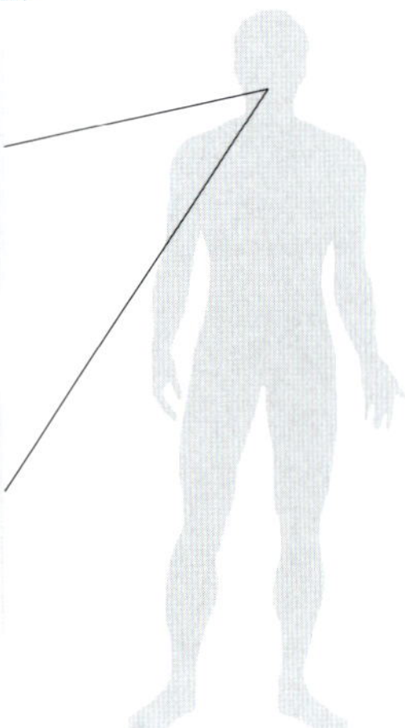

Sugilith

Sphen

Zur Schmerzlinderung **Sugilith, Sphen** oder **Kunzit** in den Mund nehmen,
zur Entzündungshemmung im Zahnwurzelbereich optimal **Sphen,** alternativ violetten **Jadeit** in den Mund nehmen,
vorbeugend durch Zahnschmelzhärtung: **Fluorit, Apatit, Saphir** oder **Sphen** in den Mund nehmen oder als Wasser trinken.

Weitere Steine: Chrysokoll, Diamant, Fluorit und grüner Turmalin.

Alternative Anwendungen: Vorbeugend zur Zahnpflege feinste **Heilerde** zum Zähneputzen verwenden, zur Kräftigung des Zahnfleischs mit **Kieselsäuregel** spülen.

Zuckerkrankheit

Diabetes mellitus

Eine chronische Störung des Zuckerstoffwechsels mit zeitweiser oder ständiger Erhöhung des Blutzuckerspiegels, als Folge eines Insulinmangels oder eines verminderten Ansprechens des Körpers auf Insulin.

Symptome bei Überzucker: Gewichtsverlust trotz normaler Ernährung; übermäßiger Durst mit übermäßiger Ausscheidung an Harn mit Mineralien; Austrocknung des Körpers und Insulinmangel, Infektanfälligkeit und Leistungsschwäche.

Symptome bei Unterzucker: Heißhunger mit Aggressivität und Albträumen, auch Depressionen. Juckreiz auf der Haut, Herzklopfen mit Schweißausbrüchen, Ruhelosigkeit, Schwindel, Übelkeit und Schwächegefühl. Es können auch Ekzeme, Kopfschmerzen, Muskelschmerzen, Schlafstörungen, Sehstörungen und Zittern auftreten sowie Konzentrationsstörungen, Müdigkeit und Sexualstörungen vorkommen.

Folgeerkrankungen und Spätkomplikationen: Störungen der Augennetzhaut bis zur Erblindung, der Nieren bis zum vollkommenen Nierenversagen, des Nervensystems mit Gefühlsstörungen und Schmerzunempfindlichkeit sowie Störungen der Durchblutung der Beine mit Gefäßverschlüssen oder absterbenden Teilen, der Herzgefäße oder der Gehirngefäße bis zum Schlaganfall.

Ein hoher Magnesiumgehalt im Blut kann dem Typ II vorbeugen.

Ätherische Öle: Es liegen keine gesicherten Ölempfehlungen vor. Eukalyptusöl soll jedoch den Blutzucker senken.

Heilsteinanwendungen:

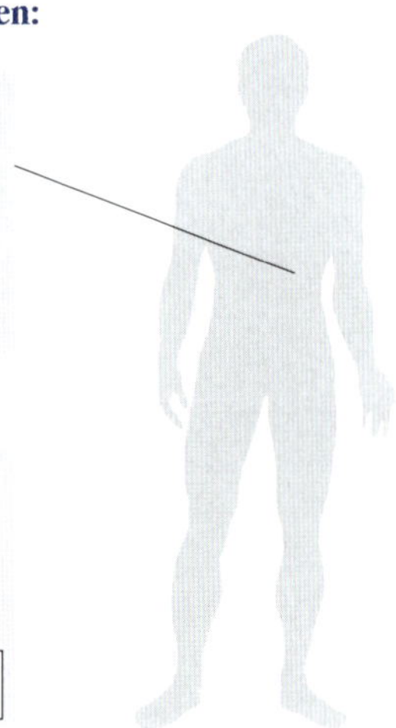

Sphärolithischer Chalcedon

Citrin

Zur Blutzuckersenkung optimal und unverzichtbar **Citrin** als hochkonzentriertes Wasser mindestens 2 Liter täglich einnehmen, alternativ **Bernstein** oder **Chalcedon** tragen,
zur Förderung der Insulinproduktion **Sphärolithischen Chalcedon** oder **Citrin** tragen,
bei starkem Durst und vermehrter Harnausscheidung **Jadeit, Prehnit** und blauen **Turmalin** tragen oder auf die Nierengebiete kleben,

bei Juckreiz und trockener Haut **Aquamarin** als Wasser auftragen,
zur Regeneration des Nervengewebes **Turmalin, Strontianit** oder **Cavansit** als Wasser auftragen und trinken,
bei Schwindel, Übelkeit und Schwäche **Ametrin, Karneol** und roten **Chalcedon** tragen,
bei Heißhunger auf Süßes roten **Chalcedon** tragen,
bei Konzentrationsstörungen **Ametrin** tragen,
bei Störung der erlebbaren Sexualität und zur Gewinnung von Freude und Lebenssüße **Feueropal** oder **Purpurit** als Schmuck tragen,
zur Reduzierung des Übergewichts bei Diabetes II roten **Chalcedon, Prehnit** oder **Versteinertes Holz**, alternativ **Aventurin** tragen,
zur Nachbehandlung oder Vorbeugung **Bernstein** tragen und **Magnesit** als Wasser trinken.

Weitere Steine: Jadeit.

Anwendungen der Aromatherapie

Alle Pflanzen enthalten als Stoffwechselprodukte ätherische Öle, doch liegen deren Konzentrationen oft in einem chemisch nicht nachweisbaren Bereich. Etwa 26 000 Pflanzen sind inzwischen gut untersucht, 350 Pflanzen können davon kommerziell verwendet werden; auf dem europäischen Markt werden davon 150 ätherische Öle vertrieben, die jedoch keinesfalls einheitlich sind. Viele Öle, die unter gleichem Namen erhältlich sind, stammen von unterschiedlichen Pflanzen und sind damit auch von unterschiedlicher chemischer Zusammensetzung.

Die ätherischen Öle konzentrieren die Heilkräfte der Pflanzen in sich. Obwohl es neben den ätherischen Ölen noch andere Inhaltsstoffe (wie Bitter- und Gerbstoffe) gibt, die die Wirkung einer Pflanze ausmachen, sind ätherische Öle bestimmend für die medizinische Heilkraft.

Die nachfolgend beschriebenen ätherischen Öle sind die am häufigsten verwendeten Öle der Aromatherapie. Sie reichen aus, fast alle körperlichen und psychischen Beschwerden zu lindern bzw. zu bessern.

Von den etwa dreißig verschiedenen klinischen Anwendungsmöglichkeiten der Aromatherapie haben sich sechs Anwendungen besonders im Alltagsgebrauch bewährt.

Da die Aromatherapie eine der sinnvollsten Therapien für Laien sein kann, können diese die meisten, im Normalfall zu Hause behandelbaren Gesundheitsstörungen nicht nur unterstützend mit ätherischen Ölen mitbehandeln. In vielen Fällen ist die Aromatherapie auch das erste Mittel der Wahl, zum Beispiel bei Zahnschmerzen, Erkältungen, Stimmungsschwankungen, Menstruationsbeschwerden usw.

Die allgemein bekannte »Aromalampe« hat zumindest im therapeutischen Bereich keinen Einzug gehalten, wenn sie auch zur »geruchsgebenden« Unterstützung oft mit eingesetzt wird.

Einreibungen

Einreibungen sind einfacher als Massagen auszuführen und vor allem bei Kindern sehr beliebt.

Technik: Sie verteilen einige Tropfen eines ätherischen Öls oder einer ätherisch-ölhaltigen Flüssigkeit und reiben diese so lange mit Ihrer flachen Hand oder oft besser nur mit den Spitzen von Zeige- und Mittelfinger, unter mehr oder weniger starkem Druck auf der Haut ein, bis das Öl vollständig von der Haut aufgenommen wird.

Je nach Beschwerden werden die ätherischen Öle in die Haut der Arme oder Beine, der Brust, des Bauchraums oder des Unterleibs eingerieben. Mit sehr sanftem Einreiben kann dies auch über verbrannter oder verletzter Haut und über Wunden geschehen.

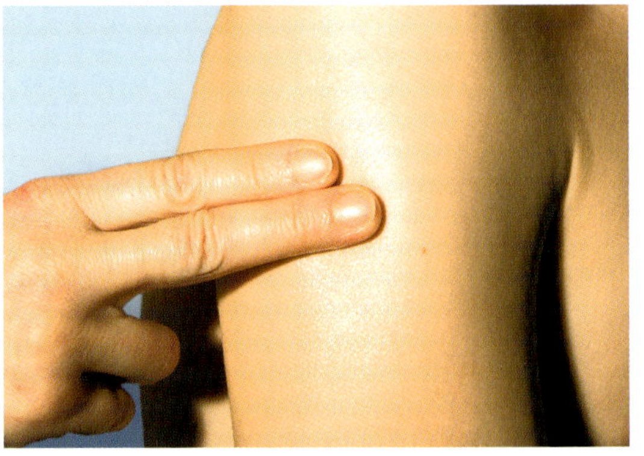

Einreibungen mit der Fingerspitze

Anwendungsbereiche: Erkrankungen der Lymphdrüsen, der Atemwege, der Bronchien, des Herzens, des Verdauungstrakts, der Haut und allergische Hautreaktionen; Erkrankungen der männlichen und weiblichen Sexualorgane; Nieren- Blasen- und Prostatabeschwerden; lokal bei Schmerzzuständen, Verbrennungen, Wunden und bei Fieber.

Bauchmassage

Durch eine Bauchmassage soll in erster Linie die Peristaltik des Dickdarms angeregt werden.

Technik: Die Bauchmassage ist eine Anwendung im Bereich des Ober- und Unterbauchbereichs auf der Körpervorderseite. Dabei werden mit streichenden und kreisenden Bewegungen ätherische Öle oder ätherisch-ölhaltige Flüssigkeiten mit der Handfläche abwechselnd über der Bauchdecke im Uhrzeigersinn sanft einmassiert. Der dabei ausgeübte Druck wird dem Schmerz angepasst – ohne Schmerzen auszulösen. Eine spezielle Massagetechnik ist dazu nicht notwendig.

Anwendungsbereiche: Beschwerden und Erkrankungen des Magens, Dünn- und Dickdarms (vor allem bei Verstopfung), der Gallenblase und bei Menstruationsbeschwerden.

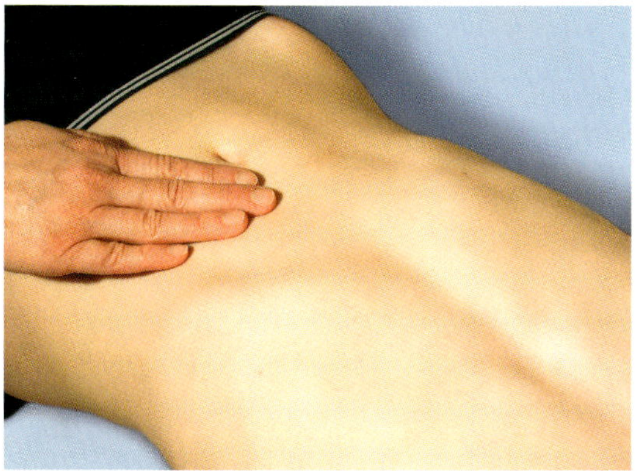

Bauchmassage

Slipeinlage und Tampon

Der Einsatz von Slipeinlage und Tampon liegt ausschließlich bei Frauen und jungen Mädchen.

Technik: Die Slipeinlage oder das Tampon werden mit einigen Tropfen reinen ätherischen Öls betropft, die Slipeinlage wird dann in den Schlüpfer eingeklebt, das Tampon in die Scheide eingeführt.

Anwendungsbereiche: Bei Beschwerden und Erkrankungen im Zusammenhang mit einem gestörten Hormonhaushalt und einer Menstruationsstörung, einschließlich aller klimakterischer Beschwerden.

Inhalation

Die Inhalation ist eine schonende Anwendungsmöglichkeit der Aromatherapie und auch für Kinder geeignet. Bei der Atmung muss besonderer Wert auf die Ausatmung gelegt werden; eine oberflächliche Atmung beeinträchtigt die Wirkung. Es gibt verschiedene Möglichkeiten zum Inhalieren, wobei prinzipiell eine trockene und eine feuchte Inhalation zu unterscheiden sind.

Technik der trockenen Inhalation: Einige Tropfen des entsprechenden ätherischen Öls werden auf ein Papier- oder Stofftaschentuch aufgetropft. Das betropfte Taschentuch wird anschließend vor die Nase gehalten, um daran wiederholt tief einzuatmen. Ebenso können einige Tropfen auf oder neben das Kopfkissen oder auf die Brustseite des Hemds getropft werden, um auf diese Weise über längere Zeit das ätherische Öl einzuatmen.

Technik der feuchten Inhalation: Am besten mithilfe von warmem oder heißem Wasserdampf durchführen. Es reicht, 3–5 Tropfen ätherischen Öls in eine Tasse mit heißem Tee zu geben und zu versuchen, den Tee zu trinken. Der hochsteigende Duft lässt das Trinken kaum zu; auf diese Weise wird so lange inhaliert, bis es möglich ist, den abgekühlten Tee zu trinken.

Nach den ersten kleinen Schlucken kann der restliche Tee ausgeschüttet werden – Ausnahme: bei Fenchelöl. Hier kann der gesamte restliche Tee getrunken werden.

Bei Kindern kann dies auch in einem »Indianerzelt« geschehen, das ganz einfach durch eine große Decke über dem Tisch herzustellen ist. Das Kind und ein Erwachsener sitzen dann unter dem Tisch und atmen dort den Dampf tief ein, der erzeugt wird durch Auftropfen von 1–2 Tropfen ätherischen Öls (meist Fenchelöl) auf vorgewärmte Steine. Hier kann ausnahmsweise die Aromalampe eingesetzt werden.

Inhalation

Anwendungsbereiche: Beschwerden und Erkrankungen der Atemwege, der Bronchien und Lunge, bei Kopfschmerzen und psychischen Beschwerden.

Innerliche Anwendung

Die innerliche Einnahme ätherischer Öle geschieht selten als reines ätherisches Öl. Den Erfahrung der letzten 20 Jahre zufolge können fast alle reinen ätherischen Öle innerlich eingenommen werden, wenn die Dosis nicht über 2 Tropfen liegt.

Technik: Am besten nimmt man ätherische Öle in einem zusammengekrümelten Stück Brot ein. Da das kleine Stück leicht herunterzuschlucken ist, kommt der Geschmack des Öls kaum mit der Zunge in Berührung.

Die Tagesdosis von 6 Tropfen ätherischen Öls, verteilt auf 3 Mal, sollte im Normalfall nicht überschritten werden. Ausnahme davon ist die kurzfristige Einnahme von Nelkenöl zur Wurmbehandlung, von Fenchelöl bei grippalen Infekten und Ingweröl zur Steigerung der Immunabwehr oder bei Verdauungsstörungen.

Fenchelöl ist das einzige ätherische Öl, das je nach Verträglichkeit auch höher dosiert innerlich eingenommen werden kann.

Jeden 6. und 7. Tag sollte eine Behandlungspause eingehalten werden. Diese Pausen sind nicht notwendig, wenn mit ätherischen Ölen aromatisierte Tees verwendet werden.

Anwendungsbereiche: Beschwerden und Erkrankungen des Verdauungstrakts sowie allgemein systemische Erkrankungen des Kreislaufs, der Nerven und des Hormonhaushalts; zur Immunbeeinflussung und psychischen Beeinflussung.

Essenzen

Reagiert eine Person sehr stark auf die innerliche Einnahme von 1 Tropfen ätherischen Öls, kann diese Dosierung durch eine niedrigere Dosierung der Essenz unterschritten werden. Essenzen werden meist im Verhältnis 1:10 mit 45- bis 70-prozentigem Weingeist (oder Cognac) gemischt.

Technik: Im Normalfall gibt man auf 100 Milliliter Weingeist 10 Milliliter eines ätherischen Öls. Die Reifungszeit beträgt etwa 2 Tage.

Die Essenzen ätherischer Öle sind sehr lange haltbar, mindestens 5 Jahre. Im Allgemeinen werden pro therapeutische Anwendung je nach Verträglichkeit 10–20 Tropfen der Essenz zur innerlichen oder äußerlichen Anwendung verwendet, das dann etwa der Menge von 1–2 Tropfen ätherischen Öls entspricht.

Anwendungsbereiche: Beschwerden und Erkrankungen des Verdauungstrakts sowie allgemein systemische Erkrankungen des Kreislaufs, der Nerven und des Hormonhaushalts; zur Immunbeeinflussung und psychischen Beeinflussung.

24 ätherische Öle

Als Faustregel gilt: Das entsprechende Öl 2–3-mal täglich anwenden. Im Akutfall öfter, wenn es vertragen wird.

Keine ätherischen Öle – außer Fenchel- und Lavendelöl – bei Kindern unter sechs Jahren ohne Rücksprache mit einem Arzt oder Heilpraktiker einsetzen.

Anisöl

Durch Wasserdampfdestillation der reifen, getrockneten Früchte von *Pimpinella anisum* gewonnen.

Wirkungen: angstlösend, auswurffördernd, blähungsmindernd, durchblutungsfördernd, gallenflussanregend, krampflösend, milchbildend, schleimlösend und verdauungsfördernd.

Nebenwirkungen: Das Öl sollte wegen seiner lokalen hautreizenden Wirkung nicht unverdünnt eingenommen werden. Es kann allergische Hautreaktionen hervorrufen und in hoher Dosis zu Benommenheit und Magenreizung führen.

Verwendungen:

3–4 Tropfen zum Einreiben lokal bei Hautparasiten, besonders bei Flöhen, Läusen und Krätzmilben.

2–3 Tropfen zum Einreiben in den Bauch bei Blähungen und Darmkoliken von Kindern.

1–2 Tropfen zum Einreiben in die Brust bei Milchmangel (Wöchnerinnen) sowie bei Asthma, Atemnot, chronischen Bronchialkrämpfen, Husten, Herzkrämpfen und Herzsensationen.

3–8 Tropfen als Badezusatz zu Sitz- oder Teilbädern bei rheumatischen Schmerzen.

2–3 Tropfen zum Auftropfen auf die Slipeinlagen bei Menstruationsbeschwerden.

1–2 Tropfen zum Gurgeln bei Zahnfleischentzündung.

Bergamottöl

Durch Auspressen der äußeren Schale der grünen Früchte von *Citrus aurantium* var. *bergamia* gewonnen.

Wirkungen: auswurffördernd, fiebersenkend, keimtötend, krampflösend, magensaftanregend, schleimlösend, stimmungsaufhellend, verdauungsfördernd und wurmabtreibend.

Nebenwirkungen: Es kann in alkoholischer Lösung die Lichtempfindlichkeit der Haut steigern und eine dunkle Pigmentierung hinterlassen sowie in höheren Dosen Krämpfe auslösen.

Verwendungen:

2–3 Tropfen zum Einreiben gegen Abszesse, bei Akne, Ekzemen, Geschwüren, Herpes, Krampfadern, Läuse und Schuppenflechte sowie Fieber.

2–3 Tropfen zum Einreiben in die Brust bei Bronchitis.

1–3 Tropfen zum Gurgeln bei Mandelentzündung, Mundgeruch, Hals-, Mund- und Zungenentzündung.

2–3 Tropfen zum Einnehmen bei Darmparasiten.

2–3 Tropfen zum Inhalieren bei grippalen Infekten.

1–3 Tropfen zum Aromatisieren des Zimmers bei Angstzuständen, Depressionen und nervösen Spannungen.

Eukalyptusöl

Durch Wasserdampfdestillation aus Blättern und jungen Zweigen verschiedener Eukalyptusarten, meist *Eucalyptus globulus*, gewonnen.

Wirkungen: antriebsteigernd, auswurffördernd, blutungsstillend, blutzuckersenkend, fiebersenkend, harntreibend, hautreizend, hustenreizstillend, keimtötend, krampflösend, pilzhemmend, schleimlösend, schmerzlindernd und wurmabtreibend.

Nebenwirkungen: Das Öl kann allergieauslösend sein und Hautquaddeln hervorrufen. Bei empfindlichen Personen können auch bei normaler Dosis Durchfall, Erbrechen und Übelkeit auftreten; höhere Dosen können auch zu Krämpfen und Lähmungen führen.

Verwendungen:

2–3 Tropfen zum Einreiben in die Haut bei Eiterabszessen, Fieber, Hautausschlägen, Masern, Parasitenbefall, schlecht heilenden Wunden und rheumatischen Muskel- und Gelenkschmerzen.

2–3 Tropfen zum Einreiben in die Brust bei Asthma, chronischer Bronchitis, Emphysem, Husten und Keuchhusten.

2 Tropfen zum Einreiben in den Bauch bei Nierenentzündung und Gallensteinschmerzen.

2–3 Tropfen zum Einreiben in die Brust bei Fieber und Bronchialerkrankungen sowie Masern, Röteln und Scharlach.

2 Tropfen zum Gurgeln bei Diphtherie, Mandel- und Rachenentzündung sowie Zahnwurzelvereiterungen.

2 Tropfen zum Einnehmen bei Cholera, Darmparasiten, Durchfall und Verdauungsstörungen.

2–3 Tropfen zum Inhalieren bei Erkältungskrankheiten, Grippe und Nebenhöhlenentzündung.

2–4 Tropfen zum Vernebeln im Raum bei Erschöpfung und Konzentrationsschwäche.

Fenchelöl

Durch Wasserdampfdestillation aus den Früchten von *Foeniculum vulgare dulce* gewonnen.

Wirkungen: appetitanregend, auswurffördernd, blähungstreibend, harntreibend, krampflösend, läusevernichtend, menstruationsfördernd, milchbildend, östrogenartig, schleimlösend, verdauungsfördernd und wurmabtreibend.

Nebenwirkungen: Das Öl kann in hohen Dosen Krämpfe und bei Epileptikern einen Anfall auslösen. Es ist in der Schwangerschaft nur sehr niedrig dosiert einzunehmen.

Verwendungen:

2–3 Tropfen zum Einreiben in die Brust bei Bronchitis und Erkältungskrankheiten.

2–4 Tropfen zum Einreiben in die Brust bei Brustdrüsenentzündung, sowie bei Milchmangel bei jungen Müttern, Blähungskoliken bei Säuglingen sowie Nervosität und Unruhe bei Kleinkindern.

2–4 Tropfen zum Einreiben in den Unterleib bei Harn- und Nierensteinen; sowie bei Darmparasiten, Darmverstimmung, Dickdarmentzündung, Übelkeit und Verdauungsstörungen.

3 Tropfen zum Auftropfen auf die Slipeinlage bei Ausbleiben der Monatsblutung, schmerzhafter Monatsblutung und Wechseljahrsbeschwerden.

2–6 Tropfen zum Einnehmen bei Bronchitis, Erkältungskrankheiten, Halsentzündung und Husten.

Fichtennadelöl

Durch Wasserdampfdestillation aus den Nadeln von *Pinus sylvestris* gewonnen.

Wirkungen: auswurffördernd, durchblutungsfördernd, harntreibend, keimtötend, krampflösend und schleimlösend.

Verwendungen:

2–3 Tropfen zum Einreiben lokal gegen rheumatische Schmerzen.

2–3 Tropfen zum Einreiben in die Brust bei Bronchitis, grippalen Infekten, Husten und Lungenentzündung.

2 Tropfen zum Einreiben auf die wunde Haut und bei Muskelkater.

1–2 Tropfen zum Einreiben in den Unterleib bei Blasen- und Nierenentzündung, Nierensteinen und Prostataentzündung.

2–4 Tropfen zum Inhalieren bei grippalen Infekten, Nasenneben- und Stirnhöhlenentzündung.

2–4 Tropfen zum Aromatisieren des Zimmers bei Erschöpfungszuständen und Nervenschwäche.

Gewürznelkenöl

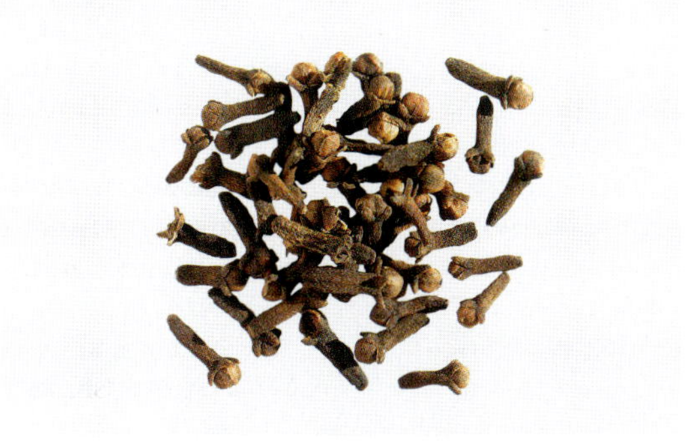

Durch Wasserdampfdestillation der getrockneten Blütenknospen von *Eugenia caryophyllata* gewonnen.

Wirkungen: betäubend, hautreizend, keimtötend, krampflösend, parasitenbekämpfend, pilztötend, schmerzlindernd, verdauungsfördernd, wärmend und wurmabtreibend.

Verwendungen:

2 Tropfen zum Einreiben in die Haut bei Beingeschwüren und Krätze.

1–3 Tropfen zum Einreiben in die Haut lokal im Schmerzbereich bei Schmerzzuständen.

1 Tropfen zum Gurgeln bei Zahnschmerzen.

2–5 Tropfen zum Einnehmen bei Darmparasiten.

1 Tropfen zum Vernebeln im Raum bei Gedächtnisschwäche.

Ingweröl

Durch Wasserdampfdestillation aus dem getrockneten Wurzelstock von *Zingiber officinale* gewonnen.

Wirkungen: appetitanregend, durchwärmend, fiebersenkend, keimtötend, magenstärkend, schmerzlindernd und verdauungsfördernd.

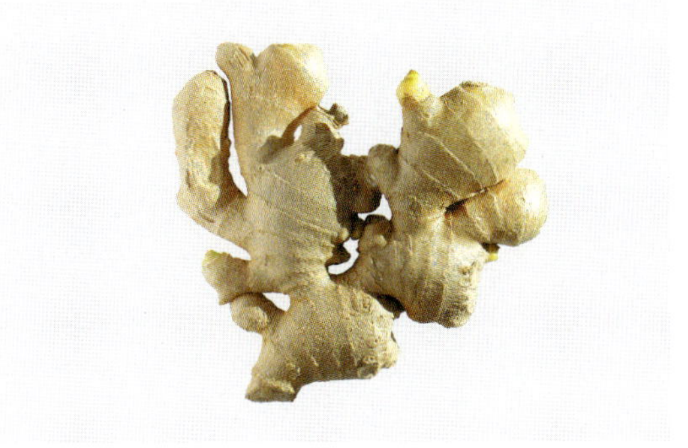

Verwendungen:

1–3 Tropfen zum Einreiben in die Beine bei Durchblutungsstörungen und in die Brust bei Fieber.

1 Tropfen zum Gurgeln bei Mandelentzündung und Zahnschmerzen.

1–2 Tropfen zum Einnehmen bei Appetitlosigkeit, Durchfall, Verdauungsstörungen. Reisekrankheiten und zur Wurmabtreibung auf Askariden.

1–2 Tropfen zum Inhalieren bei Bronchitis, Grippe und Lungenentzündung.

Kampferbaumöl

Durch Wasserdampfdestillation von Holz- und Wurzelstücken von 30–40-jährigen Bäumen von *Cinnamomum camphora* gewonnen.

Wirkungen: blutstillend, fiebersenkend, gefäßerweiternd, keimtötend, milchsekretionshemmend, pilztötend, schmerzlindernd, wurmabtreibend und zusammenziehend.

Vorsicht: Höhere Dosen können Kreislaufstörungen und Krämpfe auslösen, mit Lähmung des reizbildenden und reizleitenden Prozesses am Herz.

Verwendungen:

1–2 Tropfen zum Einreiben lokal in die Haut bei Erysipel, gangränösen Geschwüren und Furunkeln.

1–3 Tropfen zum Einreiben bei Fieber und niedrigem Blutdruck.

1–2 Tropfen zum Einreiben in den Bauch bei Darmkoliken, Gastroenteritis und Meteorismus.

1 Tropfen zum Einnehmen bei Kollapszuständen; 3 Tropfen sind wurmabtreibend auf Askariden.

1–2 Tropfen zum Inhalieren bei Kollapszuständen; Bronchitis, Grippe, Lungenentzündung; sowie bei Angina pectoris, Herzmuskelschwäche und Herzneurose.

Lavendelöl

Durch Wasserdampfdestillation der ganzen blühenden Pflanze von *Lavendula officinalis* oder *vera* gewonnen.

Wirkungen: beruhigend, blutdrucksenkend, entzündungshemmend, erfrischend, geruchsbekämpfend, harntreibend, keimtötend, menstruationsfördernd, schmerzlindernd, wundheilend und zusammenziehend.

Verwendungen:

2–3 Tropfen zum Einreiben lokal in die Haut bei Abszessen, Akne, Brandwunden, Hautentzündung, Furunkeln, Schuppenflechte, Insektenstichen (besonders Läusen), Verbrennungen, Verrenkung, Verstauchungen, Wunden, auch brandigen Wunden und Zerrungen.

2 Tropfen zum Einreiben bei Durchblutungsstörungen, Fieber und Sonnenstich.

1–2 Tropfen zum Einreiben in die Brust bei Asthma, akuter Bronchitis und Keuchhusten.

2–3 Tropfen zum Auftropfen auf die Slipeinlage bei Ausfluss, Menstruationsbeschwerden und dem Aussetzen der Regelblutung.

1–2 Tropfen zum Einnehmen gegen Bluthochdruck.

1–2 Tropfen zum Gurgeln oder als Mandelspülung bei Diphtherie, Kehlkopfentzündung und Mandelentzündung.

1–2 Tropfen zum Vernebeln im Raum bei nervösen Spannungen, Unruhezuständen und Schlafstörungen.

Indisches Melissenöl

Durch Wasserdampfdestillation aus der frisch blühenden Pflanze von *Melissa officinalis* oder auch durch Extraktion mit nachfolgender Wasserdampfdestillation gewonnen.

Wirkungen: beruhigend, blutdrucksenkend, entspannend, erfrischend, fiebersenkend, gallensekretionsfördernd, hautreizend, krampflösend, menstruationsfördernd, pulszahlsenkend und schlaffördernd.

Verwendungen:

1–2 Tropfen zum Einreiben lokal in die Haut bei Hautentzündungen, Herpes und Insektenstichen.

1–2 Tropfen zum Einreiben bei Fieber, Migräne, Schwindelgefühl, nervösen Spannungen, nervös bedingten Kopfschmerzen und Wetterfühligkeit.

1–2 Tropfen zum Einreiben in die Brust bei Bronchitis und grippalen Infekten.

1–2 Tropfen zum Auftropfen auf die Slipeinlage bei Menstruationsbeschwerden.

1–2 Tropfen zum Einnehmen gegen Bluthochdruck.

1–2 Tropfen zum Vernebeln im Raum bei Schlafstörungen.

Muskatellersalbeiöl

Durch Wasserdampfdestillation der frischen, blühenden Pflanze *Salvia sclarea* gewonnen.

Wirkungen: anregend, auswurffördernd, depressionslösend, entzündungshemmend, euphorisierend, krampflösend, menstruationsfördernd, nervenberuhigend, sexuell anregend und uteruswirksam.

Nebenwirkungen: Das Öl kann euphorisierend wirken und darf deshalb nicht vor Autofahrten verwendet werden.

Verwendungen:

1–2 Tropfen zum Einreiben lokal auf die Haut bei Furunkeln, Hautgeschwüren und Insektenstichen.

1–2 Tropfen zum Einreiben in die Brust bei Asthma, Bronchitis und Keuchhusten.

1–2 Tropfen zum Auftropfen auf die Slipeinlage bei Ausfluss und Menstruationsbeschwerden.

1–2 Tropfen zum Gurgeln bei Hals- und Mandelentzündung.

1–2 Tropfen zum Einnehmen bei depressiven Zuständen und zur Regulierung hormonell bedingter Störungen.

Myrtenöl

Durch Wasserdampfdestillation aus den Blüten und Zweigspitzen von *Myrtus communis* gewonnen.

Wirkungen: antirheumatisch entzündungshemmend, hustenreizlindernd, schmerzlindernd und zusammenziehend.

Verwendungen:

2–3 Tropfen zum Einreiben in die Brust bei chronischer Bronchitis und Keuchhusten.

2–3 Tropfen zum Auftropfen auf den Tampon und in die Scheide einführen bei Ausfluss und Blasenentzündung.

2 Tropfen zum Gurgeln bei Paradontose, Zahnfleischentzündung und Zahnschmerzen.

Orangenschalenöl

Durch Auspressen der Schalen reifer Früchte von *Citrus sinensis* gewonnen.

Wirkungen: beruhigend, durchblutungsfördernd, erfrischend, fiebersenkend, gallenflussanregend, harmonisierend, hauterneuernd, psychisch harmonisierend, schlaffördernd, stoffwechselanregend und verdauungsfördernd.

Verwendungen:

1–2 Tropfen zum Einreiben lokal bei Hauterkrankungen und Orangenhaut.

1–2 Tropfen zum Einreiben in die Brust bei chronischer Bronchitis, Husten und Herzschmerzen.

1–2 Tropfen zum Gurgeln bei Zahnfleischentzündung.

1–2 Tropfen zum Vernebeln im Raum bei Schlaflosigkeit.

Pfefferminzöl

Durch Wasserdampfdestillation aus dem frischen blühenden Kraut von *Mentha piperita* gewonnen.

Wirkungen: entzündungshemmend, erfrischend, fiebersenkend, Erhöhung der Gallensäurenmenge, galletreibend, gefäßverengend, menstruationsfördernd, muskelentkrampfend, schmerzlindernd und zusammenziehend.

Nebenwirkungen: In hohen Dosen sind Erbrechen mit Leibschmerzen und Herzrasen mit Angstgefühl möglich. Überdosis führt zum Koma mit fehlenden Reflexen ohne Muskelsteifheit. In Konzentrationen über 1 Prozent liegend, reizt es die Haut.

Nicht anwenden bei Verschluss der Gallenwege und Gallenblasenvereiterung.

Verwendungen:

1–2 Tropfen zum Einreiben lokal in die Haut bei eiternden Wunden, Akne, Hautentzündung, Hautreizung, Haut- und Nagelpilzen, Juckreiz, Fieberzuständen, Muskelschmerzen und Nervenschmerzen.

1–2 Tropfen zum Einreiben der Brust bei Asthma, Bronchitis, Erkältungskrankheiten und grippalen Infekten.

1–2 Tropfen zum Einreiben in die Schläfe bei Kopfschmerzen, Migräne, Ohnmacht, Schwindel und Übelkeit.

1–2 Tropfen zum Einreiben in den Bauch bei Gallensteinbeschwerden, Koliken, Magenschmerzen, Magenschleimhautentzündung und Verdauungsstörungen.

1–2 Tropfen zum Einnehmen bei Verdauungsbeschwerden.

1–2 Tropfen zum Inhalieren bei grippalen Infekten, Mandelentzündung und Nasennebenhöhlenentzündung.

1–2 Tropfen zum Gurgeln oder zur Zahnfleischmassage bei Zahnfleischentzündung und Zahnschmerzen.

1–2 Tropfen zum Vernebeln im Raum bei geistiger Erschöpfung, Nervosität und Schock.

Rosenholzöl

Durch Wasserdampfdestillation des Holzes von *Aniba rosaeodora* var. *amazonica* gewonnen.

Wirkungen: blutdrucksenkend, krampflösend, stimmungsaufhellend und wundheilend.

Verwendungen:

1–2 Tropfen zum Einreiben bei Angstzuständen, Depressionen, Schlaflosigkeit und Übererregbarkeit.

1–2 Tropfen zum Einreiben auf geschädigter Haut.

1–2 Tropfen zum Vernebeln im Raum bei Angstzuständen, Depressionen, Schlaflosigkeit und Übererregbarkeit.

Rosmarinöl

Durch Wasserdampfdestillation aus der frischen Pflanze nach der Blüte von *Rosmarinus officinalis* gewonnen.

Wirkungen: anregend, blutdrucksteigernd, leicht blutzuckersenkend, durchblutungsfördernd, erfrischend, gallenflussanregend, harntreibend, hustenreizstillend, krampflösend, menstruationsanregend, schmerzlösend und zusammenziehend.

Nebenwirkungen: Eine Überdosierung kann zu Krämpfen, Wahnvorstellungen und Schizophrenien führen. Bei empfindlichen Personen oder ein längerer Gebrauch kann zu einer Reizung des Magen-Darm-Kanals oder zu einer chronischen Nierenschädigung führen.

Vorsicht: Nicht in der Schwangerschaft verwenden! Es kann eine Gebärmutterblutung ausgelöst werden.

Verwendungen:

1–2 Tropfen zum Einreiben bei Insektenbefall (besonders Läusen) sowie bei Verbrennungen, Arterienverkalkung und bei niedrigem Blutdruck.

1–2 Tropfen zum Einreiben in die Brust bei Asthma und Husten, in den Bauchbereich bei Gallensteinschmerzen und Gelbsucht.

1–2 Tropfen zur Bauchmassage bei Darmkrämpfen, Durchfällen und Verdauungsstörungen.

1–2 Tropfen zum Inhalieren bei Bronchitis, Erkältungskrankheiten, Grippe, Keuchhusten, Nasennebenhöhlen- und Stirnhöhlenentzündung.

Salbeiöl

Durch Wasserdampfdestillation der frischen Pflanze von *Salvia officinalis* gewonnen.

Wirkungen: auswurffördernd, blutdrucksteigernd, blutstillend, entzündungshemmend, fiebersenkend, krampflösend, menstruationsanregend, milchflusshemmend, schweiß- und speichelhemmend und zusammenziehend.

Nebenwirkungen: Höhere Dosen können einen Schwitzprozess auslösen. 2 Gramm = 40 Tropfen erzeugen Sehstörung, Erbrechen, Durchfall, zuerst mit Erregung, dann Krämpfe und Lähmungen. Der Tod erfolgt in Bewusstlosigkeit.

Verwendungen:

1–2 Tropfen zum Einreiben lokal auf der Haut bei eitrigen Wunden, Frostbeulen, Fußschweiß und Nachtschweißen.

1–2 Tropfen zum Einreiben in die Brust bei Asthma und Bronchitis sowie zum Abstillen.

1–2 Tropfen zur innerlichen Anwendung als Tee bei Grippe oder grippalen Infekten.

1–2 Tropfen zum Gurgeln bei Mandel- und Rachenentzündung.

1–2 Tropfen zum Massieren des Zahnfleischs bei Zahnfleischentzündung.

Sandelholzöl

Durch Wasserdampfdestillation aus dem Holz von *Santalum album* gewonnen.

Wirkungen: beruhigend, entzündungshemmend, keimtötend, schleimlösend, sexuell anregend, stimmungsaufhellend und zusammenziehend.

Nebenwirkungen: Das Öl kann zu allergischen Hautausschlägen und einer Schädigung des Nierenepithels führen.

Verwendungen:

1–2 Tropfen zum Einreiben lokal auf die Haut bei Akne, Furunkeln und bei Hautentzündung.

2 Tropfen zum Einreiben in die Brust bei Bronchitis und Husten.

1 Tropfen zum Vernebeln im Raum bei Depressionen, Schlaflosigkeit und nervösen Spannungen.

Teebaumöl

Durch Wasserdampfdestillation aus der Pflanze mit Knospen von *Melaleuca alternifolia* gewonnen.

Wirkungen: auswurffördernd, blutstillend, entzündungshemmend, fiebersenkend, keimtötend, krampflösend, parasitenbekämpfend, pilztötend, schleimlösend und schmerzlindernd.

Vorsicht: In hohen Dosen können Krämpfe und Lähmungen auftreten.

Verwendungen:

2–3 Tropfen zum Einreiben lokal auf die Haut bei Akne, Insektenstichen, Masern, Pilzinfektionen, Schuppenflechte, Verbrennungen und Wunden.

2–3 Tropfen zum Einreiben in den Unterleib bei Blasenentzündung und Harnröhrenentzündung.

2–3 Tropfen zum Einreiben auf die Brust bei Asthma und chronischer Bronchitis.

2 Tropfen zum Gurgeln bei Zahnschmerzen.

2–3 Tropfen zum Inhalieren bei grippalen Infekten, Nebenhöhlenentzündung; Rachen- und Kehlkopfentzündung.

Thymianöl

Durch Wasserdampfdestillation aus der frischen Pflanze des spanischen *Thymus vulgaris* gewonnen.

Wirkungen: antiasthmatisch, auswurffördernd, harntreibend, hustenreizdämpfend, keimtötend, krampflösend, menstruationsfördernd, nervenstärkend, schleimlösend und wundheilend.

Nebenwirkungen: Das Öl kann in höheren Dosen eine Schilddrüsenüberfunktion auslösen, Leibschmerzen mit Kollaps können auftreten.

Verwendungen:

2–3 Tropfen zum Einreiben lokal bei Akne, Herpes, Insektenstichen sowie rheumatischen Gelenkschmerzen.

2 Tropfen zum Einreiben in den Unterbauch bei Blasenentzündung.

1–2 Tropfen zum Einnehmen bei Kreislaufstörungen; Darminfektionen, Durchfall und Eingeweidewürmer.

1 Tropfen zum Gurgeln bei Mandelentzündung, Mundschleimhaut- und Zahnfleischentzündung.

2 Tropfen zum Inhalieren bei Asthma, Bronchitis und Keuchhusten.

Wacholderbeerenöl

Durch direkte Destillation der Beeren von *Juniperus communis* gewonnen.

Wirkungen: appetitanregend, durchblutungsfördernd, erfrischend, harnsäurelösend, schwach harntreibend, hautreizend, keimtötend, menstruationsfördernd, verdauungsfördernd und zusammenziehend.

Nebenwirkungen: Vorsicht bei Nierenerkrankungen, da auch schon in kleinen Dosen eine Nierenreizung eintreten kann, mit Schmerzen in der Nierengegend, Harndrang, Schmerzen beim Wasserlassen; es kann auch Blut im Harn auftreten. Reizwirkung auf die Haut mit Brennen, Rötung, Entzündung mit Blasenbildung und Schwellung. Eine Beschleunigung der Herztätigkeit und der Atmung kann auftreten, seltener mit krampfartigen Erscheinungen.

In der Schwangerschaft darf das Öl wegen einer Abortgefahr nicht angewendet werden. Es führt zu Gebärmutterblutungen.

Verwendungen:

1–2 Tropfen zum Einreiben bei Dermatitis, Ekzemen, Flechten und Krätzmilben, Hämorrhoiden, Hautgeschwüren, Orangenhaut, Schuppenflechte; sowie bei Gicht, Parästhesien und rheumatischen Schmerzen der Gelenke.

1–2 Tropfen zum Einreiben bei Arterienverkalkung, Erkältungskrankheiten und Bronchitis.

1–2 Tropfen zum Einreiben in den Unterleib bei Blasenerkrankungen, Harn- und Nierensteinen, chronischer Nierenentzündung; sowie bei Darminfektionen, Magenschleimhautentzündung und Verdauungsstörungen.

2–3 Tropfen zum Auftropfen auf die Slipeinlage bei Ausfluss und Menstruationsbeschwerden.

1–2 Tropfen zum Einnehmen bei Zuckerkrankheit.

1–2 Tropfen zum Gurgeln oder als Mandelpinselung.

1–2 Tropfen zum Vernebeln im Raum bei Ängsten und Nervosität.

Weihrauchöl

Durch Wasserdampfdestillation aus Resinoid von *Boswellia thurifera* oder *-carterii* gewonnen.

Wirkungen: antidepressiv, beruhigend, blutdrucksenkend, keimtötend, stimmungsaufhellend und zusammenziehend.

Verwendungen:

2 Tropfen zum Auftragen lokal bei Verletzungen und Wunden.

1 Tropfen zum Gurgeln bei Kehlkopfentzündung.

1–2 Tropfen zum Einnehmen bei Bluthochdruck.

2 Tropfen zur Inhalation bei Bronchitis, Grippe und Husten.

1–2 Tropfen zum Auftropfen auf ein Tampon bei Ausfluss.

Zimtrindenöl

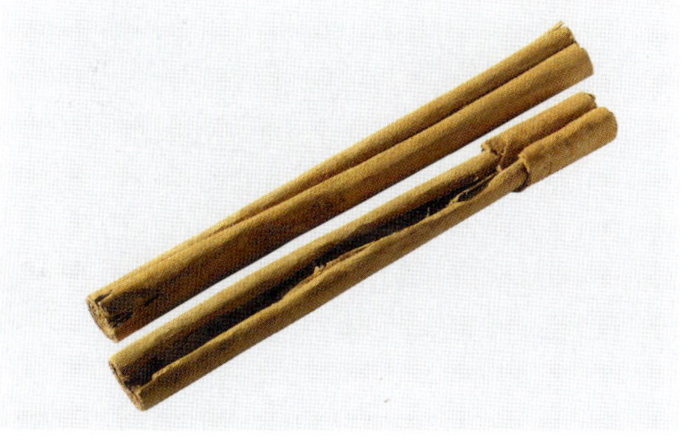

Durch Wasserdampfdestillation aus der Rinde von *Cinnamomum ceylonicum* gewonnen.

Wirkungen: durchblutungsfördernd, durchwärmend, entzündungshemmend, kreislaufanregend, krampflösend, menstruationsfördernd, schmerzlindernd und verdauungsfördernd.

Nebenwirkungen: Das Öl kann in seltenen Fällen zu Hautausschlägen führen, die Schleimhäute werden dabei nicht angegriffen.

Verwendungen:

1–2 Tropfen zum Einreiben lokal bei Muskelschmerzen und rheumatischen Schmerzen.

1–2 Tropfen zum Einreiben lokal bei Insektenstichen.

1–2 Tropfen zum Einreiben in den Bauch bei Darminfektionen, Durchfall, Magen- und Darmkrämpfen.

Zitronenöl

Durch kalte Auspressung der frischen Fruchtschalen von *Citrus medica limonum* gewonnen.

Wirkungen: abwehrsteigernd, antibakteriell, blutstillend, entschlackend, erfrischend, fiebersenkend, hautreizend, keimtötend, nervenstärkend, schleimlösend und pilztötend.

Nebenwirkungen: In hohen Dosen krampfauslösend, kann zu Lähmungen führen.

Verwendungen:

2–3 Tropfen zum Einreiben und für Kompressen bei Bindegewebsschwäche.

1–2 Tropfen zum Einreiben lokal bei Krampfadern, Venenentzündung, Warzen und eitrigen Wunden.

1–2 Tropfen zum Einreiben bei Asthma; Galle- und Lebererkrankungen und Harnleiterentzündung.

1–2 Tropfen zum Gurgeln bei Halsschmerzen und Mandelentzündung.

1–2 Tropfen zum Einnehmen bei Verdauungsstörungen und Appetitlosigkeit, Fieber und grippalen Infekten.

1–2 Tropfen zum Inhalieren bei grippalen Infekten und Stirnhöhlenvereiterung.

1–2 Tropfen zum Vernebeln im Raum bei Kopfschmerzen, Migräne und Nervosität und gegen schlechte Gerüche.

100 Heilsteine

Achat
Siliziumdioxid

Achat sollte, wenn keine Signatur angegeben ist, gleichmäßig gebändert sein.

Körperlich: beruhigt, schützt und regeneriert die Haut, stärkt die Verdauung und reguliert die Ausscheidung; stabilisiert das Immunsystem; regeneriert alle aus mehreren Gewebeschichten bestehenden Organe; wirkt auf jenes Organ und hilft gegen jene Erkrankung, an welche er durch seine Erscheinung erinnert.

Seelisch: vermittelt Schutz, Sicherheit und Geborgenheit; stärkt mittelfristig das Selbstvertrauen durch größere Unabhängigkeit von Bewertungen anderer; fördert den Rückzug und die Verinnerlichung, stabilisiert psychisch und richtet die Aura aus; regt die Bilderwelt an; macht jedoch realistisch und hilft Probleme pragmatisch und möglichst einfach zu lösen; hilft sich auf Wesentliches zu beschränken und Ablenkungen zu ignorieren.

Ägirin
Natrium-Eisen-Kettensilikat

Körperlich: wirkt erfolgreich bei Nerven-, Knochen- und Muskelschmerzen, insbesondere bei Schmerzen der Lendenwirbelsäule und der Schultern; lindert Verspannungen; entlastet bei Fersensporn; entstört Narben; bringt die Energie wieder ins Fließen; reduziert Überreaktionen des Immun- und Hormonsystems.

Seelisch: verleiht die Stärke, sich von Gruppenzwang zu befreien; kann blockierte Gefühle lösen sowie eigene Einstellungen überprüfen und akzeptieren helfen; kann gegen Mobbing eingesetzt werden; hilft ehrlich zu sich zu stehen.

Amazonit
Kalium-Alumo-Gerüstsilikat

Körperlich: wirkt kühlend und abschwellend, wirkt krampflösend insbesondere bei Geburtsschmerzen und Menstruationsbeschwerden; fördert die Öffnung des Muttermunds bei schwierigen Geburten; mildert Herzrhythmusstörungen; bessert die Rekonvaleszenz bei schweren Erkrankungen.

Seelisch: löst durch Trauer und Kummer verursachte Blockaden, gleicht Stimmungsschwankungen aus und wirkt bei depressiver Verstimmung Opferhaltungen entgegen; bringt Verstand und Gefühl in Einklang.

Amethyst
Siliziumdioxid

Heller Amethyst ist eher auf sanftere Art klärend, dunkler reinigt auf intensivere Weise und wirkt bei heftigeren Schmerzen.

Das Ausstreichen mit einem oder zwei handgroßen Drusenstücken ist eine universelle Behandlung, die nahezu jeder therapeutischen Anwendung vorausgehen kann. Mit einem Zentimeter Abstand zum Körper wird langsam das Drusenstück von der Stirn aus über das Haupt nach unten geführt, als wollte man den Partner kämmen. Die Vorstellung, dass energetische Schlacken weggebürstet werden, unterstützt die klärende Anwendung, die zirka 10 bis 15 Mal wiederholt wird.

Körperlich: reinigt die Haut; hilft bei Erkrankungen der Atemwege und der Lunge, besonders am Anfang einer Erkältung; lindert Kopfschmerzen und Nervenschmerzen; unterstützt die Darmtätigkeit, hilft bei Störungen der Darmflora; mildert Menstruationsbeschwerden und Hitzewallungen; lindert Blutergüsse, Prellungen und Zerrungen; angezeigt bei Sprachschwierigkeiten nach einem Schlaganfall; bessert tränende Augen.

Seelisch: stärkt die Willenskraft; hilft in die Lernstimmung zu kommen, stärkt den analytischen Verstand; verbessert Konzentrations- und Lernschwäche, mildert Angstzustände und Prüfungsängste; erleichtert es, sich nach kritischer Prüfung ganz einer Sache zu widmen; hilft Trauer und Verluste zu überwinden; fördert einen ruhigen Schlaf, unterstützt das Traumerleben. Verhindert das Übernehmen von unbewussten Mustern und Energien anderer Menschen.

Ametrin

Siliziumdioxid

Verbindet die Qualitäten von Amethyst und Citrin.

Körperlich: motiviert bei Antriebsschwäche, harmonisiert und stärkt das vegetative Nervensystem; hilft bei Verdauungsschwäche, bessert Augenbeschwerden; erleichtert die Genesung nach schweren Erkrankungen, wirkt allgemein kräftigend.

Seelisch: wirkt gemütsaufhellend und fördert die Lebensfreude; verbessert die Kontrolle über das eigene Leben; bringt Konzentration, Dynamik und Durchsetzung; unterstützt Führungskompetenz, verbindet »Kopf und Bauch«.

Anden-Opal

Wasserhaltiges Siliziumdioxid

Der blaue Anden-Opal wirkt eher auf Lymphe, weiße Blutkörperchen und Gewebewasser, der rosa Anden-Opal eher auf Herz und weibliche Geschlechtsorgane.

Körperlich: stärkt die Nieren; fördert Harnausscheidung und den Lymphfluss; bessert die Aufnahme von Wasser in Haut und Bindegewebe; unterstützend bei Erkältungen und fieberhaften Erkrankungen; stärkt das Immunsystem und erhöht die Regulationsfähigkeit des Körpers.

Seelisch: mildert Angst vor Dunkelheit und Einsamkeit; gegen Antriebslosigkeit, Depressionen und Gereiztheit; wirkt stimmungsaufhellend und hilft zurückgehaltene Gefühle auszudrücken.

Antimonit

Antimon-Sulfid

Körperlich: fördert die Wundheilung; lindert Schwellungen und juckende Hautausschläge; reguliert die Verdauung; lindert Übelkeit und Erbrechen; fördert die Ausscheidung von Schwermetallen; bessert Zahnfleischbeschwerden.

Seelisch: verleiht Durchhaltevermögen und Disziplin; ermöglicht eigene Emotionen zu kontrollieren; fördert das Loslassen schwieriger Gefühle und den Verzicht auf Ersatzhandlungen; unterstützt sachliches, rationales Denken.

Apatit

Calcium-Fluor/Hydroxid/Phosphat

Bei allen Knochenerkrankungen der wichtigste Stein. Die gelbe Farnvariation wirkt auf Knochen und Knorpel am besten.

Körperlich: fördert Knorpel, Knochen- und Zahnbildung; hilft bei Knochenbrüchen, Arthrose, Osteoporose und Rachitis; wirkt aufbauend und kräftigend; stärkt das Bindegewebe; mobilisiert Energiereserven, hilft bei Erschöpfungszuständen.

Seelisch: motiviert und erfrischt bei Lethargie; hilft Lustlosigkeit und geistige Trägheit zu überwinden und seine Lebenskraft sinnvoll zu kanalisieren.

Apophyllit

Kalium-Calcium-Fluor/Schichtsilikat-Hydrat

Als »Loslassstein« mit der wichtigste Stein bei Beklemmungen.

Körperlich: verbessert nervöse und allergische Haut-, Schleimhaut- und Atemwegserkrankungen; hilft bei Asthma.

Seelisch: deckt Zwanghaftigkeit und Unaufrichtigkeit auf, hilft bei Schuldkomplexen, Ängsten aller Art; fördert gleichzeitig Einfachheit und Selbstvertrauen.

Aquamarin

Eisenhaltiges Beryllium-Aluminium-Ringsilikat

Körperlich: baut Lymphknotenschwellungen und Ödeme ab; lindert Autoimmunerkrankungen und allergische Reaktionen, insbesondere Heuschnupfen; bessert Augenermüdung und stärkt die Sehkraft; reguliert Schwankungen im Hormonhaushalt, besonders der Schilddrüse.

Seelisch: unterstützt die Zielfindung und die innere Ausrichtung dazu; bessert Antriebslosigkeit und stärkt die Motivation; fördert Ausdauer und Effizienz; gegen Ängste, Depressionen und Stimmungsschwankungen eingesetzt.

Aragonit

Calcium-Karbonat

Der gelbgestreifte Aragonit ist der beste Stein bei Meniskus- und Bandscheibenbeschwerden.

Körperlich: mobilisiert die Gelenke, fördert allgemein die Beweglichkeit, hilft bei degenerativem Rheuma; regeneriert die Bandscheiben; reguliert den Calciumstoffwechsel; stärkt das Immunsystem.

Seelisch: hilft bei Überforderung, sich realistische Etappenziele zu setzen und Erfolge besser zu würdigen; hilft psychische und mentale Stabilität zu erlangen.

Aventurin

Fuchsithaltiges Siliziumdioxid

Aventurin ist preisgünstiger als der bessere Fuchsit.

Körperlich: wirkt bei Allergien, Ausschlägen und Schuppen; baut Nierensteine langsam ab; regt den Fettstoffwechsel an und senkt den Blutcholesterinspiegel; beugt Arteriosklerose und Herzinfarkt vor; normalisiert zu niedrigen Blutdruck.

Seelisch: stabilisiert inneres Gleichgewicht und schenkt ein »dickeres Fell«; fördert die Selbstbestimmung; ermöglicht durch eigenen nüchternen Standpunkt größere Toleranz und Akzeptanz anderer Meinungen.

Baryt

Barium-Sulfat

Körperlich: schützt vor Strahlung; mildert Halsentzündungen mit geschwollenen Mandeln; regeneriert entzündete Haut nach Verbrennungen; mildert Lymphknotenschwellungen im Ohrbereich; hilft bei altersbedingtem Gehirnabbau.

Seelisch: erleichtert Kummer und die Bewältigung von Krisensituationen; hilft Zwangsvorstellungen zu beseitigen; stärkt das Gedächtnis und die Vitalität auch im Alter; fördert Selbstvertrauen und Motivation, baut Schüchternheit ab.

Bergkristall

Siliziumdioxid

Bergkristall ist der »universellste Heilstein«. So wenig Krankheiten es gibt, die nicht mit diesem vielseitigen Heilstein behandelt werden können, so wenige gibt es, die sich nicht gezielter mit anderen Steinen therapieren ließen. Je klarer der Bergkristall, um so stärker ist seine Wirkung; wenn Kristalle verwendet werden, dann sollten sie nicht nachgeschliffen sein.

Bergkristall kann durch Kieselsäuregel ersetzt werden.

Körperlich: vitalisiert bei allen Energiemangelsymptomen; kühlt bei Verbrennungen und Sonnenbrand; stärkt die Sehkraft; hilft bei Augenerkrankungen; stärkt das Bindegewebe; bessert Schmerzzustände nach Entzündungen; wird zur Narbenentstörung eingesetzt.

Seelisch: klärt und verstärkt die vorherrschenden Gefühle und Gedanken; lenkt und speichert körperliche und psychische Energie, fördert klare Wahrnehmung und Selbsterkenntnis; fördert Realitätssinn und Klarheit; wirkt gegen Überempfindlichkeit, Selbstmitleid, Verdunklung des Gemüts, Zerstreutheit und Reizbarkeit.

Bernstein

Fossiles Harz

Der wichtigste Stein für Kleinkinder.

Körperlich: verbessert das Allgemeinbefinden; lindert alle leichten Beschwerden, bessert stoffwechselbedingte Erkrankungen der Haut, Schleimhäute, Atemwege und des Verdauungstrakts; erleichtert das Zahnen von Kleinkindern; bessert kalte Füße oder Hände; hilft bei Blasenreizung und Magersucht; erleichtert Menstruationsbeschwerden und Hitzewallungen; hilft bei leichtem Diabetes.

Seelisch: hellt das Gemüt auf, vermittelt Fröhlichkeit und Sorglosigkeit; hilft bei Antriebslosigkeit; wirkt gegen mangelndes Selbstbewusstsein, Stottern und übertrieben starke Neigung zum Weinen; schenkt Glauben an die eigene Kraft zur Lebensbewältigung.

Biotit-Linse

Kalium-Magnesium-Eisen-Alumo-Schichtsilikat

Biotit-Linse kann in vielen Fällen durch den preisgünstigen und gut erhältlichen, aber schwächeren Bronzit ersetzt werden.

Körperlich: wirkt allgemein kräftigend; regt den Stoffwechsel an; bessert Gelenkentzündungen, Ischiasbeschwerden und rheumatische Schmerzen; lindert Übersäuerung des Gewebes und Magens; löst Verkrampfungen; wirkt entgiftend durch Anregung der Gallensekretion; führt zu erholsamem Schlaf; löst Wehentätigkeit aus, erleichtert und beschleunigt den Geburtsvorgang; mindert Geburtsschmerzen.

Seelisch: bessert Depressionen, Melancholie und Mutlosigkeit; hilft sich gegen Fremdbestimmung und Stress abzuschirmen; stärkt die Fähigkeit, klare Entscheidungen zu treffen, und motiviert, Ideen in die Tat umzusetzen.

Calcit

Calcium-Karbonat

Körperlich: regt den Calciumstoffwechsel an; baut stetig Lebensenergie und Spannkraft auf; verbessert die Motorik; fördert die Blutgerinnung und die Heilung von Gewebe und Knochen; stärkt das Herz; lindert Magenschmerzen; fördert die Verdauung; lindert juckende Hautbeschwerden.

Seelisch: hilft positiv gestimmt das Leben anzupacken; klärt das Denken und fördert die praktische Umsetzung; vermittelt Sicherheit; fördert den Einklang körperlicher und mentaler Entwicklung.

Cavansit

Calcium-Vanadit/Schichtsilikat-Hydrat

Körperlich: hemmt Entzündungen; regt Entgiftungsprozesse an; lindert Schmerzen im gesamten Kopfbereich; wichtig bei Erkrankungen des Ohrs; stärkt die Sehkraft, spendet frische Lebensenergie; lindert Nieren- und Blasenbeschwerden.

Seelisch: hilft Ängste und Hemmungen abzubauen; fördert die Konzentration und Lern- und Erkenntnisfähigkeit; bringt Spontaneität und emotionale Offenheit bei hohem Konfrontationsvermögen.

Chalcedon

Wasserhaltiges Siliziumdioxid

Wenn im Text keine Farbvarietät genannt wird, ist der blaugebänderte Chalcedon gemeint. Er ist neben Bergkristall der Stein mit der breitesten Wirkung.

Chalcedone wirken auf die Schleimhäute des Hals-Nasen-Ohren-Bereichs, der Bronchien, Milz, des Magens und der Bauchspeicheldrüse sowie auf die Lymphe und alle Sinnesfunktionen. Die rosa Varietät besitzt darüber hinaus eine feminine Note.

Körperlich: Allgemein wirkt Chalcedon kühlend und fiebersenkend, entspannend auf Muskulatur und Atmung, blutdrucksenkend und lymphflussanregend.

Insbesondere der blau gebänderte Chalcedon bessert Entzündungen; lindert grippale Infekte, behebt Probleme des Halses und der Stimme.

Insbesondere der weißliche Chalcedon unterstützt die Milchbildung stillender Mütter am besten, beugt Entzündungen der Brust vor; stärkt die Nerven; einzusetzen bei beginnendem Diabetes.

Insbesondere die bläuliche Chalcedon-Rosette lindert Ohrenschmerzen und Tinnitus; löst Magenkrämpfe; senkt Fieber bei eiternden Wunden; lindert Heiserkeit; hemmt Gelenk- und Sehnenscheidenentzündungen.

Insbesondere der rosa Chalcedon regt die Milchbildung stillender Mütter an; bessert Herzneurosen und Herzbeschwerden; hilft je nach Signatur bei Erkrankungen der Schleimhäute, der weiblichen Geschlechtsorgane.

Ausschließlich der rote Chalcedon wirkt blutdruckerhöhend; regt die Blutbildung und Blutgerinnung an; verbessert die motorische Reaktionsfähigkeit, mindert Hungergefühle.

Seelisch: Allgemein fördert Chalcedon Rede- und Gedankenfluss, den Selbstausdruck, das Verständnis und die Aufnahmefähigkeit; gibt Gelassenheit und Offenheit.

Insbesondere der rosa Chalcedon muntert bei Lustlosigkeit und Liebeskummer auf; fördert Feinsinn und Herzlichkeit.

Ausschließlich der rote Chalcedon verändert und verbessert das Essverhalten; intensiviert Emotionen.

Charoit

Kalium-Natrium-Calcium-Hydroxid/-Schichtsilikat-Hydrat;

Körperlich: fördert einen basischen Stoffwechsel; löst Krämpfe und Schmerzen; beruhigt die Nerven in Gefahrensituationen; mildert vegetative Störungen; stärkt das Immunsystem; gibt körperliche Kraft; unterstützt bei der Krebsbehandlung die Verträglichkeit der Chemotherapie.

Seelisch: fördert erholsamen Schlaf mit intensiven Träumen; hilft Unsicherheit und existenzielle Ängste aufzulösen; fördert die Konzentrations- und Konfliktfähigkeit; schenkt Kraft, das Notwendige zu tun.

Chiastolith

Aluminium-Inselsilikat

Körperlich: lindert Übersäuerung im Bindegewebe; bessert bei nervöser Überreizung, auch im Darmbereich; hilft bei Schwäche und vorübergehenden Lähmungserscheinungen; lindert Schmerzen der Nerven und der Gelenke; unterstützt die Rekonvaleszenz nach schweren Erkrankungen; fördert das Zusammenspiel der beiden Gehirnhälften.

Seelisch: hilft die eigene Lebensaufgabe konsequent zu verwirklichen; fördert Realitätssinn und folgerichtiges Denken; mindert Hyperaktivität und nervöse Störungen; hilft Versagensängste aufzulösen; vermindert unbeherrschte Reaktionen.

Chrysoberyll

Aluminum-Beryllium-Tetraoxid

Körperlich: wirkt bei Hormonstörungen; regelt den Blutcholesterinspiegel; schärft die Sehkraft; mildert alle Arten von Augenentzündungen.

Seelisch: verändert die Einstellung zu eigenen Erkrankungen; stärkt Selbstdisziplin, Selbstbeherrschung und das Verantwortungsgefühl, unterstützt bei Hoffnungslosigkeit, fehlendem Selbstvertrauen und Traurigkeit; lindert Angstzustände.

Chrysokoll

Kupfer/Aluminium-Hydrogen-Ringsilikat-Hydrat

Körperlich: entkrampft bei Menstruationsbeschwerden; senkt erhöhten Blutdruck; beschleunigt Heilung von Brandwunden; hemmt Entzündungen; senkt Fieber bei Atemwegsinfektionen; beruhigt überreizte Nerven; bessert das Wachstum bei Kleinkindern, stimuliert Entgiftung.

Seelisch: wirkt psychisch ausgleichend; nimmt Angst- und Schuldgefühle, harmonisiert zwischen Pflicht und Neigung; hilft gegen Gereiztheit, Nervosität und Übergenauigkeit.

Chrysopras

Nickelhaltiges Siliziumdioxid

Körperlich: regt intensiv den Lymphfluss und die Entgiftung des Bindegewebes an; reduziert Ödeme und bessert Krampfadern; lindert Hautallergien und Neurodermitis; wirkt bei Lebererkrankungen; fördert die Fruchtbarkeit der Frau nach Absetzen der Pille; löst Menstruationskrämpfe, lindert Hitzewallungen und Herzbeschwerden.

Seelisch: stoppt ständig wiederkehrende Albträume; hilft ängstlichen Kindern nachts durchzuschlafen, stärkt das Selbstvertrauen und das kindliche Urvertrauen.

Citrin

Siliziumdioxid

Körperlich: fördert das zentrale Nervensystem; unterstützt Milz, Magen und die Bauchspeicheldrüse; wirkt bei Diabetes; bessert Durchblutungsstörungen; verbessert das Hautbild, hemmt Arthritis und Gelenkentzündungen; hilft bei Wechseljahrsbeschwerden; bessert Bettnässen; lindert Wetterfühligkeit und Kälteempfindlichkeit.

Seelisch: macht extrovertiert und dynamisch; kultiviert männliche Charakterzüge; verbessert die Konzentration, das Auffassungsvermögen und die Intelligenz; behebt depressive Verstimmungen; mildert Prüfungsangst; gibt Selbstvertrauen und neuen Lebensmut.

Coelestin

Strontium-Sulfat

Körperlich: bessert Asthmaanfälle; unterstützt die Rekonvaleszenz; stärkt den Knochenaufbau, löst chronische Verhärtungen in Gewebe und Muskeln; beschleunigt die Gewebebildung nach Operationen; hilft bei Durchschlafstörungen; gibt Kraft bei Erschöpfung.

Seelisch: macht in perspektivlosen und auslaugenden Situationen zuversichtlich; vermittelt innere Stabilität.

Covellin

Kupfer-Sulfid

Körperlich: regt die Magensäure an; wirkt unterstützend bei Magersucht; schafft ein positives Verhältnis zur Sexualität, zum eigenen Körper und zum Essen; verbessert Beweglichkeit und den Muskeltonus; entgiftet das Bindegewebe und tiefe Hautschichten; fördert harmonisches Zellwachstum; unterstützt bei der Krebstherapie das harmonische Zellwachstum.

Seelisch: fördert Selbsterkenntnis; ermöglicht sich selbst so anzunehmen und zu lieben, wie man ist; hilft lebensbejahende Ideale zu entwickeln.

Diamant

Kohlenstoff

Macht Menschen mit hartem Charakter noch unbeugsamer.

Körperlich: wirkt entzündungshemmend, immunstärkend und entgiftend; hilft bereits entstandene Ablagerungen in den Gefäßen wieder aufzulösen; senkt erhöhten Blutcholesterinspiegel; verbessert die Nervenregeneration nach Schlaganfall; bessert Gleichgewichtsstörungen; stärkt die Sehkraft; mildert Kopfschmerzen; hilft bei Blasenschwäche und Prostataerkrankungen; bessert Schilddrüsenunterfunktion.

Seelisch: fördert die Bewusstheit, den Willen und die Konzentration; stärkt den Charakter; unterstützt bei Erinnerungsschwäche und Erschöpfung; lindert Angstzustände; hilft Trauer besser zu verarbeiten; steigert das Selbstwertgefühl; hilft Krisen zu bewältigen, die Ursache von Problemen zu durchschauen und konsequent zu lösen.

Diaspor

Aluminiumoxid-Hydroxid

Schwer erhältlich, aber hervorragend bei Übersäuerung.

Körperlich: wirkt bei Sodbrennen und Übelkeit nach dem Essen; bessert atrophische Hauterkrankungen und Altershaut; reguliert den Säurehaushalt; beugt periodischen Kopfschmerzen vor.

Seelisch: beruhigt bei starker nervlicher Beanspruchung; kann Träume lebhafter machen und die Erinnerung an sie verbessern; hilft gegen Grübelei; beruhigt bei Nervosität, Ängsten und Schuldgefühlen.

Dioptas

Wasserhaltiges Kupfer-Ringsilikat

Unterstützt alle Heilungsvorgänge.

Körperlich: stärkt das Auge und die Leber als Organ; bessert die Sehkraft; hemmt Entzündungen, insbesondere der Bindehaut und der Gelenke; regeneriert bei körperlichen Erschöpfungen; angezeigt bei Gleichgewichtsstörungen; beruhigt und kräftigt das Herz; regt die Leber und den Gallenfluss an; mildert Krämpfe und chronische Kopfschmerzen bei Stoffwechselstörungen; regt die Gehirnaktivität an; harmonisiert die Hypophysenhormone.

Seelisch: bessert Trostlosigkeit, depressive Verstimmungen und Reizbarkeit; regt die Fantasie und den Schönheitssinn an; hilft bei der Umsetzung der Träume in die Realität; intensiviert das Erleben der Sinneseindrücke.

Disthen (Cyanit)

Aluminiumoxid/Inselsilikat

Körperlich: lindert Irritationen der Nerven und hilft Gesehenes besser zu erkennen, lindert asthmatische Erscheinungen; beseitigt Räuspern, Heiserkeit und Schluckbeschwerden; stärkt das motorische Nervensystem, bessert die Koordination, Feinmotorik und die Beweglichkeit der kleinen Gelenke; synchronisiert die Gehirnhemisphären.

Seelisch: unterstützt geistige Beweglichkeit, Intelligenz und Intuition; hilft Wissen auch bei inneren Widerständen aufzunehmen; erhöht die Lernleistung; ermöglicht sich verbal besser mitzuteilen und auch in Stresssituationen die Nerven zu bewahren.

Dolomit

Calcium-Magnesium-Carbonat

Wichtiger Stein bei Muskelkrämpfen.

Körperlich: hilft überschüssige Säuren zu neutralisieren; beruhigt Sodbrennen und Magenbeschwerden; wirkt krampflösend auf die willkürliche Muskulatur; baut Blutzellen, Haut, Knochen und Muskulatur auf; bessert atrophische Hauterkrankungen, bringt Stoffwechselfunktionen, auch der Bauchspeicheldrüse, ins Gleichgewicht; hilft bei häufigen Kopfschmerzen durch Stress und Verspannungen.

Seelisch: hilft Ziele leichter und spielerischer zu erreichen; hilft seinen Lebensrhythmus zu finden; wirkt ausgleichend auf das Gemüt und lässt akute Versagensangst überwinden; fördert die Selbstverwirklichung auf bodenständige Weise.

Dumortierit

Aluminium-Hydroxid/Bor/Inselsilikat

Der sogenannte Take-it-easy-Stein.

Körperlich: bessert Magenbeschwerden; lindert Hautreizungen und -entzündungen; wirkt fieber- und blutdrucksenkend; beugt epileptischen Anfälle vor; bessert Ödeme der Beine und Krampfadern; mildert Schilddrüsenüberfunktion; schmerzlindernd bei Koliken und Migräne; vermittelt während der Entwöhnungsphasen einer Sucht Zufriedenheit; fördert das Einschlafen und die Erholung.

Seelisch: entspannt und beruhigt; bessert Konzentrationsschwäche; lässt Stress und Zwanghaftigkeit abgleiten; hilft soziale Bindungen aufzubauen und zu erhalten; vermittelt Gelassenheit und Toleranz.

Feueropal

Eisenhaltiges wasserhaltiges Siliziumdioxid

Körperlich: fördert die Durchblutung und reduziert Schwindelanfälle; hilft gegen Energiemangel bei Müdigkeit, Erschöpfung und leichter depressiver Verstimmung; regt die Durchblutung der Geschlechtsorgane an; hilft bei Frigidität und Potenzproblemen; steigert das Lustempfinden; verstärkt die Ausschüttung des Adrenalins.

Seelisch: macht reaktionsschnell; erhöht die Begeisterungsfähigkeit; stärkt das Vertrauen in sich selbst, fördert die Kreativität; hilft bei Antriebsschwäche und Freudlosigkeit; fördert die Freude an der Sexualität.

Fluorit

Calcium-Fluorid

Fluorit hilft Ordnung zu schaffen und zu bewahren.

Körperlich: regeneriert Haare, Nägel, Zähne, Knochen, Schleimhäute und Bindegewebe; korrigiert Verhärtung wie auch Erschlaffung; unterstützt eine gute Körperhaltung; mildert Asthma und Allergien; bessert Gelenksentzündungen; stärkt das zentrale Nervensystem und die Großhirnrinde; unterstützt die Entschlackung und Entgiftung des Bindegewebes und regt dessen Stoffwechsel an.

Seelisch: hilft Zwangsdenken, angstbesetzte Vorsicht und Humorlosigkeit zu überwinden; stärkt die Konzentration; hilft beim Lernen große Wissensmengen aufzunehmen und mit Überblick zu verwalten; hilft Konzeptionen zu erfassen und den Realitätsbezug zu bewahren.

Fuchsit

Kalium-Chrom-Fluor-Alumo-Schichtsilikat

Relativ schwer erhältlicher wichtiger Heilstein für die Haut.

Körperlich: hilft bei juckenden oder schuppenden Hauterkrankungen und allergischen Erscheinungen; steigert die Abwehrkräfte des Immunsystems; fördert die Entgiftung und Entsäuerung des Bindegewebes; wirkt stark reizlindernd und entzündungshemmend; regt die Nieren an; bessert Nebenhöhlenentzündung; hilft bei Sonnenunverträglichkeit, Sonnenstich und Strahlenbelastung.

Seelisch: hält geistig beweglich; erleichtert das Fällen von Entscheidungen; hilft als Schutzstein, sich abzugrenzen; macht dennoch kompromissbereit und flexibel; hilft Stress, Druck und hohe Anforderungen zu ertragen.

Gagat

Bitumenreicher Kohlenstoff

Der Heilstein bei allen Fäulnisprozessen und Problemen im Mundbereich.

Körperlich: lindert Zahnfleischentzündung, verbessert Mundgeruch; unterstützt die Lösung von Kieferverspannungen und Zähneknirschen; erleichtert das Zahnen; hilft bei schlecht heilenden Wunden, auch bei Pilzbefall; bessert Durchfall und Darmbeschwerden; senkt Fieber; wirkt entzündungshemmend bei Arthritis; verbessert die Beweglichkeit von Gelenken und Rückgrat.

Seelisch: heilt sanft Verluste, Trauer und Kummer; erleichtert Melancholie, Stimmungsschwankungen und instabile psychische Zustände.

Girasol (Nebelquarz)

Wasserhaltiges Siliziumdioxid

Körperlich: stärkt die Abwehrkraft; entsäuert das Gewebe; lindert Verhärtungen, lässt Lymphknoten abschwellen und regt Lymphfluss sowie Milchbildung an; angenehm bei trockener Haut, besonders bei trockenen Augen; hilft Verspannungen und Muskelkater zu mildern; verbessert die grobmotorische Koordination.

Seelisch: wirkt aufhellend auf das Gemüt; steigert Selbstbestimmtheit und Selbstbewusstsein; macht belastbarer und verleiht in Stresssituationen Überblick und Gelassenheit; regt die Kreativität an.

Granat

Aluminium-Beryllium-Inselsilikat

Ein idealer Stein zur Krisenbewältigung. Rote Granate fördern eine aktive Sexualität und regen die Blutbildung und den Blutfluss an. Grüne Granate regen die Nierentätigkeit, die Entgiftung des Bindegewebes sowie den Fettstoffwechsel an und wirken entzündungshemmend.

Körperlich: steigert die körperliche Leistungsfähigkeit und die Widerstandskraft; bessert die allgemeine Konstitution und die Ausdauer; verbessert das Körperbewusstsein.

Seelisch: hilft Blockaden und Tabus zu überwinden, fördert die Reifung der Persönlichkeit sowie Eigenverantwortung und Hilfsbereitschaft.

Halit, klares Kristallsalz

Natrium-Chlorid

Körperlich: harmonisiert das vegetative Nervensystem, aktiviert den Kreislauf, schützt den Körper vor schädigenden Einflüssen wie Mobilfunkstrahlung; stärkt auf zellulärer und energetischer Ebene; gleicht Überschüsse oder Mangel an Lebensenergie aus, wirkt allgemein kühlend.

Seelisch: neutralisiert negative Emotionen; hellt das Gemüt auf; wirkt stark antidepressiv; verbessert das Erinnerungsvermögen; steigert die Konzentration; hilft in schwierigen zwischenmenschlichen Situationen neutral zu bleiben; reinigt und schützt die Atmosphäre eines Raums.

Hämatit

Eisenoxid

Hämatit kann durch Magnetit ersetzt werden.

Körperlich: erhöht den Blutdruck, fördert die Bildung der roten Blutkörperchen: beschleunigt die Heilung bei nichtentzündlichen Hautverletzungen; verstärkt zu geringe Tränenbildung; erhöht die Regenerationsfähigkeit des Körpers, regt Drüsen, Leber und Galle an.

Seelisch: bringt erholsamen Schlaf; fördert Beharrlichkeit, Tatkraft, Durchsetzung, Willensstärke und Konfrontationsvermögen.

Heliotrop

Eisenhaltiges Siliziumdioxid

Wichtig bei allen Entzündungen und Immunstörungen.

Körperlich: regt die Durchblutung an; hemmt Entzündungen bei eitrigen Prozessen; stärkt die unspezifische Immunabwehr; bessert alle Herz- und Blasenbeschwerden, Erkältungs- und Infektionskrankheiten; hilft bei rheumatischen Erkrankungen weitere Ablagerungen in den Gefäßen zu verhindern.

Seelisch: verbessert die Konzentrationsfähigkeit; bessert Abgespanntheit, Müdigkeit, Gereiztheit, beruhigt bei Nervosität, mindert Aggressionen und steigert die psychische Belastbarkeit.

Jadeit

Natrium-Aluminium-Kettensilikat

Der seltene Jadeit kann durch Nephrit ersetzt werden und ist meist die bessere Alternative für Serpentin. Seine besondere Stärke liegt in der Prophylaxe.

Körperlich: verjüngt die Haut; erhöht die Reaktionsfähigkeit; schützt die Nerven; beugt Krampfadern vor; hilft bei Appetitlosigkeit, Magersucht und Übergewicht; senkt erhöhten Blutcholesterinspiegel und Diabetes; senkt Fieber; mildert Migräne, Menstruations- und Schwangerschaftsbeschwerden; regt die Nierenfunktion an.

Seelisch: sorgt für guten Schlaf; gleicht unausgewogene Temperamente aus; wurde in vielen Kulturen als starker Schutzstein eingesetzt.

Jaspis

Eisenhaltiges Siliziumdioxid

Gelbe und braune Jaspise wirken auf Verdauung und Haut, rote Jaspise verleihen körperliche Kraft.

Körperlich: wirkt immunstärkend, entschlackt und stärkt Bindegewebe und Haut, fördert die Ausscheidung und Verdauung; aktiviert sanft Stoffwechsel und Kreislauf.

Seelisch: macht aufmerksam, interessiert, im Denken flexibel, aber bodenständig; vereinheitlicht Denken und Handeln; stärkt den eigenen Standpunkt.

Karneol

Eisenoxidhaltiges Siliziumdioxid

Körperlich: stärkt den Kreislauf; verbessert den Tastsinn; aktiviert den Hautstoffwechsel; beschleunigt die Wundheilung; senkt den Blutcholesterinspiegel; verbessert die Mineral- und Nährstoffresorption; bessert entzündliche und rheumatische Beschwerden; schmerzlindernd bei Prellungen und Verstauchungen; verbessert den Zustand der Muskulatur, des Bindegewebes und der Organe.

Seelisch: gibt frohen Lebensmut; stärkt den Gemeinschaftssinn; bessert die Konzentration; hilfreich bei Ängsten; fördert ein gesundes Selbstvertrauen.

Koralle, blau

Siliziumoxidhaltiges Calcium-Karbonat

Körperlich: schwemmt Wasser aus dem Bindegewebe; regeneriert die Bronchiolen, vertieft die Atmung und verbessert die Sauerstoffaufnahme; optimiert die Nährstoffresorption; stärkt die Darmfunktion; fördert taktiles Geschick und Koordination; senkt sanft hohen Blutdruck; aktiviert die Bildung der weißen Blutkörperchen im Knochenmark; verbessert die Stützstrukturen des Knochens.

Seelisch: hilft größere Zusammenhänge ins Bewusstsein einzubeziehen; hilft Konkurrenzdenken zu überwinden; sorgt für eine konstruktive und optimistische Einstellung.

Koralle, rot

Siliziumoxidhaltiges Calcium-Karbonat

Körperlich: stärkt Herz und Kreislauf; lindert Blutungen, Krampfadern und die Kontraktionen der Blutgefäße; fördert die Durchblutung; verbessert die Stabilität der Knochen und der Wirbelsäule; regt die Tätigkeit des Dickdarms an; stärkt den Stoffwechsel durch Aktivierung der Schilddrüse; hilft bei Atemnot; regt die Entwicklung von roten Blutkörperchen an; beschleunigt die Reaktion des Immunsystems.

Seelisch: gibt Lebensfreude; lindert seelische und soziale Spannungen und Ängste; stärkt den Selbstausdruck.

Kunzit

Lithium-Aluminium-Kettensilikat

Der rosa Kunzit kann häufig durch seinen Bruder, den grünen Hiddenit, ersetzt werden.

Kunzit und Sugilith sind die wichtigsten Steine bei Nervenschmerzen.

Körperlich: lindert Schmerzen bei Muskelverhärtungen, Nerven- und Sehnenscheidenentzündung und Rückenschmerzen; vorbeugend gegen Thrombose; reguliert die Schilddrüsentätigkeit; bessert die Blutversorgung und die Reizleitung des Herzens.

Seelisch: macht geistesgegenwärtig und stärkt die Gedächtnisleistung; hilft innere Widerstände und Stolz zu überwinden, um unangenehme, aber notwendige Aufgaben zu erfüllen; stärkt die Nerven bei großer Belastung; ermöglicht schlagfertig und selbstbewusst zu handeln.

Labradorit

Natrium-Calcium-Alumo-Gerüstsilikat

Körperlich: wirkt ausgleichend auf Kreislauf und Herzrhythmus, regt die Nierentätigkeit an; bessert Schmerzen im Skelettsystem und an der Wirbelsäure; mindert Kälteempfindlichkeit und Wetterfühligkeit; bessert Atemwegs- und Herzerkrankungen; hilft bei vielen allergischen, entzündlichen und schuppigen Hautveränderungen.

Seelisch: wirkt gegen Ängste; macht besinnlich und leicht introvertiert; stärkt das Erinnerungsvermögen, ermöglicht tiefe Gefühle zu empfinden, verhilft zu tiefem Schlaf mit erinnerbaren Träumen.

Lapislazuli

Eisensulfidhaltiges Natrium-Calcium-Gerüstsilikat

Lapislazuli wirkt hervorragend bei Problemen der Stimme.

Ein hoher Pyritanteil erhöht den Blutdruck und die Körpertemperatur, ein niedriger Pyritanteil verzögert das Auftreten der Periode.

Körperlich: hilft bei Halsschmerzen, Heiserkeit, Schluckbeschwerden und Erkältungskrankheiten; hemmt Entzündungen; wirkt krampflösend; beruhigt die Nerven; erleichtert Menstruationsbeschwerden; verbessert die Sehkraft und das Hörvermögen; lindert blutdruckabhängige oder seelisch bedingte Kopfschmerzen; gleicht eine Über- oder Unterfunktion der Schilddrüse aus.

Seelisch: dämpft Übererregbarkeit und Beklemmungen; hilft über alles sprechen zu können, ermöglicht mit weniger Schlaf auszukommen; vermittelt tiefe Selbsterkenntnis.

Larimar

Kupferhaltiges Calcium-Natrium-Kettensilikat

Körperlich: baut die Selbstheilungskräfte des Körpers auf; stimuliert die Gehirntätigkeit; lindert bei Hals- und Mandelentzündungen; stärkt die Knochen; fördert die körperliche Entwicklung der Kinder; lindert Asthma und Beklemmung.

Seelisch: hilft das eigene Leben selbst in die Hand zu nehmen; unterstützt Präzision und Direktheit im Handeln, stärkt die Selbstdisziplin; bringt innere Ruhe bei schwerer Belastung, löst energetische Blockaden, erhöht die Sensibilität wenig empfindsamer Menschen.

Lepidolith

Lithium-Kalium-Aluminium-Schichtsilikat

Lepidolith ist das mineralische Sedativum.

Körperlich: wirkt lindernd bei Ischias- und Nervenschmerzen; regt die Reinigungsprozesse der Haut und des Bindegewebes an; festigt spröde, gereizte Haut, lindert Juckreiz; bessert Schlafstörungen durch Überreizung; aktiviert das Hormonsystem.

Seelisch: bessert Ärger, Unruhe, Ängste und Niedergeschlagenheit; schützt vor Stress, Einflussnahmen und zu vielen Eindrücken.

Magnesit

Magnesium-Karbonat

Körperlich: fördert den Magnesiumstoffwechsel; löst Wadenkrämpfe, Kopfschmerzen und Koliken; verdünnt das Blut und vermindert die Thrombosebildung; erweitert die arteriellen Gefäße; aktiviert den Fettstoffwechsel; senkt den Blutcholesterinspiegel; beugt Arteriosklerose und Herzinfarkt vor.

Seelisch: verbessert die Konzentration; nimmt Angst, Druck und Nervosität; hilft seelische Verstimmungen zu mildern; macht gelassen bei Reizbarkeit und Empfindlichkeit.

Magnetit-Kristall

Eisen-Tetraoxid

Körperlich: fördert die Eisenaufnahme und dadurch die Bildung roter Blutkörperchen; verbessert die Sauerstoffversorgung und regt den Zellaufbau an; stärkt körperliche Abwehrmechanismen über die Thymusprägung; verhindert Ablagerungen in den Gefäßen; steuert die Tätigkeit von Gehirn, Hormondrüsen, Nervensystem, Leber und Galle harmonisch aus; erhöht die Regenerationsfähigkeit des Bewegungsapparats.

Seelisch: bessert mangelndes Selbstbewusstsein und Unentschlossenheit; schenkt Willenskraft und Tatkraft; vermittelt geistige Orientierung; erdet und zentriert.

Malachit

Wasserhaltiges Kupfer-Hydroxyd/Karbonat

Malachit ist der wichtigste Stein bei psychosomatischen Erkrankungen und Frauenbeschwerden.

Körperlich: hilft bei Regelschmerzen, besonders mit psychischen Hintergründen; hilft bei Unfruchtbarkeit; erleichtert die Geburt; verhindert Gallenkoliken; verbessert Herzbeschwerden; lindert Bandscheiben-, Rücken- und Ischiasbeschwerden; lindert Hustenkrämpfe und Keuchhusten; bessert Schilddrüsenfehlfunktionen; schmerzlindernd bei Migräne; stärkt die Augen.

Seelisch: intensiviert die Wahrnehmung und Akzeptanz eigener emotionaler und körperlicher Bedürfnisse; macht verborgene Gefühle bewusst; fördert die Auseinandersetzung mit der eigenen Geschlechtlichkeit; stärkt die Konzentration; regt bilderreiche Träume und Fantasien an; führt zu innerem Reichtum aufgrund intensiver Begegnungen.

Mondstein

Kalium-Aluminium-Gerüstsilikat

Mondstein ist der wichtigste Stein für den Hormonhaushalt.

Körperlich: gleicht das hormonelle Geschehen an den Mondzyklus an; harmonisiert die hormonelle Umstellung während der Pubertät, im Wochenbett und Klimakterium; wirkt auf die Knochen; beugt Osteoporose vor; beeinflusst das Lymphsystem; hilft bei hormonell bedingter Schilddrüsenfehlfunktion; regt die Milchproduktion an; lindert hormonbedingte Ödeme.

Seelisch: lindert Mondsüchtigkeit; beruhigt bei irrationalen Ängsten; steigert das Gefühlsempfinden und die Intuition; fördert Einfühlungsvermögen und die Verbindung mit den Kräften der Natur.

Mookait

Eisen- und wasserhaltiges Siliziumdioxid

Körperlich: bessert viele Hauterscheinungen; regt die Entgiftung des Bindegewebes an; fördert die Wundheilung und die Geschmeidigkeit der Haut, aktiviert die Immunabwehr und hilft die Gesundheit langfristig zu stabilisieren; fördert die Beweglichkeit der Gelenke und unterstützt leichte sportliche Aktivitäten; verbessert die Funktionen von Bauchspeicheldrüse, Milz und Leber.

Seelisch: fördert geistige Flexibilität, gleicht aus zwischen Extrovertion und Rückzug; macht optimistisch, abenteuerlustig und offen.

Moosachat

Siliziumdioxid

Körperlich: senkt zu hohes Blutcholesterin; regt die Insulinproduktion an; wirkt schleimbildend bei trockenem Husten; regt den Lymphfluss an; entzündungshemmend bei hartnäckigen Infektionen der Augen, Atemwege, Nebenhöhlen und Lungen; aktiviert die Drüsenfunktion beim Stillen; schützt und versorgt die Schleimhäute, insbesondere Darmschleimhaut, und verbessert die Nährstoffresorption, lindert Wetterfühligkeit.

Seelisch: hilft bei Aggression und Kummer; greift in das Suchtverhalten ein; ermöglicht sich von tiefsitzenden Ängsten und Zwängen zu befreien; erschließt unterdrückte Gefühle.

Moosachat, rosa
Siliziumdioxid

Der optimale Stein bei Durchfall und Verstopfung.

Körperlich: hilft bei chronischer Verstopfung, wenn die Darmtätigkeit durch Einnahme von Abführmitteln zum Stillstand gekommen ist, entschlackt und regt den Lymphfluss an; fördert die Sekretion der Verdauungsenzyme; bessert Durchfall; verbessert die Darmflora; lindert Entzündungen im Verdauungstrakt.

Seelisch: hilft Eindrücke geistig zu verarbeiten; unterstützt die Überwindung von Ekel, Rachegedanken und Empfindlichkeit; vermittelt spielerische Offenheit.

Obsidian
Siliziumdioxid

Obsidiane lösen Traumata und Schock. Sie sollten zur sofortigen Einsetzbarkeit rasch zur Hand sein.

Körperlich: bessert die periphere Durchblutung; hilft bei kalten Händen und Füßen; löst Energieblockaden und Schocks auf zellulärer Ebene; fördert die Wundheilung, besonders bei Schnittverletzungen.

Seelisch: löst Angst, Schock und Traumata auf; macht verborgene Emotionen, schmerzhafte Erlebnisse oder verdrängte Gedanken bewusst.

Opal
Wasserhaltiges Siliziumdioxid

Mit Opal ist immer Edelopal gemeint.

Körperlich: verbessert die Bereitstellung von Glucose; bessert Potenzschwäche und sexuelle Unlust; regt den Wasserhaushalt an; bessert mangelnde Tränenbildung, Trockenheit der Atemwege und ungenügenden Lymphfluss.

Seelisch: hilft ungeprüft übernommene Scheinwerte zu hinterfragen; insbesondere bei Magersucht; hilft Erfreuliches im Leben zu entdecken und vermittelt Leichtigkeit; wirkt lindernd bei Beklemmungen, Ängstlichkeit und Berührungsängsten.

Peridot
Magnesium-Eisen-Inselsilikat

Peridot ist mit Smaragd und Chrysopras der wichtigste Entgiftungsstein.

Körperlich: hilft bei Infektionen, auch bei Pilzbefall und Warzen; stimuliert den Stoffwechsel in Dünndarm und Leber; fördert die Gallenproduktion; gibt dem Bindegewebe Elastizität; verbessert die Sehfähigkeit; beschleunigt die Regeneration nach schweren Erkrankungen.

Seelisch: befreit unterdrückte Gefühle wie Ärger und Aggressionen; führt aus Depression und Unterdrückung heraus; fördert Tatkraft und Lernvermögen; vermittelt Freude, Toleranz und zuversichtliche Gelassenheit.

Prasemquarz
Aktinolithhaltiges Siliziumdioxid

Der wichtigste Stein gegen Sonnenschäden.

Körperlich: bessert Asthmazustände; mildert Fieber; schmerzstillend bei Prellungen sowie Verbrennungen, beugt Sonnenbrand, Sonnenstich und Hitzschlag vor; lindert Insektenstiche und Schwellungen; beschleunigt die Wundheilung; verbessert die Durchblutung; unterstützend bei nervöser und stressbedingter Unruhe.

Seelisch: hilft Konflikte zu lösen und seine Affekte und Gefühle zu beherrschen; hilft auf Provokationen nicht zu reagieren.

Prehnit
Calcium-Aluminium-Hydroxid/Alumo-Schichtsilikat

Der Prehnit ist der wichtigste Stein des Fettstoffwechsels.

Körperlich: lindert Asthma; wirkt vorbeugend gegen Arteriosklerose; beschleunigt die Entfernung der im Fett eingelagerten Giftstoffe; hilft bei Leber-, Blasen- und Nierenerkrankungen; je intensiver gelb seine Farbe, desto wirksamer erweist er sich.

Seelisch: bringt unbewusste Handlungsmotive zum Vorschein; macht unternehmungslustig; günstig bei depressiven Verstimmungen; macht eigene Bedürfnisse bewusst.

Purpurit
Lithiumhaltiges Mangan/Eisen-Phosphat

Körperlich: mobilisiert Energiereserven nach großen Anstrengungen; verbessert die Reaktions- und Regenerationsfähigkeit aller Organe; unterstützt die Sinneswahrnehmung; stabilisiert die Pulsfrequenz; hat sich bei der Behandlung von Blutungen, Prellungen und oberflächlichen Wunden bewährt; wirkt entzündungshemmend, verbessert die Durchblutung der Knochenhaut und ihrer Umgebung und reduziert dadurch die Ablagerungen in den Gelenken; regt das sexuelle Verlangen an und hilft bei Frigidität; erfrischt und stärkt die Nerven bei Schlafmangel.

Seelisch: vertieft die Konzentration; löst verstrickte Beziehungen; wirkt aufhellend und aufmunternd bei depressiven Verstimmungen und Ängsten.

Pyrit-Sonne
Eisen-Disulfid

Körperlich: wird bei Durchblutungsstörungen, Krampfadern und offenen Beinen eingesetzt; fördert die Bildung der roten Blutkörperchen; stimuliert das Nervengewebe entlang der Wirbelsäule; fördert die Ausscheidung des Dickdarms und die Entgiftungsfunktion der Leber; beschleunigt die Regeneration nach langer Krankheit; löst Krämpfe auch bei Menstruationsbeschwerden, lindert Schmerzen bei Knie-, Rücken- und Gelenkbeschwerden.

Seelisch: zur Stärkung des Erinnerungsvermögens; wirkt konkreten Befürchtungen, Prüfungsängsten, Depressionen und fortwährendem Groll entgegen; fördert Selbsterkenntnis und spiegelt verborgene Motive; erleichtert die Raucherentwöhnung durch Aufdeckung des Suchtverhaltens.

Rauchquarz

Siliziumdioxid

Körperlich: kräftigt Knochen, Sehnen und Bänder, Bindegewebe und Muskulatur; entstört Narbengewebe; lindert Schmerzen, besonders des Rückens; erhöht die Produktion der Geschlechtshormone; verbessert die Zeugungsfähigkeit und Empfängnisbereitschaft; macht unempfindlicher gegen Elektrosmog und Strahleneinflüsse.

Seelisch: steigert die emotionale Belastbarkeit; hilft trotz Stress leistungsfähig zu bleiben; lässt bei seelischen Verletzungen Würde bewahren; stärkt das Gedächtnis und folgerichtiges Denken, verstärkt Konzentration, Willenskraft und Selbstüberwindung; unterstützt Entziehungskuren.

Rhodochrosit

Mangan-Karbonat

Aufgrund der Gefahr der Verausgabung sollte Rhodochrosit nicht länger als zwei Wochen am Stück getragen werden.

Körperlich: lindert Brandblasen und Hautentzündungen; angezeigt bei Diabetes; lindert arthritische Gelenkschmerzen in Händen und Knien, bei Hexenschuss und Ischialgie; regt den Kreislauf an und erhöht den Blutdruck; verbessert Elastizität und Tonus der Blutgefäße; optimal für die Durchblutung der Herzkranzgefäße; hilft gegen Krampfadern, Migräne und Kopfschmerzen, erhöht den Sexualtrieb.

Seelisch: wirkt stimmungsaufhellend; fördert kurzfristig die Leistungsfähigkeit; hilfreich bei Konzentrationsschwäche; lässt Ängste und Zurückgezogenheit überwinden; unterstützt Flirts und fördert die Erotik; bewirkt intensive Begegnungen.

Rhodonit

Calcium-Mangan/Eisen-Kettensilikat

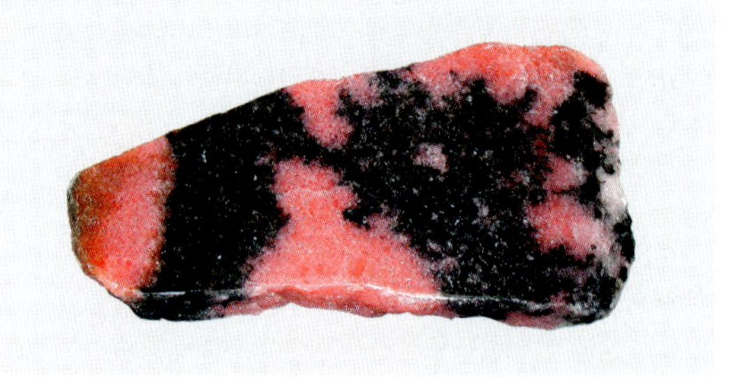

Rhodonit ist ein wichtiger Erste-Hilfe-Stein.

Körperlich: verbessert die Durchblutung aller Gewebe und der Muskulatur; sorgt für eine bessere Sauerstoffaufnahme; bessert Entzündungen, auch Vereiterungen; beschleunigt die Wundheilung, auch nach Verbrennungen und Operationen; verstärkt die Gerinnung des Bluts; regeneriert das Narbengewebe; lindert Verspannungen und Muskelkater; heilt geplatzte Äderchen in den Augen; fördert die Fruchtbarkeit.

Seelisch: vermittelt jugendliches Selbstvertrauen; hilft Demütigungen und Schmerz zu heilen; steigert das Konfrontationsvermögen; macht in Gefahren reaktionsschnell; stellt bei Schocks und Schicksalsschlägen die Geistesgegenwart wieder her und lindert Traumata; unterstützend bei Prüfungsangst und Lernblockaden sowie Schulstress.

Richterit

Kalium/Natrium-Calcium-Magnesium-Kettensilikat

Wichtigster Stein zur Unterstützung der Krebsbehandlung.

Körperlich: wirkt immunstärkend und bessert Entzündungen der Atemwege; wird bei Knochenentwicklungs-

und Schilddrüsenstörungen eingesetzt; stärkt die Nierentätigkeit; unterstützt die Aufnahme der wichtigsten Mineralstoffe; schärft Geschmacks- und Tastsinn, Gehör und Farbempfinden; schützt die Nerven bei degenerativen Erkrankungen und erhält die Beweglichkeit.

Seelisch: hilft zwischenmenschliche und gesellschaftliche Beziehungen zu definieren und verbessern; geht Unliebsames direkt an und hilft dadurch Energie zu sparen; verringert die Anspannung beim Handeln.

Rosenquarz

Rutilhaltiges Siliziumdioxid

Rosenquarz sollte im Idealfall transparent, tiefrosa oder lavendelfarben sein und wenig weiße Trübungen aufweisen.

Körperlich: wirkt auf die Blutzirkulation und verengte Blutgefäße; gibt eine frische, schöne Gesichtshaut; lindert Venenentzündung und Thrombose; harmonisiert den Herzrhythmus; stärkt das Herz und beugt Herzanfällen vor; bessert Erkrankung der Geschlechtsorgane, besonders der Hoden oder Gebärmutter; wird bei Unfruchtbarkeit und sexueller Unlust eingesetzt; fördert bei Kindern die körperliche Entwicklung; hilft bei chronischen Schlafstörungen.

Seelisch: macht Bedürfnisse bewusst und unterstützt diese einzulösen; zeigt, wie schön man es hat, fördert Freundschaft und Herzlichkeit; lindert seelische Verletzungen und Liebeskummer; fördert Genussfähigkeit und aktive Sexualität; lindert bei Kindern das Heimweh.

Rubin

Chromhaltiges Aluminiumoxid

Rubin regt alle Lebensprozesse an.

Körperlich: bessert Entzündungen, Energiemangel und Fieberzustände; wirkt temperaturerhöhend; regt zur Unterstützung des Immunsystems die weißen Blutkörperchen an; fördert die Milz in ihrer immunmodulierenden Funktion; erhöht zu niedrigen Blutdruck; wird bei Erkrankungen des Herzens, des Blutkreislaufs eingesetzt; senkt den Blutcholesterinspiegel; lindert Kopfschmerzen und Ohrensausen aufgrund zu niedrigen Blutdrucks; lindert Hormonschwankungen bei Menstruations- und Wechseljahrsbeschwerden.

Seelisch: gibt Lebensmut und bessert depressive Zustände; überwindet Lethargie, Melancholie und Trauer; steigert die Leistungsfähigkeit; verstärkt die männlichen Charaktereigenschaften; hilft Respekt und Anerkennung zu verschaffen; schenkt Vertrauen in die eigene Stärke.

Rubin-Zoisit

Aluminiumoxid mit Calcium-Aluminium-Insel-Gruppensilikat

Der Stein für die Gesundheit des Mannes.

Körperlich: neutralisiert Gewebeübersäuerung; wirkt entzündungshemmend, auch bei Gelenkerkrankungen; stärkt die humorale Abwehr und fördert die Milz in ihrer immunmodulierenden Funktion; fördert die Erholung nach schweren, zehrenden Erkrankungen; sorgt bei längerem Gebrauch für anhaltende Lebenskraft und Dynamik; unterstützt die Fruchtbarkeit des Mannes; stärkt die Potenz bei Energiemangel, besonders im Alter; bessert Erkrankungen der Prostata, der Hoden und Eierstöcke.

Seelisch: aktiviert Kraftreserven; verbessert die sprachliche Ausdrucksfähigkeit; erhöht das Selbstvertrauen und Sicherheitsgefühl; stärkt das gesamte Körperenergiefeld.

Rutilquarz

Titandioxidhaltiges Siliziumdioxid

Die milchigere, schlierigere Variante, die stärker schleimlösend wirkt als der edlere Rutilstein.

Körperlich: belebt energetisch unterversorgte Bereiche; verhindert vorzeitigen Samenerguss; verbessert chronische Beklemmungen im Brustbereich; löst Schleim bei Erkältungen, Asthma und chronischer Bronchitis; lindert Herzschmerzen und Herzrhythmusstörungen; begünstigt durch die Signatur den Haarwuchs.

Seelisch: löst übermäßige Erregung und Anspannung auf; erfrischt und bringt Freude, wirkt dadurch stimmungsaufhellend und antidepressiv; hilft verdrängte Ängste aufzulösen; vermittelt Selbstbewusstsein, positive Visionen und regt das Streben nach geistiger Unabhängigkeit an.

Saphir, blau

Aluminiumoxid

Körperlich: wirkt nervenstärkend bei Unruhe; senkt hohen Blutdruck; bessert Fieber und alle Entzündungen; hilft bei Gliederschmerzen; löst Krämpfe und Koliken; bessert Hautausschläge und Juckreiz; wirkt ausgleichend auf die Schilddrüsen; stärkt die Gefäßwände der Venen; reiz- und schmerzlindernd bei Gehirn- und Nervenerkrankungen.

Seelisch: bessert Albträume; unterstützt hervorragend die Konzentration und das klare Denken; vertieft die Unterscheidungsfähigkeit; stärkt den Charakter und die Disziplin; ernüchtert bei Schuldkomplexen und Wahnvorstellungen.

Sardonyx

Eisenmanganhaltiges Siliziumdioxid

Ein Reinigungsstein für Sinnesorgane, Haut und Darm.

Körperlich: bessert bei entsprechender Signatur Augenerkrankungen; fördert die Mineralstoffaufnahme; regt den Zellstoffwechsel an; reguliert die Schilddrüsenfunktion; verhindert nach ausgestandener Krankheit Schwächezustände und Rückfälle.

Seelisch: hilft das Vorgenommene konsequent umzusetzen; fördert Sammlung und Konzentration; hilft zu trauern und schließlich bei der Überwindung der Trauerphase; bei mentaler Festgefahrenheit und Zwangshandlungen.

Schalenblende

Zink-Sulfid

Körperlich: wundheilend bei nässenden Hauterkrankungen und Sonnenbrand; lindert Juckreiz; immunstimmulierend über Mandeln und Blinddarm; erhöht die Insulinproduktion bei Diabetes, verbessert den Geruchs- und Geschmackssinn sowie die Haftung der Netzhaut und das Dämmerungssehen; regt Keimdrüsen und Prostata an; fördert die Entwicklung des Gehirns; verbessert die Verträglichkeit von Strahlungen und Umweltgiften; sollte bei Borelliose versucht werden.

Seelisch: erhöht die Anpassungsfähigkeit; hilft veraltete Lebensstrukturen zu erneuern und aus Umwälzungen für sich und andere das Beste zu machen; gleicht männliche und weibliche Seiten des Charakters aus.

Selenit

Calciumsulfat-Hydrat

Selenit wirkt schleimhautreizend. Er darf nicht auf Verletzungen aufgelegt werden.

Körperlich: entspannt überreizte Augen (auf die Stirn legen); beschert tiefen und erholsamen Schlaf; verbessert das Körpergefühl; erneuert und festigt die Elastizität des Bindegewebes und der Knochen; beruhigt die Nerven bei Stress; lindert Schmerzen und Krämpfe; kann aber auf Dauer die Muskulatur verhärten; reguliert hormonelle Schwankungen.

Seelisch: verteilt zügig im Kopf gestaute Energie; ernüchtert und beruhigt bei starkem Stress, Hyperaktivität, Reizüberflutung und hysterischen Erscheinungen.

Serpentin, grün

Magnesium-Hydroxyd-Schichtsilikat

Körperlich: gleicht Magnesiummangelzustände aus; bessert Verspannungen, Krämpfe und Migräne; verbessert die Elastizität des Bindegewebes; vermindert Hautreizungen; baut Gefäßablagerungen ab; gleicht Herzrhythmusstörungen aus; entsäuert das Bindegewebe.

Seelisch: beruhigt und schützt die Nerven bei Unsicherheit, Anspannung und Stress, hilft abzuschalten; verbessert das Verhältnis zum eigenen Körper; hilft sexuelle Befriedigung und Vertrauen zu erfahren; vertieft die Meditation.

Smaragd

Chromhaltiges Aluminium-Beryllium-Ringsilikat

Der Stein der körperlichen und geistigen Gesundheit.

Körperlich: beeinflusst das Immunsystem durch Aufbau und Prägung der weißen Blutkörperchen und regt den Lymphfluss an; senkt erhöhten Blutdruck; wirkt gegen Entzündungen der Haut, Augen, Stirn- und Nebenhöhlen, des Verdauungstrakts und der Gelenke; regt die Gallenproduktion der Leber an und fördert die Entgiftung; bessert Kurz- und Weitsichtigkeit; hilft bei Einschlaf- und Durchschlafstörungen; regeneriert die abgegriffenen Nervenfasern bei multipler Sklerose, Parkinson-Krankheit und Epilepsie.

Seelisch: lindert geistige Erschöpfung, Frustration, Ziellosigkeit und Zukunftsängste, bessert Nervosität und Wahnvorstellungen; fördert die Persönlichkeitsentwicklung und hilft einen Lebenssinn zu finden.

Sodalith

Chlorhaltiges Natrium-Alumo-Schichtsilikat

Körperlich: bessert Beschwerden von Hals, Kehlkopf, Stimmbändern und Bronchien, heilt chronische Beschwerden; wirkt kühlend und fiebersenkend; regt die Flüssigkeitsaufnahme im Bindegewebe an; entgiftet über die Anregung der Nieren, fördert den Abtransport von Schlackenstoffen über die Lymphe; wirkt harmonisierend auf die Schilddrüse und das vegetative Nervensystem.

Seelisch: hilft negative Verhaltensmuster abzulegen; verbindet Bewusstsein und Unterbewusstsein und befreit blockierte Gefühle, reduziert Schuldgefühle und begünstigt die Selbstfindung; vermittelt Begeisterung und Überzeugungskraft; unterstützt alle positiven Bestrebungen.

Sonnenstein

Natrium-Aluminium-Calcium-Alumo-Gerüstsilikat

Körperlich: stimuliert das vegetative Nervensystem, fördert dadurch das Zusammenspiel der inneren Organe; hilft bei Durchblutung der feinen Gefäße; allgemein heilsam für das Herz und den Herzbereich; beeinflusst die gleichmäßige Ausschüttung der Gefühlshormone.

Seelisch: macht optimistisch, offen und lebensbejahend, lenkt den Blick auf die Sonnenseiten des Lebens; hilft Angst, Selbstzweifel, depressive Verstimmungen und nervöse Störungen zu überwinden.

Sphärolithischer Chalcedon (Ozean-Achat, Kugel-Chalcedon)

Siliziumdioxid

Körperlich: wirkt entzündungshemmend und fiebersenkend; entgiftet, entschlackt und regeneriert das Bindegewebe; fördert die Produktion der Verdauungssäfte und die Darmbewegung; regenerierend auf Haut und in Abhängigkeit der Signatur auf innere Organe; erhöht die Effizienz des Lymphflusses; stärkt die allgemeine und spezifische Immunabwehr über die Prägung der weißen Blutkörperchen in Milz und Thymus; wichtig bei allen akuten und chronischen Infekten; baut Parasiten, Pilze und Tumore ab; hilft bei Diabetes, Zucker aus dem Blut auszuschwemmen.

Seelisch: erhöht den Erholungswert des Schlafs; bereichert das Leben und gibt eine gelassene und interessierte Lebenshaltung; steigert die seelische Belastbarkeit und hilft mit Problemen konstruktiv umzugehen; inspiriert zu schöpferischen Leistungen.

Sphen

Calcium-Titan-Inselsilikat

Körperlich: hilft bei Zahnproblemen und kann stark gefährdete Zähne retten; festigt das Zahnfleisch; stoppt Entzündungen, auch der Stirnhöhlen; regt den Stoffwechsel an; hilft bei Überdehnung und Verstauchung; beruhigt die Haut; fördert das Größenwachstum bei Kindern; wirkt bei Erkältungen und Grippe und ist dann auch temperaturerhöhend.

Seelisch: vermittelt geistige Weite, Aufrichtigkeit, Selbstbeherrschung und Integrität; ermutigt, den eigenen Weg zu gehen.

Stromatolith

Calcium-Karbonat + Siliziumdioxid + Aluminium-Schichtsilikat

Körperlich: stärkt das Bindegewebe; bessert die Darmflora, fördert Ausscheidung und Stoffwechsel; erleichtert das Abhusten durch Stimulation der Flimmerhärchen bei Asthma; erhöht niedrigen und senkt hohen Blutdruck; begünstigt die Beweglichkeit der Grob- und Feinmotorik.

Seelisch: hilft im Einklang mit seiner Umwelt zu handeln, bringt einen bewegten Wechsel von Ruhe und Aktivität; hilft den eigenen Standpunkt zu bewahren, aber dennoch kompromissbereit und anpassungsfähig zu sein.

Strontianit

Strontium-Karbonat

Körperlich: lindert Folgen von Energiemangel wie Kopfschmerz, Verspannungen, Schwindelgefühle und Überspanntheit; erhöht körperliche Leistungsfähigkeit und Durchhaltevermögen; beschleunigt die frühkindliche Gehirnentwicklung; bessert Zuckungen und Spasmen, vor allem in den Beinen; kann in diesem Zusammenhang bei multipler Sklerose eingesetzt werden; bessert Schmerzen und Schwellungen nach stumpfen Traumen.

Seelisch: hilft bei Ungewissheiten und Veränderungen im Leben sowie bei emotionalen Wechselbädern, einen übergeordneten Standpunkt einzunehmen, und beschleunigt Entwicklungen; vermittelt Vertrauen in das Dasein; erhöht die Konfliktbereitschaft; führt zu intensiven Träumen.

Sugilith

Kalium-Natrium-Lithium-Ringsilikat

Der Stein für das Extreme, heilt Nerven, Schmerzen und psychische Labilität.

Körperlich: hilft bei Nervenstörungen, Psychosen, Epilepsie, Legasthenie und motorischen Störungen; lindert Schmerzen, sogar unerträgliche Zahn- und Kopfschmerzen; beseitigt Lymphstaus; lässt Ödeme verschwinden; hilft bei der Narbenentstörung.

Seelisch: hilft bei jeder Form von Angst; lässt Unangenehmes leichter ertragen und kompromisslos Konflikte lösen; harmonisiert die beiden Gehirnhemisphären; aktiviert gleichermaßen Sexual- und Überlebenstrieb, Geist und Erkenntnisdrang.

Tansanit

Calcium-Aluminium-Insel-Gruppensilikat

Körperlich: lindert atrophische Hauterkrankungen; verbessert die Harnausscheidung der Nieren, hilft nach völliger Erschöpfung; entspannt und regeneriert die Nervenzellen (insbesondere des Sehnervs und des Gehirns); hilft dadurch bei Koma und Lähmungen wieder vom Körper Besitz zu ergreifen.

Seelisch: hilft seine Berufung zu erkennen zu entwickeln; hilft bei Verzweiflung, selbstzerstörerischen Tendenzen, Hoffnungslosigkeit und Desorientierung.

Thulit

Calcium-Aluminium-Insel-Gruppensilikat

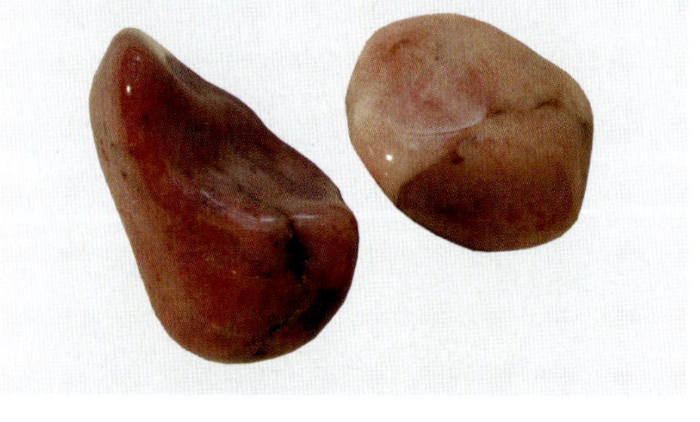

Körperlich: fördert die Fruchtbarkeit bei Männern und Frauen; hilft bei Erkrankungen der Hoden, Eierstöcke und Geschlechtsorgane; wirkt sexuell stimulierend; erhöht sanft den Blutdruck und verbessert die periphere Durchblutung; beugt Schwächezuständen und Ohnmachtsanfällen vor.

Seelisch: wirkt bei Melancholie und Motivationslosigkeit; regt die Lebensenergie und Kreativität an; inspiriert zu neuen Unternehmungen; verleiht Mut, sich größeren Herausforderungen zu stellen und Vorsätze durchzuziehen; hilft sich mit seiner Heimat zu verbinden und die eigenen Wurzeln zu entdecken.

Tigereisen

Eisenoxid + Siliziumdioxid + Eisenhydroxid

Anstelle des Tigereisens kann bei Nervenschmerzen das häufiger verwendete Tigerauge eingesetzt werden.

Körperlich: hilft bei Erschöpfung; fördert die Eisenaufnahme, steigert die Anzahl der roten Blutkörperchen; verbessert die Durchblutung und die Sauerstoffaufnahme in die Zellen; verbessert die Muskelstruktur und beschleunigt den Muskelaufbau; erhöht die Leistungsfähigkeit; lindert verspannungsbedingten Kopfschmerz und Migräne; beruhigt überreizte Nerven.

Seelisch: steigert die Konzentration; hilft Eingebungen augenblicklich und mit Nachdruck umzusetzen; schenkt Mut, sich in einer Gruppe zu behaupten.

Topas

Aluminium-Inselsilikat

Körperlich: bei Bindehautentzündung, Sehschwäche und grauem Star; hilft bei Geschmacksverlust; reguliert die Schilddrüsenfunktion; regeneriert das Nervensystem, die Lymphknoten und das Immunsystem; verbessert alle Stoffwechselvorgänge und harmonisiert das Zusammenspiel aller Funktionsbereiche untereinander.

Seelisch: beruhigt die Nerven und bessert Schlaflosigkeit; hilft selbstbestimmt die eigenen Talente zu entfalten

und alle Aspekte des eigenen Lebens ins Gleichgewicht zu bringen; stärkt die natürliche Autorität und vermittelt geistige Weite; verstärkt vorhandene Entwicklungstendenzen.

Topas, golden

Phosphathaltiges Aluminium-Inselsilikat

Körperlich: bessert Asthmaanfälle; intensiviert die Sinne; bessert sowohl Über- als auch Untergewicht; erhöht niedrigen Blutdruck; öffnet Arterienverengung; stabilisiert den Herzrhythmus, fördert die weibliche Fruchtbarkeit.

Seelisch: wirkt stark stimmungsaufhellend und motivierend bei depressiven Zuständen; hilft sich ins rechte Licht zu setzen.

Türkis

Kupfer-Aluminium-Hydroxi-/Phosphat-Hydrat

Körperlich: reguliert die Schilddrüse über die Hypophyse; hilfreich bei Magersucht und Bulimie; hemmt Entzündungen der Stirnhöhle, Atemwege, Bronchien und Lungen sowie der Haut; angezeigt bei Zahnproblemen; löst Krämpfe bei Keuchhusten; lindert Schmerzen der Gelenke, des Rückens; erleichtert Hämorrhoidalbeschwerden; stärkt die Immunabwehr durch die Thymusaktivität; verbessert die Genesung nach schweren Erkrankungen.

Seelisch: gleicht Stimmungsschwankungen aus; mindert Lebensangst, Nervosität und Stottern; schenkt frische Kraft und Lebensfreude und schützt vor Angriffen und Fremdeinflüssen; verbessert die Intuition und fördert die Kreativität.

Turmalin, bunt

Alkali-Magnesium-Aluminium-Fluor-Boroxid-Ringsilikat

Blauer Turmalin wirkt verstärkt auf die Nieren, grüner Turmalin verstärkt auf die Leber und Wassermelonen-Turmalin verstärkt auf die Nerven.

Körperlich: regt den Mineralstoff- und Zellstoffwechsel an; entstört Narbengewebe; verbessert das Zusammenspiel des Bewegungsapparats, der Organe und der Sinnesfunktionen; regeneriert geschädigte Nerven und verbessert deren elektrische Leitfähigkeit; hilft bei Lähmungserscheinungen; verbessert die Sinnesfunktionen; entwickelt den Gleichgewichtssinn; hilft den Körper im Raum zu koordinieren; wirkt auf das limbische System und den Hormonhaushalt.

Seelisch: hilft alle Wesensanteile des Menschen zu integrieren; hebt die Individualität hervor; fördert die Kreativität; macht geistesgegenwärtig; bietet die Möglichkeit, unterschiedliche Gefühle zu erleben.

Turmalin, schwarz

Gilt mit Recht als bester Schutzstein, er aktiviert den Energiefluss.

Körperlich: entstört Narben; lindert Schmerzen bei Verspannungen und Energieblockaden des Bindegewebes, der Muskulatur und des Bewegungsapparats; entgiftet den Körper, auch von Schwermetallen; bessert Verstopfungen und Durchfall; neutralisiert Strahleneinflüsse und Elektrosmog.

Seelisch: schützt vor bösen Absichten und Energieverlust; lässt Stress abgleiten; macht die Körperhaltung bewusst und fördert Aufrichtigkeit.

Unakit

Der wichtigste Stein der sanften Regeneration.

Körperlich: fördert die Regeneration aller Organe, insbesondere der Leber; wirkt über den Gallenfluss schonend entgiftend auf den Verdauungstrakt; hilft sich nach der Krankheit nicht zu überfordern; beschleunigt die Erholung und fördert die langsame und vollständige Wiederherstellung.

Seelisch: lässt das Leben in geordnete Bahnen zurückfinden und ermöglicht dadurch, Kraft zu schöpfen; lindert Kummer und Selbstmitleid.

Variscit

Aluminium-Phosphat-Hydrat

Körperlich: wirkt entgiftend über Bindegewebe, Haut und Leber, mobilisiert Energiereserven; aktiviert und regeneriert bei Erschöpfungszuständen; bessert chronische Müdigkeit; lindert Zittern; löst Krämpfe; hilft bei allen Folgen von Übersäuerung.

Seelisch: mildert tief sitzende Trauer, Unruhe und Reizbarkeit; wirkt aufmunternd und stimmungsaufhellend; fördert rationales Denken, hilft sich verständlich auszudrücken und auch andere besser zu verstehen; lässt Zusammenhänge schneller erfassen.

Versteinertes Holz

Siliziumdioxid

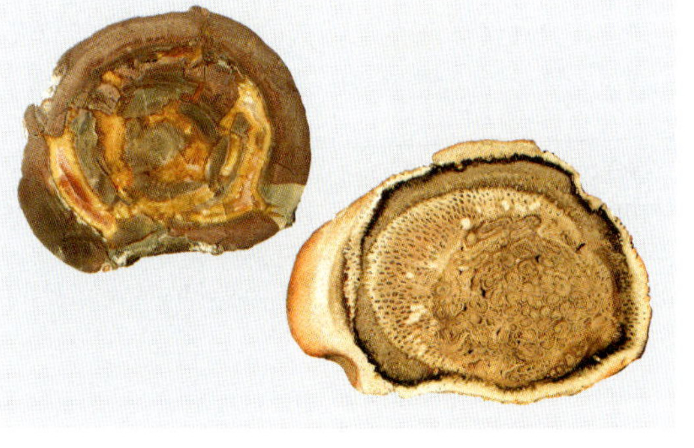

Versteinertes Holz, der energetische Stützstrumpf.

Körperlich: regt den Bindegewebsstoffwechsel an; stabilisiert die allgemeine Abwehr und schützt vor Infektionen; fördert die Wasserausscheidung; schützt vor Arterienverkalkung und Gefäßverengungen; bessert die Spannkraft des stützenden Bindegewebes und wirkt sanft blutdrucksteigernd; mindert Muskelschwäche, Gelenks-, Hüft- und Rückenbeschwerden; beruhigt die Nerven; bessert Prostatabeschwerden; unterstützt Übergewichtige beim Abnehmen.

Seelisch: hilft sich »zu erden«, wenn man dazu neigt, sich in Gedanken zu verlieren, unkonzentriert abzuschweifen und Begonnenes unvollendet zu lassen.

Zirkon, braun (Hyazinth)

Zirkonium-Inselsilikat

Zirkon wird aufgrund seiner starken Wirkung als letztes Mittel eingesetzt und dabei bei Bedarf mehrmals mit Pausen nur wenige Minuten aufgelegt.

Körperlich: regt die Enzymausschüttung der Bauchspeicheldrüse an und lindert dadurch Darm- und Verdauungsstörungen; bessert allergische Erscheinungen der Schleimhäute und Atemnot; lindert Schmerzen bei Störungen des Nervensystems; reduziert Schwindelgefühle; verbessert den Gleichgewichtssinn; vermindert die Gerinnung des Bluts; beugt Blutgerinnseln nach Operationen vor; löst Krämpfe bei Menstruationsbeschwerden; hilfreich bei spätem Einsatz der Regelblutung.

Seelisch: mildert Trauer, Todes- und Verlustängste, verbessert das Unterscheidungs- und Abstraktionsvermögen; hilft bei jeder Form von Zwanghaftigkeit und sich aus Anhängigkeit zu befreien; bessert psychiatrische Störungen.

Zur Entstehung des Buches

Seit 1984 sammle ich als Heilpraktiker konkrete Erfahrungen in der Anwendung verschiedener Naturheilverfahren und begann in dieser Zeit Aufzeichnungen für eine »praxisorientierte Hausapotheke« niederzulegen. Neben meiner eigenen Praxis stammten diese Erkenntnisse hauptsächlich von Kollegen, mit denen ich in den letzten zwanzig Jahren einen intensiven Austausch pflegte. Ab 1988 gab ich die Informationen in eine Datensammlung ein, die inzwischen mit über 700 getesteten Heilsteinen über 5800 Eintragungen aus dem gesamten Pflanzen-, Tier- und Mineralreich aufweist.

Meine praktische Tätigkeit in den vergangenen Jahren an Volkshochschulen, Heilpraktikerschulen und Kliniken, im Verkauf von Mineralien und der entsprechenden Beratung ebenso wie der Kontakt mit Steinhändlern, Therapeuten und Kunden zeigte, dass es sinnvoll ist, die Steinheilkunde mit der Aromatherapie zu verbinden; die hohe Wirksamkeit dieser Kombination hat sich in der Praxis immer wieder bestätigt.

Seit 2001 brachte die enge Zusammenarbeit mit Walter von Holst immer wieder neue Impulse. Unsere regelmäßigen Diskussionen beschleunigten die Entstehung dieses Buchs, an dem Walter von Holst maßgeblich mitgearbeitet hat. Walter von Holst ist Mitbegründer und ehemaliger Vorsitzender der Steinheilkunde e. V., er ist Initiator verschiedener, teils sehr breit angelegter Forschungsprojekte und unterrichtet Edelsteintherapie an Heilpraktikerschulen; daneben führt er einen Laden zum Verkauf von Heilsteinen und Gesundheitsprodukten und bietet Beratung, Vorträge und Seminare an. Auf dem Gebiet der Grundlagenforschung der Mineralogischen Steinheilkunde gelang es ihm, mit ständigen Selbstversuchen die Wirkung der Steine mit großer Genauigkeit und Tiefe zu erfassen und auf viele neue Felder anzuwenden. So entwickelte er eigenständige steinheilkundliche Behandlungs- und Anwendungsmethoden.

Walter von Holst hat wesentlich zur Entstehung der 2003 erschienenen »Enzyklopädie der Steinheilkunde«, des 2004 erschienenen »Taschenlexikons der Heilsteine« und nun zum vorliegenden Buch beigetragen.

Werner Kühni, im Herbst 2004

Literatur

Gienger, M.: Die Heilsteine Hausapotheke, Saarbrücken 1999.
Gienger, M./Glaser G.: Salz, Saarbrücken 2003.
Gienger, M.: Die Heilsteine der Hildegard von Bingen, Saarbrücken 2004.
Hiller K./Melzih M. F.: Lexikon der Arzneipflanzen und Drogen, Heidelberg 2003.
Kühni-Ramisch, W.: Sanftes Heilen mit edlen Düften, Heidelberg 1993.
Kühni, W./Holst W. v.: Enzyklopädie der Steinheilkunde, Aarau 2003.
Kühni, W./Holst W. v.: Taschenlexikon der Heilsteine, Aarau 2004.
Lexikon-Redaktion des Verlags Urban & Schwarzenberg, Lexikon Medizin, Sonderausgabe München 2000.
Metcalf, M.: Colloidal Silver, Mansfield, Ohio 2002.
Münch, G. (Hrsg.): Grundlagen der Krankheitslehre, Berlin 1996.
Pschyrembel Klinisches Wörterbuch, Berlin 1986[255].
Pschyrembel Therapeutisches Wörterbuch, Berlin 1998.
Roche Lexikon Medizin, München 1993[3].
Wormer, E. J. Dr. med./Bauer J. Prof. Dr. med: Medizin und Gesundheit, Köln 2004.

Weiterführende Literatur

Dahlke, R.: Krankheit als Symbol, München 2002.
Gienger, M./Strebel R.: Die individuelle Therapie, Baden 2005.
Heine, Hartmut: Lehrbuch der biologische Medizin, Grundregulation und extrazelluläre Matrix – Grundlagen und Systematik, Stuttgart, 2. Aufl. 1997.
Melody: Das Handbuch der Edelsteine und Kristalle, München 1998.
Maes, W.: Streß durch Strom und Strahlung, Neubeuern 2000.
Zerluth, J./Gienger M.: Gutes Wasser, Saarbrücken 2004.

Adressen

Für Verbesserungen und Anregungen:
Kühni Werner
D–68526 Ladenburg
E-Mail: w.kuhni@gmx.de
Telefon 0700-ROSENQUARZ = 0700-76736782

Zur Information über neue Steine und Anwendungen mit Heilsteinen, für Anfragen nach ätherischen Ölen, kolloidalem Silber und nach Myron-Heilsteinessenzen:
E-Mail: lavandinum@gmx.de

Für Anfragen nach speziellen Steinen, einschließlich aller amerikanischen Heilsteine:
Lavandinum – Der Heilstein-Laden
Kirchenstraße 47
D–68526 Ladenburg
E-Mail: b.kuehni@t-online.de

Steinkreis – Mineralien und Gesundheit
Kerstin Wagner und Walter von Holst
Kornbergstraße 32
D–70176 Stuttgart
E-Mail: gesund@steinkreis.de

Über die Autoren

Werner Kühni
1949 in Heidelberg geboren, Heilpraktiker und Psychotherapeut. Dozent an einer Heilpraktikerschule. Verkauf von und Beratung über hochwertige ätherische Öle sowie ausgesuchte Mineralien und Heilsteine, Heilsteinberatung und mineralogische Bestimmung. Buchautor und Ausstellungsmacher, Vortrags- und Kurstätigkeit in klinischer Aromatherapie, Steinheilkunde und Klangschalen-Therapie.

Walter von Holst
1969 in Stuttgart geboren, künstlerische Ausbildungen, erforscht und praktiziert Steinheilkunde seit 1989. Mitbegründer und ehemaliger Vorstand der Steinheilkunde e. V. Stuttgart, Initiator u. a. des »Forschungsprojekts Steinheilkunde e. V.«. Dozent an Heilpraktikerschulen über Edelstein-Massagen und Klangtherapie.

Krankheits- und Symptomverzeichnis

Das derzeit umfassendste Werk zur Steinheilkunde beschreibt fundiert auf 576 Seiten und illustriert mit über 950 farbigen Abbildungen alle bekannten therapeutisch relevanten Heilsteine mit ihren Beziehungen zu anderen Methoden wie Astrologie, Bachblüten, Chakren, Homöopathie oder Feng Shui.

Es umfasst:

Die Grundlagen der Steinheilkunde
Die Mineralogie wird zum spannenden Deutungssystem für den Einfluss des Minerals auf den Menschen. Aus Fakten wie Entstehung, Inhaltsstoffe und Kristallsystem lassen sich nach dem Analogieprinzip die Heilwirkungen ableiten.

Die Praxis der Steinheilkunde
Aktuelle Wissensgebiete wie Feng Shui, Fünf-Elemente-Lehre, Organuhr, Chakrenlehre, Geomantie, Astrologie, Hildegard-Medizin, Wasserbelebung u.v.m. werden mit Steinen verknüpft. Es finden sich zahlreiche bewährte und neuartige Behandlungsmethoden sowie Beratungskonzepte.

Register
Das Verzeichnis umfasst alle 4200 wissenschaftlich definierten Mineralien als mineralogischer Steckbrief, Gesundheitsratgeber, ein Register der 600 Handelsnamen und ein umfassendes Literaturverzeichnis.

Der schnelle Einstieg in die Welt der Heilsteine
Über 500 Mineralien und ihre Farbvarietäten in Farbfotos und mit knapper, prägnanter Beschreibung der wichtigsten körperlichen und seelischen Indikationen. Praktische Symbole zeigen auf einen Blick die geeigneten Anwendungsarten und die optimalen Pflegemethoden. Außerdem steht bei jedem Stein ein Hinweis zur Verfügbarkeit.

AT Verlag
Stadtturmstraße 19
CH-5401 Baden
Telefon +41 (0)58 200 44 00
Fax +41 (0)58 200 44 01
E-Mail: at-verlag@azag.ch
Internet: www.at-verlag.ch